博学而笃志,切问而近思。
(《论语·子张》)

博晓古今,可立一家之说;
学贯中西,或成经国之才。

复旦博学·复旦博学·复旦博学·复旦博学·复旦博学·复旦博学

现代投资学原理（第二版）

万解秋　编著

复旦大学出版社

内容提要

金融体系的市场化发展和投资的市场化是我国经济改革开放以来最重要的变化，进入 21 世纪以后，我国的市场化改革及投资的扩张更加深入，对新世纪我国经济的持续发展以及结果的调整变革影响巨大，投资的大众化和金融市场化已经成为不可阻挡的潮流。

本书应用的金融理论是与我国金融市场的现实分析解释相结合的，理论分析探讨与实际的应用、投资的操作相结合，对于一般的学生和投资大众都具有积极的参考价值。本书是一部适合经济类、管理类学生在本科阶段使用的教材，共设"现代投资学导论""实业投资：理论与方法""金融市场与金融投资"三篇共十五章，每章后均附有复习思考题，并冠以"博学"品牌隆重推出。

再版前言

金融体系的市场化发展和投资的市场化是我国经济改革开放以来最重要的变化,进入21世纪以后,我国的市场化改革及投资的扩张更加深入,对新世纪我国经济的持续发展以及结构的调整变革影响巨大。在这一变革和深化发展的过程中,一方面是我国的投资市场体系在扩张,投资和资本形成的规模数量使我国成为世界上最大的经济体之一;另一方面是我国的大众投资体系在金融市场深化发展条件下获得了更大的发展,成为市场经济体系的中流砥柱。这对于投资学理论和认识也带来了极大的影响。改变传统的"投资是国家政府的事情"的固定看法,使得人们必须要认识到公众和市场体系究竟在今天应该扮演什么样的角色。投资学的理论体系和方法等也会随之发生改变。

2007年爆发的金融危机及其全球影响,对于资本市场及其参与者来说是巨大的。资本市场的活动表现时而平稳且充满活力,企业及其大量创业者轻而易举地从市场获得了急需的资本,而投资者进入市场体系获得了大量高收益的金融资产,政府则乐于帮助这种投资的形成,而且推进产业的发展和经济的增长正是这种金融市场的主要功能,这体现了投资市场的活力和效率。在发达经济体国家,资本市场的动员作用及其资产的供给能力更是无与伦比的,从纽约证交所的证券上市数量和交易规模可以清晰地看到这一点。投资者的构成就是公众,主要是家庭,资金的主要来源也是公众的收入和储蓄,以金融市场的证券资产作为投资的主要工具对象,已经是经济发达国家的核心投资活动。而新兴经济体国家,金融市场规模和交易量虽然还达不到发达国家的比重水平,但都在朝市场化的方向努力发展,这种趋势是十分清晰的。但金融危机的爆发似乎又给了这些国家的经济和投资者当头一棒,他们的资本可能在一瞬间就化为乌有,企业和国家经济也因此陷入重重危机。从投资者的角度看,这个市场投资体系的风险和危机极度不确定,说不定什么时候就会爆发危机,带来严重的后果。这种担心一度也影响到了金融市场的发展。

从投资体制的作用和演变来看,我国走的是一条从传统体制向金融市场逐步过渡的渐进道路。传统的投资体制是计划经济的产物,储蓄资金由政府财政机制控制,投资规模方向和项目设置也由政府行政部门和地方政府直接决定,实施的是通常称为"拨款制"的投资体制,并配合以行政化指令的信贷融资体制;这种投资是没有公众参与的非市场化的体制,而依据政府规划目标实施的投资项目评估是当时投资学的基本内容体系。在进入改革开放和市场化发展以后,很长一段时间里形成了政府行政化和市场化投资的双规体制。也就是说,大致占总储蓄资金一半左右的投资资金仍然是由财政控制和实施分配的,投资项目评估随政治目标要求变化而稍有调整,如西部大开发、振兴东北老工业基地等,投资分配出现变化。而另一部分储蓄资金是由公众所掌控,进入资本市场体系投资,大众投资的趋势是越来越市场化和金融化,推动着我国资本市场的快速发展。

究竟是行政化的投资还是大众化的金融市场投资,回顾和仔细观察一下我国近期以来投资体系的变化就能看出一些变化轨迹。2008年金融危机扩散影响我国之前,我国的投资市场化进程已经有较大发展,政府的行政化项目投资占有社会总投资的一半左右,号称半壁江山;金融市场交易规模有限,年度IPO获得的直接投资资金大致只有年度社会融资总量的10%左右,银行金融机构的资金分配占据了绝大的比重,公众投资还是处于一种次要的补充地位。资金的行政化分配一直被各方面诟病,直接影响到我国经济的市场经济地位。这个事实也导致投资学理论分析和解释处于一种两难和矛盾的处境。从投资项目评估体系看,这种方法是有存在价值的,但已经落后于经济体制改革进程;而从金融市场的资本化投资看,证券市场的投资分析给投资者带来了新的方法,但存在着明显的局限性,一般认为那只是"炒炒股"而已,不能解决投资市场的基本问题。

2007年金融危机爆发扩散以来对于投资体制影响冲击最大的莫过于资本市场的扩展和投融资体制的市场化。市场化的投融资比重持续上升、企业市场化融资的渠道拓宽比重上升、公众的资金投资比例上升、证券化的投融资渠道迅速打开、分配的资金比例不断上升,这一切导致了资本市场和金融体系的市场化的扩大,形成了一种全新的投资气氛和环境,大众投资开始成为我国市场化投融资体系的主导。虽然目前国家财政占有的资金数量规模仍然较大,在基础性产业和公共领域的投资中仍然占有主导地位,但其在社会总投资和资产形成量中的比重呈不断下降的趋势,投资的大众化和金融市场化正在成为不可阻挡的潮流。

从大众投资的角度看,它要完成的投资过程是一个将公众的储蓄转化为投资的过程,它主要依托资本市场和金融体系将分散的资金转化为金融资产,其中主要的是股票、债券、基金、信托等证券化的资产,这个投融资体系是目前为止最有效的一种资源配置方式,它并不是排他性的行政化体制壁垒,而是一种竞争性效率优化的选择结果。从投资者看,要获得效率的且安全性有一定保障的金融资产,需要这个资本市场交易体系,而资本进行证券化的投资是大众化持有资产并获得收益的最佳途径,我国资本市场的快速发展和扩张、投资参与者人数的持续上升、上市公司获得融资的比重规模井喷式地增加,说明了这个资本市场的真正价值和有效性。尽管资本市场的发展有波动起伏,投资者获得的收益和效益并不完美,但其发展和作用以及对未来的影响是不可低估的。可以说,大众化的金融投资是我国经济市场化发展和体制转型的必然结果,它的发育成熟也是必然的结果,目前受政策体制的变革冲击也是不可避免的,原有的资金分配渠道方式也将随之发生改变,这些变革代表了市场化体制的深化和进步。

从目前的市场体系看,金融投资基本上是一种基于资本市场的证券化投资,资产的形成获得也就是金融证券资产的形成和分配。除了一些个人经营活动外,大众投资主要是金融化的证券投资,目前一些经济发达国家的家庭资产配置结构,除了住房不动产以外,投资获利性的资产几乎都是金融证券类资产,货币类资产越来越少;我国目前的家庭资产结构,也出现了金融证券类资产持续上升的趋势,一般估计比重占家庭全部资产的30%以上;货币类银行资产比重持续降低,这是我国银行资金增长率下降和资本市场持续扩张的原动力。基于这种趋势,随着我国经济的持续增长和市场化改革的深化,资本市场的扩张和公众资产的证券化也将是一种必然的趋势。

从市场经济的发展进程和资源配置的实际结果看,大众投资的市场化决策是基于市场的分散决策过程。目前的投资和资金流向还存在着两个领域:一是实业投资领域,形成实业性资产,也就是公众自己直接创办企业实业进行经营管理;二是金融证券投资领域,投资获得的是金融资产,主要是证券类资产。这两者是属于不同的投资行为,投资的方式方法不同,管理经营要求也不同,风险承担和投资收益也不同。从改革开放到目前,我国的经济体制和市场化程度有了极大的发展,投资和资产金融化程度也有了极大的提升。我国目前的投资者人数和家庭金融证券资产比重已经名列所有经济体的前茅,仅次于美国。当然实业投资和个人、家庭的经营者也在发展,存在一定的发展空间。从未来的发展空间看,经济运行市场化持续发展,资本市场的规模和吸引力将持续上升,而个人投资经营的活动影响力会逐步下降甚至被边缘化。

从目前的投资体制和结构出发,这一版的投资学的体系结构安排仍然分为两个部分:一个部分是有关实业投资的分析介绍,主要是对于实业投资项目的分析评估,其中采用了一些原来关于投资项目评估的方法原理,如投资规模、投资项目选址、项目盈亏平衡点等。考虑到市场经济体制下的私人投资项目评估,我们引进了一些新的原则方法,主要是成本的优化原则和利润极大化原则等,环境要求评估也有新的体现。另一个部分是针对金融证券投资的分析,这一部分有较为系统的改进,对于资产组合、风险分析、投资方法等问题有系统性的分析介绍,这是这一版内容的重点和特色之一。但事实上这两部分的内容是相对独立存在的,可以独立成章,也可以独立成书,国外主流的投资学体系基本上是分析证券资产组合方法的,国内也有一些投资学教材放弃了实业投资部分,专门分析介绍金融资产投资组合,基于目前我国的现实需要,我们还是保留了实业投资这一部分,并将两个体系合在一起成书。

本书新版的体系结构包含了3篇共15章。第一篇是现代投资学导论部分。主要分析介绍现代投资的基本概念,投资的组织和投资环境分析,投资风险概念,市场体系与现代投资理念。第二篇是实业投资分析部分。主要涉及了投资项目评估和可行性研究部分,这部分的内容有沿用前一版的,也有一些新的变化。其中主要的内容有投资项目选择的可行性分析,投资项目的决策方法,成本分析和技术可行性分析,企业的兼并收购问题,风险投资和创业投资介绍,项目融资等内容。第三篇是金融市场分析和金融投资部分。主要涉及了金融市场的构成运行,金融产品的构成特色,资本市场运行分析,股票、债券、基金以及衍生金融产品的投资分析介绍,还涉及了证券市场投资的基本分析和技术分析方法介绍,投资的组合管理方法模式的探讨。这里涉及的内容和知识以及方法既有对国外金融投资分析方法的引进介绍;也有对国内金融投资理论方法的讨论和引用。本书应用的金融理论与我国金融市场的现实分析解释是相结合的,理论分析探讨与实际的应用、投资的操作相结合,对于一般的学生和投资大众都具有积极的参考价值。

本书新版的结构如下:

第一章,现代投资概述。这一章主要介绍现代投资学的基本理论和投资所涉及的基本概念,如金融投资和实业投资、长期投资与短期投资、政府投资和民间投资、投资的主体和投资的管理、投资的环境及其影响等。投资者需要了解有关投资和市场体系的基本概念、理论和一些方法体系的来源,作为理解投资和进入市场的准备。

第二章,投资基本理念概述。这一章主要介绍现代投资活动的价值,投资的目标和操作过程,投资的风险来源与构成,资产的形成及其价值的认识。这些理念构成了投资者必须要了解和掌握的金融知识、市场体系的基本知识、投资和选择的理论基础,如货币的时间价值、投资获得的现金流、风险性收益率、利率与汇率要素等,使投资者对于投资的市场体系和金融活动有一些基本的理解,帮助其获得基本知识概念。

第三章,投资项目可行性研究。这一章就实业投资中的投资项目可行性决策进行分析介绍,项目投资包括新建、扩建、改建等部分,对项目设立的可行性研究主要从经济成本收益方面和技术可行性两个方面进行分析,这个分析的结论对于投资者的决策具有重要的参考意义。

第四章,项目投资的决策方法。这一章对投资项目的决策方法进行分析介绍。一般投资项目的立项选择会涉及多个备选方案,决策者可以依据自身条件和限制进行择优选择。从投资项目的资源约束、投入产出、成本收益、现金流状况,以及风险的可控性等方面作出比较分析,涉及风险型决策和不确定型决策方法的使用,对于规避不可控的风险具有重要的参考价值。

第五章,企业投资:兼并与收购。这一章分析介绍企业通过兼并和收购实施新的投资组合的方法。市场经济发展到一定程度后企业通过并购扩大投资是必然趋势。从经济角度看,企业并购涉及对象企业的分析评估、资产价值的评估确认、并购后企业的重整和控制;从法律角度看,涉及并购后企业法人地位的变化确认、资产的分割调整和企业控股地位的确认等。

第六章,市场体系与风险性投资。这一章涉及市场经济发展中的企业风险投资。风投在新的市场环境下是一种特殊的投资模式,对于投资者的决策选择以及风险评估模式都有特殊性,高风险的投资创业模式是以市场开放和竞争,存在企业和资产的合理有效的流动性为条件的,企业的风险性投资活动可以为投资获得新的获利空间和发展机会,对于新兴产业的发展与集聚也有着不可替代的作用。

第七章,项目融资。这一章针对投资项目的立项建设所进行的项目融资作出分析介绍。项目融资一般是指向某一特定的工程建设项目提供融资贷款,贷款人一般依据该项目日后产生的现金流和收益作为还款的资金来源,项目融资同时也会涉及投资企业的担保或资产物权的抵押。项目融资现行法规和惯例有所谓的无限追索权和有限追索权之分,我国目前的项目融资均实行无限的追索权体制。

第八章,金融市场与金融产品。这一章主要对我国的金融市场和金融产品进行分析介绍。金融市场是经济市场化发展的产物,我国的金融市场已经历20多年的发展,形成了短期资金市场和长期的资本市场,证券市场是长期资金市场的主体,它吸引了大批的上市公司上市挂牌融资,也吸引了大量的投资者进入市场,现代的证券市场通过提供一系列的金融产品进行交易,为企业融资提供了条件,同时也为投资者买卖金融商品提供了可能性。

第九章,资本市场理论。这一章是对资本市场投资的理论模型方法作出分析介绍。资本市场理论要对证券市场投资的收益和风险的关系作出定性和定量的分析。依据投资收益的目标,资本市场的各种理论提出了一系列不同的投资组合模型,包括证券投资组合理论模型、资本资产定价理论模型、套利定价理论模型,提出了在一定风险水平下的最优收益投资组合模型方法,为投资者提供参考。

第十章,债券市场投资及分析。这一章分析介绍债券的金融特性和投资的方法。债券是一种固定收益率的证券,是目前债券市场上最主要的投资商品之一,在金融市场上流通交易的债券有上市公司发行的公司债、金融机构发行的金融债和政府机构发行的公债;债券因为其风险收益率关系的稳定性,在各国资本市场上受到了其他投资者的青睐,成为投资机构重要的资产组合要素。

  第十一章，股票市场投资及分析。这一章是针对股票市场投资的分析介绍。股票是上市公司发行和流通的资本凭证，是目前为止各国证券市场上最主要的交易投资品种；股票作为资本凭证和有价证券，它具有收益浮动和风险不确定的特点，投资者的收益与上市公司的经营状况及收益率直接关联，作为资本型的投资工具，它拥有永久性和不退还的特点。

  第十二章，基金与基金市场投资分析。这一章是对于基金商品的投资分析介绍。基金或投资基金是一种大众集合投资工具，基金的出现形成是证券市场发展的产物，它具有共同性、集合性和信托化特色；能集合公众分散的资金进行投资运作，在基金投资中呈现出一种比分散投资更为集中、风险控制能力较强的特色。基金工具受到各国证券市场投资者的普遍青睐。

  第十三章，金融衍生产品的投资与分析。这一章分析介绍金融市场上的衍生性金融商品的投资交易。金融衍生商品是指以货币、债券、股票等原生性金融商品为基础，衍生出以杠杆交易为特征的衍生金融商品交易。按照交易工具特性，衍生金融商品可以分为远期合约、金融期货、金融期权、股票指数合约、金融互换合约等。金融衍生商品交易具有信用交易和风险放大的特征，对于活跃市场交易、分散风险具有不可替代的作用。

  第十四章，证券投资的基本分析。这一章是分析介绍证券投资的基本分析方法。基本分析方法也称经济分析法、财务分析法，是通过对上市公司的经营业绩、财务状况，以及影响公司经营变化的外部市场、宏观经济形势的分析来研判股票价值的变化和对股票价格的可能影响。这种分析法注重于企业经营和宏观经济的基本面情况，对于了解掌握证券市场和股票价格和中长期变化趋势有重要的作用。

  第十五章，证券投资的技术分析。这一章分析介绍证券市场投资的技术分析方法。技术分析方法也是一种统计分析方法，主要依据证券市场上的交易行情和交易量的变化对股价的未来的变化作出分析预测。它对于股价变化的短期行情有一定的预测能力，也可以作为与基本面分析相补充的方法使用。

  本书新版由万解秋主编，各章节的编写撰稿人如下：万解秋，第一章、第二章、第八章；刘亮，第三章、第四章、第五章；江美芳，第六章、第七章；向群，第九章、第十章、第十一章、第十二章；王晓静，第十三章、第十四章、第十五章。全书由万解秋负责总纂和定稿。编写过程中我们参阅了国内外大量的金融投资书籍，由于涉及太多，未能一一列出，但书中的遗漏和谬误由作者负全责。

万解秋

2018年12月1日

第一版前言

随着市场经济体制的完善和金融市场的不断发展,一个投资市场正在形成与迅猛发展,而投资主体的变化正在迎来一个大众投资的时代。如何使自己的货币资金转化为资本,形成能带来收益的资产,是现代投资学要解决的根本问题。相对于大众投资体系的形成和发展,我们的投资理论、投资理念、投资方法则显得落后与陈旧,无法科学地指导市场经济体系下的投资理财活动。因此,必须以市场经济体系为中心,发展以大众投资为核心的现代投资理论与方法。显然,这个投资学是一个市场为中心的微观的投资理论与方法,它的主体是企业与社会投资大众,而它的舞台则是市场经济体系。

我国市场经济的发展正在改变着我国的资源分配方式,它造就了千千万万个市场主体和独立的投资者,而资本市场正是在这一基础上形成与发展起来的,这是我国经济体制改革和发展进程中的一个重大事件,并正在对我国的市场经济进程以及市场主体的利益产生着重大的影响。

我国实施改革开放以来,市场经济体系发展迅猛,它已成为我国经济资源分配的重要渠道。其影响所及,有国有企业的改革和重组、公司化,金融业的市场化,以及公众投资者的迅猛扩张,它同时对宏观经济的调控也产生了重要的影响。但是,我国的市场经济体系是在一个特殊的环境下发展起来的,它的组织与运行还带有很多传统的色彩,它的运行与市场经济体系的理想状态相去甚远。其中突出的有:公司企业大多由原有国有企业改制重组而来;企业进入市场仍然要由行政控制的办法来决定;国有企业占据绝大比重且转制困难;财务制度与信息披露制度缺乏透明度;市场的监管完全行政化;政策变动对市场影响巨大;显然,这是一个在行政安排下的市场结构。然而,从投资者的角度看,公众投资者的形成并成为投资的主导群体,标志着真正的市场活动主体的形成。在这种不对称的市场结构中,制度变革、企业的行为、政策的波动都会对市场体系产生巨大的冲击与影响,投资者无法把握制度结构的变革,也无法对政策调整作出合理的预期,他们就成为这个市场上的被踩躏者。同时,主宰市场的是那些可能掌握体制变革和政策调整信息的群体,市场运动的规律与趋势已被随机的干扰所打乱。

投资过程就是一个由货币转化为资本的过程,投资方式和资本形成的机制是资源配置方式的体现,市场经济体系所形成的资源市场化配置使投资转变为大众投资。应当看到,这种变化对于投资学也提出了强烈的挑战。我们看到,在计划经济体制下形成的投资理论及其政策体系是对于资源计划分配的理论注解,它的核心目标是要说明国家所控制的生产要素,包括人、财、物,如何按照计划确定的经济社会目标来进行分配,这其中体现的是行政的目标、行政的决策、行政的管理控制,在其中,没有市场体系的影响,也不体现企业和个人的意志。从具体的投资决策过程看,它主要体现为投资项目的选择、评估、决策和管理控制,它要说明的是国有的资源应投向哪些部门、地区,用什么样的组织形式来实现投资。因此,投资学也就是投资项目评估学。

从市场经济体系的发展和资源的市场化配置过程看,投资的大众化是一个必然的结果,它与市场体系的发育与完善是同步的。现在我们看到的投资活动是一个市场化的决策过程。从资金流向和结果看:一方面是进入实业领域,形成实业投资;另一方面是进入金融证券领域,形成金融投资,这两者是不同的投资行为。根据这种结构,投资学要说明的问题也可以分为两个领域,即实业领域的投资项目分析和金融领域的证券投资分析。就像我们看到的那样,这两者是可以分开论述的,但在本书中,我们是将两个领域的投资分析放在一起阐述的,这一方面是考虑到有关投资领域知识的系统性;另一方面也是对投资学体系组合的一种尝试。因为有关证券投资方面的教材日渐见多,而实业投资领域的教材则仍不成熟,作为一种探索,我们在本书中将两个体系集合在一起。当然,两个部分的内容仍然是相对独立的。

本书作为一本投资学领域的教材,它的体系包括3篇16章。第一篇为现代投资学导论,主要阐述了现代投资的概念、投资的组织和环境;现代投资的理念;第二篇为实业投资分析,涉及了项目可行性研究,项目投资的决策方法,企业收购兼并,风险投资和项目融资等问题;第三篇为金融市场和金融投资,主要涉及了金融市场和金融产品,资本市场理论,债券、股票、基金和金融衍生产品的投资分析,证券投资的基本分析和技术分析,最后讨论了证券投资的组合管理问题。

本书由万解秋和贝政新主编,各章节的撰稿人如下:第一章、第二章、第八章、第十一章一、二、三节、第十二章一、二节,万解秋;第十章,万解秋、张安中;第四章、第六章、第九章、第十三章、第十四章、第十五章,贝政新;第三章、第五章、第十一章第四节,薛誉华;第七章、第十二章第三节、第十六章,常巍,全书由万解秋和贝政新负责总撰和定稿。在本书的编著过程中,我们参考了国内外大量的著作和教材,其中有威廉·夏普的《投资学》,小詹姆斯·法雷尔等著的《投资组合管理》,因涉及太多,这里不能一一列出。对于书中的遗漏和谬误之处,作者将负全部责任。

万解秋
2002 年 12 月 20 日

目 录

再版前言　i

第一版前言　i

第一篇　现代投资学导论　1

第一章　现代投资概述　3
第一节　现代投资的形成与概念　3
第二节　投资的组织与运作管理　8
第三节　投资的环境影响　17
复习思考题　24

第二章　投资基本理念概述　26
第一节　货币的时间价值——投资回报的基础　26
第二节　利率与汇率因素　31
第三节　投资的风险及其衡量　37
复习思考题　49

第二篇　实业投资：理论与方法　51

第三章　投资项目可行性研究　53
第一节　投资项目可行性研究概述　53
第二节　项目投资规模的确定　69
第三节　原材料和工艺设备的选择　81
第四节　项目厂址的选择　85
复习思考题　94

第四章　项目投资的决策方法　95
第一节　确定型决策　95
第二节　不确定型决策　113
第三节　风险型决策　119
第四节　项目组合投资决策　130
复习思考题　135

第五章　企业投资：兼并与收购　136
第一节　企业购并概述　136
第二节　企业购并方式　154
第三节　企业购并决策　159
第四节　企业购并程序　166
复习思考题　174

第六章　市场体系与风险性投资　175
第一节　风险投资概述　175
第二节　风险投资的活动主体　182
第三节　风险投资的决策过程　191
复习思考题　202

第七章　项目融资　203
第一节　项目融资概述　203
第二节　项目融资的结构和方式　209
第三节　项目融资的风险及分担　221
复习思考题　231

第三篇　金融市场与金融投资　233

第八章　金融市场与金融产品　235
第一节　金融市场及其构成概述　235
第二节　金融市场的组织与运行　240
第三节　金融市场的监管　247
第四节　金融市场的主要产品　252
复习思考题　257

第九章 资本市场理论 258
第一节 证券投资组合理论 258
第二节 资本资产定价模型 261
第三节 套利定价理论 270
复习思考题 274

第十章 债券市场投资及分析 275
第一节 债券投资概述 275
第二节 债券的投资分析 286
复习思考题 302

第十一章 股票市场投资及分析 303
第一节 股票概述 303
第二节 股票的价格形态 308
第三节 股票价格指数 312
第四节 股票投资分析 320
复习思考题 332

第十二章 基金与基金市场投资分析 333
第一节 基金概述 333
第二节 投资基金的种类和主要品种 340
第三节 基金投资分析 348
复习思考题 358

第十三章 金融衍生产品的投资与分析 359
第一节 金融衍生产品概述 360
第二节 金融期货 365
第三节 金融期权 373
第四节 金融互换 378
复习思考题 384

第十四章 证券投资的基本分析 385
第一节 宏观经济分析 386
第二节 行业分析 392

第三节　公司经营状况分析 | 396
第四节　公司财务分析 | 400
复习思考题 | 422

第十五章　证券投资的技术分析 | 424

第一节　技术分析的理论 | 424
第二节　图示与形态分析 | 429
第三节　技术指标分析 | 451
复习思考题 | 462

第一篇
现代投资学
导论

DIYIPIAN XIANDAI TOUZIXUE DAOLUN

第一章 现代投资概述

投资导读

投资是以货币或其他经济资源投入于某项事业,以此获得未来收益回报的活动。投资活动其实早已有之,但现代经济社会中的投资已构成经济成长的基本动力。目前我国市场经济体制的发展和经济资源与收入储蓄转向居民家庭,已开启一个大众投资的时代。我们在这里阐述的现代投资,就是与传统计划经济体制下集中资源行政决策的投资根本不同的市场化的大众投资。舞台上的活动主体是企业与社会大众,投资的理论、方法、对象都是市场经济体系下的新的体系。大众化的投资理念概述是首先需要了解掌握的。

第一节 现代投资的形成与概念

我们现在所讨论的投资是一个广义的投资问题,也就是说,是一个由货币转化为资本的过程。货币资金是来自国民收入的储蓄,资本是构成经济活动过程的资产，它也是各种事业经营中的生产要素，投资形成资产并据此可以获得收益。我们先来看投资形成的过程及其资产的形态。

一、实业投资与金融投资

从目前市场经济体系下投资的过程与资产形成结果看，我们可以把现代投资区分为实业投资与金融投资。

（一）实业投资

实业投资是指投入货币资金及其他生产要素于实业领域，形成经营性的实业资产，也称实物资产。由于目前市场经济活动的多样性，实业资产的形式也是多种多样的，分为不动产和动产；固定资产和流动资产；有形资产和无形资产，包括专利、商标、设计、包装外观等；还有物质资本与人力资本。这些不同的定义从不同的方面反映了实际经济活动过程中资本形态的多样性。从经济学的角度看，投资往往是指货币转化为资本并形成生产能力的过程。因此，经济学上的投资多是指实业性的投资。与此相应，它形成的资产即是具有实际生产能力的实业资产。按此定义，哪些投资活动属于实业投资呢？创办企业、创办事业、购置房屋和不动产、投资于收藏品、投资于人力资本等都是实业性投资。因此，实业性投资是传统的、历史悠久的投资方式，也是我们最熟悉的直接投资形式，在目前市场经济条件下它还在延续。

（二）金融投资

金融投资是一种依托于资本市场的投资活动，金融投资形成的资产是金融资产，即证券或权证形式的收益凭证。金融投资仅涉及货币与金融资产的交易，而并不涉及实际的产业经营，因此它是一种间接的投资活动。金融投资形成金融资产的过程，是货币向资本转化过程的一部分，而资本的形成是通过金融市场首先形成金融资产，市场体系再将金融资产转入实际经营过程，从而形成产业资本。因此，人们购买股票、债券、基金等金融资产，虽然不直接与实业活动相关，但资本运动的结果是必然进入产业经营领域，因而金融投资与产业经营活动有着间接的联系。投资与金融资产获得收益同样要承担相应的风险。金融投资的风险也就是金融风险，它看似来自市场本身，但事实上金融风险从本质上说源自实际经济活动，与产业经营过程是联系在一起的。确切地说，实体经济活动的风险通过金融市场表现为金融风险，如股票、债券、基金价格的波动，以及其他金融资产价格的变化。这种价格的变化关系极易引起人们的误解，把金融市场的运动看作是资金活动的终极形式，把风险归结为金融市场本身的运动，形成一种"市场拜物教"，从而把市场看作是一个神秘的运动过程。

因此，金融投资与实业投资事实上存在着一种相关的联系，两种不同的投资代表了两种不同的资产形成方式,在金融投资形成金融资产的背后,仍然存在着一个实业投资的过程。这是一个不能忽视的过程,因为资金运动的联系使两种投资在收益与风险上有着难以分割的关联。作为投资分析,实业投资活动在没有金融市场参与的条件下是一个独立的过程,这也是以往投资学所分析的中心内容;而在金融市场发展的条件下,投资活动更多地表现为一种复合的过程,即金融活动与产业活动的结合,因而投资分析也就可以分为金融投资与实业投资两个部分。当然,它们也可以是独立的两个部分。我们通常看到的西方的投资分析往往是关于金融投资的分析。

二、长期投资与短期投资

短期与长期是一个时间概念,但不是一个绝对的时间长度。从事产业投资与金融投资也是有差异的,投资期限的长短也是有明确区分的。

(一) 短期投资

一般地说,以一年期以内的投资为短期投资,如购买一年期以内的债券,或其他收益凭证。一年期以上的投资为长期投资,或中长期投资,如股票、债券、其他的长期收益凭证等。短期投资与长期投资在投资期限、资金流动、收益率、风险等方面都存在着差异。短期投资一般具有资金周转快、流动性高、风险相对较低的特点,但其收益率往往也较低。

(二) 长期投资

长期投资的特点正好与短期投资相反,它的投资期限在一年以上,长的可达几十年,如股票投资是没有期限的。正因如此,长期投资具有周期长、资金周转慢、期望收益高而风险大的一般特性。投资期限的不同事实上包含了大量的经济信息。对投资者来说,选择长期投资还是短期投资是一个重要的选择与决策过程。这需要根据投资者的资金状况、管理能力、投资偏好等因素来决定。当然,长期投资与短期投资之间并没有绝对的分界,在一定的条件下,两种投资是可以转化的,即长期投资可以转化为短期投资,而短期投资也可以转化为长期投资。在金融投资与实业投资中,这种期限的转化也是可以根据市场条件发生的。

三、政府投资与私人投资

在现实环境下,将投资区分为政府投资与私人投资是十分重要的。从另一个角度看,也可以将其定义为官方投资与民间投资。在市场经济体制下,投资的主体具有多元化的特点,一系列的法人和自然人都可以通过投入资金而成为主体,如公司、厂商、政府、事业法人、外商、家庭个人等。在市场经济体制下,政府投资与私人投资是两个最重要的概念。

(一) 政府投资

政府投资是指政府作为经济主体进行投资并获得资产的行为。从目前的市场经济体制环境看,政府作为一个经济实体,是有能力和条件出资参与投资的。现代政府出于行政干预和经济调控管理的要求,通过财政税收手段参与国民收入的分配与再分配,以此获得一部分社会资源。政府再将一部分财政资金用于投资,即形成了政府投资。现代政府参与投资,具有两种目的:一是出于社会公共服务目的的要求而进行投资,即公共投资,它包括教育、文化、基础性科学研究、环境保护、社会福利性设施等。这类投资的特点是非竞争性和非营利性,只能由政府来从事。二是出于市场体系补充目的的投资,由于现代市场经济体系的局限性和竞争的非充分性,一些产业和领域的投资需要政府的介入,如基础设施的投资建设,它的建设时间长、资金需要量大、收益率低,私人投资一般不愿进入这一类领域,急需政府介入投资。城市的公共服务设施,如公共交通、水、电、燃气等,因竞争的非充分性,往往由政府来投资。还有一些特殊的垄断性行业,如邮政、铁路、电信等,政府往往也有较多的直接介入。因此,现代市场经济条件下的政府投资是带有特殊目的的介入,它涉及的一般是非营利性的和非竞争性的行业部门。

政府投资的根本目的是提供公共产品与服务,与一般意义上的商业性投资的纯粹营利性不同,在市场体系不断完善与竞争日益充分的条件下,政府投资有日益减少的趋势。而从我国看,在计划经济条件下,社会投资的大部分都是由政府行政计划控制的,表现为政府与国有企业的投资,真正意义上的私人投资是很少的。改革开放以来,随着经济成分的多元化和管理方式的改变,国民收入分配越来越向个人与家庭倾斜,政府控制的资源日益下降,使真正意义上的政府投资出现了大幅下降,其他非国有的民间投资日益上升,形成了市场经济条件下的大众型投资。尽管政府对市场中的投资立项、决策过程、项目管理还有着一系列的审批、控制、干预,但政府的直接投资已呈现出不断下降的趋势。

(二) 私人投资

私人投资是指由社会公众(包括个人与企业)来完成的投资,也可以说是民间投资。在市场经济体系下,私人投资是一种纯粹营利性的投资,它在一般情况下不具有公益性或社会性。这种逐利性的投资是竞争性市场条件下社会储蓄转化为资本的基本渠道,而公益型或公共型的投资只能是辅助型的。社会公众作为投资的主体,是市场经济体系的基本特征,它要求公众拥有国民收入的基本部分,并能自由支配个人的可支配收入。作为投资主体,公众拥有财产所有权与经营权,并独立承担投资风险。与此相应,公众投资者可以从事的投资领域是十分广泛的,它几乎可以进入所有的竞争性的经营部门,以及其他经允许进入的投资领域,如一般性的产业部门、服务性领域、金融、保险、贸易、运输、教育等部门。

显然,政府投资与私人投资,或者说官方投资与民间投资,是两种不同的投资组织与管理方式,它们的投资出发点与投资目的不同,它们的使命与追求的目标也不同,当然,它们所涉及的领域与管理方式也是不同的。最基本的分界线就是营利性与公益性。

专栏阅读 1-1：我国国民收入分配的变化和民间投资的形成

我国的国民收入分配结构经历了改革开放以来的巨大变化,对民间资金积累和民间投资产生了巨大的推进作用。在改革开放初期的 1978 年,我国的国民收入人均水平在 380 美元左右,国民收入的分配构成中,政府财政所占有的比重高达 70%以上,居民家庭占有 GDP 比重不到三成,主要是当期消费资金,民间的资金积累和投资几乎完全终止。政府财政支出实施的是"一要吃饭,二要建设"的政策,首先要满足政府行政支出的需要,然后才考虑进行投资建设。在财政资金长期紧张的经济环境下,财政用于投资的资金非常有限,国有企业的投资拨款和正常运行也十分困难,沿海若干省市甚至连续十多年没有新的投资计划和项目建设。一些老工业城市的国企连固定资产的更新改造都无力进行,上海地区大量的企业设备都是中华人民共和国成立前的机器设备,还被认为是很先进的设备,有些还被搬迁到内地"三线企业"当作先进设备使用。

随着改革开放和国民经济的持续高速增长,我国的国民收入水平得到了快速的提升,人均 GDP 水平已经上升到 2016 年的 8 500 美元,达到中等收入国家的平均水平,而且国民收入分配的结构也发生了根本性的改变。我国居民家庭所占有的国民收入比重从 1978 年不足 30%逐步上升到了 2016 年的 70%,政府财政所占有的比重已经降到 30%左右,这大致是发达市场经济国家财政占比的平均水平。国民收入分配结构变化导致收入和储蓄的资金流出现了极大的转变,我国居民家庭在 2016 年实际拥有的可支配收入总量达到了 75 000 亿美元以上,这个部分的可支配收入将转化为当期消费支出和储蓄性资金。我国目前的全社会平均消费倾向(消费支出占可支配收入比重)不足 50%,因此,2016 年的新增储蓄性资金达到 37 500 亿美元以上,这个数量已经接近 2016 年美国的新增储蓄性资金量了。

储蓄性资金(资源或生产要素)将作何分配使用,这个是由一国经济体制的性质所决定的;市场经济体制的运行方式决定了居民家庭的储蓄资金是通过金融资本市场体系而转化为资本的,这就是市场化的投资方式。金融市场体系和资本市场的发展开放为居民家庭的投资提供了条件,包括商品、工具、资产形式、场所以及监督管理体系,而企业制度的股份制改革和市场化发展,也为投资者及其资金的投向提供最好的场所。我国的资本市场经历 20 多年发展,已经培育 3 000 多家国有、民营的上市公司,先后吸收了近 10 万亿元人民币的资金,上市公司的总市值已经超过了 100 万亿元人民币,股市的年交易已经超过了 1 000 万亿元人民币。成为世界上仅次于美国的第二大投资市场。

> 根据经济统计部门和有关研究机构的抽样调查,我国居民家庭在 2016 年的家庭总资产量平均值达到了 60 万元人民币以上,其中金融资产和证券类资产比重在 40% 以上,不动产投资比重达 30% 以上,显示了居民家庭的强大的投资能力和较大的资产拥有量。

第二节 投资的组织与运作管理

投资要将货币转化为资本,形成能带来增值的资产从而获得收益。在投资的实施过程中必然涉及以下问题:如何进行投资的决策,如何实施投资的运行与组织管理,投资的收益如何分配等。这其中涉及了投资的目的、投资的主体、投资者的行为、投资的组织管理等问题。这些都是在现行投融资体制下需要一一说明的问题。

一、投资的目标

投资是一种为了获得未来收益或资产增值而转让现有资金使用权的行为。投资者投入资金的目的是为了使现有资产得到增值,而预期未来的资产增值量与现有资产之比为投资的预期收益率。

预期收益率用公式可表示为:

$$P = (C - R)/R \qquad (1-1)$$

预期收益率的极大化为投资者的基本目标。投资者在作出投资决策的过程中,其基本的依据就是投入资金的收益率。在这里,收益率可以是以资金形式表现的利润率,也可能是以社会公共利益增进的形式表现。而公众投资的收益率我们则定义为单一的利润率。政府的公共投资往往有着多重的目标体系,它可能是社会的公共福利目标,也可能是社会稳定与安全目标,还可能是利润目标。因此,单一的利润率目标主要适用于公众投资。

当然,实际的投资目标决策过程要复杂得多,投资者涉及的投资对象是多元化的,投资的选择产生机会成本的差异、投资对象的预期收益率与风险的大小等,这些因素都会影响到投资的目标选择。

投资的目标区域选择,在市场经济条件下,按照资产安全与稳定、流动、收益率的要求,投资者可选择的目标区域十分广泛,可以投资于实业领域,如企业、不动产等,也可以投资于金融领域,如银行存款、股票、债券等。

目前公众投资可选择的主要领域如下。

(1) 银行存款,这是大众普遍接受的投资方式,安全性与流动性较高。

(2) 各种债券,其中以国债为主,这也是安全性较高、广受欢迎的投资品种。

(3) 不动产,指土地与房地产的开发投资,根据市场的发展程度,其具有较大投资空间。

(4) 黄金外汇,其具有一定的保值与升值能力。

(5) 股票基金,是证券市场上最重要的投资工具,最适宜于公众投资,具有广阔的投资空间。

(6) 期货及金融衍生产品,金融市场高度发展后的投资工具,具有高收益、高风险的特点。

(7) 保险及其相关产品,与个人收入上升高度相关的投资品种。

(8) 投资于企业或事业,这是直接从事经营的投资形式。

(9) 投资于艺术品与收藏品,这具有一定的保值与增值功能。

在市场不断发展的条件下,投资领域还将不断扩大。

投资的风险收益选择,是投资者决定投资领域选择的根本要素,对投资品种的风险收益率的不同评价、不同偏好,决定了投资者的不同投资选择。

我们先来看一看市场体系下不同投资领域或工具的风险收益率分布排列。

按照资产安全性、流动性、盈利性的要求,我们将收益率定义为货币的收益率;而把风险定义为对资产安全性的威胁和流动性的限制。然后,我们可以把不同资产的货币收益率与风险组合排列出来(表1-1)。

表1-1 不同资产的货币收益率与风险排序构成

资产种类	货币收益率	风险
1. 银行存款	0	0
2. 政府债券	1	1
3. 企业债券	2	2
4. 优先股票	3	3
5. 不动产	4	4
6. 普通股票	5	5

从以上不同资产的收益率与风险排列次序看,资产的货币收益率与风险呈正相关关系:一种资产的货币收益率越高,它的风险也就越高;而一种资产的风险越低,它的收益率也就越低,如银行存款,它的风险几乎是零,但它的货币收益率也是最低的,接近于零。从投资者的角度看,它不可能选择一种既没有风险而又具有高收益的投资对象,它要获得高收益,必须承担高风险,从理论上讲,不承担风险,就不可能有收益,而所谓的"无风险收益率"

也是近似地指银行的存款利率。而实际上银行的存款也是有风险的,只不过较低罢了。

因此,投资目标的收益率极大化就包含着对风险的承受度。理性的投资者追求的目标是在风险得到控制条件下的收益率极大化。投资决策过程的合理选择就体现在对风险与收益率的平衡处理中。在实际的投资过程中,投资者不同的偏好与不同的选择形成了不同的投资方式和不同的投资行为。

二、投资者行为

对投资者行为的考察,其依据是投资者对投资风险的基本态度。按照现代经济学的基本判断,投资者可以划分为风险厌恶型和风险进取型两种。前者我们可以认为是"巴菲特投资型"的,而后者则是"索罗斯投机型"的。也许我们可以用投机(speculation)和投资(investment)来认识这两种行为的差异。

投机是一种期望从投资对象市场价格的变化中获取特殊利润的投资行为。按照经济学的一般解释,投机者从事的买卖不是为了商品或服务本身,而是通过买进与再卖出来获取差价。无论是金融商品市场,还是实物商品市场,投机者都在通过买进与再卖出获取差价。

投机者的选择是风险偏好型的行为。在投资市场上,由于大量不确定因素的存在,市场价格的波动具有一定的随机性,这意味着投资过程中存在着巨大的风险与额外利润的可能性。在这种情况下,回避风险和远离风险可以使投资者避免损失,但同时它也不可能获得额外的利润。而风险偏好型的投机者恰是迎着风险而上的,它正是通过承受投资过程中的巨大风险而谋求获得额外的利润。因此,投机是投资行为的一种,是一种高风险的投资行为。显然,投机行为本身仅仅是一种投资方案的选择,没有价值标准上的好恶之分。

从市场运动过程看,投机行为与投资行为是相互依存的。经济学早已经观察发现,一个市场上如没有投机者,则投资者也就不能生存,而没有投资者则投机者也不能生存。投机者不仅是一个市场上风险的积极承担者,而且还是市场波动的有效平抑者。因为当市场价格发生波动时,回避风险的投资者会离开市场,而投机者则会在价格波动和发生差异时进入市场,无论其动机如何,投机者的买卖行为与稳健的投资者正好相反,一方面是在出售风险,而另一方面则是买入风险,由此起到了稳定市场的作用。弗里德曼的研究指出,除非所有的投机者都采用高价买进、低价卖出的方式行事,否则投机只会减少市场价格波动的幅度而不是相反。这就是著名的"弗里德曼定理"。因此,没有投机者,也就没有真正的市场。

从投资者的行为看,它对于投资收益的追求要受制于对风险的理性的控制。投资者是通过对市场上投资收益与投资风险的权衡,来选择一个其认可的最优的方案。但是,由于市场上存在着不确定性以及信息的不完全性,投资者事实上是不可能完全回避风险的。任何一项投资,因为市场的变化与不确定性,投资的预期收益率都有可能发生变化,有可能获益,也有可能亏损。确切地说,根本就不存在无风险的投资。从市场与投资者的角度看,不同投资项目的风险是不同的。根据以往经验,金融投资的风险要大于实业投资,而金融投资中的各个项目风险也是不同的,债券与保险的投资风险较低,股票与基金风险较高,期货、期权等衍生金融工具风险最高。当然,从信息与经验的角度看,不同的投资者的风险处理能力不同,以往的经验与处理能力也有差异,对同样的投资项目与领域,其实际承受的风险是不同的。不同的投资者往往是根据自己的理解来看待投资方案的风险的,不同的投资者群体往往会形成不同投资选择行为。

因此,从投资过程的一般特性来看,任何一个投资者的投资决策都有着一个最大获利的预期,但其必须为此投入资金,承受时间与等待,并承担相应的风险。获利与亏损都是可能的结果,而投资者的分析、控制能力则对其投资方案的结果有着重要的影响。

那么,投资与投机还有区别吗?事实上,它们对于追求获利的目标是一样的,只不过在风险的处理态度上有所差异罢了。可以这样说,投机只是投资的一个特例,或者说,投资是一次成功的投机。我们对投资与投机的区分,也只是限于对两者的不同风险处理方式与行为。应该说,投机行为在市场体系中是没有道德上的问题的,更不存在法律上的问题。

根据风险处理的态度与行为,我们可以对投资选择行为进行排列,得到三种有代表性的投资选择行为。

第一种行为是风险回避型的投资选择。风险回避型的投资行为是指投资者对于投资风险采取一种回避的态度,在资产选择上,往往是以无风险或低风险的组合为目标,以高流动性的现金类资产、银行储蓄类资产,以及低风险的债券类资产作为主要的投资对象。高流动性的资产组合具有以下两个特点:一是资产的流动性高;二是投资时间短。这样的资产组合流动变现能力强,同时可以较大程度地避开市场的不确定性。从投资者的收入预期、风险承受能力等因素看,低收入者、中老年人等群体大多是风险回避型的投资者,其行为具有较明显的一致性。

第二种行为是风险喜好型的投资选择。这是一种对风险采取积极介入的投资行为。因为风险的存在也意味着有额外的收益存在,投资者以此为目标进行投资,就会形成高风险的投资。从资产选择上看,高风险的投资组合往往追求那些期限长、流动性低、不确定性较大资产作为投资组合,这种资产组合也包含着高收益的可能性。从具体形式看,企业的普通股、高收益债券、金融衍生工具、风险投资基金等是其主要的投资对象。这种投资组合的最大特点就是市场的不确定性大,风险与收益同时存在于这种不确定性之中。这种投资组合往往与投机行为较接近,你也可以说这就是一种投机行为。因为从目的上是无法分清投资与投机的。这种投资行为的选择者往往对风险的承受能力较强,对信息的了解能力也较强,对收入的预期较高。青年人、高收入阶层是这个群体的主要成员。

第三种行为可以归结为风险中立型的投资选择。风险中立型的投资行为看起来介于第一种行为与第二种行为之间,其对于投资收益与投资风险的考虑采取较为均衡的方式,是一种兼顾型的投资选择。从资产选择的角度看,高、中、低不同收益与风险的资产组合及均衡配置是其基本特点。这种投资组合的选择适合于多种不同的群体,而且也是机构投资者普遍采取的方法。这种折中的方法并不构成特殊的投资方式,它仅仅是把资产分散于不同风险的项目上。对于个别的投资者来说,可以是一种折中的选择,而对于机构和大的投资者说,这种选择可能就不是随机的了。我们现在所知的一种投资组合理论就是"资产组合的多元化"。这种多元化的资产结构不仅能有效控制风险,而且按照马科维茨的资产组合理论,它还能分散风险和降低风险。投资者的不同行为与投资者的不同主体结构有关,当然,与投资的体制也有着重要的联系。

三、投资的主体

在现实的投资市场上,构成投资实体的投资者就是投资主体,它们是资金的所有者,又是投资的决策者和风险的承担者。目前我国投资市场上主要的投资主体如下。

(一)社会公众投资者

这里主要是指个人和家庭投资者,不包括企业法人。在市场经济体制下,国民收入的分配较多地流向家庭与个人,储蓄与积累也主要由公众完成。在投资市场开放的条件下,社会公众就成了市场上投资的主力军,也就是说,投资的资源主要来自社会人众,投资的主要决策也是由公众来决定的。由于投资者众多,投资市场的竞争性较强。

公众投资的特点是规模较小、投资选择的范围大、投资形式灵活多样化。从现阶段看,公众投资的规模较小,人们主要是用消费后的余钱来进行投资。公众投资的主要领域有以下五个:一是通过资本市场进行的金融投资,即投资于股票、债券、基金等金融资产;二是通过银行进行储蓄;三是从事小规模的实业投资和生产经营活动,包括生产性经营和服务性经营;四是介入不动产和住宅的投资;五是从事黄金、外汇以及其他稀有资产和艺术品的投资。凡是能够具有保值、增值能力的资产都可能成为公众投资的对象。

公众的决策具有很大的灵活性,它的投资范围、投资形式主要看当时市场的组织体制、开放程度和运行的稳定性。市场越是开放,投资的范围将越大,投资的多样性越发达。

(二) 企业法人以及机构型投资者

企业是一个社会经济活动的基本组织形式,它与社会公众经济活动方式的不同之处在于它不是以自然人的方式从事经济活动的。在市场经济体制下,企业组织的形式也是多元化的,我们知道基本的有法人企业与自然人企业之分。法人企业是指其资产来自外部的公司型企业组织;而自然人企业是指出资人就是企业经营者的非公司企业。两者在财产责任及管理方式上存在着差异。我们这里分析的企业投资是法人企业及机构的投资,它是市场经济条件下社会投资的重要组成部分。

企业作为一个经济实体进行投资,事实上是以"法人"的形式进行的。这个法人也是一个具有经济利益动机和承担经济责任的实体。从利益动机角度看,企业法人投资与公众自然人投资并无本质区别。企业也是为了谋求利润而进行投资的,企业在市场竞争体制下没有社会责任和来自社会公共方面的权力。企业从事投资的决策也是市场导向的,即它从事投资时自主决策、自主选择、自主经营、自负盈亏。在这里,企业作为投资主体也是为了追求利润的最大化。企业所有的投资策略是围绕着资产增值和经济效益而展开的,其投资方向的确定、投资规模的决定、投资项目的选择,都是以投资收益为决策依据的。因此,作为企业法人,它的决策行为与公众一样,是一种"经济人"的行为。

企业的投资事实上是一种机构型投资,在市场经济条件下,企业作为经济组织在投资动机上与个人投资者是相同的。所不同的是它的组织结构。企业这种经济集合组织,其所有的资金都来自外部投资者,企业的经营者只是接受外部投资者的委托从事投资与管理。公司型的企业组织一般由投资者组成股东会,由股东会选举董事会作为企业的决策与管理机构,再由董事会选聘经理来从事企业的日常管理与经营。因此,企业投资事实上是个人投资的委托代理形式。当然,这种形式与我国传统的国有企业投资是有根本差异的。国有企业是由国家出资组成的经济组织,企业没有投资的决策自主权,也没有投资的利益动机,一切由国家的意图来决定投资的决策。这种投资行为从本质上说是一种公共型的投资,与市场经济活动及营利活动无关。

市场体系中企业的资本都来自外部,所有的"权益"都归外部投资者所有。但企业可拥有资产的法人所有权,即资金的支配权,而且还可以通过外部融资获得资金,如银行贷款、发行债券、商业性融资等。

企业投资的领域与范围几乎是所有营利性的行业和部门。按照现行的市场体系与政策规定,企业投资领域几乎是无所不包的。从一般性的生产经营项目到服务性的经营项目;从房屋不动产开发投资到基础设施领域的投资;从实业领域的投资到金融市场和风险领域的投资;凡是政策许可的和有利可图的行业领域,都是企业投资可行的领域。

(三) 政府投资主体

到目前为止,世界各国的政府根据各自的职能都在从事着投资,只不过它们的投资领域、投资范围、投资规模、投资管理形式有所不同罢了。从市场经济体制的角度看,政府一般已退出竞争性的行业和营利性的领域,而主要从事公共领域和基础产品领域的投资,它的投资一般具有公共性与非营利性,它以公共目标和社会效益为投资的基本目标。而在非市场经济体制的国家中,政府的投资往往具有更广泛的领域,政府通过财政集中较多的国民收入进行投资,它往往通过投资建设国有的企业体系,并控制国民经济的主体,形成国有经济体系。在我国的计划经济时期,政府控制了75%以上的国民收入,并直接和间接地控制了85%以上的投资,国有企业成为我国所有经济部门的主体。随着我国经济体制的改革与市场经济体制的发展,我国的国民收入格局发生了变化,政府的财政收入比重下降到20%以下,70%以上的国民收入变为公众的可支配收入,我国的投资结构也发生了相应的变化。政府的投资比重大大下降,政府投资的功能与性质也在发生变革。随着国有经济的战略性调整,政府投资也开始转向公共领域和基础产品领域,并逐步从一般性竞争性领域中退出。

从目前政府投资的功能与性质看,市场经济体制国家政府的投资一般只限于公益性和公共产品领域,一般不涉及营利性的领域。而我国的市场经济体制发展还不完善,虽然国有经济在进行战略性的调整,但政府的投资还没有完全退出竞争性行业和营利性领域。这种投资结构的调整与转轨还没有完成。国有企业的预算拨款投资已基本停止,但大型项目的建设投资仍在进行。尤其在近年来扩张性财政政策的影响下,大量的财政资金和国债资金投入了新的项目,又形成了大批新的国有企业。这使政府投资结构的调整延缓了。

目前政府投资的主要领域如下。

第一,大型基础设施的投资,包括铁路、港口、机场、高速公路等。

第二，大型能源基地和设施的投资建设，如油田、电站、输送管道、线路等。

第三，城市的公共设施投资建设，如公交、供电、供气、自来水等。

第四，社会事业性的投资，如基础教育、科研、文化、卫生、体育、医疗、广播电视等。

第五，有关国防安全方面的项目投资建设。

第六，对一些特殊地区的投资，如对中西部地区的重点项目投资。

政府投资的领域从市场经济体系看，主要起到一种市场投资的补充和完善作用。它要进入的领域与项目往往是公众投资者不愿进入或无力进入的，这些领域或项目往往具有投资规模大、投资期限长、投资收益低的特点，许多项目建设还涉及大量的外部关系，私人机构往往难以处理，这要求政府从社会的角度进行投资，体现其社会性的特点。

政府投资也涉及资金的筹集、投资立项选择、项目的经营管理等问题，它不等于是行政的投资，更不等于是行政长官的投资。市场经济体制条件下政府的公共性投资也涉及一个复杂的管理组织问题。各个国家的公共投资体系都面临着这个问题。而基本的选择是向政府投资公司化经营管理方向发展。

四、投资的组织管理形式

在市场经济体制条件下，投资的组织管理过程是依据投资主体及其决策主体的组织而形成的。投资的组织管理形式主要如下。

第一，个人投资。公众以个人形式从事投资及管理的方式即个人投资管理，这也包括家庭投资管理形式。这种投资管理形式以单个人的独立投资与独立决策为依托，在市场上，它不接受任何的外部强制干预，同时它也必须承担全部的投资风险。

个人投资形式建立在以下两个条件之上：一是个人或家庭收入在用于消费后有剩余，构成投资基金；二是存在着一个自由而广泛的投资市场。个人投资受资金规模、管理能力的限制，一般表现为小规模的分散型的投资，而且主要是非专业的业余性投资。在具体的投资范围与形式上，以个人或家庭自主经营、金融市场小额证券投资和房屋不动产投资为主，还有一些艺术收藏品的投资等。在投资方式上，主要是在市场引导下以分散决策为主。

第二，机构型投资。这是以个人分散资金集合投资为基础的投资组织管理方式。市场经济条件下社会资金的分散化使个人投资管理较为困难，大规模集中投资也难以形成。为了解决资金分散与投资决策专业化的问题，机构型投资管理组织形式逐步形成了，并逐步成为投资组织管理的主要形式。

机构型投资又可以分为以下形式：

一种是公司型的投资组织管理方式，它以公司企业的组织形式吸收社会个人或家庭的资金入股，公司作为投资实体运作资金，进行投资。公司组织与出资者之间的关系是一种委托代理关系，出资人可对公司运作进行监督，但公司的投资管理决策是独立自主的，公司投资运作管理的成果是由出资人分享的。公司的投资领域既可能是实业市场，也可能是金融市场。

目前公司型的企业组织包括由公众出资型的股份公司，也包括少数人出资组织的非股份制的公司，既包括一般的工商企业，也包括银行等金融企业。

另一种投资机构是契约型的投资管理组织，它的组织与形成方式不同于公司型的组织。契约型的机构根据契约组建起来的投资组织，它没有公司的独立法人地位，主要的机构组织形式由信托契约与投资基金组合，它们依据契约吸收社会资金，并从事投资管理，基金的收益扣除管理成本以后为出资人(受益人)所有。这种机构投资集中了社会分散的资金，进行集中的投资管理运作，它事实上是由专业人员进行管理的投资组合，也是一种受托投资的组织管理形式。在金融市场广泛发展以后，这种契约型的投资组合形式得到了越来越快的发展。它可以发挥集中投资、专家运作和组合投资控制风险的优势，受到了社会投资大众的广泛青睐。我国目前的基金分为公募基金和私募基金两种：公募基金通过资本市场公开募集资金，目前已有130多家公募基金运作，管理的投资资金总量达到了10万亿元；私募基金的数量和规模在近年来获得了快速的发展，资金规模有分析指出将近百万亿元人民币。

专栏阅读1-2：资产的风险收益率影响因素

投资者需要通过对资产的风险和预期收益率之间的变动关系来分析评估投资项目的可行性和价值。预期收益率的高低与资产风险的高低一般是呈正相关的，也就是说，较高的收益率要以承担较高的风险为代价。而预期收益率的构成主要是以下两个部分：实际的无风险收益率和资产的风险溢价。

第一部分是资产的无风险收益率，这是投资所必须获得的报酬，作为资金放弃当期消费而转让使用权的一种回报。资金的无风险收益率相当于无风险的资金利率，也有认为其接近于年度的活期银行存款利率。在存在通货膨胀的条件下，无风险收益率可以分为名义的无风险收益率和实际的无风险收益率，名义的无风险收益率减去通货膨胀率就是实际的无风险收益率。

第二部分构成风险收益率因素的是资产的风险溢价。资产的风险溢价是根据资产实际承担的风险大小而决定的,预测到一种高风险的资产就会有较高的风险溢价要求,而资产风险较低的就有较低的风险溢价要求。风险溢价要求高低直接决定了资产预期收益的高低。这在资产定价过程中表达得十分清楚。

预期收益率 = 实际的无风险利率 + 预期的通货膨胀率 + 资产的风险溢价

可见,在无风险利率稳定条件下,实际的通货膨胀率水平和资产承担的风险高低直接决定了预期收益率的高低。在实际市场投资中如何来判断和确定资产未来的风险高低,其本身是十分困难的,它受到市场变化的不确定性影响,定量分析和确认存在着未解决的因素。在我们可以看到的投资解释和分析计量方法中,都只能作出一定范围的假设或主观确定,以此来推测未来可能的风险收益率,这其中的局限十分清晰。

现在出现的一些有影响的分析定量方法是通过对资本市场金融资产的价格波动的历史分析模拟来推测资产的风险收益率。这一方法有价值之处是引入了金融资产市场价格波动的历史数据,分析测算其风险波动的范围,以此来推算资产的风险收益率水平,它的意义在于引进了历史的经验的数据值,代替了纯粹的主观假设判断;但仍然受制于历史和经验的局限。预期的收益率将永远是一种存在判断推测的收益率估计,与市场实际会有偏差。

第三节 投资的环境影响

投资环境是指投资活动所处的外部条件,它对投资的进行及其结果有着重要的影响。环境因素对投资决策、投资管理、投资风险、投资收益有着极大的影响,环境影响是投资者必须重视的要素。

我们这里要分析的投资环境是一个较复杂的问题,它事实上由几个相互独立、相互影响的部分构成。从金融投资的角度看,投资环境是指市场上证券及投资工具的数量、市场组织的完善程度、金融工具的收益率、信息的真实完整性、市场的有效程度等。从实业投资的角度看,投资环境往往由更为复杂的因素构成,它包括社会政治、法律、经济体制、文化、自然环境、投资的基础设施、管理服务等因素。实业投资和金融投资所要求的环境条件是有所不同的,但环境影响对投资的作用与影响结果是共同的。

一、金融投资的环境因素及其作用

金融投资主要是指证券市场的投资,影响这一投资过程的主要因素有以下三个方面。

第一,金融资产的种类与数量。金融市场上的交易工具有很多种类,根据其性质可以将其分为债权型投资工具和股权型投资工具。债权型工具包括国债、公司债、金融债券;而股权型工具主要是由公司发行的股票,包括普通股与优先股。债券型工具要定期支付利息,到期后必须还本付息。公司股票则是公司的股权凭证,持有人可参与公司的管理和公司利润的分配,它没有投资的期限。根据金融资产期限的长短,可以将其分为短期金融工具和长期金融工具。短期金融工具以一年期为限,主要是货币市场工具,如短期国债、商业票据、回购协议等;长期金融工具主要是公司股票、长期国债、公司债券以及银行债券等。根据交易方式,金融工具可以分为原生金融工具和衍生金融工具。上面提及的资产都是原生工具,而在原生工具交易基础上派生出来的交易工具则是衍生工具,主要有金融期货(financial futures)、指数期货、金融期权(financial option)、货币利率互换等。这些金融工具往往具有不同的收益率水平,但同时也具有不同的风险。

一般而言,金融市场越是发展,金融工具的开发与创新程度越高,有较丰富的金融市场投资品种,金融监管合理有效,使市场投资的环境获得改善,可降低金融市场的投资风险。目前发达国家的成熟资本市场上述各项条件普遍较好,投资收益率维持在较高的水平上;而大部分新兴证券市场的情况正好相反,投资的风险就较高,收益率普遍较低。

第二,金融市场与金融机构的组织管理。金融市场是金融工具交易的场所,它构成了投资的基本条件。金融市场的构成较为复杂,通常我们根据金融工具的性质和期限把它区分为货币市场和资本市场,货币市场是短期金融市场,而资本市场是长期金融市场。而投资活动涉及的主要是资本市场,它由债券市场和股票市场组成。参与这个市场的主体有上市公司(融资主体)、证券商、投资者。

资本市场又可以称为证券市场,它可以分为一级市场和二级市场。证券一级市场是证券的发行市场,发行股票或债券的公司通过投资银行或证券商向社会公众销售其证券,这些证券可以称之为"原始证券"。一级市场上的投资过程涉及上市公司、证券经销商和投资者三个主体,一级市场往往也是一个无形市场。证券二级市场也就是证券的交易市场,是已发行的证券转手买卖的场所。证券的二级市场由正规的证券交易所和场外交易构成。从证券交易所看,它是一个有组织的、集中交易的、公开拍卖的市场,它在交易方式上实行封闭式的连续交易,买卖双方都必须通过经纪人(Broker)进行交易。经纪人或证券商是证券市场上客户进行交易的代理商,它们通过代客买卖,收取佣金。当然,它们也可以用自有资金从事证券的买卖,即从事自营业务。除了集中交易的证券交易所以外,场外交易也是证券市场的一个重要形式,由证券交易商组织的柜台交易市场,也称店头市场,交易商通过协议将柜台市场进行联网交易,就构成了证券商自动交易系统,如美国的纳斯达克(Nasdaq)系统,还有一些国家的二板市场、创业板市场都具有同一性质。除此之外,场外交易还有更为松散的自由市场交易。

金融市场上提供服务的中介机构即证券类金融服务机构。它主要包括从事一级市场服务的投资银行(证券公司),在二级市场上提供服务的证券经纪公司、交易服务商,以及证券交易所。投资银行的业务主要是帮助公司发行证券,并从事证券的包销、代理、融资,它往往既是上市公司的证券承销商,又是公司的财务顾问。而经纪公司和证券交易商则在二级市场上代投资人进行证券的买卖,一般的经纪商既可以代客买卖证券,也可以进行自营,还可以在一定的范围内提供融资服务。证券交易所是一个集中的交易场所,为它的成员提供固定的交易场所。

所有的投资银行、证券商、交易所及其证券交易活动都要受到证券监督管理机构(如国家证监委)的监督管理。

第三,金融市场组织及其有效性。金融市场组织与运行的有效性也是投资环境的重要因素。从投资者的角度看,证券市场的价格及其变化所提供的信息能否反映证券内在价值的真实变化,是投资风险与效率的关键。什么是有效市场呢?美国经济学家法玛(E.Fama)根据证券市场价格信息的效率与真实性,将证券市场分成三种类型,即弱有效市场、半强有效市场和强有效市场。弱有效市场是指现在市场的价格只反映过去的价格信息,而不反映未来证券市场价格的变化,投资者无法根据现有的价格信息对未来市场变化作出分析判断。半强有效市场是指现有证券市场价格只反映所有公开的市场信息,而不反映其他的信息,投资者根据公开的价格信息不可能得到额外的投资回报。而强有效市场指的是证券市场价格变化反映了所有公开的信息和内部的信息,市场是充分竞争的,价格信息完全透明,因此,投资者已不可能利用已获得的价格信息来获得额外的投资回报。

有效市场的建设,在于增加市场的竞争性与信息的透明度,消除证券市场的垄断与暗箱操作,减少市场本身的不确定性。从投资者的角度看,其投资策略将从赌消息、获取内部信息到进行合理的投资组合,从事真正的行业分析,以此来获得更多的投资回报。

证券市场发展水平与发展程度是有一个过程的,并有一定的阶段性。一个证券市场的发展不可能是一步到位和成熟的,如我国目前的证券市场运行水平,还无法实现充分有效市场。因此,投资者应当客观地认识市场的发展阶段与环境,据此来确定一个合理的投资策略。

专栏阅读1-3：有效市场假说

依据证券市场上价格波动变化是否充分反映了影响价格变化背后的可用信息，美国经济学家法玛提出了有效市场理论假说。这一理论假说对于市场环境的影响力作用意义反映深刻。

一般合理的假设推测是投资者和投资机构买入股票和卖出股票均是建立在他们对于该股票的内在价值和市场价格变动的原因已有充分了解基础上的，当他们发现股票价格偏离价值，如低于内在价值时，就会买进股票，相反就会卖出股票。投资者的理性买卖行为会最终影响股价趋向于其内在价值，这就是有效市场。在这个市场上，价格变动的信息是真实、及时、可靠的，不存在信息的垄断、扭曲和人为操纵；投资者在公开市场上的操作是公开、公平的，没有任何人、任何机构拥有信息控制垄断的优势。也就是说，证券市场环境是透明的，竞争是公平的。

有效市场假说指出的是证券市场上一种有效定价的完美情况：没有信息扭曲和差异，信息能及时地公布发表，股票价格可以及时地反映信息的变化影响，投资者不可能通过信息优势获得价格优势，这和我国证券市场要求的"公开、公正、公平"是趋于一致的。

但在目前的实际市场运行中，市场的有效性还受到种种局限，信息的公开性合理性及时性还受到较多限制，有体制性的因素，也有技术性的因素，还有政策性的因素，如上市公式信息披露的及时性保密性问题；金融政策的泄露等问题，造成市场信息的不公平不准确，影响到市场的充分有效性。正因如此，投资学现在把证券市场的有效性依据信息公平的程度，区分为强有效市场、弱有效市场和半有效市场几种状态。如果完全不公开的市场就是无效市场。我国目前的证券市场一般认为是一种半有效市场状态。

二、实业投资的环境因素

从实业投资的角度看，投资的环境是指在一定时期内能影响投资决策与投资收益的外部因素，凡能影响投资活动过程的一切综合性的因素，如政治、经济、文化、地理环境、社会法律等，都构成实业投资的环境因素。投资环境的作用与重要性是在我国市场经济体系发展以后表现出来的，政府行政性的投资让位于市场主体的投资以后，投资者的投资安全性、投资有效性、投资的预期收益都跟所处的投资环境有着直接的关系。一个项目从投资立项，到开工建设，竣工投产，以及项目的正常运行，投资的效率，都会受到环境的影响。投资环境的好坏，不仅对于投资者的投资效果有着直接的作用，而且对于地区或国家的资金流入、技术与管理的引入、经济的发展都会产生重大的影响。因此，投资环境问题已经备受各地的重视。

那么，有哪些基本的投资环境因素呢？

第一，国家或地区的政治性因素。这包括一国政治制度的结构与稳定性;政局的稳定性以及政策的连续性;政府对经济活动的管理方式和态度;政府机构和部门的工作效率等。政局稳定、政策具有连续性、政府管理的效率高、政策透明,对于吸引投资有着十分积极的作用,也为众多国家的经济实践所证明。

第二,国家或地区的经济因素,包括宏观经济环境与微观经济环境两个方面。从宏观经济环境方面看,主要有一国的经济体制、市场组织体制、产业发展水平、产业政策、税收政策、宏观经济调控方式与能力等因素。宏观经济环境因素对于投资的吸引,以及投资的进入与结构有着重大的影响。从微观经济环境方面看,主要有投资项目所涉及的产业的发展程度,相关产业的发展及可能的配套水平,市场进入者的数量以及竞争的程度,市场需求的弹性度,投资项目涉及雇员和工人的工资水平,项目所需技术、设备和原材料的可供情况,项目投资后的再融资能力等。这些经济因素的作用,会直接影响到投资项目的成本水平与获利能力,对投资者的决策有着重要的价值。它构成了投资决策环境的最重要的参考。

第三,投资项目所在地区的基础设施条件,也就是通常所指的投资的"硬环境"。投资的基础设施条件是投资决策的基本前提。我们知道,所谓的硬环境,也就是说它是最基本的和必不可少的条件。通常会影响到投资项目的基础设施主要有以下六个部分。

(1) 投资地区的交通设施与条件,这又可分为铁路运输、航空条件、公路设施条件、港口水运能力,以及城市交通条件,其主要体现为客货运输的能力与效率。

(2) 通信设施及其能力,包括电信、网络设施、邮政设施等。

(3) 能源设施及供应能力,这包括电力设施、供热供气、燃料动力等。

(4) 城市或地区的公共服务体系能力,如供水排水、安全防护体系等。

(5) 投资地区或城市的生态环境体系,包括城市的大气、水质条件,环境绿化要素。

(6) 城市的生活服务体系与服务质量,如生活居住条件,医疗机构质量,学校公共服务体系等。

第四,法律、政策、社会文化因素,这些要素可以称为投资的"软环境"。投资项目的成败与质量除了受"硬环境"影响外,还直接受到"软环境"的影响。软环境有时甚至比硬环境还要重要。软环境主要包括法律环境、政策因素和社会文化因素等方面。

从法律环境因素看,其对投资项目的影响是至关重要的。一个国家法律体系是否健全、司法是否独立公正,以及对投资保护法律的是否完备,直接影响到投资者的信心与投资的意愿。一国法律体系的公开透明,能够给投资者以充分的保护,也为投资者的决策选择提供了可靠的保障。法律保障对投资者信心的作用可从以下案例中找到:一个案例是美国的法律体系以及对投资的保护,提供了一个透明的、公平的、宽松的投资经营环境,吸引了大量的外国投资,使其成为世界上最大的外资吸收国,并且其外资投入量已开始超过本国的投资量。另一个案例则是改革开放以后的中国,尤其是1992年以后,中国加大了开放的力度,完备了各项相关的法律,尤其是投资保护法,强化了法律的透明度和稳定性,大大增强了投资者的信心,使中国成为仅次于美国的第二大外资吸收国,并对推动国内民间投资起到了积极的作用。

从政策因素看,它表现为政策制定的合理性和合法性,政策制定的透明度,以及政策的稳定性等方面。就体制结构及其运行而言,政策性因素比法律体系具有更短期的特点,调整也更为频繁,也更多地体现了当时政府决策者的意志。但是,政策也绝不是随意性的,更不是以个人意志为转移的,它显然不能突破法律的基本框架,更不能体现出朝令夕改的随意性,而且政策还必须具有透明度,这些要素可使投资者对来自政策层面的影响作出较准确的估计。如果一项政策没有稳定性,投资者就无法对其作出评估,而政策缺少透明度,更会影响投资者的信心。

例如,关于外商投资企业所得税减免的政策,在20世纪80年代初期就出台了,但各地在实施过程中的差别很大。有的地区滥用这项政策,经常承诺了又不兑现,减免政策不透明、随意改变等,结果使投资者无所适从,投资的信心受到打击,使这些地区的投资受到影响,即使硬件设施再好也没用。相反,有些地区的投资硬环境并不太好,也没有特殊的优惠政策,但依靠政策的稳定透明和诚信服务,吸引了大批的投资者,显示出政策的威力。这两种情况在我国都客观存在着。

社会文化因素对于投资者的决策也有着重要的影响。一个投资项目的进行,势必要涉及当地的社会文化结构。一个地区的民族构成、宗教信仰、传统价值观念、生活习俗、教育水平、道德水准,共同构成了这个地区投资的软环境,对投资者的决策有着重要的影响。我们知道,如果投资者面对重大的社会民族差异和宗教信仰差异,其投资项目及未来经营的不确定性就会大大增加,这势必会影响到他的投资决策。第二次世界大战以后相当长时期内出现的美国、欧洲、日本三角化投资格局与上述因素就有着直接的关联。应当看到,社会文化结构及其信仰的重大差异,会对投资者产生一种"文化震荡"(culture shock),从而阻碍投资的流动。就此而言,通过不断的改革开放,加强文化的交流与融合,建立国际化的社会规范,减小文化差异与冲突,可以有效地改善投资环境,吸引国外的投资,达到促进地方经济发展的目标。

三、实业投资环境的评价

对投资环境的评价就是通过一定的方法来认知、测算环境质量,用以指导投资的决策,同时对于政府和管理部门,则有着了解投资环境、改善投资环境的积极作用。要了解各地区的投资环境,可以采用专家实地调查的方法进行,也可以采用问卷调查的方法进行,还可以委托专业化的评估机构进行评估。具体采用何种方式进行评价要看投资者对投资评估的要求、重要性,以及所投入的成本来决定。

对投资环境的评价,涉及投资地区政治、经济、文化、基础设施等一系列因素,是一个综合性的分析测定过程。它既涉及一般性的定性分析,通过观察分析估计来决定投资环境的质量,这种方法适用性较强,但分析不能达到深入细致的程度,而要进一步分析测定投资环境的质量,还可以使用更精确细致的定量分析方法。当然,定量分析的方法所受到的限制也更多,这意味着定量方法需要的条件更多、约束更强,要获得准确的结论也更为困难。

目前投资环境评价方法的采用都是依据经验设定变量的分析模型,有不同国家的对比分析法,有静态的多因素分析法,还有一种关键因素分析法。

不同国家的对比分析法由美国学者最先提出,该方法的基本思路是选择一批不同的投资对象国,选择设定七项指标进行对比,这七项指标为:政治稳定性、市场机会、经济发展潜力、文化认同程度、法律阻碍、实质阻碍、地理及文化差异。对这七项指标进行对比分析,可以得出每一项指标的高低,从而得出该国投资环境的冷热,即投资环境的优劣。这种方法事实上是一种以经验根据和判断为依据的分析方法,精确度较低。

投资环境的多因素分析法是将一地的投资环境分界为一系列的因素,每一个环境因素都依据经验确定其在总环境因素中的权重,然后每一个子因素都设定优、良、中、可、差五等。由若干专家给出等级,算出每一个子因素的平均值,再乘以权数后加总,就可得出环境评价的总分值。在这种方法中,环境子因素的设定以及专家的经验起着关键的作用。

投资环境的关键因素分析法是多因素分析法的变异,它只是将众多的子因素加以简化,设定几个关键性的因素进行评分定级,再给出投资环境的总评价分。这种方法比多因素法更为简化,但选择因素则更为重要,专家的意见也更有影响力。

无论哪一种评价方法,都必须以掌握投资分析所需要的基本信息资料为基础,以科学的分析方法和经验为依据,作出的评价才能有真正的价值。

案例阅读分析：我国沿海各城市投资环境的分析评价

投资环境的影响因素是投资获得和市场发展的主要原因，投资的安全和投资报酬或收益率均与投资的环境直接相关。投资者在决定是否投资时，首先要考虑的就是一国的市场条件、政治制度的合理性、法律制度的健全程度、市场的开放程度、税收贷款外汇等政策条件，这就是投资的市场环境评价分析。

最早对投资项目进行环境分析的是联合国的援助开发署和世界银行项目贷款计划，20世纪70年代后期美国的计划开发机构也开始实行投资的环境分析评估。早期国际开发机构的投资贷款遇到了各国的不同市场环境问题，为了评估投资的安全性和可行性，他们提出了投资环境分析评估的几大要素，主要有：政治制度的稳定性、市场的开放性和准入性、经济政策的透明度、文化的兼容性、经济政策的可持续性、资源的可供性和竞争性，以此来评估投资所在国的安全性和市场环境可行性。

我国实行改革开放以后，大量外资进入中国，投资项目分布从沿海到内地，投资领域从制造业到农业加工业，在金融服务业，除了一部分限入领域，几乎是全面铺开，对各地的经济增长发展影响巨大。

但是，外资进入和分布呈现明显的地域差异和一定的集聚性分布，这是什么原因造成的？其实这正是投资环境差异所造成的结果。从20世纪90年代初至今的近30年时间里，外资投资企业项目的落户和集聚主要分布在沿海的三个趋势和一些中心城市的开发区内，其中珠三角地区、长江三角洲地区和环渤海的京津唐地区，是外资最密集的集聚区。而成本更低、资源市场更为广阔、政策更为优惠的中西部地区却没有成为外资的首选。其中一个原因就是投资环境的差异。20世纪90年代中期开始有外商投资机构对中国的投资环境进行分析评估，以此指导外资企业的投资落户。其中中国台湾地区的工业发展联合会连续若干年进行的各城市投资环境分析评估对外资落户产生了重大的影响。

该投资环境分析评估根据各城市的投资软硬环境条件，分别列出了十大环境因素进行分别评分，综合评分得分最高的即是当年投资环境最优的城市。这十个因素包括交通、通信、能源电力供应、水资源条件、港口机场、人力资源、金融资金、文化融合、政府友好、税收优惠，这些环境条件既可能影响投资的成本水平，也可能影响到企业运作管理的可行性。在连续几年的分析评估中，得分最高的城市分别是苏州市、昆山市、宁波市、杭州市、扬州市等沿海城市，那些一线超大城市得分反而较低，反映出成本构成差异对于投资预期收益率的影响，这些评估方法结论对于实际的外商投资进程和分布集聚产生了极大的影响。

复习思考题

1. 什么是实业投资和金融投资？两者有何区别？
2. 如何区分长期投资和短期投资？
3. 请分析市场经济条件下的投资主体及其构成。

4. 政府投资和私人投资在投资领域上有何差别？
5. 请分析投资收益与资产风险之间的关系。
6. 请分析市场条件下投资者的风险偏好与投资行为。
7. 什么是机构投资者？它的组织结构有何特征？
8. 一定时期投资的市场环境构成因素有哪些？
9. 如何理解投资的硬环境和软环境？
10. 请分析投资环境分析的作用和重要性。

第二章

投资基本理念概述

> **投资导读**
>
> 投资者从事投资必须要了解投资活动的目标、过程、风险构成、价值回报等基本的理论概念,这些投资的基本知识可以称之为投资理念,属于常识性的理论概念,它对于投资者的投资决策与选择有着重要的影响。在现实中,无论是金融资产投资还是产业项目投资,投资者都首先要了解一些基本的投资价值观念:确认从事投资将追求的目标、将经历的操作过程和实施的方法、可能遇到的风险、未来的收益率情况。我们这里主要介绍的是投资的货币时间价值问题、投资的现金流量构成、利率与汇率的影响问题,以及投资的风险构成及其影响问题。

第一节 货币的时间价值——投资回报的基础

货币的时间价值是指投入货币资金所发生的增值能力。经济学认为,投资者在选择投资行为后,就必须放弃一部分消费性或其他性质的支出,对消费者延迟消费的行为应给予适当的报酬,这种报酬的大小与投资者延迟消费的时间长短有关,而其时间价值的高低也与投资者的灵活偏好程度、消费倾向等因素有关。为了追求极大化利润水平,投资者将现期收入转作投资支出而放弃现在的消费,其目的就是为了能够在将来获取一定的收益。能否取得理想的收益,是任何一个投资者在选择投资行为时都必须考虑的问题。但是收益取得与发生投资行为的时间存在相当长的间隔,为了准确地进行投资与收益的计量、考察投资收益率的高低,投资者必须考虑到时间因素对货币价值的影响,这就是货币的时间价值因素。

一、货币时间价值的实质

货币的时间价值,究其实质乃是资金周转使用后产生的价值增值。这是因为,当资金使用者将资金要素投入生产经营活动后,借助于生产过程创造新价值,带来利润并实现价值增值;资金在实际的使用过程中,占用的时间越长,所获利润越多,其价值增量也越大。当资金的使用者与所有者相分离时,作为资金所有者所要分享的一部分的价值增值就显得非常必要和合理。一般而言,货币的时间价值通常采用利息或利率的形式来表示,利息或利率代表了资金所有者向资金使用者索取的一种价值补偿。当资金使用者同时也是资金所有者时,这种经资金周转使用后产生的价值增量就全部成为投资者的投资报酬,这时货币的时间价值往往采用投资报酬或投资报酬率形式来表示。

从实际的投资决策过程看,货币时间价值的主要作用表现为以下四种。

(1) 以利息或利率表示的货币时间价值是投资报酬或投资报酬率的基本要求。

(2) 以投资报酬或投资报酬率表示的货币时间价值是投资者衡量投资收益、考核项目成效的基本依据。

(3) 货币时间价值还可以揭示不同时点上资金量的换算关系,是投资者进行筹资、投资决策分析的基础。

(4) 从实际投资的过程看,利息率作为货币的时间价值又体现为资金借入的成本,资金使用者的借入成本构成了投资项目决策的基点。

因此,所谓货币的时间价值,具有双重的含义,它既是资金所有者让渡资金所获得的利息报酬,又是资金使用者支付给资金所有者的一部分成本。

二、货币时间价值的相关概念

货币时间价值在具体应用中,涉及一系列的相关概念,而对每个概念的考察又涉及利率计算的不同方法,即在单利和复利计算中有着不同的含义。主要有以下四个概念。

(一) 等值

等值是指不同时点的、不同数量的货币可以具有相同的价值。例如,现在有 10 000 元,年利率为 9%。在单利条件下,两年后本利和将是 11 800 元;在复利条件下,由于将第一年利息计入本金计算第二年利息,因此其两年后本利和为 11 881 元。即目前的 10 000 元在 9% 的单利条件下,与两年后的 11 800 元等值;在复利条件下,与两年后的 11 881 元等值。

(二) 时值

时值是指货币在运行过程中针对某一基准时间而言,所处的时点不同,价值也不同。货币在运行过程中处于某一时点的价值就是时值。

(三) 现值

将某一数量将来的货币换算成与之等值的较早时点的货币,称为贴现;较早时点的货币价值就是现值,或现在值。按单利法和复利法不同,现值又可分为单利现值与复利现值。

(四) 终值

把某一时点的货币换算成与之等值的此后时点的货币,称为计算本利和;以后时点的货币资金价值就是终值,或将来值。按单利法和复利法不同,终值又可分为单利终值与复利终值。

三、货币时间价值的计算

利用货币时间价值原理可以计算出货币的终值与现值,它有单利计算与复利计算两种方法。单利法是指本金计息利息不计息的计算方法;复利法是指本金及其利息同样计息的计算方法。企业进行投资决策时,可以根据不同的条件与需要,选择相应的货币时间价值量的计算公式。

(一) 货币时间价值的终值计算

终值计算是指在已知现值 P(指本金或初始借款值,即一定货币量的现在值) 的情况下,求终值 F(指 n 期后的本利合计,即一定货币量的将来值) 的计算方法。它有单利终值计算和复利终值计算两种。

(1) 单利终值计算。单利终值是按照单利法对现在投入一定数量资金的将来收益进行确定。由于现在投入一定数量资金,在将来应该要实现一定的报酬,这实际上就是现在投入一定资金的到期本利和。

单利终值公式如下:

$$F = P \cdot (1 + i \cdot n) \tag{2-1}$$

式中：i—— 单位期间利率，一般指年利率；

n—— 利息计算期间，一般以年为单位。

例 2-1：某企业向银行贷款 20 万元，年利率为 12%，期限两年，到期应还本付息是多少？

解：解本题可用上式进行计算：

$$F = 20 \times (1 + 12\% \times 2) = 24.8(万元)$$

(2) 复利终值计算。复利终值是按照复利法对现在投入的一定数量资金的将来收益水平进行确定。对采用复利形式的到期本利和的计算，通常采用复利终值公式进行。

复利终值公式如下：

$$F = P \cdot (1 + i)^n \qquad (2\text{-}2)$$

同上例，如按复利计算，到期应还本付息可用上式计算：

$$F = 20 \times (1 + 12\%)^2 = 25.088(万元)$$

上述复利终值在计算时，假定一年计算利息一次。在经济生活中，大多数案例都要求在年内也进行计息，这种年内计息可能是两次（半年计息一次），也可能是四次（每季一次），还可能是每月一次。在年内多次计算利息的情况下，需要采用年内复利终值计算，其公式为：

$$F = P \times (1 + r/m)^{mn} \qquad (2\text{-}3)$$

式中：r—— 年利率；

m—— 年内计息次数；

n—— 年限。

例 2-2：某一年期债券票面金额为 1 000 元，票面规定的年利率为 12%。如果要求年内按月计息。

解：按上式计算：

$$F = 1\,000 \times (1 + 12\% \div 12)^{12} = 1\,126.83(元)$$

实际收益率为：

$$\frac{1\,126.83 - 1\,000}{1\,000} \times 100\% = 12.68\%$$

(二) 货币时间价值的现值计算

现值实际上是一次性偿还的终值的贴现计算，是指未来某一特定金额现在值的计算。在已知终值 F 的情况下，求现值 P，其实质是单利终值公式与复利终值公式的逆运算。

(1) 单利现值计算。单利现值公式如下：

$$P = F \cdot \frac{1}{(1+i \cdot n)} \qquad (2\text{-}4)$$

例 2-3：某企业六年后需要有 16 万元购买一台新机床，若银行的年利率为 10%（单利），现在需一次存入银行多少款项？

解：解本题用上式进行计算：

$$P = 16 \times \frac{1}{1+10\% \times 6} = 10(万元)$$

即现在向银行存款 10 万元，六年后可得到本利和 16 万元用以购买一台新机床。

(2) 复利现值计算。复利现值公式如下：

$$P = F \cdot \frac{1}{(1+i)^n} \qquad (2\text{-}5)$$

同上例，如按复利计算，现需一次存入银行数额可用上式进行计算：

$$P = 160\,000 \times \frac{1}{(1+10\%)^6} = 90\,315.83(元)$$

可见，按复利计算，该企业当前存入银行 90 315.83 元，六年后就可达到 16 万元的本利和。

专栏阅读 2-1：通过时间来获得财富

通过投资获得财富需要时间。投资回报和财富累积取决于投资的三大要素，即投资的回报率、投资的时间持续长短、投资的规模量。投资的时间持续越长，可获得回报或财富就越多，货币转化为资产，具有时间价值。

从一笔投资收益率的不同到持续时间的长短可以发现对投资收益的影响，资金投入量也会影响到资产回报规模。假设投资 10 000 元，年收益率为 6%、9%、12%；各自的年收益分别为 600 元、900 元、1 200 元，一年的投资不同的收益率对于收益额的影响并不大。

随着时间的推移，收益的差额就会逐步拉大。如果投资持续了 12 年，10 000 元的投资在 9% 的年收益率条件下，就增长为 28 127 元，24 年后就达到了 79 111 元，40 年后会达到 314 094 元，是原始投资额的 31 倍多。如果投资的年收益率从 9% 变成 12%，那么 12 年后资产就达到了 38 960 元，24 年后是 151 786 元，40 年后的资产总额将达到 930 510 元，是原始投资额的 93 倍。

在开始进行投资时，资金的多少对于未来的收率回报也有着直接的影响。如果一个初始投资者是学生或青年人，月投资 100 元，一年投入 1 200 元，年利率以 12% 计，那么 40 年后其累积的资产达到 930 510 元，实现资产增值 92 倍。如果一个中年投资者以每年 12 000 元投资，同样的 12% 年利率，

20年后的总资产将达到864 629元,是青年人投资收益的10倍。可见,利用现有的资金推迟消费,进行投资而持续一定时间,就可以获得较大的财富积累。可见货币的时间价值通过投资获得了体现。

一个国家的国民只有通过持续的投资,才能获得未来的资金增长和财富积累。

第二节 利率与汇率因素

从投资的预期收益率构成的要素及其水平看,市场上的利率与汇率扮演着十分重要的作用。市场上的短期利率是一种近似的"无风险收益率",是所有投资者的机会成本与收益率参照物,汇率则是影响实际投资及其收益的重要条件。金融投资与实际投资都要受其直接的影响。

一、利率及其构成

利率是影响所有经济活动的参数。从投资过程看,由于货币的时间价值因素,利率是利用现在的货币获得未来货币增值的体现。在实际的投资过程中,由于时间因素及其市场价格因素的作用,利率的构成具有多重层面。

(一) 名义利率与实际利率

在市场价格变化和存在通货膨胀的条件下,按照货币资产交易协议确定的利率是一种名义利率,名义利率不能反映投资者所获得的实际收益率。因为市场价格的变化或通货膨胀会影响到货币的购买力,从而使名义利率的实际价值发生变化。而实际利率是指名义利率去除了通货膨胀因素以后的利率,它往往是用货币的实际购买力来显示的,因为通货膨胀是一种物价的全面上涨,它会影响货币的实际购买力。因此,投资的收益不能只看名义的利息率,而要计算实际的利息率。

如何才能准确地计算出物价的变动,这是一个较为困难的问题,因为各种不同的价格水平变化对于货币购买力的影响是不同的。目前用于测算价格变化影响因子的方法很多,但通常用"消费价格指数"(CPI)来反映价格变化对货币购买力的影响。这个消费价格指数是根据消费者购买的一揽子商品的价格变化率计算出来的。

用名义利率减去一定时期的消费价格指数,就得到了实际利率。

$$实际利率 = 名义利率 - 消费价格指数 \qquad (2-6)$$

从以上分析我们可以看出,名义利率是事先确定的契约利率,而实际利率是要在期末才能得出,事先的预测也只是预期的实际利率。

(二) 市场利率与基准利率

市场利率是由借贷双方在资金市场上通过竞争而形成的利率,它是一种均衡利率,如没有新的外力影响,它将处于较稳定的状态。市场利率的形成依赖于竞争性的货币市场和资本市场的存在,货币资金可以自由流动,没有行政性的管制。在我国市场经济体制确立之前,货币与资本市场尚未开放,利率是由金融行政当局直接决定的,是一种官方利率。随着货币资本市场的开放,资本流动已不可避免,利率也开始浮动,随着金融市场的发展,我国的利率正在逐步走向市场化。

基准利率是指在金融市场上起指导性作用的中心利率,通常是指中央银行的再贴现利率和再贷款利率。基准利率不是由市场竞争直接给出,而是由中央银行根据金融市场的供求关系而决定的。这种基准利率会影响到商业银行和其他金融机构的贴现和贷款利率,而商业银行和金融机构的贴现或贷款利率则会影响到债券利率、股票价格,以及市场上的信贷利率。因此,基准利率往往是一国中央银行实施货币政策调控的重要工具,对市场供求有着很大的影响。目前影响较大的有伦敦货币市场上的基准利率Libour;我国则有上海金融同业市场上的Shibour。

(三) 固定利率与浮动利率

从货币和资本市场的运动过程看,利率的形成与变化可以分为固定利率与浮动利率。固定利率是指不管市场供求关系如何变化,整个借贷期内利率固定不变。固定利率使资金借贷的成本保持不变,便于计算与控制成本。但固定利率不能反映资金市场供求关系的变化和通货膨胀因素,对借贷双方都增加了不确定性。因此,在中长期借贷活动中,通常不采用固定利率。只有一些中短期国债,为了交易方便而实行固定利率。

浮动利率是一种在借贷期内可以根据资金市场供求关系变化而进行调整或浮动的利率。浮动可以是定期浮动,如以一年为期限,也可以是随机浮动。浮动利率使借贷资金的成本不确定,但利率因为随资金市场供求关系变化而调整,因而可使借贷双方的利率风险降低。目前浮动利率是实际市场上较为普遍采用的形式。

(四) 普通利率与优惠利率

在货币资本市场的运动过程中,利率的实际形式还有普通利率与优惠利率之分。普通利率是金融借贷活动中的一般利率,也是市场上通常采用的利率。而优惠利率是金融机构在资金交易时采用的一种比一般的利率更低的利率。这属于一种经营性的策略。

在市场竞争较为普遍的条件下,金融机构为了吸引客户,尤其是资信高、来往密切的大客户,往往提供一种比一般商业贷款利率更优惠的利率来发放贷款。因此,在市场较为成熟且竞争较充分的环境下,市场上的优惠利率往往是其他商业利率的基准,一般商业利率与优惠利率的差额,体现的是不同贷款之间风险的差异。

在市场日益开放和竞争完善的条件下,优惠利率的机制可发挥更为积极的作用,可对一些特殊的行业,如亟待扶持的高新技术行业的企业、可带动国民经济增长的进出口行业企业等,提供优惠利率,以促进其发展。对一些特殊的地区,如我国的中西部地区,在进行经济开发与建设的时期,提供一些特定的贷款项目,实行特殊的优惠利率,来扶持这些地区的经济发展。在实施优惠利率的过程中,存在两种不同的作用机制:一是纯粹的商业性行为,它是金融机构经营中的竞争性手段,属于"让利"性经营,据此可实施其市场战略。另一种优惠利率则是一种"扶持"性政策,是为了实现某种特殊的目标而提供的政策。这种优惠利率既可以通过那些政策性的金融机构的政策性贷款来实施,也可以通过商业性的金融机构以特殊优惠利率贷款实施。但商业性金融机构的特殊利率贷款需要有特殊的安排,在市场经济体系下,这种特殊利率贷款不能成为基本经营手段,以保证商业性金融机构经营活动的竞争性与营利性。因此,要分离商业性金融机构的政策性业务与营利性业务,确保金融业的竞争能力。

(五)即期利率与远期利率

从投资过程和投资收益率的角度看,利率有即期利率与远期利率之分;即期利率是指投资者持有一种证券从一个的时点到期末的持有期利率;而远期利率是按照证券到期时的即期利率贴现得到的利率,因而是预期性的利率。

按照时期的长短还可以把利率分成短期利率与长期利率,一般将一个年度作为长短期的分期标准。

二、利率的杠杆作用

利率在市场经济体系下是一个重要的经济调节杠杆,它对于投资过程有着极其重要的作用。

利率在金融市场运行过程中可以看作是一个无风险的资产收益率,是投资者决策的重要参数。如果一定时期的利率是由金融市场的供求关系决定的,则利率是由市场内生确定的,投资者主要是依据市场变化所给出的利率来作出投资的决策。因此,利率对投资的形成影响巨大。

(一)利率影响投资量

利率在实际投资过程中有着直接的杠杆作用。利率作为货币资产的无风险收益率,是投资的机会成本。

利率作为资金的借贷价格是投资的成本构成部分，在资金市场供求关系发生变化时，利率的变化会影响到投资的实际成本，从而影响到投资的决策。在投资的预期收益既定的条件下，市场利率水平的上升，直接增加了投资者的成本，降低了投资的实际收益，这将使投资的总量减少，那些投资收益较低的边际项目将首先退出。相反，当市场利率水平下降时，则投资的机会成本下降，预期收益率不变，而投资的预期收益率就上升，这将使投资水平上升。利率对投资的刺激作用可对市场的总需求和国民收入水平产生影响，因而利率杠杆也就成为实施货币政策调节宏观经济运行的重要工具。

利率变化对投资水平的影响率就是投资的利率弹性，即利率变化一定的百分率而引起的投资变化的百分率。投资利率弹性的大小要受到企业的所有制性质、企业的资本结构、投资的预期收益率等因素的影响。

由于利率对于投资和国民收入具有积极的作用，各国往往都通过货币政策对利率施加影响，以此来发挥利率的积极的杠杆作用。其积极的作用主要体现为在经济低迷不景气时，通过货币政策促使利率下降，鼓励企业增加贷款，促进投资增长，使经济增长速度加快。这就是一种积极的货币政策。相反，在经济过热、投资增长过猛、市场物价上升过快的条件下，为了有效抑制通货膨胀和经济过热，通过货币政策来提高利率水平，能起到抑制经济过热和通货膨胀的作用。

在我国改革开放以来的经济调控实践中，利率杠杆在刺激经济和抑制通货膨胀过程中，也发挥了十分积极的作用。尤其是在治理1993—1994年恶性通货膨胀过程中，利率杠杆起到了十分明显的调控作用。

利率杠杆不仅对于一定时期的投资规模具有调控作用，而且对于一定时期的投资结构也可以发挥积极的影响。利率的这一作用主要是依靠其不同的结构来发挥作用的。主要是利用利率期限的长短和利率水平的高低来影响投资的结构、投资的期限、投资的流向，从而发挥其投资结构的调节功能。

(二) 利率影响资本市场资金流

从资本市场的角度看，利率的杠杆作用更加明显而直接。对于资本市场和投资者来说，利率是一把"双刃剑"，它一方面影响到投资的成本与收益，另一方面会影响到资金的流向结构，从而影响资本市场。

第一种影响可以称之为"收益效益"。在市场利率发生变动时，如果企业的实际成本与收益不变，而无风险收益率改变，则金融资产的市场价值发生变动。如利率上升，金融资产的相对收益率下降，则资产贬值；如利率下降，则资产升值。如果利率变化影响到企业的贷款成本和收益率，从而改变投资的预期收益，则金融资产的市场价值与预期收益率同时变化。利率上升时，金融资产因无风险收益率上升而贬值，同时因企业的预期收益率下降也使资产的收益率下降，两种因素的同时作用，可使金融资产的市场价值发生较大幅度的变化。如利率下降，则金融资产的市场价值发生相反的变化。利率变化的影响程度主要依据利率变化的幅度，以及金融资产市场价值变化的利率敏感度，后者受到企业资产结构和负债结构的影响。

第二种影响是"资金流效应"。在金融市场上活动的是流动性极强的资金，不管是短期资金，还是中长期资金，都具有极强的流动性，金融资产几乎没有什么专用性和"沉淀"问题。利率作为金融资产的无风险收益率是金融市场投资的"机会成本"，由此而对金融资产的流动产生直接的影响。当市场利率上升时，无风险收益率上升而金融投资的相对收益率下降，结果将使资金流出金融市场，从而会影响市场的价格水平。而当利率下降时，金融资产的相对收益率上升，金融资产相对升值，这无疑会吸引资金进入金融市场，并推动市场价格水平上升。资金效应对金融市场的整体表现及其走势具有重要的影响。有时甚至能引起市场的极度"泡沫化"或市场的"崩盘"，引发市场的波动和金融危机。

因此，在收益效应和资金流效应的作用下，利率的变化与金融市场的价格行情呈反方向变化。

三、汇率及其影响

汇率是指一国货币和另一国货币的比价，也称外汇价格、外汇行市。在经济日益开放的条件下，汇率日益成为调节经济的杠杆，它对于投资的影响也越来越大，其影响的主要途径是贸易和资本流动。

第一，汇率变化通过贸易影响一国投资。汇率的变化会直接影响一国进口商品和出口商品的成本，商品成本的变化则影响市场的需求，从而会影响到投资。对投资者来说，贸易条件的改变事实上改变了投资的成本与预期收益，从而影响其投资决策。

一种情况是汇率升值，即外国货币贬值，在国内货币购买力不变的条件下，进口商品的成本下降，而出口商品的成本上升，收益下降，这将引起进口的上升与出口的下降，并抑制国内的投资，一国国内的需求向外国转移。

另一种情况是汇率贬值，即外国货币升值。这使得一国出口商品所得外汇可以换得更多的本国货币，在其他条件不变的情况下，汇率贬值可以使出口商获得更高的利润，这势必刺激国内的出口需求，并带动国内投资的增长。而汇率贬值的同时使得进口商品的价格上涨，而进口减少则势必会增加国内的需求，这也是有利于国内投资增加的。

第二，汇率变化通过资本流动影响投资。开放经济不仅使得国家间的贸易得到发展,而且会刺激国家间的投资和资本的流动。在国际资本流动的情况下,汇率的变动对一国资本的流入与流出具有重大的影响。

从长期性的产业投资看,投资者主要是依据投资项目的预期收益与利润率、风险等因素来决策,而对于汇率的可能变化无需作过多考虑;而对于短期的投资,尤其是金融投资来说,汇率的变化带来的风险是十分巨大的,因而汇率波动对短期投资有着重大的影响。一国汇率贬值,投资者持有的金融资产以外汇计算就会发生贬值,这将引起投资者减少投资与资本的外逃,一国金融市场的投资将受到严重的影响,甚至可能引发一国的货币危机和金融危机。相反,在其他条件不变的情况下,一国的汇率升值,本国的金融资产以外汇计算就会发生升值,这会引起外国短期资本的流入,金融市场的投资上升。当然,汇率的变化与一国的国际贸易、财政收支、货币政策有关,汇率杠杆要受到一国经济体系与市场的制约,不可能完全由人为来操纵。只考虑投资因素而不重视其他政策的协调会带来严重的后果。

专栏阅读:美联储的量化宽松与加息效应

金融危机爆发后的2009年,美联储(美国的央行与货币政策委员会)为了应对金融市场的流动性危机和资金枯竭,实施了三阶段的货币量化宽松政策;其中第一阶段到2010年中期注入流动性6 000亿美元;第二阶段到2012年底注入了12 000亿美元;第三阶段到2013年底注入了6 000亿美元;货币供给量化宽松的实施使金融市场流动性大量增加,导致美元短期和中长期利率一路下降,其中年利率降到0.1%;中长期及以上的国债年利率降至不到3%;利率的降低有利于资金的投资和收益率的上升,可以以此稳定当时美国的资本市场。但资金供应的增加和利率的降低,也导致了大量流动性资金成为套利的"热钱",大量的新兴市场国家成为资金套利的对象,短期资金大量流入,引发资本市场的价格上涨和泡沫化。

随着经济的复苏和市场价格上涨,通货膨胀的影响上升,美联储在2015年以后退出了量化宽松政策,同时宣布在2016年中期以后实施加息政策,并在2017年中期开始实施出售央行资产的"缩表"政策(缩减央行的资产负债规模),加息和缩表对金融市场的资金流量产生了巨大的冲击和影响。利率的上升对于投资的收益带来了较高的机会成本,直接形成投资的负的收益效应,同时也会产生资金的流动性效应。

其中,前者对于资本市场产生冲击,股市形成空头市场压力;后者产生资金回撤的"黑天鹅效应",投资者惊慌盲目应对,对新兴市场国家的资本市场形成冲击,短期资金的流动回撤形成负的热钱效应,严重影响到新兴市场国家证券市场的稳定,甚至影响到国家经济整体和产业的稳定性。利率政策的波动影响是新兴市场国家资本市场稳定性和投资安全的重要杠杆,需要予以重视。

第三节 投资的风险及其衡量

投资收益是未来的预期值,在一般情况下难以事先确定,未来收益的不确定性就是投资风险。投资过程中的收益与风险是并存的,投资者一般应遵循的决策原则是:在风险水平相同的投资对象中,选择收益较高的投资对象;在收益水平相同的投资对象中,选择风险较小的进行投资。

一、投资风险的构成与含义

一般而言,投资风险是指投资者达不到预期的收益或遭受各种损失的可能性,即投资收益的不确定性。在投资活动中,投资者进行投资,是希望获取预期的收益。在投资期间,各种因素的影响可能使预期收益减少甚至使本金遭受损失,而且持有期限越长,各种因素产生影响可能性越大,预期收益的不确定性也越大。

虽然投资过程中到处存在着风险,但我们也必须承认这样一个事实,绝对没有风险的投资行为是不存在的,在实际工作中我们也应该看到收益水平的高低与所承担风险的大小之间也有着某种联系。投资活动中风险是普遍存在的,与投资活动相关的所有风险统称为总风险。而根据是否可以通过投资多样化方法加以回避及消除,总风险可分为系统性风险与非系统性风险。

(一) 系统性风险

系统性风险,是指由于政治、经济及社会环境的变动而造成的所有投资行为的风险。它包括市场风险、利率风险、购买力风险以及自然因素导致的社会风险等,这类风险的共同特点是:它们的影响不是作用于某一种投资对象,而是对整个投资行为发生作用,导致所有投资行为出现风险。由于系统性风险对所有投资行为普遍存在且无法加以回避与消除,因此,又称非多样化风险。

(1) 经济周期风险。经济周期一般包括高涨、衰退、萧条、复苏四个阶段,这四个阶段是依次循环的,但各阶段及整个周期的时间并不一致。一般来说,投资风险与经济周期有密切联系。从萧条阶段后期开始,经复苏阶段到高涨阶段,这时投资者获得投资收益的可能性大大提高,投资风险下降;从高涨阶段后期开始,经衰退阶段到萧条阶段,投资者获取收益的可能性下降,而投资风险却在迅速提高。

经济周期是整个国民经济活动中的一种正常波动。显然,市场风险是无法回避的,但投资者可以设法降低其影响:其一,根据经济周期的变化,选择好投资与退出的恰当时机。在经济转向高涨时进行投资,在经济转向衰退时减少投资规模。其二,根据经济周期的变化,选择好投资的对象。即在萧条阶段经复苏阶段到高涨阶段期间,投资于高收益、高风险的对象,如投资证券市场等;而在高涨阶段经衰退阶段到萧条阶段期间,投资于具有良好的财务状况和发展前景的企业,其抗风险能力较强,经济衰退并不影响投资对象内在的上升潜质。

(2) 利率风险。利率风险是指市场利率变动所引起的投资收益变动的可能性。

在众多投资对象中,由于债券的利息率通常是事先确定的,其投资风险相对较小;而股息、红利的高低与利率通常并无直接联系,因而,市场利率变动对企业投资收益的影响,主要不是反映在投资报酬上,而是反映在资本利得方面。因为市场利率与投资收益具有负相关性,即当利率下降时,企业资金成本下降,投资收益率上升;当利率上升时,企业资金成本提高,投资收益水平下降。这导致资本利得的增减变动。

市场利率的波动是基于市场资金供求状况与基准利率水平的波动。不同经济发展阶段,市场资金供求状况是不同的,中央银行根据宏观金融调控的要求调节基准利率水平,当中央银行调整利率时,各种金融资产的利率和价格必然作出灵敏的市场反应,所以利率风险是无法回避的。但投资者可以设法降低其影响,一般来说,投资者根据经济形势变化,预计利率将要提高时,应减少对固定利率债券,尤其是长期债券的持有;预计利率将要下降时,应提高金融资产中的证券比重。

(3) 通货膨胀风险。通货膨胀风险又称购买力风险,是指由于通货膨胀所引起的投资者实际收益水平下降的风险。

通货膨胀水平影响投资收益的机制在于:在通货膨胀之初与温和阶段,企业消化生产费用上涨的能力较强,又能利用人们的货币幻觉提高产品价格,在一定程度上可能刺激生产,增加企业利润及股息、红利,这时投资收益可能上涨;但与通货膨胀随之而来的必然是制造成本、管理成本、融资成本的提高,当企业无法通过涨价或内部消化加以弥补时,必然会导致企业经营状况与财务状况的恶化,投资者因此会丧失投资的信心。

不仅如此,通货膨胀增大了投资者风险损失的影响,还表现在本金与收益贬值方面。企业投资的收益率有名义收益率与实际收益率之分,名义收益率是证券投资的货币收益率,实际收益率则是将名义收益率中的通货膨胀因素剔除。通货膨胀率一般可以用消费品价格指数来表示,即:

$$通货膨胀率 = \frac{报告期消费品价格指数}{基期消费品价格指数} \times 100\% \qquad (2-7)$$

通货膨胀的存在使投资者货币收入增加却并不一定真的获利,这主要是取决于其名义收益率是否高于通货膨胀率,也即对投资者更有意义的是实际收益率,实际收益率的计算公式为:

$$实际收益率 = \frac{1+名义收益率}{1+通货膨胀率} \times 100\% \qquad (2-8)$$

只有当实际收益率为正值,即名义收益率大于通货膨胀率时,购买力才有真正的增长。

应当指出,通货膨胀是一种常见的经济现象,它的存在必然使投资者承担购买力风险,而且这种风险是不会因为投资者退出市场就可以避免的,投资者唯一可以降低其影响的途径是,在控制风险的基础上争取较高的投资收益。

(二) 非系统性风险

非系统性风险是指由于市场、行业以及企业本身等因素导致个别投资行为的风险。它包括行业风险、企业经营风险、企业违约风险等,这是由单一因素造成的,只影响某种投资收益的风险。尽管目前不同类别的投资行为在不同程度上都具有非系统风险,但根据投资理论研究的结果,非系统性风险属于个别风险,能够通过投资多样化的方法将其分解并且可以进行有效的防范,因此,又称多样化风险。

(1) 行业风险。行业风险是指由企业所处的行业特征所引起的该投资收益减少的可能性。

许多行业都具有生命周期,即有一个拓展、成长、成熟、衰落的过程,处于不同周期阶段的行业中,企业的风险程度不同。如处于拓展阶段的行业,其企业风险极大,而处于成熟阶段的行业,其企业的风险程度较低;有些行业本身包含较多的不确定因素,如高新技术行业,而有些行业则包含较少的不确定因素,如电力、煤气等公用事业。因此,不同行业中企业风险程度存在差异,它们所发行的证券受其影响,也包含着不同的风险。

(2) 经营风险。经营风险是指由于经营不善,企业业绩下降甚至竞争失败而使投资者无法获取预期收益或者亏损的可能性。经营风险按风险程度大小可分为以下三种情况。

第一种情况是企业盈利下降风险。企业的经营状况与盈利状况,直接决定着投资者收益水平的高低及债券持有者本息偿付的安全性,也不可避免地会对该企业证券的市场价格的涨跌产生影响。因此,一旦企业的盈利水平下降,项目投资者便难以获取理想的投资收益,股票投资者将难以获得预期的股息及红利,而债券投资者则对其持有债券本息偿付的安全性产生疑虑。就一般意义而言,企业盈利水平下降只是一种低度风险,甚至可以认为是投资的正常风险,这是因为,在市场竞争中企业出现阶段性的盈利水平下降是不可避免的,是正常的。

企业盈利水平下降,对项目投资者造成的风险要高于股票投资者,而对股票投资者造成的风险又要比债券投资者的风险大得多。如果仅仅是证券发行企业的盈利水平有所下降的话,通常还不至于危及企业的债务偿付能力,而对股票价格的变动影响更为直接。

第二种情况是企业经营亏损风险。企业如果只是某一年度出现少量的亏损,可以视为中度风险;如果连年发生亏损或者一次性亏损数额巨大,这种风险便属于高度风险。无论是何种程度的风险,对项目投资者都将产生极为不利的影响,同样证券投资者也会因此而遭受利益损失的风险。在亏损比较严重的情况下,不仅其盈余公积、资本公积将损失殆尽,其股本也可能遭受不同程度的侵蚀。企业经营亏损的风险,不可避免地将波及其股价,使股票投资者在损失股息、红利收益的同时,还遭受到市价降低、变现能力下降甚至终止上市交易的危害。尽管债券投资者因企业经营亏损而受到的利益损失风险不及股票投资者那么严重,但其证券本息依约偿付的安全系数却大多下降。

第三种情况是企业破产风险。企业破产风险属于一种高度风险。当企业陷入破产清算地步时,项目投资的费用将不能被收回,股票、债券交易转让的资格也不复存在,直接带给证券投资者的将是证券贬值损失与变现能力丧失。对于项目投资者,企业破产时,只能获得部分资产的清算价值;对于债券投资者,虽然享有投资本息的优先追索权,但其权益能否得到完整的保全,取决于企业破产的清算价值。如果企业资产的清算价值不能抵偿债券本息金额,便意味着企业破产的部分风险转嫁于债券投资者。作为投资者,不仅得不到利息、红利,而且由于其对财产的追索权滞后于证券投资者,其股本往往仅能得到部分补偿,甚至损失殆尽。

(3) 违约风险或道德风险。违约风险是指企业不能按照契约或发行承诺支付投资者债息、股息、红利及偿还债券本金而使投资者遭受损失的风险。就违约风险产生的原因来看,它与经营风险存在一定的关联。因为违约风险的情况大致可以分为两种:一是无力履约或兑现承诺;二是虽有履约或兑现能力却不予履行。显然,第一种情况在很大程度上缘于企业的经营风险,这种违约风险并非出自发行企业的本意,属于无意违约风险;第二种情况的违约风险,则完全是由于发行企业故意违约而给投资者造成的损失,因此属于故意违约风险,也称道德风险。故意违约风险的产生,既可以是大股东的人为操纵,也不排除企业信用不佳的因素,但无论属于何种情况,违约都是企业丧失信誉的表现。如果仅仅是暂时性违约,在投资者了解到这一情况并恢复信心后,可能会重新进行追加投资;否则,一旦投资者完全丧失信心,投资者的投资行为就会终止,企业将陷入困境。

可见,每个投资者都面临着企业的经营风险与违约风险。但因项目投资、股票与债券投资的性质差异,不同的投资者遭受风险损失的程度是不一样的。

二、投资风险的衡量

投资风险,无论是系统性风险还是非系统性风险,最终都会通过对投资者收益稳定性的影响得到体现,可以说投资收益率的波动实际上与投资风险具有同等的内涵,因此,可以通过投资收益率波动的分析来衡量投资的风险程度。

(一) 单一投资风险的衡量

概率测定法是衡量单一投资风险的主要方法,其依据概率分析原理,计算各种可能收益的标准差与标准差系数即变异系数,以反映相应投资的风险程度。

(1) 期望收益率。在投资行为中,投资收益率是一随机变量,投资者无法预知其实际值。随机变量是在一定的概率下发生的,一个事件的概率是指该事件可能发生的机会,随机变量发生概率的集合,称为该随机变量的概率分布。投资收益率这一随机变量是与发生的概率相对应的,由此形成某种投资收益率的概率分布。投资者可以推算这个概率分布,进而求得该投资的期望收益率。大量的实证研究表明,投资收益率的概率分布满足正态分布(图2-1)。

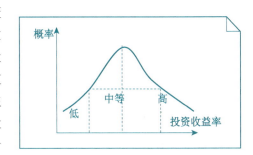

图 2-1 投资收益正态分布

期望收益率是指各种可能的收益率按其概率进行加权平均的收益率。它是反映现象集中趋势的一种量度方法。其计算公式为:

$$\overline{K} = \sum_{i=1}^{n} K_i \cdot P_i \tag{2-9}$$

式中:$\overline{K}$——期望收益率;

K_i——第 i 种可能结果的收益率;

P_i——第 i 种可能结果的概率;

n——可能结果的个数。

(2) 标准差。一般认为,概率分布越集中,实际可能的结果越接近期望收益率,该投资的风险较低;否则反之。判断实际可能的收益率与期望收益率的偏差度,即反映其离散程度,一般可以采用标准差指标。其计算公式为:

$$\sigma = \sqrt{\sum_{i=1}^{n}(K_i - \overline{K})^2 P_i} \qquad (2\text{-}10)$$

一般来说,标准差越大,说明概率分布分散,实际可能的结果与期望收益率偏离越大,实际收益率不确定,因而该投资的风险大;标准差越小,说明概率分布集中,实际可能的结果与期望收益率偏离越小,实际收益率比较稳定,因而该投资的风险小。

(3) 标准差系数。标准差大小不仅受投资对象在不同状况下收益率差别大小程度的影响,而且还受该投资的期望收益率水平高低的影响。因此,标准差只能用来比较期望收益率相同的各项投资的风险程度,而不能用来比较期望收益率不同的各项投资的风险程度。比较不同期望收益率的投资风险程度,则须采用标准差系数。其计算公式为:

$$V_\sigma = \frac{\sigma}{\overline{K}} \times 100\% \qquad (2\text{-}11)$$

标准差系数是通过标准差与期望收益率的对比,以消除期望收益率水平高低的影响,单纯反映一种投资行为在不同状况下收益率差别大小程度影响,表示该项投资风险程度大小。同时,标准差系数是以抽象的相对数形式表示,可以作为不同投资对象投资风险程度对比分析的依据。一般来说,标准差系数越小,说明该项投资风险程度相对较低;否则反之。

例 2-4:某投资者拟进行 A、B 两种证券投资,每种证券均可能遭遇经济趋势繁荣、一般、衰退三种市场行情,各自的预期收益率及概率如表 2-1 所示,试比较 A、B 两种证券投资的风险程度。

表 2-1　两种证券投资的风险比较

经济趋势	发生概率(P_i)	收益率(K_i)	
		A 证券	B 证券
繁荣	0.2	40%	70%
一般	0.6	20%	20%
衰退	0.2	0	−20%

解:(1) 分别计算 A、B 证券的期望收益率。

$$\overline{K}_A = 40\% \times 0.2 + 20\% \times 0.6 + 0 \times 0.2 = 20\%$$
$$\overline{K}_B = 70\% \times 0.2 + 20\% \times 0.6 + (-20\%) \times 0.2 = 22\%$$

(2) 分别计算 A、B 证券的标准差。

$$\sigma_A = \sqrt{(40\% - 20\%)^2 \times 0.2 + (20\% - 20\%)^2 \times 0.6 + (0\% - 20\%)^2 \times 0.2} = 12.65\%$$

$$\sigma_B = \sqrt{(70\% - 22\%)^2 \times 0.2 + (20\% - 22\%)^2 \times 0.6 + (-20\% - 22\%)^2 \times 0.2} = 28.57\%$$

由于 A、B 两证券的期望收益率不同,不可直接采用标准差大小来比较其风险程度。

(3) 分别计算 A、B 证券的标准差系数。

$$V_A = 12.65\% \div 20\% = 63.25\%$$

$$V_B = 28.57\% \div 22\% = 129.86\%$$

由此可以判定:尽管 B 证券的期望收益率高于 A 证券,但 B 证券的风险程度也高于 A 证券。

衡量单一投资风险对于投资者具有极为重要的意义,它是投资者选择合适投资对象的基本出发点。投资者在选择投资对象时,如果各种投资对象具有相同的期望收益率,显然会倾向于风险低的那种对象。相应的,在各种风险相同的情况下,期望收益率较高的投资对象自然成为投资者的首选对象。如果市场上可供选择的投资对象的期望收益率与风险程度均存在差异时,则需要依据不同投资者的收益偏好、风险态度,以及对风险损失的承受能力而加以具体选择。有效的方法是通过不同投资对象收益与风险对称关系的分析,选择那种相对收益较之相对风险最大的对象进行投资。

(二) 组合投资风险的衡量

上文所及,系统性风险是与市场波动有关的不可分散的风险,而非系统性风险则是可以通过投资组合技术来降低与分散的风险。显然,投资组合的目的在于,将一系列投资对象进行最有效的搭配,在不影响投资期望收益的前提下,减少投资风险。

(1) 组合投资的期望收益率。组合投资的期望收益率,为该组合中的各种不同期望收益率的加权平均数,其计算公式为:

$$\overline{K}_p = \sum_{i=1}^{n} \overline{K}_i \cdot P_i \qquad (2\text{-}12)$$

式中:$\overline{K}_p$—— 组合投资的期望收益率;

$\overline{K}_i$—— 第 i 种期望收益率;

P_i—— 第 i 种投资对象价值占组合投资总价值的比重;

n—— 投资组合中的对象数目。

一般来说,当单一投资对象期望收益率一定时,组合投资的期望收益率取决于投资总价值中各部分价值的比重,投资比重与组合投资的期望收益率高度相关。

(2) 组合投资的风险。组合投资的期望收益率是由各个期望收益率加权平均而得。但是,组合投资的风险 (σ_p) 并不是各个对象标准差的加权平均数,即 $\sigma_p \neq \sum_{i=1}^{n} \sigma_i \cdot P_i$。投资组合理论研究表明,组合投资风险一般要小于单独投资时的风险。

现通过表 2-2、表 2-3、表 2-4 实例分析加以说明。

表 2-2　完全负相关的两种投资对象及组合(以股票为例)

年　度	股票 A 的实际收益率 $K_A(\%)$	股票 B 的实际收益率 $K_B(\%)$	组合(AB)的实际收益率 $K_P(\%)$
2012	40	−10	15
2013	−10	40	15
2014	35	−5	15
2015	−5	35	15
2016	15	15	15
平均收益率	15	15	15
标准差	22.6	22.6	0.0

表 2-2 说明,如果未来的影响因素不变,投资者分别持有股票 A 与 B 的风险为 22.6%,分别按 50% 的投资比重持有股票 A 与股票 B,则组合投资风险为零。这是因为在一个投资组合中,两种股票的收益率具有互补性,即一种股票的收益率下降时,另一种股票的收益率上升;反之亦然。类似这种收益率的反向变动趋势,统计学上称之为负相关。当股票 A 与股票 B 完全负相关时,$r = -1.0$。

表 2-3　完全正相关的两种投资对象的组合(以股票为例)

年　度	股票 B_1 的实际收益率 $K_{B_1}(\%)$	股票 B_2 的实际收益率 $K_{B_2}(\%)$	组合(B_1B_2)的实际收益率 $K_P(\%)$
2012	−10	−10	−10
2013	40	40	40
2014	−5	−5	−5
2015	35	35	35
2016	15	15	15
平均收益率	15	15	15
标准差	22.6	22.6	22.6

表 2-3 说明,如果未来的影响因素不变,投资者分别持有股票 B_1 与股票 B_2 的风险均为 22.6%,分别按 50% 或其他的投资比重持有股票 B_1 与股票 B_2,则组合投资风险为 22.6%。这是因为在一个投资收益组合中,两种股

票的收益率变动方向正好一致。类似这种收益率的正向变动趋势,统计学上称之为正相关,当股票 B_1 与股票 B_2 完全正相关时,$r=+1.0$。

表2-4　不完全相关的两种投资对象及组合(以债券为例)

年　度	债券 A 的实际收益率 $K_A(\%)$	债券 C 的实际收益率 $K_C(\%)$	债券组合(AC)的实际收益率 $K_P(\%)$
2012	40	28	34
2013	−10	20	5
2014	35	41	38
2015	−5	−17	−11
2016	15	3	9
平均收益率	15	15	15
标准差	22.6	22.6	20.6

表2-4说明,如果未来的影响因素不变,投资者分别持有债券 A 与债券 C 的风险均为22.6%,分别按50%的投资比重持有债券 A 与债券 C 则债券组合投资风险降低为20.6%。事实上,两种债券收益率之间较多地表现为不完全相关关系。在证券市场发达国家,大多数成对股票间的相关系数在+0.5—+0.7。这样,分散投资可以在一定程度上降低投资风险,但不能完全消除投资风险。

通过上述分析,可以得出以下结论:①当各投资对象收益率完全负相关(即 $r=-1.0$)时,投资分散化完全可以消除组合投资的风险;②当各投资对象收益率完全正相关(即 $r=+1.0$)时,投资分散化不能消除组合投资的风险;③在不同对象上的投资多元化虽可在一定程度上降低投资风险,但并不能完全消除投资风险。

因此,组合投资中的风险并不等于各种投资对象收益标准差的加权平均。这是因为,一个投资组合的风险,不仅取决于组合中各构成要素个别的风险,也决定于它们之间的相关程度,组合投资风险的计算公式为:

$$\sigma_p = \Big(\sum_{i=1}^{n}\sum_{j=1}^{n}COV_{ij}P_iP_j\Big)^{\frac{1}{2}} = \Big(\sum_{i=1}^{n}\sum_{j=1}^{n}r_{ij}\sigma_i\sigma_jP_iP_j\Big)^{\frac{1}{2}} \quad (2-13)$$

式中:σ_p——组合投资的标准差;

COV_{ij}——投资对象 i 与 j 的协方差;

P_i、P_j——分别为投资对象 i 与 j 在证券组合中的投资比重;

$\sum_{i=1}^{n}\sum_{j=1}^{n}$——双重加总符号,代表所有投资对象的协方差都要相加;

n——组合投资中的投资对象数目；

r_{ij}——投资对象 i 与 j 收益率的相关系数；

σ_i、σ_j——分别为投资对象 i 与 j 收益率的标准差。

这里有一个重要的数学特征，即某种投资对象自身的协方差正好等于它的方差。

$$\because COV_{ij} = r_{ij}\sigma_i \cdot \sigma_j \qquad (2-14)$$

由于任何一种投资对象的自相关系数为 +1，

$$\therefore COV_{ij} = +1 \cdot \sigma_i\sigma_j = \sigma_i^2 \qquad (2-15)$$

以组合投资中只有两种证券为例，则：

$$\sigma_p = \sqrt{\sigma_i^2 \cdot P_j^2 + \sigma_j^2 \cdot P_j^2 + 2P_iP_jr_{ij}\sigma_i\sigma_j} \qquad (2-16)$$

在上式中，证券组合的风险 σ_p 大小完全取决于相关系数 r_{ij}。

当 $r_{ij} = +1$ 时，即两证券的收益率完全正相关，则：

$$\sigma_p = \sigma_iP_i + \sigma_jP_j \qquad (2-17)$$

当 $r_{ij} = -1$ 时，即两证券的收益率完全负相关，则：

$$\sigma_p = \sigma_iP_i - \sigma_jP_j \qquad (2-18)$$

显然，在组合投资中，第 i 种与第 $i+1$ 种投资对象收益率之间呈负相关或相关密切程度低时，组合投资风险就小，这也为投资者进行组合投资决策即一系列投资对象的有效搭配提供了依据。

（三）组合投资风险与投资对象数目的分析

一般情况下，组合投资的风险与其投资对象数目呈非线性反比关系。如果组合投资中只有一种对象，组合的标准差就是该投资对象的标准差；随着组合投资中投资对象数目的增加，组合投资的标准差数值将逐渐减少并趋近于某一极限值。组合投资的风险与组合中的投资对象数目间的关系如图 2-2 所示。图中，OA 为系统性风险；AB 为非系统性风险；OB 为投资总风险。

从图 2-2 中可见，通过合理的完全多元化的组合投资，可以将来自特定公司的非系统风险消除，但与市场波动相关的系统性风险则无法通过投资多元化来消除。

由于组合投资的方式不同，防范风险的效果不同，在组合投资中对象数目一定条件下，组合方式是多种多样的，不同的组合方式会产生不同的效果。因此，组合方式对同一风险的收益组合有优劣之分，也有对不同风险的收益组合的适应问题，

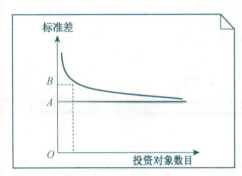

图 2-2
组合投资中风险与数目的关系

也即在无数的投资组合中,客观上存在一些有可能在一定的期望收益水平下将组合风险减少到最低程度;或者在承受的风险相同,而能使期望收益水平达到最高的组合。

(四)系统性风险的衡量

系统性风险作为由于政治、经济及社会环境的变动影响整个投资活动的风险,系统性风险影响着市场上的所有投资行为,使投资平均收益水平发生变化。但是,每一种具体投资对象受系统性风险的影响程度并不相同。β值就是用于测定一种投资的收益,随整个投资收益水平变化程度的指标,也即反映了一种投资收益相对于整个市场平均收益水平的变动性或波动性。

以证券投资为例,如果某证券价格随着整个市场状况的平均水平移动,它的风险正好等于市场的平均风险水平,其β值为1.0;如果某种股票增减变动幅度只是市场平均变动幅度的50%,其投资组合的风险也只有β值为1.0的证券投资组合的风险的50%,则其β值为0.5;如果某种股票增减变动幅度两倍于市场平均变动幅度,其证券投资组合的风险也两倍于β值为1.0的证券投资组合的风险,则其β值为2.0。

β值的经济含义如图2-3所示。

在图2-3中,三种股票的变动方向与股市变动方向相一致,但变动幅度却不同。直线的倾斜程度代表着各种股票随市场波动的变动幅度,其斜率可用β值表示。股票H的变动幅度大于股票市场的变动幅度,其β值较大;股票L的变动幅度小于股市变动幅度,其β值最小。

单一投资β值测定最简单的方法是由熟悉市场行情的有关专家根据主观判断给出其估计值;最常用的方法是根据有关的历史数据,运用最小平方法进行回归计算。其计算公式为:

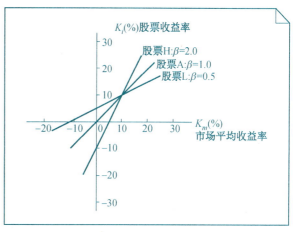

图2-3
β值的经济含义

$$\beta_i = \frac{COV_{K,K_m}}{\sigma^2} = \frac{\sum_{i=1}^{n}(K_{it}-\overline{K}_i)(K_{mt}-\overline{K}_m)}{\sum_{i=1}^{n}(K_{mt}-\overline{K}_m)^2}$$

$$= \frac{\sum_{i=1}^{n}K_{it} \cdot K_{mt} - n \cdot \overline{K}_i \cdot \overline{K}_m}{\sum_{i=1}^{n}K_{mt}^2 - n(\overline{K}_m)^2}$$

(2-19)

式中：K_{it}——单项投资 i 第 t 期的收益率；

K_{mt}——市场全部投资对象第 t 期的收益率；

t——1, 2, …, n，即时期数。

例 2-5：假设某公司股票的收益率与市场股票的平均收益率的有关资料如表 2-5 所示。

表 2-5　某股票收益率与市场股票的平均收益率的关系

T	1	2	3	4	5	6	7	8	9	10
K_{it}	7.3	15.4	5.2	19.8	29.7	40.1	10.1	24.9	35.2	42.6
K_{mt}	8.2	16.9	7.4	19.1	25.1	29.8	12.3	22.5	26.4	30.3

试求：该公司股票的 β 值。

解：根据上表资料，计算得：

$$\overline{K}_i = 23 \quad \overline{K}_m = 19.8 \quad n = 10$$

$$\sum_{t=1}^{10} K_{it} \cdot K_{mt} = 5\,582 \quad \sum_{t=1}^{10} K_{mt}^2 = 4\,563.1$$

则：$\beta = \dfrac{5\,582 - 10 \times 23 \times 19.8}{4\,563.1 - 10 \times (19.8)^2} = 1.6$

投资组合的 β 值，是投资组合中各组成证券 β 值的加权平均数。其计算公式为：

$$\beta_p = \sum_{i=1}^{n} \beta_i \cdot P_i \tag{公式 2-20}$$

式中：β_i——第 i 种证券的 β 值；

P_i——第 i 种证券价值占证券投资组合总价值中的比重；

n——证券投资组合中的证券数目。

计算而得的 β 值表示某企业收益率随市场平均收益率波动的变动幅度，从而说明其风险程度，某证券（证券组合）的 β 值越大，说明其系统性风险越大。

案例阅读：万达集团的国际化扩张和乐视的危机

在投资扩张和市场机会的竞争中，近来爆发的万达企业财务风险和危机具有十分典型的意义。从近年来市场扩张的角度看，万达集团就是商业市场扩张和投资地产商业获得成功的最大成功者，其大股东王健林一度成为资产排名首位的"首富"。万达的投资扩张方式是高负债、高杠杆、多元市场全面出击的策略，商业地产、酒店、文化娱乐、电影、金融证券四面出击，国内市场和国际市场全面覆盖。这就必然涉及两个关键的问题。

一是投资产业的市场风险可控性如何，收益回报是否达到基本的要求。在市场周期性波动循环变化的条件下，在一个周期阶段可能呈现出极佳的投资时机，万达抓住了商业地产急速扩张的极好时机,全国布局投产获得了千载难逢的投资回报和资产的高收益率,这种资产扩张机会和模式是难以复制和推广的,也不可能持续超额获利。而后面的多领域复制和扩张策略就遇到了大问题,市场周期变了,机会不存在了,系统性风险来了,收益率大不同了,急速扩张平推的策略就陷入泥潭了。一批动辄上百亿元的项目一开张就陷入亏损就不足为奇了。

另一个潜藏的大风险就是高杠杆、高负债扩张模式带来的财务金融风险。万达集团快速扩张的市场模式在现今的市场经济竞争环境下,有一定的代表性,尤其是民营企业要想做大做强,市场机会可以说是千载难逢的,房地产市场的发展扩张机会是一个最有代表性的案例。土地的价格在持续上升,机会转瞬即逝,万达集团正是抓住了这个机会,大量买地投资,融资规模和负债比重也必然上升,其负债率达到了75%以上,财务风险剧升。虽然民营企业目前普遍存在高负债、高杠杆的财务结构,国有企业包含一些大型国企的财务杠杆率也在70%以上,但往往被认为风险是在可控范围内的,而一些地方政府的负债率已经达到200%—300%的水平,还是被认为在安全范围内。这是因为市场风险的爆发机制问题,还有行政体系的干预控制问题,市场风险的爆发点被抬高了,但一旦打开阀门释放风险,风险爆发的威力能量将更为巨大,这是市场经济完善发展所不可取的。

万达的财务风险和高杠杆危机就是在这样的条件下被触发了。本来75%以上的高负债率一直在维持着,还有更高杠杆率的企业也在维持着,出现这样的爆发点是因为行政系统担忧过高的财务杠杆带来系统性金融风险爆发,提前打开阀门释放风险,突然停止了万达因海外并购投资正在进行的巨额融资,触发企业流动性危机,万达不得不快速降价出售大量较高流动性的资产,主要是酒店和一些文化娱乐项目资产,国外的并购项目也被迫停止,企业资产大量低价出售换得现金流,幸运的是企业面临的市场环境尚未陷于全面的金融风险爆发,资产脱手较为容易,企业实现断尾求生,但资产规模、市场竞争和盈利能力等方面损失惨重,未来的重整发展将陷入重重困难。

复习思考题

1. 什么是货币的时间价值?其分析的意义是什么?
2. 请用单利和复利两种方法分析货币时间价值。
3. 什么是无风险收益率?它对于投资决策的意义是什么?
4. 利率的形成与变化对投资决策的影响是什么?
5. 请分析汇率变化对投资市场的实际影响。
6. 如何从金融市场的角度来认识投资的风险?
7. 什么是道德风险?其形成基础是什么?
8. 什么是期望收益率?它的计算方法是怎样的?
9. 组合投资对于系统性风险的作用是什么?
10. 试评述投资对象的相关性对投资组合的风险分散作用。

第二篇
实业投资：理论与方法

DIERPIAN SHIYE TOUZI LILUN YU FANGFA

第二篇

実地踏査：

裏の二方法

第三章

投资项目可行性研究

投资导读

项目投资是市场经济发展过程中不可或缺的重要环节,项目投资成功与否的关键在于项目投资的决策是否正确。因此,在项目投资之前必须进行周密而细致的投资决策分析,调查、研究与拟建项目有关的自然、社会、经济、技术等因素,在此基础上分析投资建设方案,预测、评价项目建成后的社会经济效益,并在此基础上论证项目投资建设的必要性、财务的盈利性、经济上的合理性、技术上的先进性等。因此,科学的投资项目可行性研究,是项目投资决策的中心环节。

第一节 投资项目可行性研究概述

要掌握投资项目可行性研究的基本内涵,必须了解投资项目的基本概念和特征。项目的科学含义究竟是什么?人们又是如何理解项目的呢?投资项目有哪些特点?项目可行性研究内容又是什么?本节着重讨论的就是这样一些基本问题。

一、投资项目及其类型

"项目"一词是一个专业术语,但近年来有明显的滥用倾向,人们把所有工作都说成是项目,如修建一座水电站、引进一种新产品、购置一辆卡车、希望工程、地区经济开发等,但是究竟什么才是投资项目呢?这是我们需要说明的问题。

(一) 项目的概念

在我国,关于投资项目的概念尚无普遍接受的定义。世界各国学者对投资项目的理解和认识也是存在着较大差异的。美国著名学者罗伯特·J.格雷厄姆在其著作《项目管理与组织行为》一书中曾指出:"因为项目是适应环境变化的普遍方式,故而一个组织的成功与否将取决于其管理项目的水平。"由于社会环境变化是绝对的,因此,一个组织要想存在和发展,就必须适应环境的变化,就必须开展项目。

围绕投资项目的内涵,许多相关组织及学者都给项目下过定义。

美国的项目管理权威机构——项目管理协会认为,项目是一种被承办的旨在创造某种独特产品或服务的临时性努力。

德国政府认为,项目是指在总体上符合如下条件的唯一性任务:有预定的目标,有时间、财务、人力和其他限制条件,有专门的组织。

格雷厄姆认为,项目是为了达到特定目标而调集到一起的资源组合,它与常规任务之间关键的区别是,项目通常只做一次;项目是一项独特的工作努力,即根据某种规范及应用标准导入或生产某种新产品或某项新服务,这种工作努力应当在限定的时间、成本费用、人力资源及资财等项目参数内完成。

世界银行认为,项目是指在规定的期限内,为完成某项开发目标(或一组开发目标)而规划的投资、政策、机构以及其他各方面的综合体。一个项目一般要包括五个因素:①具有能用于土建工程和(或)机器设备及其安装等投资的资金;②具备提供有关工程设计、技术方案、实施施工监督、改进操作和维修等服务能力;③拥有一个按集中统一原则组织起来的,能协调各方面关系,促进各类要素合理配置,高效、精干的组织机构;④改进与项目有关的价格、补贴、税收和成本回收等方面的政策,使项目能与所属部门和整个国民经济的发展目标协调一致,并提高项目自身的经济效益;⑤拟定明确的项目目标以及项目的具体实施计划。

尽管不同组织或个人对项目所作的定义各不相同,但我们仍然可以发现不同定义下关于项目的一些最基本的要素。

(1) 项目的属性。从根本上说，项目实质上是一系列的工作。尽管项目是有组织地进行的，但它并不就是组织本身；尽管项目的结果可能是某种产品，但项目并不就是产品本身。例如，如果谈到一个"工程项目"，我们应当把它理解为包括项目选定、设计、采购、制造（施工）、安装调试、移交用户在内的整个过程。不能把"工程项目"理解为将移交给用户的产品（土木建筑物），确切地说，产品是项目的目的或结果。工程项目，特别是建筑安装工程项目，通常相当复杂，经常有多方参与。事实上它是由多个项目所组成的复合项目，组成工程项目的一般有业主的投资项目、咨询者的咨询项目、设计者的设计项目、承包商的承包项目等。现实项目的具体定义依赖于该项目的范围、过程、对结果的明确要求及其具体的组织条件。

(2) 项目的过程。项目是必须完成的、临时性的、一次性的、有限的任务，这是项目过程区别于其他常规"活动和任务"的基本标志，也是识别项目的主要依据。

各个项目经历的时间可能是不同的，但各个项目都必须在某个时间完成，有始有终是项目的共同特点。无休止地或重复地进行的活动和任务是确实存在的，但是，它们不是项目。

(3) 项目的结果。项目都有一个特定的目标，或称独特的产品或服务。任何项目都有一个与以往、与其他任务不完全相同的目标（结果），它通常是一项独特的产品或服务。这一特定的目标通常要在项目初期设计出来，并在其后的项目活动中一步一步地实现。有时尽管一个项目中包含部分的重复内容，但在总体上仍然应当是独特的。如果任务及其结果是完全重复的，那它就不是项目。

(4) 项目的目标。项目也像其他任务一样，有资金、时间、资源等许多约束条件，项目只能在一定的约束条件下进行。这些约束条件既是完成项目的制约因素，同时也当然是管理项目的条件，是对管理项目的要求。有人用"目标"一词表达这些内容，例如把资金、时间、质量称为项目的"三大目标"，用以提出对项目的特定的管理要求。从管理项目的角度看，这样要求是十分必要的，但严格说来，"项目目标"是指项目的结果。

(二) 投资项目的特点

(1) 投资目的。就项目投资的根本目的，一般政府投资项目的根本目的在于为国民经济和社会发展提供一个协调运行的基础，因而其投资项目更多强调的是社会效益和宏观经济效益；而企业投资项目则在于通过项目投资扩大企业生产能力，抢占市场竞争制高点，获取直接的经济利益。本书所涉及的项目投资大多是以企业为投资主体进行分析的。

投资项目的直接目的是一种有着规定要求的最终产品的一次性活动。它可以被分解为分任务,而分任务是必须完成的,这样才能实现项目的目标。项目是相当复杂的,因此那些分任务在时间、优先权、费用和执行情况等方面都需要细心地协调和控制。

(2) 寿命周期。任何事物有其产生、发展和消亡的过程,投资项目也是如此。一个项目从其设想、酝酿、发起、筹资、建设、投产运营直至项目结束的完整过程称为项目的寿命周期。项目的寿命周期可以具体分为投资前期、投资期和生产期,每个时期又可分为若干不同的阶段。

项目投资前期的主要工作包括投资机会研究、初步可行性研究(初步选择项目)、详细可行性研究(拟定项目)与项目的投资决策等。这是一个开拓投资项目,并对项目进行规划、研究和作出决策的时期,要选定产品和工艺方案,安排项目投资规划和执行时间,以及进行项目的财务效益评价、国民经济效益分析和社会评价。这个时期要解决的主要问题是判断项目的可行性并进行投资决策。可行性研究是项目前期工作的重要内容。一个项目的可行性研究,需要经济学家、工程技术人员、企业管理人员和财务会计人员密切配合,经过认真的分析论证才能完成,耗资约占总投资额的 0.5%—3%。虽然需要花费一定的费用和时间、精力,但只有通过可行性研究,对拟建项目的投入与产出等各种经济数据进行预测、分析、调整、计算、研究、论证、优化项目的设计方案,才能提高项目的投资效益,避免决策失误。所以,投资前期工作是建设期和生产期的基础。

投资期的主要任务是:谈判及签订合同,工程项目设计、施工、安装、职工培训和试车投产。这一时期的工作重点是保证基础设施和设备安装调试的进度和质量,严格控制投资规模和费用支出,培训合格上岗员工,确保项目按计划投入营运。

生产期的主要任务是保证项目在其整个寿命周期内达到预期的经济效益和社会效果。投资项目的生产期的运行状况,是对投资前期可行性研究工作质量和投资期项目管理工作质量的检验,同时对生产期的运营管理也提出了新的要求。因此,在这一时期内既有生产技术的应用和设备运行与更新改造等技术问题,也有产品销售、生产成本、投资回收及税收利润等经济问题。初期首先要掌握和管理好生产技术与设备运行,使企业尽快达到设计生产能力和各项技术经济指标;其次,应根据市场变化和技术进步情况,掌握和管理好生产技术与设备运行,使企业尽快达到设计生产能力和各项技术经济指标;最后,应根据市场变化和技术进步情况,考虑企业的技术改造措施,提高项目贷款资金的偿还能力和企业经济效益。另外,要做好整个项目周期中的经验总结工作。

在项目的整个寿命周期中,投资前期、投资期和生产期并非截然分开的独立阶段。这三个时期是相互联系、相互渗透的,有些工作(如设计、咨询、评价和决策)并非一次完成,往往需要在不同层次上的多次反复才能完成。

(3) 依赖性。投资项目经常与企业同时进行的其他项目互相影响,而且项目永远与经济主体中的标准的、常规的运作互相影响。尽管在企业中的各职能部门(如市场、财务、制造等)是以规则的、成型的方式相互影响的,但项目与各职能部门之间的相互影响方式却有所变化。市场部门可能在项目的开头和结尾,而不是中间介入项目;制造部门可能要自始至终介入项目;财务部门通常在项目的开始、项目结束核算,以及定期的报告期介入。项目投资者一定要认清所有这些影响,并与项目的所有外部机构保持较好的关系。

(4) 独特性。每个投资项目都有一些独特的成分,没有两个建筑项目或研究与开发项目是完全相同的。尽管建筑项目相对研究与开发项目来说更常规化,它仍具有独特性。再考虑到风险的存在,项目的这种特征意味着项目不能完全用常规方法完成。这就要求项目投资者和决策者创造性地解决项目所遇到的问题。

(5) 冲突性。由于投资项目直接关系到企业的经济利益和发展前景,需要运用的财力、物力和人力也比较多。因此,项目投资与企业现行生产经营活动存在冲突是不可避免的。投资项目的投资者或决策者可能与现有的职能部门为资源和人员而争夺;项目班子的成员为了项目资源和解决项目问题时的主导地位也总是处在冲突之中;项目与项目之间为争夺企业有限的资源也存在着争斗;用户要变更,而企业要利润,但利润又因作出变更而减少。

(三) 投资项目的类型

根据不同的划分标准,项目可划分为不同的类型。

第一,根据投资项目的性质,投资项目可划分为基本建设项目和更新改造项目。

(1) 基本建设项目,简称建设项目,即在一个总体设计或初步设计范围内,由一个或几个单项工程所组成的,经济上实行独立核算、行政上实行统一管理的建设单位。在我国,一般以一个企业、一个事业单位或一项独立工程作为一个建设项目。如一个工厂、一个国有农场、一条铁路、一个机场等,都可以分别构成一个建设项目。在一个总体设计范围内,分批分期进行建设的若干个工程项目,均算作一个建设项目。建设项目又可划分为新建项目、扩建项目、改建项目、恢复项目和迁建项目等不同的类型。

(2) 更新改造项目,亦称技术改造项目或技术措施项目,是指现有企业为提高劳动生产率、改进产品质量、改变产品方向,对原有设备和设施进行规模较小的改造,或为了充分发挥企业原有的生产能力,补充或更换部分设备所进行的建设项目。大型的更新改造项目由于投资规模大、对生产影响程度高,因而一般都要具有批准的独立设计文件或独立发挥效益的计划方案。

基本建设项目与更新改造项目的主要区别在于:前者主要属于固定资产的外延扩大再生产,一般投资规模大、建设周期长;后者主要属于固定资产的内涵扩大再生产,一般投资少、建设周期短、见效快。但是在现实经济生活中,除新建以外的某些项目由于其项目的复杂性,两者之间是很难明确划分的。

第二,按照国民经济行业投资用途分为生产性项目和非生产性项目。

(1) 生产性项目是指直接用于物质产品生产和经济建设的各种投资项目,具体又可分为工业项目和非工业项目。工业投资项目,即国民经济中各工业部门的投资项目,主要包括钢铁、有色金属、煤炭、石油、化学、电力、机械、建材、轻工、纺织等工业部门的投资项目;非工业投资项目,即工业投资项目之外的所有投资项目,主要包括农业、水利、林业、水产、交通运输等部门的投资项目。

(2) 非生产性项目是指不直接用于物质产品生产和经济建设的各种投资项目,包括公用事业、文化教育、卫生体育、科学研究、社会福利事业、金融保险及其他行业等行业进行的投资项目。

尽管非生产性投资项目与物质产品生产并没有直接关系,但它是从经济和社会发展整体利益出发所进行的投资安排,因而具有更高的社会效益和整体效益。相比较而言,生产性项目由于具有较高的经济效益,大多可以由企业和个人安排,而非生产性项目则主要由政府部门承担。

第三,根据项目的投资主体,投资项目又可划分为政府投资项目、企业投资项目和个人投资项目。

(1) 政府投资项目是指由政府机构及其相关部门从国民经济和社会发展全局出发通过财政投融资组织进行的投资项目。市场经济条件下,政府项目一般侧重非生产性项目和用于弥补市场运行机制缺陷的基础性项目(如交通运输等基础产业和电子、石化等支柱产业的投资项目)。

(2) 企业投资项目是指由企业从自身经济利益出发,以追求利润最大化为目标自行安排的投资项目。这是在市场经济条件下,企业作为具有独立经济利益的法人实体,为了满足其扩大生产规模的需要而进行的项目投资。

(3) 个人投资项目是指以个人为主体进行的项目投资,主要包括个体经营者为从事生产经营活动进行的生产性投资和个人为改善居住质量进行的住房投资等非生产性投资等。

此外,还可根据其他不同的标准,将项目划分为不同的类型,如根据项目的设计生产能力,可将其划分为大型、中型和小型三类。这种分类主要基于政府投资政策和政府基本建设计划,因而不同时期政府所确定的划分标准也是截然不同的。

二、投资项目可行性研究的发展及含义

从20世纪30年代美国最早提出对投资项目进行可行性研究后,伴随着20世纪经济和科学技术的快速发展,投资项目可行性研究的理论和方法已经日臻完善。目前投资项目可行性研究工作已经在绝大部分国家和地区得到了运用。

(一) 投资项目可行性研究的发展

可行性研究作为项目投资前期进行技术经济论证的一种科学方法,最早起源于美国。早在1936年,在开发田纳西河流域的工程时,美国国会通过《全国洪水控制法案》的议案,提出将可行性研究作为流域开发规划的重要阶段纳入开发程序,使工程建设得以顺利进行,取得了很好的综合开发效益。

步入20世纪60年代以来,由于世界科学技术和经济管理科学的迅猛发展,可行性研究不断得到充实、完善和发展,逐步形成为一整套系统的科学研究方法。首先,它吸收了科学技术的最新成果,如电子计算机、高能物理、遥控遥测、新型材料等,用于大型投资项目全控自动化的建设和生产工艺技术的可行性研究;其次,运用最新经济科学理论,如计量经济学、数量经济学、技术经济学、市场预测学、经济控制论、信息论和系统论以及经济效益理论与方法,用于科学预测和项目建设投产后的经济效益计算。另外,可行性研究还吸收了现代管理科学理论,如企业管理理论、系统工程理论、生产营销理论和施工组织管理等现代化管理理论与方法,用于实现项目建设和生产高速度、高质量、低耗费的科学管理,以提高项目的投资效果。

当前,可行性研究不仅在经济发达国家,在亚洲、非洲等地区的许多发展中国家也得到了日益广泛的应用,为此,联合国工业发展组织(UNIDO)、世界银行等世界性组织,经济合作与发展组织(OECD)、阿拉伯工业发展中心、亚洲开发银行等区域性经济组织,分别编写了投资项目可行性研究的手册及各种培训教材,用以指导有关国家开展可行性研究工作,为推动这项工

作创造了条件。

我国对投资项目建设前期的研究工作也是比较重视的。早在"一五"计划时期进行156项重点项目建设时,就从苏联引进了有关项目"技术经济论证"的方法对项目进行前期论证。20世纪60年代以后又将其称之为"工厂规划"。1981年,中华人民共和国国家计划委员会(简称国家计委)正式下文,明确规定"把可行性研究作为建设前期工作中一个重要技术经济论证阶段,纳入基本建设程序"。1983年下达《关于建设项目进行可行性研究的试行管理办法》,重申建设项目的决策和实施必须严格遵守国家规定的基本建设程序。可行性研究是建设前期工作的重要内容,是基本建设程序中的组成部分,进一步明确了可行性研究的程序编制、内容和评审办法,把可行性研究作为编制和审批项目设计任务书的基础和依据。随后,各部门又结合本部门自身的行业特点,分别制定了本部门的可行性研究编制办法。1987年9月,国家计委又颁布了《关于建设项目经济评价工作的暂行规定》《建设项目经济评价方法》《建设项目经济评价参数》《中外合资经营项目经济评价方法》四个文件,对建设项目评价工作作出统一规定。20世纪90年代后伴随着投资建设领域出现了许多新情况、新问题,国家计委及时收集全国各地在使用《建设项目经济评价方法》《建设项目经济评价参数》中的新经验以及暴露的问题,于1993年4月发出《关于印发建设项目经济评价方法与参数的通知》,重新颁布了建设项目经济评价方法与参数。

(二) 投资项目可行性研究的含义

关于"可行性"一词,按照英语原文字面的意思,是指"能够做到和实现""行得通""有成功的可能性"。可行性研究,实际上是指运用各种方法和手段,对拟建项目是否可行进行的技术经济分析和财务经济分析的评价。从研究范围来看,可行性研究必须对建设项目所涉及的所有方面进行调查研究和综合论证,使拟建项目拥有全面、可靠的科学依据,从而保证拟建项目在技术上适度、在经济上合理、在效益上最优。

因此,我们一般将投资项目可行性研究定义为:投资项目在进行决策初期,通过对项目有关技术、经济和社会等方面的条件和情况进行调查、研究和分析,对各种可能的方案进行比较、论证,以考察项目在技术上的可行性和先进性、经济上的合理性和盈利性以及建设上的可能性,并进一步对项目是否可行进行科学分析的方法。

可行性研究是项目投资决策初期最重要的工作,要从市场需要、生产技术、原材料供应、经济和社会效益等多方面、全方位对投资方案进行论证,并最终回答项目是否可行、是否有经济效益等问题,为项目的最后决策提供直接依据。可行性研究,从总体上讲,必须回答这样一些问题。

(1) 投资项目的必要性是什么?

(2) 投资项目所需资源(如财力、人力、技术和信息资源等)是否有保证?

(3) 产品的市场容量和市场占有率多大?

(4) 投资项目的选址何处最佳?

(5) 投资项目的规模多大为宜?

(6) 资金渠道是否畅通?

(7) 能源和电力是否有保障?

(8) 原材料及外部协作条件是否落实?

(9) 引进技术的消化吸收能力是否具备?

此外,还要考虑到其他一些特定的内容。对以上这些方面都必须给出确定的答案,以判定拟建项目是进行建设还是放弃。上述这些问题可以归纳概括为建设条件是否具备、技术上是否适度和经济上是否合理三个方面。从可行性研究的内容来看,由于项目的建设性质不同,具体的研究内容各有加重。如新建项目和更新改造项目就有很大差别,前者需对上述问题逐一作出结论,而后者有的可能集中在工艺上,有的可能集中在设备中或其他问题上。即使同是新建项目,化工生产企业和食品加工企业在内容上也有明显的差别。作为建设前期的可行性研究工作,虽然在内容上各有侧重,但其核心和实质内容是相同的,即投资效益分析。

(三) 进行投资项目可行性研究的意义

投资项目可行性研究是项目投资和建设必不可少的重要环节,项目可行性研究工作是否得到高度重视和运用直接关系到项目的成败及投资者的经济利益。其作用具体而言主要包括以下三个方面:

(1) 可行性研究是项目评估的依据。所谓项目评估,就是在可行性研究的基础上进行的,通过论证、分析,对可行性研究报告进行评价,为最后作出投资决策提供咨询意见。

(2) 可行性研究是进行科学投资决策的依据。通过对项目的可行性研究,企业可以清楚判断项目投资是否可行,以便投资者采取积极有效的措施,避免因不确定因素造成的损失,实现项目投资决策的科学化。

(3) 可行性研究是项目设计的依据。只有经过项目可行性研究论证,确定项目技术可行、经济合理、效益显著,才能保证项目投产后有较好的效益。因此,项目设计要严格按批准的可行性研究报告中已经确定的规模、方案、标准等内容进行。

此外,可行性研究还要详细计算项目的现金流量、经济效益和贷款清偿能力等数量指标及筹资设想、投资风险等,这些都为企业经营管理者掌握投资项目状况进行投资决策提供了重要依据。

三、投资项目可行性研究的程序

企业在项目投资决策中,进行可行性研究主要有投资机会研究、初步可行性研究、详细可行性研究和方案评价决策等环节。

(一) 投资机会研究

投资机会研究是指从一个地区或行业出发,以市场调查预测和自然资源利用的结果为基础,进行粗略估计来选择最佳投资机会。通过这种估算,初步判定是否有投资的必要性。如果有必要,则提出对于项目投资方向的建议,转而进行初步和详细可行性研究,进一步对建议项目进行考察和论证。可见,机会研究实际上是一个粗略的规划设想,因而有时也称为项目规划或项目设想。投资机会研究并不进行详细计算,其目的是找到投资方向和行业。由于机会研究的内容和深度有限(一般只需 1—2 个月),对投资的估计误差允许在 30% 以内。机会研究费用一般为投资费用的 0.2%—1.0%。

具体分析投资机会研究,又可以将其划分为一般机会研究和具体机会研究两部分:一般机会研究是对企业内部与外部的一般情况和投资可能性进行的调查研究;具体项目机会研究是在一般机会研究确定的投资方向基础上进一步调查与投资方向有关的产品需求、原材料来源,掌握同类产品企业的生产状况、相关企业进行同类投资的可能等信息,估计投资项目的社会需要程度与盈利水平,进一步确定该投资的具体方向。

企业进行项目投资活动必须考虑国家宏观经济政策的导向和市场的供求。国家宏观经济政策包括产业政策、财政税收政策和金融政策等。产业政策是国家根据一定时期国民经济发展的内在要求,通过各种直接和间接政策手段,调整产业结构,引导产业发展,调整产业组织形式,促使产业部门的均衡与发展,实现一定经济发展阶段战略目标的经济政策。当产业政策向某一行业、某种产业组织形式倾斜时,国家通常会采用相应的财税金融政策与之配套实施。因此,企业应了解国家近中期内优先、重点、鼓励发展什么行业、项目、产品,发展到什么程度,并有哪些财税、金融等优惠鼓励政策;同时应了解国家控制、限制什么行业、项目、产品,并有哪些限制手段。企业进行项目投资要从国家宏观经济政策和市场信息中寻找有利的投资机会。

机会研究是全部可行性研究工作的重要基础的起点。可以说,除一些明显具有投资效益的项目外,绝大多数的投资项目都来自机会研究。那么,如何进行机会研究呢?或者说,机会研究应从哪些方面和角度着眼呢?一般来讲,可以从以下九个方面入手。

(1) 具有产业政策性质的一些规定及一般的投资趋向。

(2) 具有加工或制造所需要的自然资源状况。

(3) 具有为加工业发展提供所需原料的布局状况。

(4) 由于消费水平和消费结构变化趋势导致的新产品潜在需求状况。

(5) 行业扩展或企业联合的可能性。

(6) 扩大生产能力可能实现的经济性。

(7) 进出口政策的允许性。

(8) 工业生产要素的可得性。

(9) 技术或设备引进国产化的可能性。

通过对上述内容的研究,就可得出新建、扩建或更新改造等项目的投资建议。

(二) 初步可行性研究

当投资设想经过两个层次机会研究的分析鉴定后,认为该投资项目符合市场需求、具有盈利能力时,就可开始进行该项目的初步可行性研究。

初步可行性研究是在机会研究的基础上进一步分析与判断设想的投资项目是否有生命力,是否有合适的盈利。初步可行性研究必须对设想项目的规模和生产能力、产品和原材料市场、资源条件、设备和配套设施、财务等各方面的影响因素,对项目投资的数额与筹措,对项目的经济效益和社会效益等进行较为全面、系统的定量和定性分析,为设想项目的初选提供依据。初步可行性研究决定着所设想的投资项目的取舍。

由于详细可行性研究需要较为准确的资料、较多的经费和较长的时间,因而不经过初步可行性研究一般不贸然进行详细可行性研究;而且初步可行性研究可以同时针对设想项目的多种方案,其本身也具有选优的功能,在一定程度上可以提高项目详细可行性研究的成功率。初步可行性研究是介于机会研究和详细可行性研究之间的中间阶段,其研究内容和结构与详细可行性研究基本相同,主要区别是所获资料的详尽程度不同、研究的深度不同。对项目投资的估计误差一般要求控制在 20% 左右,研究所需时间大致为 4—6 个月,所需费用约占投资总额的 0.25%—1.25%。其内容一般包括下列十项。

(1) 市场需求状况及工厂生产能力。

(2) 原材料输入。

(3) 厂址所处位置及厂址选择。

(4) 工艺技术及设备选择。

(5) 土改工程。

(6) 企业管理费用。

(7) 人力(包括生产、管理和技术人员)。

(8) 项目实施。

(9) 财务经济分析。

(10) 社会经济效益分析。

(三) 详细可行性研究

初步可行性研究是为判定投资项目是否进行提供科学依据,详细可行性研究是为如何实施投资项目以及建成后的生产经营提供科学依据。详细可行性研究的投资估算误差须在10%以下,所需的研究费用,中小型项目为投资额的1.0%—3.0%,大型项目则为投资额的0.2%—1.0%。

详细可行性研究即技术经济可行性研究,包括投资项目的组成部分及涉及的问题。它要求对投资项目的市场需求、工艺技术、财务经济等各个方面的可行性问题,采用系统准确的资料并结合实地调查的情况,进行全面分析论证,做多方案比较;如项目的经济效益不能满足要求,还须对其主要因素(如工艺流程、设备造型、厂房布局等)进行调整;认为项目可行后,提出若干推荐方案比较;最后提出一个技术先进适用、经济上有生命力的方案。

详细可行性研究的内容一般包括以下九个方面。

(1) 总论。研究工作的依据和范围,包括新建项目的背景;改、扩建企业的概况;进行投资的必要性和意义。

(2) 市场情况。国内外现有生产能力和状况;国内外市场需求预测;以及价格和产品竞争状况、竞争能力分析。

(3) 建设规模。建设规模的技术经济比较和分析;老企业技术改造与新建企业的技术经济比较和分析。

(4) 工程条件。资源储量、各种原材料来源、厂址、气象、工程地质、水文地质、交通运输、水电气及动力供应、辅助工程及文化生活设施的技术经济比较和分析。

(5) 环境保护。环境现状描述、三废治理的环境影响评价。

(6) 资金和成本。建设项目投资、成本分割、资金的筹措及偿还方式和偿还期限等。

(7) 劳动力。劳动力的来源和费用、人员培训、劳动定员及工厂组织结构设计。

(8) 经济效果评价。从静态和动态两个方面入手,对工程项目进行综合分析评价,对建设项目进行社会经济效果评价。

(9) 结论和附件。附图、附表和协议文件等。

详细可行性研究阶段应满足下列的要求：首先，可作为投资项目决策的依据；其次，可作为申请建设或与有关企业、外商签订协议合同的依据；最后，还可作为向股东、银行等主体筹资的依据，以及下一阶段即投资规划的基础。

就一般的投资项目来讲，都要经过上述三个阶段的工作，即首先进行机会研究；得到可行的结论后，再进行初步可行性研究；得到"可行"的结论，然后转入详细可行性研究，得出最终"可行"的结论。如果在任何一个阶段得到"不可行"的结论，就没有必要继续研究下去，研究工作就此终止。但是，上述阶段的划分并不是绝对的，有的投资项目，由于所涉及的要素已明朗化，把握性很大，可以越过机会研究和初步可行性研究，直接进入详细可行性研究。总之，对于任何一个投资项目，都可视其具体情况确定上述三个研究阶段是否依次进行或者跨越某一个阶段。项目投资可行性研究决策各环节的系统流程如图 3-1 所示。

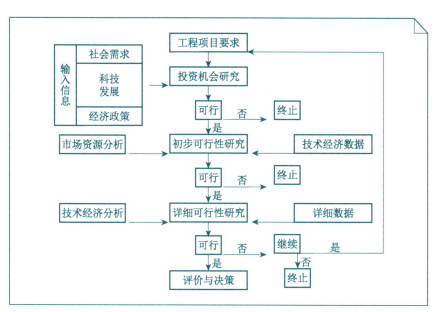

图 3-1　可行性研究决策各环节系统流程图

（四）投资项目综合评价与决策

对投资项目进行综合评价与决策是项目可行性研究的最后一个步骤，也是最为关键的一步。

投资项目综合评价就是对可行性研究所得出的结论进行全面的综合的评估与分析。这种评价不仅要对拟建项目本身的经济效益进行分析评估，而且还要从地区和国家的角度来考察和评价它的国民经济效益。同时,还应该从全社会的角度来评价它的社会效益。也就是说,必须从国民经济整体发展需要和社会发展需要,来考虑和评定投资项目的优势,使有限的资源实现最优配置。可见,即使一个投资项目能够通过企业本身的经济效益评估,也不一定就能通过宏观经济效益和社会效益评价。进行综合评价的结果,如果得出可行或满意的结论,那么就可以进入投资决策了。

投资项目可行性研究至此已宣告完毕。

四、投资项目可行性研究报告的内容

在进行投资项目可行性研究后,必须将有关可行性研究的内容通过可行性研究报告这种书面方式反映出来。投资项目可行性研究报告的内容,因行业性质不同而不同,同一行业中也因投资项目性质不同(如新建项目与更新改造)而不同。但从总体上讲,其基本内容是相同的。从建设项目出发,投资项目可行性研究报告的内容一般包括以下十一个部分。

(一) 总论

总论,就是从总体上对项目进行简明扼要的阐述。首先,应重点阐述项目提出的背景、必要性、重要性和社会经济意义。其次,对可行性研究结果进行简要的叙述,指出得出的主要研究结论。最后,说明存在的问题并提出建议。

(二) 市场情况和拟建规模

这一部分包括以下四个方面:第一,介绍市场调研预测所表明的国内和国外市场的供应和需求状况、竞争状况、产品进入市场的潜力大小以及进入国际市场的可能性和前景;第二,根据产品销售预测和营销战略,说明销售费用和销售收益的估算结果;第三,根据上述两点情况和其他必要条件,说明拟建项目的规模及规模确定的依据;第四,确定产品方案。

(三) 资源状况及外协条件

首先,说明拟建项目所需自然资源的储量、分布、品位、成分等技术性能指标,明确资源的审批情况和资源的可得性(或可利用性);其次,说明原材料、辅助材料及燃料的种类和来源、条件和数量、供应地点和其经济性以及签订协议和合同等情况;最后,说明所需动力以及公用设施的外部协作条件、供应的方式等。

(四) 厂址选择

首先,阐述建厂地区的地理位置、地区环境情况和要求,以及选择意见和依据,并论述厂址与原料产地和市场距离之间的经济性;其次,说明厂址的位置、气象、水文、地形、地貌、地质等条件,以及交通、运输、水电气供应状

况和规划情况；再次，说明厂区面积、占地范围、布置方案和建设条件；最后，如果需要拆迁、移民，则要说明安置和规划方案。说明地价、移民和其他工程费用的估算依据。

（五）项目方案

首先，说明项目的构成和范围，包括生产车间、辅助生产车间的组成，厂内外主体工程和各项辅助工程，以及各种方案的比较和论证；其次，说明技术和设备选择的先进性、适应性和经济性，绘出生产工艺流程；再次，说明公用和辅助设施方案的选择以及理由；从次，说明土建工程布置方案的选择，场地整理和开拓方案，以及主要建筑物、构筑物和厂外工程的安排方案；最后，绘出项目总图。

（六）工厂组织设计

首先，明确全厂的生产管理体制，包括机构、职能和权限的划分，并加以必要的论述；其次，提出并论述劳动定员的配备方案；最后，估算人员培训规划和方案的费用。

（七）项目实施进度

主要应该明确勘察设计、设备制造、工程施工安装、试生产所需时间和进度要求，要统筹考虑整个项目的实施方案和进度选择方案。采用科学方法(如网络因子方法等)来论述最佳实施方案。

（八）环境影响

描述和说明"三废"种类、成分、数量及其对周围环境影响的范围和程度，说明治理的可能性及治理方案的选择和回收利用的可能性，并给出对环境影响的预评价，同时估算其治理费用。

（九）企业经济评价和国民经济评价

首先应给出资金筹措方案，包括资金来源、方式、偿还期限和贷款条件等；然后，根据生产成本、投资费用等数据，从静态和动态两个方面进行评价，并给出评价结论。在企业经济评价的基础上进一步给出项目的国民经济评价。

（十）不确定性分析

对项目进行盈亏点分析、敏感性分析和概率分析等。

（十一）结论和附件

根据上述的各种数据，指出拟建项目在技术和经济各方面的可行性，并提出现存的问题和建议。所有重要的图表以及相关协议文件均以附图、附表和附件的形式列于其后。

以上内容虽然是以新建项目为例说明的，但稍加改动，便可适用于改建和扩建项目，只是要加上现有企业情况就可以了。

专栏阅读 3-1：度假酒店项目投资可行性分析[1]

一、度假酒店项目的市场可行性分析

在对酒店项目的市场可行性分析时,应该首先对酒店投资环境进行分析。通过酒店投资环境的分析能够初步了解酒店所在地的经济状况、发展动向及是否可以进行投资。酒店所在地的经济状况会直接影响酒店项目的投资,在对其进行分析时,主要内容为区域的经济结构及产业发展、消费水平等指标。在这些指标中,GDP 为最重要的指标,它的数值能够反映区域的经济状况,对其进行分析能够为度假酒店项目建设提供数据信息。此外,酒店的选址至关重要,它是决定经营是否成功的主要因素。在对度假酒店项目进行市场可行性分析时,应该对其地理位置进行分析,看其是否能够达到预期的经营目标,一般来说,主要的分析内容为度假酒店的地理位置、交通情况、设施设备、扩展潜力等。另外,了解度假酒店的市场需求也是投资可行性分析的重点,通过对市场需求进行分析,能够根据游客的需求制定不同的营销方案,以最大限度地提高经济效益。对于度假酒店来说,它的竞争逐渐加大,尤其是在同一区域范围内。因此,在进行投资决策前,需要对竞争对手进行了解,以便调整营销策略。

二、度假酒店项目的经济可行性分析

度假酒店项目的经济可行性分析也十分重要,主要包括财务效益指标体系分析、营销绩效指标的分析、经营预测、计划财务效益评价分析等。对于财务效益指标体系来说,它主要包括静态体系和动态体系两个方向,相比较之下,动态体系更加系统、科学、合理。对于度假酒店来说,要想判断其是否值得投资,需要对酒店的财务效益指标进行分析,以判断其是否具有财务效益。对于不同的酒店来说,其影响因素也各不相同,主要的影响因素为地区、规模、投资预期等,通过这些因素,能够对酒店的财务效益进行初步的判断。

此外,酒店的运营是否成功与投资可行性分析息息相关,因此,需要对酒店项目进行经营预测,在经营预测中,经营绩效指标假设是关键。关键经营绩效指标主要包括入住率、房价、人均消费水平等,这些指标与酒店的经营息息相关。在预测的过程中,只有采取科学合理的方法才能获取全面的假设依据,从而为决策者提供相应的信息。通过经营预测,能够直观反映度假酒店的财务信息,有利于对财务状况进行评价。

三、度假酒店项目的不确定性分析

在对度假酒店项目投资的可行性分析过程中,还需要充分考虑项目中的不确定因素。项目可行性研究是在不确定的环境基础下进行的,对于可行性分析来说,它所探究的内容均为酒店未来经营过程中可能面临的问题,还可能受到时间因素的影响。一般来说,不确定因素主要包括经济、文化背景、环境条件等,而可行性分析的资料一般不完整,在这种情况下,项目的可行性评价存在一定的问题。度假酒店项目存在不确定性也即是存在一定的风险,因此,对不确定性因素进行分析能够有效地规避

---

[1] 引自林毅:《度假酒店项目投资可行性分析》,《低碳世界》,2017 年第 20 期。

风险,以获得预期的目标。在不确定分析过程中,敏感性分析十分重要,敏感性分析就是通过对不同因素变化的分析了解其对经济的主要影响,并作出相应的判断,以确定最敏感因素。敏感因素即是对度假酒店项目投资可行性影响最大的因素,通过对不确定性进行分析,进一步掌握经济目标的变动情况。盈亏分析也直接关系到项目投资的可行性,通过对盈亏平衡进行分析,能够判断投资项目是否盈利及亏损,从而确定平衡点。对风险性进行分析能够不断优化项目决策,尽可能地降低不利因素的影响,以确保度假酒店投资项目的收益最大。酒店可行性研究项目WBS,如图3-2所示。

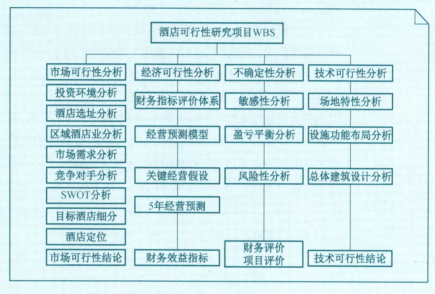

图3-2　酒店可行性研究项目 WBS

第二节 | 项目投资规模的确定

在投资项目可行性研究中,项目规模的确定、原材料的选择、工艺设备的选择等构成可行性研究的主要内容。项目规模选择得是否合理,直接关系到项目建成交付使用后的投资经济效益。对工业投资项目来说,项目规模一般是指项目的生产能力,即项目交付使用后一定时期内(通常为一年)在所有外部条件得到满足的条件下能够生产的产品数量。生产能力通常按年产量计算,但也有的是按装机能力等来计算,如供电项目按发电机组年发电量来计算。建设项目投资规模的确定,既要根据规划、需求、布局的要求,又要综合考虑建设条件和经济效益。一个投资项目的规模并不是越大越好,规模大小各有其利弊。

一、规模经济理论

自从古典经济学提出规模经济的概念后,长期以来经济理论界就试图从"规模经济"的角度出发分析阐述企业规模对提高经济效率和经济快速发展的重要意义。投资项目规模与经济效率的关系也可以通过此理论进行描述。

(一) 古典经济学对规模经济的认识

以亚当·斯密为代表的古典经济学派对规模经济的理论作了最初的描述。

古典经济学家认为分工与专业化是规模经济产生的主要原因,随着企业规模的扩大,企业内部就可以采用更加细密化的专业化技术,而新的专业化技术能使劳动分工进一步深化,这是一个周而复始的过程,直至市场范围对其进行约束。在古典经济学家的眼中,任何一种分工都能带来新的技术。又由于每种新技术都与一种更不可分的生产工具相联系,而"不可分性"必然带来规模经济。这样,每次分工和专业化的报酬递增就等于相对应的那种技术的报酬递增,只是递增的程度随技术(或称分工)的不同程度而不同罢了。这一观点可用图 3-3 来说明。

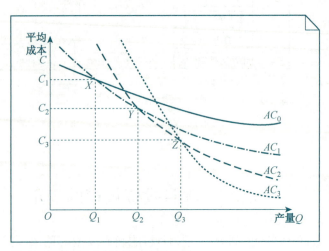

图 3-3　产品平均成本与产量之间的关系

在图 3-3 中,AC_0 为技术变革前的平均生产成本曲线,它具有不很明显的规模经济,AC_1、AC_2、AC_3 为依次进行的技术变革后的平均生产成本曲线,而 AC_1 与 AC_0 的交点 X 所决定的 Q_1 就是第一次技术创新情况下的最小产量规模。因为当 $Q>Q_1$ 时,新技术的成本低于旧技术的成本。如果以上的过程不断重复,就可将不同技术水平的平均成本的交点 X、Y、Z 连续起来,这条连线就体现了古典经济学动态报酬递增思想的最小产量规模的变动趋势。以上就是古典经济学家们对规模经济理论论点的简单归纳。

亚当·斯密曾用别针制造厂的例子来说明专业化和分工所带来的报酬递增现象,并说明:"分工的结果,各人的全部注意力自然会倾注在一种简单的事物上。所以只要工作性质上还有改良的余地,各劳动部门所雇的劳动者中,不久自会有人发现一些比较容易而便利的方法,来完成他们各自的工作。"

在该理论中,竞争性企业的规模是由长期平均成本水平决定的。在长期中,当所有要素可变时,平均成本曲线成"U"型,市场自由竞争的结果使企业最佳生产规模处于平均成本曲线的最低点上(图3-4)。图中,SAC 为短期平均成本,LAC 为长期平均成本。

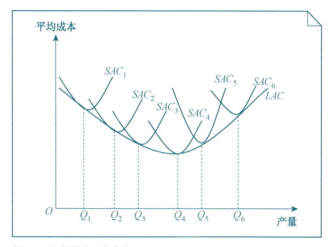

图3-4　长期平均成本曲线

对于长期成本曲线之所以成"U"型,通常的解释是:有一些固定生产成本(工厂、机器、建筑等),不管产出水平多高,都必然要发生。随着产出的提高,可变成本增加,但固定成本不变。因此,每单位成本有下降的趋势。但是,到了某一点之后,进一步降低平均成本就变得十分困难,因为有些投入很难轻易地随着企业的规模改变而改变。其中的原因之一就是经营能力。随着产出的增加,经营者最终会不堪负担,他的劳动生产率将下降。这样一来,企业的长期成本曲线转趋于上升。

对于长期成本曲线的描述虽然与经验性的观察大体能相符,但却是与新古典理论内部的逻辑结构相矛盾的。马歇尔最早揭示了这一矛盾,他在1890年出版的《经济学原理》中对古典经济学理论进行归纳后注意到:追求规模经济的结果是垄断的发展,而垄断又是阻碍价格机制作用的罪魁。垄断使价格受到人为因素的控制,扼杀自由竞争这一经济增长的原动力,使经济运动失去活力,破坏资源的合理配置。因此,在马歇尔看来,规模经济和垄断就成了一对难解难分的矛盾,也被后人称之为"马歇尔冲突"。当然,马歇尔也提出了这一矛盾的解决方法,他以任何企业的发展都有"生成一发展—衰退"的过程来加以解释。他认为垄断是不会无限蔓延的,规模经济和竞争可以获得某种均衡。

(二) 交易费用理论与企业规模的边界

新制度经济学创始人罗纳德·科斯在 1937 年和 1960 年发表了《企业的性质》和《社会成本问题》等文章,他试图回答这样一个问题:企业规模的边界在哪里?

科斯认为:"市场运行是有成本的,通过形成一个组织,并允许某个权威(一个"企业家")来支配资源,就能节约某些市场运行成本。企业家不得不在低成本状态下行使他的职能,这是鉴于如下的事实:他可以以低于他所替代的市场交易的价格得到生产要素,因为如果他做不到这一点,通常也能够再回到公开市场。"

企业扩张会带来自身的组织成本,这主要是因为"对企业家功能来说,收益可能是递减的",或者"企业家也许不能成功地将生产要素用到它们价格最大的地方,即不能导致生产要素的最佳使用"。因此,由于"市场交易成本"和"企业组织成本"的双重作用,"企业将倾向于扩张到在企业内部组织一笔额外交易的成本等于通过公开市场上完成同一笔交易的成本或在另一个企业中组织同样交易的成本为止"。在他看来,企业和市场是人们实现同一功能的具有互替性质的制度安排。当企业内交易的边际费用与市场中交易的边际费用相等时,企业与市场之间就达到了均衡。这个均衡点就是企业的边界(图 3-5)。

图 3-5 中,C_m 代表市场交易的总成本,C_0 代表企业内部总的组织成本,C 表示 C_m 和 C_0 之和。由此,C_m 代表市场交易的总成本,因为企业的扩大可以减少市场总交易成本,因而随着企业规模的扩大,C_m 递减。C_0 代表企业本内部总的组织成本,因为"管理收益递减",所以 C_0 递增。这样,用交易量表示的最佳企业规模在于 C_m 和 C_0 所形成的总成本 C 的最低点上,如 T_m。

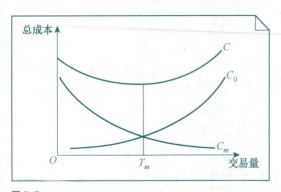

图 3-5 企业总成本与交易量的关系

所以,企业边界决定于企业和市场的均衡,即企业内的边际组织费用与市场边际交易费用相等之处,换言之,企业最佳规模为交易费用与组织费用两者之和最小处。

尽管规模经济理论总体上说明了企业生产规模与企业生产效率之间的关系,但是,我们也应该注意到企业规模与企业效率之间并不存在绝对的正相关关系。上述两种理论都在不同程度上说明在一定的技术条件下,企业生产可采用的规模并不是越大越好。

同样,项目投资规模也不是越大越好。

二、影响项目规模的因素

从投资项目决策所面临的经济环境分析,影响项目投资规模的因素是非常复杂的。主要的制约因素有政府产业政策、市场需求规模和产品生产的物质技术条件等。

(一) 政府的产业政策

制定产业政策是国家加强和改善宏观调控,有效调整和优化产业结构,提高产业素质,促进国民经济持续、快速、健康发展的重要手段。产业政策包括产业结构政策、产业组织政策、产业技术政策和产业布局政策,以及其他对产业发展有重大影响的政策和法规。

确定投资项目的生产规模要考虑国家产业政策,主要是按照产业政策所规定的固定资产投资项目的经济规模标准作为项目的最低生产规模。在我国,投资项目小型化、分散化是工业企业达不到规模经济、生产效率低下的主要原因之一。为此,我国政府在 20 世纪 90 年代后的国家产业政策中规定了部分规模效益比较显著、市场供需矛盾比较突出的热点产品实施固定资产投资项目的经济规模标准。1994 年 3 月 25 日国务院第 16 次常务会议审议通过的《90 年代国家产业政策纲要》规定了 22 类项目的经济规模标准,具体如表 3-1 所示。

表 3-1　固定资产投资项目的经济规模标准(第一批)

序号	产品名称	建设项目经济规模标准(年生产能力)	说　明
1	乙烯	新建项目:30 万吨及以上	乙烯:除列入国家十年规划的乙烯建设项目外,"八五"期间不再审批新项目。以后不再审批以油为原料的 30 万吨以下的新建项目
2	炼油	新建项目:500 万吨及以上	炼油:除已列入国家"八五"计划的基建和技改项目外,"八五"期间原则上不再审批新项目
3	氯乙烯	新建项目:采用乙烯法,20 万吨及以上; 采用天然气乙炔法,6 万吨及以上; 采用电石乙炔法,4 万吨及以上	
4	聚氯乙烯	新建项目:单系列 4 万吨及以上	
5	聚丙烯	新建项目:7 万—10 万吨	氯乙烯:以电石为原料的现有企业改为以乙烯为原料时,应为 8 万吨
6	乙二醇	新建项目:10 万吨及以上	
7	纯碱	新建项目:氨碱法纯碱装置的单系列,20 万吨及以上; 联碱法纯碱装置的单系列,18 万吨及以上	
8	烧碱	新建项目:5 万吨及以上	
9	合成氨	新建项目:为尿素装置配套,以重油、块煤为原料,8 万吨及以上; 为磷铵项目配套,以天然气、重油、块煤为原料,6 万吨及以上; 以粉煤为原料,20 万吨及以上	

序号	产品名称	建设项目经济规模标准(年生产能力)	说 明
10	铜电解	新建项目:5万吨及以上	电解铝:新建项目应采用预焙阳极电解槽,160千安及以上电流强度
11	电解铝	新建项目:10万吨及以上	
12	氧化铝	新建项目:烧结法,50万吨及以上; 联合法,40万吨及以上; 拜耳法,30万吨及以上	纤维用聚酯:大型聚酯项目应选择单系列6万吨及以上的生产装置。除已列入国家"八五"计划的基建和技改项目外,"八五"期间原则上不再审批新项目 轿车:新建、改扩建和技改项目需报经国务院批准 轻型载货汽车:新建、改扩建和技改项目需报经国务院批准 轻型客车:新建、改扩建和技改项目需报经国务院批准
13	纤维用聚酯	新建项目:单系列生产装置6万吨及以上	
14	锦纶—6抽丝 锦纶—66抽丝 (含聚合)	新建项目:5 000吨及以上	
15	轿车	发动机排气量在1 600 cc以下的新建、改扩建和技改项目:15万辆及以上	
16	轻型载货汽车	新建、改扩建和技改项目:10万辆及以上	
17	轻型客车	新建、改扩建和技改项目:5万辆及以上	
18	重型货车	新建、改扩建和技改项目:1万辆及以上	
19	车用汽油发动机	排气量在2 500 cc以下的新建、改扩建和技改项目:15万台及以上	
20	车用柴油发动机	排气量在3 500 cc以下的新建、改扩建和技改项目:10万台及以上	
21	摩托车	发动机排气量在150 cc以下的新建、改扩建和技改项目:20万辆及以上	
22	录像机机芯	新建和改扩建项目:60万台及以上	

资料来源:《90年代国家产业政策纲要》。

(二) 市场需求规模

市场决定项目的命运,项目产品有市场,才有必要实施该项目;项目的生产规模就应按产品需求量来确定。这样,才能保证项目的顺利实施和正常生产,才不至于浪费有限资源。在这方面我们有过教训,有些企业不深入研究(甚至不去研究)项目产品的市场需求情况,盲目扩大生产规模,生产出的产品销不出去,要不就是产品大量积压,要不就是生产能力不能充分利用,造成了资源的浪费,轻则企业效益不佳,重则企业破产倒闭。因此,在确定投资项目的生产规模时,必须对市场分析的结果进行研究,分析项目产品的市场供求关系,了解项目产品的市场需求量到底有多大,并把其作为制约和决定项目生产规模的重要因素。

从市场需求的角度分析,影响项目规模的主要因素包括以下三个。

(1) 市场需求量。从数量上讲,确定的生产规模应小于或等于市场需求量。若市场需求量大,产品面向全国及国际市场,其规模可以大一点。市场需求量小,产品供应范围不大,则规模可以小一些。建设规模大而需求量小,往往会引起产品积压或开工不足,从而影响资金周转导致产品成本上升。

(2) 市场需求特点。市场需求包括生产和生活两方面的需求。生产的产品要满足某种特定的需要必须具有专用性,即一种产品必须适用某一行业、某一阶层的特定需求。产品的专用性导致产品的非标准化,并形成单件小批量生产,并且由于生产、生活需求的不断变化,产品也应随之变化与之相适应,这种特点导致项目规模小型化。产品能满足市场需求还必须具有经济性。经济性要求产品趋于标准化,生产自动化程度高,劳动效率也高。这种特点又导致项目规模大型化。所以,项目规模的确定应综合考察产品的市场需求特点。

(3) 时间因素。大型项目建设期和达产期都比较长。对于市场需求紧迫的产品,可以考虑建设小型项目,争取在尽可能短的时间内提供社会急需的产品。

(三) 生产的物质技术条件

确定项目投资规模除了必须考虑上述政策和市场因素外,还必须考虑项目所选择的生产技术条件。从生产的物质技术条件分析,影响项目规模的主要因素包括资本投入规模、资源供应条件、运输条件、生产技术条件以及专业化分工与协作配套条件等。

(1) 资本投入规模。资本投入规模是项目投资的重要外部约束条件之一。项目规模的大小必须与财力相适应,项目规模应受到企业筹资能力、投资效益和偿债能力的多重财务约束,企业不能盲目进行负债经营。

(2) 资源供应条件。大型项目消耗的资源多,需要大量的原材料、能源、建筑材料等,只有在资源丰富的条件下方能建设。否则,建成后往往会导致"无米之炊",以致最后不得不停产、减产。小型项目消耗的资源少,当资源少而分散时,宜于实施。

从人力资源供应分析,一般大型项目设备先进,劳动生产率高,用人较少,但劳动力素质要求较高。小型项目尤其是劳动密集型项目,对劳动力素质要求相对较低。考虑人力资源因素时,还要求企业认真准备生产经营过程中各种管理人才、生产技术人才及销售力量等众多人才及其优化组合。

(3) 运输条件。大型项目原材料、产品等的运输量一般较大,运输半径也大,所以对运输条件要求较高。小型项目运输量小,运输半径也小,相对而言能同时接近原料、能源供应地和产品销售市场。所以,只有在运输条件得到满足时才能建设大型项目。

(4) 生产技术条件。大型项目一般采用较为先进的技术,要求较高的管理水平和技术水平;中小型项目一般采用适用技术。因此,应根据具体条件下的管理水平和技术水平,选择适宜的生产规模。如果是扩改建项目的规模,还要考虑到能否为采用更先进的生产技术和生产组织形成创造条件;能否使设备等现有条件得到合理利用;是否会引起原材料或产品的远距离运输;以及成本降低和投资节约情况等。

(5) 专业化分工与协作配套条件。现代化的工业,分工越来越细,专业化水平越来越高,那些大而全(或小而全)的企业,已不能适应形势发展的需要。这就是说,一个项目,往往不是独立的,需要有许多企业或单位协作配套,投产后才能正常发挥作用,有提供原辅材料的配套,有生产零部件的配套,还有动力供应、交通运输等方面的配套。

所以,确定项目的拟建规模要充分考虑协作配套条件,即项目的规模要与协作配套的量相符合。规模过小,浪费了资源,协作配套企业或单位的能力或效益不能充分发挥出来;规模过大,项目的生产能力利用率低,也同样浪费了资源。

(四) 其他影响投资规模的因素

从投资项目整体出发,影响投资项目规模的其他建设因素包括土地、交通、通信、环境保护等,这些因素从不同的方面制约着项目的生产规模。

我国的耕地少,而项目建设需要使用土地。一方面,确定的生产规模要尽可能少的占用土地;另一方面,确定生产规模要考虑可能供给的土地面积和土地的质量。

环境保护问题也越来越受到重视,不同的生产规模对环境的影响也是不同的,而对因项目而出现的"三废",国家规定有排放标准,确定项目的生产规模必须考虑这个因素。

三、确定项目投资规模的方法

决定项目投资规模的方法主要有工程分析法和经济分析法。工程分析法是指从项目的生产技术要求出发确定项目规模的方法。在确定时可以依据同类企业的经验确定最佳规模。经济分析法是指从经济角度,依据项目拟生产产品的市场需要及资源条件确定项目的最佳规模。按所运用的经济指标不同,经济分析法又可分为成本分析法和利润分析法,分别从成本最小化和利润最大化两个角度来确定项目规模。常用的分析方法有以下三种。

(一) 经验分析法

经验分析法,是指依据国内外同类或类似企业生产规模与生产成本相互关系的历史资料,考虑影响投资规模的制约和约束因素,确定投资项目合理生产规模的方法。

运用经验分析法的前提条件是国内外有较多同类企业存在,并且其相当部分的数据和资料是完整的、公开的和可信任的数据。这样才能有效地对生产规模与成本之间存在的一般关系进行抽象。

在具体运用过程中,要注意的问题有:①剔除非正常因素对生产规模与成本相互关系的影响;②要考虑投资期间技术进步对原有两者关系的影响;③要认真分析市场需求量,切不可盲目、教条地确定生产规模;④加强对本项目所处特定外部条件影响程度的研究。

(二) 盈亏平衡点法

采用盈亏平衡点法,是将项目的生产成本分为固定成本和变动成本两部分,在划分成本的基础上计算出项目保本或达到预期利润目标所需的生产规模或经济生产规模区。

(1) 保本生产规模的确定。保本生产规模是项目达到收支平衡所需要的最小生产规模。这种方法假设成本函数和收入函数都是线性的,即:

$$TC = FC + V \cdot Q \quad (3-1)$$
$$TS = P \cdot Q \quad (3-2)$$

式中:TC——总成本;
TS——总销售收入;
FC——固定成本;
V——单位可变成本;
Q——产品产量;
P——单位产品销售价格。

因此有图 3-6。

从图 3-6 中,不难看出,当项目生产规模小于 Q_1 时,$TS < TC$,企业处于亏损状态;当项目生产规模大于 Q_1 时,$TS > TC$,企业才能达到盈利目的。

所以企业保本生产规模为:$Q_1 = \dfrac{FC}{P - V}$

(2) 经济规模区的确定。在现实经济生活中,成本函数和收入函数往往是非线性的。在一定生产规模下,增加产量则单位产品成本下降,而销售收入上升;超过一定规模后,单位产品成本可能上升,而销售价格下降,导致销售收入、实现利润也下降。此时,可以用曲线进行描述,见图 3-7。

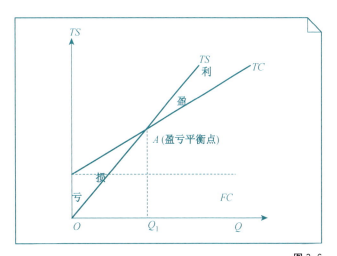

图 3-6
保本生产规模

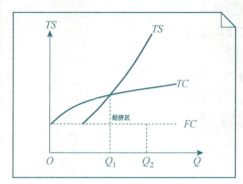

图 3-7 经济规模区

从图 3-7 中可以看出,由总成本曲线 TC 和总销售收入 TS 曲线相交时形成的两点决定了经济产量应该在 Q_1 和 Q_2 之间。

假设:

$$TC = FC + V_1 Q + V_2 Q^2 \tag{3-3}$$

$$TS = P_1 Q + P_2 Q^2 \tag{3-4}$$

式中:P_1、P_2——不同产量时的价格;

V_1、V_2——不同产量时的可变成本。

则:

$$Q_1 = \frac{\sqrt{(P_1 - V_1)^2 + 4(P_2 - V_2)FC} - (P_1 - V_1)}{2(P_2 - V_2)} \tag{3-5}$$

$$Q_2 = \frac{-\sqrt{(P_1 - V_1)^2 + 4(P_2 - V_2)FC} - (P_1 - V_1)}{2(P_2 - V_2)} \tag{3-6}$$

(3) 最佳经济规模的确定。所谓最佳经济规模是指在此生产规模下,企业的销售收入达到最大,成本达到最低,因而利润为最大。

要求利润 ($TS - TC$) 最大化时的产量,须采用求导方法:

即 $TS - TC = (P_2 - V_2)Q^2 + (P_1 - V_1)Q - FC$

对 Q 求导,并使 ($TS - TC$) 为最大:

$$\frac{\mathrm{d}(TS - TC)}{\mathrm{d}Q} = 2(P_2 - V_2)Q + (P_1 - V_1) = 0 \tag{3-7}$$

求 Q 得:

$$Q = -\frac{P_1 - V_1}{2(P_2 - V_2)} \tag{3-8}$$

(三) 线性规划法

线性规划法要求首先确定成本与利润的目标函数和该函数的约束条件(如经济资源、资金供应、设备的技术先进程度、生产工艺、原材料供应等),然后运用数学方法确定在一系列约束条件下达到利润最大化的生产规模。

采用线性规划进行最优规模分析的一般步骤有四步。

(1) 建立数学分析模型。分析所要实现的目标和实现目标的约束条件,使目标函数公式化。

(2) 通过模型求解。可以采用迭代法确定最优解。

(3) 试验模型。应用若干样本资料,试用模型确定其结果;进行样本值与最优解的比较,必要时对模型进行适当的调整。

(4) 运用模型,测算最优生产规模。

三、项目规模效应分析

企业应该根据自身的条件和特定的环境确定适度的生产规模,不能盲目追求规模的扩张。大型项目虽然在某种程度上具有规模优势,但也必须考虑到企业的能力和市场的容量;而小型项目虽然在规模经济方面可能存在缺陷,但具有投资少、见效快、适应市场能力强的优点。

(一) 对大型项目的效应分析

一般说来,达到一定规模的大型项目具有以下优点。

(1) 有利于采用大型先进设备和工艺。大批量生产一般同先进的生产工艺、高效、大型的设备相联系。对化工、石油、钢铁、水泥等生产行业,采用大型设备所节省的生产成本往往高于设备投资成本的增长。

(2) 有利于实现标准化、专业化和简单化。大批量生产方式可以使职工的熟练程度获得迅速提高,大大提高劳动生产率,节省劳动力成本。

(3) 有利于原材料的节约和充分利用。

(4) 有利于建立科技开发、测试等机构,以强化新品开发,提高产品质量、降低生产成本。

(5) 便于批量采购和销售,节省采购和推销费用。

项目规模大存在明显竞争优势的同时,也存在以下一些不利因素。

(1) 需要大量的资金,而且建设周期比较长,投资回收期长。

(2) 设备先进结构复杂,技术要求高,需要熟练的劳动力。

(3) 对资源和原材料要求较高,要有现代化运输手段。否则就会造成不合理运输,增加生产成本。

(4) 企业过大,管理层次多和管理链长,会降低管理效率,提高管理成本。

(二) 对小型项目的效应分析

与大型项目相比,小型项目在某些方面也存在明显的优势。

(1) 小型项目投资少,建设周期短,收效快。

(2) 小型项目单位资金吸纳就业率高,便于利用廉价劳动力。

(3) 小型项目便于就近设厂,因地制宜利用分散的资源。

(4) 小型项目生产灵活,产品多样,能迅速适应市场要求。

(5) 便于与大企业联合经营、协作配套。

由此可见,企业投资究竟以多大规模进行,首先必须考虑市场需求的大小,但同时也要充分考虑企业规模与效益变化之间的关系,讲求投资规模效益。

专栏阅读 3-2：盈亏平衡分析法在商业银行存贷项目规模中的应用[1]

设某商业银行存款均可用于贷款，计息周期按相同期限以年为单位同步计算。则有，商业银行每年收回的贷款额等于每年归还的存款额，实现存贷平衡，以下简称为存贷额。另外，从商业银行的利益和国际惯例出发，吸进存款的利息累计和用单利法计算、贷款的利息累计和用复利法计算。前者利息在未支付期内不参与本金一起计息，后者利息在未归还期内参与本金一起计息。那么，商业银行的贷款利息收入与贷款成本及利润三者之间将存在着以下关系：

$$F = p \cdot (1+i)^n - p = p \cdot [(1+i)^n - 1] \qquad ①$$

$$Z = C_f + P \cdot r \cdot n \qquad ②$$

$$P_r = F - Z = p \cdot [(1+i)^n - 1] - [C_f + p \cdot r \cdot n] \qquad ③$$

$$F = Z \qquad ④$$

式中，F 表示每年收回贷款的利息收入，Z 表示每年收回贷款的总成本，P_r 表示利润（含税），P 表示存贷额，C_f 表示固定成本，i 表示贷款年利率，r 表示存款年利率，n 表示计息周期。

将公式①②代入公式④中求解得盈亏平衡点的存贷额 P_0 的数学模型如下：

$$P_0 = \frac{C_f}{[(1+i)^n - 1] - r \cdot n} \qquad ⑤$$

将公式⑤代入公式①中得盈亏平衡点的贷款利息收入 F_0 的数学模型如下：

$$F_0 = \frac{C_f \cdot [(1+i)^n - 1]}{[(1+i)^n - 1] - r \cdot n} \qquad ⑥$$

某商业银行某年应收回和归还 3 年前项目的存贷规模为 1 000 万元，该项业务应负担的固定成本为 90 万元。当存款利率为年 3%，贷款利率为年 8% 时，分别计算盈亏平衡时的贷款利息收入和存款额各为多少？

将有关数据分别代入公式⑤和⑥求解得：

$$P_0 = \frac{90}{[(1+8\%)^3 - 1] - 3\% \times 3}$$
$$= 530.347\ 7(万元)$$

$$F_0 = \frac{90 \cdot [(1+8\%)^3 - 1]}{[(1+8\%)^3 - 1] - 3\% \times 3}$$
$$= 137.731\ 3(万元)$$

---

[1] 引自杨亚平、刘继明：《盈亏平衡分析法在商业银行存贷业务中的应用》，《财会通讯》，1995 年第 10 期。

即：当存贷额规模达到 530.347 7 万元时，银行的该项业务就实现了盈亏平衡，而大于该量的经营将给企业带来盈利。其盈利额由公式③求解得：

$$P_r = 1\,000[(1+8\%)^3 - 1] - [90 + 1\,000 \times 3\% \times 3]$$
$$= 79.712(万元)$$

若需要测算确保目标利润的最低存贷额。为了确保目标利润的实现，在其他因素不变的情况下，存贷额的多少对其有重要的影响。具体测算的数学模型可由公式③导出：

$$P_{目标} = \frac{C_f + P_{r目标}}{\lceil(1+i)^n - 1\rceil - r \cdot n} \qquad ⑦$$

第三节 原材料和工艺设备的选择

在进行投资项目可行性研究时，决策者除了要对项目规模进行严格的选择外，使用什么原材料、采用何种生产工艺同样也是决策者进行可行性研究必须正面阐述的重要问题。

一、原材料的选择

一种产品可以选择几种原材料制取，也可以从不同的产地或市场获得不同的价格、不同质量的原材料，这就要求解决原材料的选择问题。

（一）调查原材料的可能性

一般来说，要从资源可能、技术可能、运输可能等多方面进行调查研究。不同的投资项目，还应根据不同的原材料特点进行研究。如以农产品为原料的轻工行业，要研究企业附近能否取得这种原材料，质量如何，种养面积扩大的可能性，收购运输费用是否经济等；如果使用某种原材料，技术上不成熟或没有生产经验，则应进行试验，以取得必要的数据。

（二）落实原材料的可靠性

要发挥投资项目的作用，提高其效益，必须保证在项目周期内有足够的、稳定的、可靠的原材料来源。一个投资项目建成后，如果原材料没有保障，其投资效益就不能发挥，甚至可能使全部投资变为无效投资。

重大项目的原材料来源一般应立足于国内，将原材料来源建立在可靠的基础之上。如果国内一时解决不了的原材料，在经济利益有利的条件下，也可以考虑国外市场。对于依靠进口原材料的项目，不仅要调查其供应的可靠性、关税政策、贸易限制等，还应研究货币汇率、国际市场、国际关系等可能变动产生的影响。

(三) 研究原材料的经济性

原材料的价格和质量是影响产品成本的重要因素,必须对其进行详细的经济分析。

(1) 分析原材料产地价格。要依据供求关系等对其未来的变动趋势进行预测。

(2) 分析原材料的运输费用。要考虑各种运输工具和各种途径的可能,并测算最优运输价格的未来变动趋势。

(3) 分析原材料的加工生产费用。不同性质、不同质量的原材料对技术、设备和产品组合的选择都不相同,其加工费用各异,要综合研究而定。

二、工艺及设备的选择

工艺和设备是企业生产的重要的技术经济因素。因此,要从生产、技术水平等各方面进行详细调查研究,以便选用先进、适用的工艺和装备。

(一) 选择工艺设备的原则

工艺和设备的选择,要遵循可靠、适用和经济原则。

(1) 可靠。可靠是选择生产工艺和设备的基本要求。其判断标准为:一是所采用的生产工艺设备是否会对职工身体和环境产生污染。如有污染,其可控性如何,治理费用如何。二是这种工艺设备生产的产品是否合格,是否符合国家、国际有关技术指标的要求。

(2) 适用。所选择的工艺设备应该与生产产品所要达到的技术要求相适应。这种要求主要是指:生产工艺设备要有利于对资源的综合利用,要与企业现有生产能力和生产工艺相适应,要与劳动力所掌握的科学技术水平相适应。

(3) 经济。工艺设备的选择要以最低的投入获得最大的经济效益为原则,要充分考虑到投资成本和生产成本。

(二) 工艺及设备的来源

为了选择可靠、适用、经济的工艺及设备,可从以下途径进行考虑。

(1) 企业自行研究开发。企业自行开发与企业生产现实相结合,能较好地满足企业生产的需要。但是,自行开发的前提是企业必须拥有一支高素质、科技开发能力强的技术人才队伍。

(2) 国内购买。可以向国内有关科研机构、高等院校或其他企业购买设备和技术,这样既可以缩短开发周期,又可以加快科技成果向生产力的转化,这对企业和有关单位都是非常有利的。

(3) 国外引进。从国外引进设备有两种形式:一是只购买生产线上的关键设备、大型设备的主机和重要零部件,其他设备和部件在国内进行购买或研制;二是购买整条生产流水线,并由出售方进行设备的安装、调试和试运行。

(三)选择工艺流程要考虑的因素

工艺流程是指企业生产产品所采用的制造方法及生产过程等。一般来说,一种产品的生产总有几种可供选择的工艺;选用的工艺不同,则需要具备的条件及其产生的结果也不相同。

工艺流程方案的评价一般应考虑以下因素:①工艺流程的优点和缺点;②工艺获得的途径与代价;③产品所要达到的质量要求;④可能获得的原材料的质量及特性;⑤与工艺配套的设备和工程的投资额;⑥生产成本;⑦企业规模等。

(四)生产设备选择要考虑的主要因素

在工艺水平确定以后,设备的选择一般应考虑以下因素:①是否符合工艺流程的要求;②是否符合企业规模的要求;③是否符合产品质量和批量的要求;④在满足各方技术要求的前提下,是否可以采购到价廉设备等。

专栏阅读 3-3:过硼酸钠生产废水处理生产工艺及设备选择分析[1]

过硼酸钠生产废水处理成本包括废水处理设备的投资费用和日常运行费用,通过选择投资合理的设备、减少其日常运行费用及回收废水中的有效组分等措施,均可降低企业的生产成本。

工艺和设备选型分析

过硼酸钠废水处理有三种典型的处理方式可供选择:物化处理、膜处理技术和蒸发处理技术,其中膜处理技术和蒸发处理技术可以回收利用废水中的偏硼酸钠。

(一)物化处理工艺和设备

废水通过酸碱调节装置调节 pH 酸碱度,并停留 24 小时,通过投加硫酸亚铁和石灰乳曝气进行混凝反应,同时利用废水中残留的过氧化氢(0.6%—0.8%)进行 Fenton 试剂(硫酸亚铁和过氧化氢)氧化,通过加药沉淀去除大部分污染物。

需建 200 立方米废水处理综合池、中和装置、物化处理设备、加料设备和过滤设备,占地约 600 平方米。

其特点如下:

(1)能耗少,维修简单、维修费用低,占地面积大。

(2)流程简单,药剂采购方便,操作简单。

---

[1] 引自吴明洋、苏建强、何玉梅:《过硼酸钠生产废水处理工艺、设备选择与技术经济分析》,《中国石油和化工标准与质量》,2011 年第 9 期。

(3) 会有偏硼酸钠晶体析出,影响处理效果,造成排放水 COD 的波动。
(4) 产生的污泥会造成二次污染。
(5) 无法回收利用废水中的有效组分。

(二) 膜处理工艺和设备

母液澄清后,进入一级膜处理系统,浓液回到母液池,淡液进入二级膜系统分离,二级淡液进入三级膜系统分离,浓液进入母液池,三级淡液作为废水达标排放,三级浓液回到二级进口。母液池的母液经过逐级分离,得到浓度为 5% 的偏硼酸钠溶液,用于反应。

膜处理需建 30 立方米排放池、膜处理设备及辅助泵、管线,占地约 200 平方米。

其特点如下。
(1) 自动化程度较高,可实现无人值守,能耗低,占地少。
(2) 除清洗膜需少量药剂,无需添加任何药剂。
(3) 排放水中 COD 稳定,且不会造成二次污染。
(4) 偏硼酸钠回收利用率在 99% 以上。
(5) 废水中含有 0.6%—0.8% 过氧化氢,腐蚀膜,更换膜的费用较高。

(三) 蒸发处理工艺和设备

母液澄清后,利用蒸发系统的真空进入预热器,进入一级结晶器,在蒸汽和真空作用下废水变成蒸汽,生成的浓缩液进入二级结晶器。二级结晶器的浓缩液在一级废水蒸汽加热作用下产生废水蒸汽,生成浓缩液进入三级结晶器。三级结晶器的浓缩液在二级废水蒸汽加热作用下产生废水蒸汽。一、二、三级废水蒸汽经过冷却器冷却变成废水(COD<250),进入排放池。三级结晶器中的浓液(偏硼酸钠浓度大于 5%)进入母液池,用于反应。

蒸发处理需建造 30 立方米排放池、多效蒸发器,占地约 100 平方米。

其特点如下。
(1) 运行稳定,操作简单,占地少。
(2) 处理过程无需添加任何药剂。
(3) 排放水 COD 稳定,不会造成二次污染。
(4) 偏硼酸钠回收利用率 99% 以上。
(5) 蒸汽消耗较大,消耗 0.38 吨/吨废水。

(四) 选型分析

分析三种工艺需要的设备组成、设备投资、运行费用和维护费用:废水按 9 000 吨/年计;物化处理、膜处理、蒸发处理技术三种工艺的能耗分别是 0.96 元/吨、21.6 元/吨、83.6 元/吨;药剂用量分别是 1.1 元/吨、14 元/吨、0;废水排放费用均是 8 元/吨;废水中偏硼酸钠按 2% 计,单价 5 400 元/吨;设备残值按设备投资额的 5% 计,设备寿命为 10 年。结果如下。

物化处理:设备投资 830 000 元;日常运行费用 93 547.5 元/年;能耗 8 640 元/年;药剂 9 900 元/年;人工、修理费 3 007.5 元/年;污水排放费 72 000 元/年;有效物利用效益为 0;设备残值 41 500 元。

膜处理：设备投资 980 000 元；日常运行费用 807 402.5 元/年；能耗 194 400 元/年；药剂 126 000 元/年；人工、修理费 415 002.5 元/年；污水排放费 72 000 元/年；有效物利用效益为 972 000 元/年；设备残值 490 000 元。

蒸发处理：设备投资 650 000 元；日常运行费用 827 407.5 元/年；能耗 752 400 元/年；药剂为 0；人工、修理费 3 007.5 元/年；污水排放费 72 000 元/年；有效物利用效益为 972 000 元/年；设备残值 32 500 元。

（五）设备费用年金

$$\text{设备费用年金} = (A/P, i, n) \times [\text{设备投资} + (\text{日常运行费用} - \text{偏硼酸钠回收效益}) \times (P/A, i, n) - \text{设备残值} \times (P/F, i, n)] \quad (3\text{-}9)$$

式中：$(A/P, i, n)$——等额系列资金回收系数；

$(P/A, i, n)$——年金现值系数；

$(P/F, i, n)$——折现系数；

i——基准折现率按 12%；

n——设备寿命按 10 年计；则：

物化处理设备费用年金 $=(A/P, 12\%, 10) \times [830\ 000 + 93\ 547.5 \times (P/A, 12\%, 10) - 41\ 500(P/F 12\%, 10)] = 242\ 809.19$ 元；

膜处理设备费用年金 $=(A/P, 12\%, 10) \times [980\ 000 + (870\ 402.5 - 972\ 000) \times (P/A, 12\%, 10) - 49\ 000(P/F, 12\%, 10)] = -19\ 075.26$ 元；

蒸发处理设备费用年金 $=(A/P, 12\%, 10) \times [650\ 000 + (827\ 407.5 - 972\ 000) \times (P/A, 12\%, 10) - 32\ 500(P/F, 12\%, 10)] = -31\ 404.78$ 元；

综上分析，物化处理设备费用年金最大，膜处理设备和蒸发处理设备费用年金为负值，负值表明偏硼酸钠的回收价值大于设备投资费用和废水处理的日常运行费用。且结合后两者的特点，最终得出蒸发处理设备为最优选择。

第四节 项目厂址的选择

项目厂址选择关系到产业的合理布局，也是关系企业经济发展战略的重大问题。因而，厂址选择成为企业投资决策的重要内容之一。

一、厂址选择的类型

由于不同行业和不同企业的技术经济特点不尽相同，厂址选择有以下五种类型。

（一）原料指向

企业生产过程中所消耗的原材料数量较多,但产成品减重很大;或者,生产用原材料不适合远途运输,这种企业宜建立在原材料产地,如一些农产品、矿产品的加工企业。

（二）消费指向

企业生产的产品耗用原材料较少,但产品减重少甚至增重;或者,生产的成品不便运输或运输成本过高,这种企业宜选择建立在产品消费地区,如玻璃生产企业、家具生产企业等。

（三）动力指向

企业生产过程中将消耗大量的能源,或者设备需要连续运行,这种企业应该选择建设在靠近能源动力基地的地方,以保证有足够的能源提供,如金属冶炼企业等。

（四）技术指向

精密仪表、电子信息、生物工程等"知识密集型""技术密集型"企业一般应接近科学技术与高等教育中心。

（五）劳动力指向

企业生产技术手段较落后,需要大量劳动力投入,此类企业应选择在劳动力供应比较充裕且劳动力价格较低的地区,如服装加工、纺织企业等。

二、厂址选择应考虑的因素

综合投资项目在技术和经济上的各种条件,所选厂址应考虑以下六个方面的因素。

（一）自然资源

企业进行生产,不外两种情况:一是直接以自然资源为加工对象,这类主要是采掘企业、冶炼企业等。投资建立这类企业,要考虑到自然资源的储量、品位及交通运输条件等因素。二是以人工资源为加工对象,这类主要是加工制造业的企业。

（二）原材料供应条件

选择厂址考虑原材料供应条件,要从原材料供应数量、质量、价格、运输距离等出发。主要考虑:①原材料供应的数量能否满足项目生产能力的需要;②原材料的质量能否满足生产工艺的要求;③原材料的价格高低;④原材料的运输费用。

(三) 地质及基础设施状况

地质条件不仅影响工程建设,还影响到工程投产后的生产经营。因而,从地质角度出发,尽量考虑到地质构造、地下水位、地表标高、企业生产生活用水等因素。

选择厂址还要考虑项目对基础设施的需求程度,企业应尽可能充分利用已有或公共的基础设施,避免将大量资金耗费在基础设施的建设方面。

(四) 产品市场

产品市场是企业生存的土壤。企业所生产的产品必须找到适当的市场,企业才有进一步发展的条件与需要。如果投资者将厂址选择在接近产品的消费地区,一方面可以节约运输费用,另一方面还可以及时了解用户对产品的意见,及时改进。如果产品远离消费市场,那么生产者必须要考虑产品从产地到消费地的运输费用。

(五) 技术协作条件

生产专业化和分工协作是现代化大生产的重要特征。在同类企业及相关企业相对集中的地区具有较好的技术协作条件,企业可以借助于其他厂商的技术、人才力量生产一些配套产品,以节省投资费用、产品开发费用,降低产品生产成本。

(六) 其他因素

企业选择厂址,除了考虑上述影响因素外,还应该考虑到宏观经济政策、地区特点、居民消费习惯、民俗民情等因素。

三、厂址选择的基本要求

不同的投资项目对厂址选择的要求是不同的,有的项目要求选择在自然资源供应丰富的地区,也有的项目则要求选择在离消费人群较近的地区。因此投资项目的性质不同,其选址的要求也是不同的。但总体上讲,投资项目厂址的选择也有其共性的方面。从项目厂址选择共性的内容分析,投资项目厂址选择一般要满足以下八个方面的要求。

(一) 地形要求

在通常情况下,投资项目都要求具有一定自然坡度且地形比较平坦、开阔的地址。但是从少占或不占耕地与良田的原则出发,只要能满足项目在工艺技术等方面的需求,一般应选择不大平坦的坡地或荒地。坡度的大小应适合投资项目的要求,并考虑原材料、燃料及成品的运输方式来确定。

(二) 地质要求

地质要求包括工程地质和水文地质要求两大方面,要注意以下三点:首先，所选厂址的土性、岩性必须符合投资项目的需要。要设法避免在膨胀土、收缩土、湿陷土等恶性土质地区选址。无法避免时，要有相应的处置措施满足建设和设计需要。一般情况下，不要在地震断层及土崩和滑坡地带上建厂，也不能在岩溶区、泥石流区和淤泥层上建厂。其次，一般情况下，地下水位标高应低于地下室深度，尤其是地下构筑物较多的项目，应注意地下水位的标高。如果地下水具有侵蚀性，要采取措施进行保护性处理，以免腐蚀建筑物和构筑物。还有，要注意避开地下矿藏，但如果开采后对地面建设安全没有影响，则可以考虑在此选址。

（三）地基要求

投资项目对地基的要求很多，其中最为重要的是承载能力。判断选址地基是否符合项目要求，必须将建筑物和各种构筑物的荷载资料同选址地基的承载能力进行对比。如果选址地基达不到项目要求，则可采取加固、打桩、灌浆和打夯等措施予以处理。

（四）防洪要求

防洪要求是一切投资项目必须考虑的基本要求，尤其是容易暴发山洪的山洪区、行洪区及山洪易于冲刷的地区。另外，选址要尽量避免在大型水库堤坝的下游。

（五）供排水要求

投资项目的选址必须考虑水源的可靠性和水量的充足性，以及水源物理、化学性质的稳定性，必须根据项目的特点和要求，保证水中的各种化学成分含量符合项目所要求的数值。

选址还要同时考虑排水的要求，应尽可能接近城镇排水管线或便于排放的河流，且不准污染水源。有污染性废水或污染较强的项目，必须考虑污水处理问题，使处理后的废水达到排放标准。

（六）交通运输要求

投资项目的选址要尽可能靠近运输站、港或场。应根据地理条件和项目要求，来确定水运、航运、铁路运输或公路汽运等运输方式。

（七）能源要求

选址应尽量靠近电站或电网，以避免架设高压线及减少升降电压带来的电能损失，增加工程投资。依靠厂外供热（如供热网或集中供应站）的项目，应根据项目要求和最大供热半径等参数来进行计算和判定。

（八）其他要求

投资项目的选址，除必须考虑上述要求之外，还应考虑防火、防爆、防放射性等安全方面的要求。

专栏阅读 3-4:首钢霍邱项目厂址选择论证[1]

项目概况:首钢霍邱钢铁项目生产规模 300 万吨/年,其中铁水 305 万吨/年、钢水 325 万吨/年、钢坯 315 万吨/年、钢材 300 万吨/年。产品为优质建筑棒、线材产品,主要钢种为碳结钢、优质碳结钢、冷镦钢、低合金钢、焊条钢等。

(一)独立选址的理由

根据《安徽省城乡规划条例》第二十七条规定:"因安全、环境保护、卫生、资源分布等原因需要独立选址的国家或者省级重点建设项目,建设单位应当进行规划选址论证。"

(1)由于首钢霍邱钢铁项目属于安徽省省级以上重大项目,不仅列入安徽省"861"行动计划,同时已纳入六安市"568"项目库中,所以此项目须进行独立选址论证。

(2)由于本项目具有征地多、资源消耗量大、原燃料运输量大、对区域环境影响较严重等特点,这些主要影响包括:废气(CO、H_2S、TSP)、废水(有机物、氰化物、硫化物、重金属等)、噪声等污染;水资源利用和征地拆迁等方面造成的生态影响和社会影响;原燃料、成品运输对地方交通影响;对城乡环境保护、功能分区及用地布局规划的影响。所以此项目须进行独立选址论证。

(二)独立选址的论证重点

本项目规划选址论证是否能满足项目的建设条件,保持项目的可持续发展。一方面主要论证地形地貌、地质条件、防洪排涝、交通运输、原料供应、水源条件和社会经济等建设条件是否满足本项目的需求。另一方面论证本项目与城乡总体规划及相关专项规划的协调性分析,主要包括项目选址对城乡功能分区和用地布局的影响,以及市政基础设施及生活服务设施配套、综合防灾体系规划、自然和历史文化资源保护规划的协调等方面,与城镇(或集中居民点)合理的安全、卫生防护距离,实现项目建设与城乡规划的衔接与协调。

(三)项目独立选址论证

(1)项目区域选址。在国家《钢铁产业调整和振兴规划》中明确提出"整合开发安徽霍邱地区和山东苍山等地区铁矿资源",将霍邱铁矿开发列入国家钢铁产业调整和振兴规划。根据项目的建设主体及相关协议,选址霍邱县为本项目的区域厂址位置。

(2)厂址优势。霍邱县位于安徽西部、大别山北麓、淮河中游南岸,境内有宁西、阜六 2 条铁路和合武、济广、沪陕 3 条高速公路,以及淮河周集港 3×500 吨级、庆发港 4×1 000 吨级 2 座码头,水陆交通便捷。根据区位位置情况,对铁矿、煤矿、水、电、冶金辅料资源,以及社会就业、人力市场、环境、钢材消费成本等综合分析,进行具体选址。

本项目厂址既属于资源指向性又属于消费地指向性的厂址,靠近资源和靠近市场,符合《钢铁工业"十二五"发展规划》,可以大大降低企业的运营成本,成本竞争优势非常明显。

---

[1] 引自王阿猛:《首钢霍邱项目独立选址论证》,《中国钢铁业》,2013 年第 2 期。

(3) 选址方案比选。从对区域选址分析可知,项目选址位于霍邱县境内。从交通条件、环境保护、用地条件等方面综合考虑,选出三个厂址方案,即高塘厂址(方案一)、冯井厂址(方案二)、周集厂址(方案三)。从工程建设适宜性、交通运输条件、配套条件以及对周边城镇的影响等方面对三个厂址方案进行比较,见表3-2。

表3-2 首钢霍邱项目选址方案综合比较一览表

比较项目	高塘厂址 (方案一)	冯井厂址 (方案二)	周集厂址 (方案三)	备注
工程建设适宜性	三个方案均为淮河流域中上游冲剂平原区,地形平坦,地层稳定,地址允许承载力不小于170 kPa,均不压覆重要的矿产资源,无采空区,均不在风景名胜区、自然保护区及文物保护区内,均位于适宜的建设用地内			
公路运输条件	三个方案都紧靠105国道,公路运输非常方便			
铁路接轨条件	厂址东侧规划有霍邱车站,接轨较为方便,专用线长度1.0 km	可接轨,专用线长度9.5 km	可接轨,专用线长度18.0 km	方案一优于方案二、方案三
水路接轨条件	通过105国道与周集港口连接,距离28.5 km	通过105国道与周集港口连接,距离19.5 km	通过105国道与周集港口连接,距离6.7 km	方案三优于方案一、方案二
供水条件	两根供水管道供给厂区,水压、水量及水质有保证	一根供水管道供给厂区,供水条件次之	一根供水管道供给厂区,供水条件次之	方案一优于方案二、方案三
生活配套设施	依托马店镇,距离3.5 km	依托冯井镇,距离1 km	依托周集,但与周集镇之间有105国道及矿区分隔,交流不通畅	方案一优于方案二、方案三
对附近城镇环境的影响	距离高塘镇10 km,距离马店镇3.5 km,处于主导风向下风侧对城镇环境影响较小	距离冯井镇1 km,距离范桥镇3.5 km,距离冯井镇较近,对城镇环境影响较大	距离周集镇1.5 km,距离周集镇较近,对城镇环境影响较大	方案一优于方案二、方案三
与文物古迹分布的协调	三处拟选厂址地段范围及周边无文物古迹保护区,不影响文物古迹的保护,不存在项目建设与文物古迹保护的矛盾			
与风景名胜区的协调	三处拟选厂址均不在风景名胜区内、自然保护区内,无特殊动植物保护要求,不存在项目建设与风景名胜区保护的矛盾			
与土地利用总体规划的协调	土地利用规划中的独立工矿用地	土地利用规划中的村镇建设用地	土地利用规划中的一般农用地区	方案一优于方案二、方案三
预留发展	可向西扩建	不可扩建	不可扩建	方案一优于方案二、方案三

综上所述,通过对高塘厂址(方案一)、冯井厂址(方案二)和周集厂址(方案三)三个比选方案的工程建设适宜性、交通条件、基础设施条件、环境影响、安全性、经济性等方面的综合比较,同时结合项目的实际情况,还进行了社会影响、景观影响以及历史文化影响等方面的比较分析,选取高塘厂址(方案一)为推荐厂址。

案例阅读 3-5：天水有色金属原料物流园区投资项目可行性研究[1]

一、项目简介

天水物流园区选址定为中铁天水材料站，项目预计总投资 3 500 万元，固定资产投资 3 150 万元，其中工程费用 2 800 万元，其他费用 200 万元，预备费用 150 万元，流动资金投资 350 万元。该项目建设期 1 年，预计经营期限 20 年。

该项目政府作为主要投资者，除在税收、贷款和土地等方面提供优惠政策之外，直接投入资金 1 500 万元，作为前期配套设施等的建设；中铁天水材料站以其场地投资，估价 1 000 万元；甘肃五金矿山进出口公司、白银有色金属集团公司、株洲冶炼厂则分别投入现金 200 万元、400 万元，该项目无借入资金，如表 3-3 所示。

表 3-3　天水物流园区项目资金来源表

投资者	参与方式	投资额(万元)	投资比例
天水市政府	现金投资	1 500	43%
中铁天水材料站	场地投资	1 000	29%
白银有色金属集团公司	现金投资	400	11%
株洲冶炼厂	现金投资	400	11%
甘肃五金矿山进出口公司	现金投资	200	6%
合计		3 500	100%

二、物流园区投资优势分析

1. 以铅锌矿依托为园区发展奠定基础

甘肃陇南铅锌矿已成为亚洲储量第一、我国生产规模最大的铅锌矿山。依照西北冶金设计院等单位资料的综合推断，未来 5 年对天水铅锌原料物流需求量大约在 100 万吨，物流园区的建立可吸引 90% 的铅锌矿粉在此储存，其余分散存储于几家较小规模的物流企业中。货物流向主要是株洲冶炼厂和甘肃白银有色金属集团公司，其中 70% 以上必须通过铁路运输运往株洲冶炼厂，白银有色金属集团公司约占天水铅锌矿粉市场份额的 30%，需通过公路运输。因此，天水物流园区得天独厚的资源优势——铅锌原料和市场对铅锌原料需求的不断增长，为物流园区的持续发展奠定了基础。

2. 以中铁天水材料站为选址对象，降低园区投资风险

(1) 天水物流园区选址定为中铁天水材料站，具有区位优势。它地处天水市东大门，位于天水向东方向，是铁路、公路的交会处，交通十分便利，原址具备铁路专用线、大型存贮场和公路运输条件。

---

[1] 引自字晓燕：《物流园区投资项目的可行性论证——基于天水有色金属原料物流园区投资案例》，《社科纵横》，2007 年第 12 期。

(2) 该选址符合运输费用最低原则。当初有两个备选点：天水铁路货运站和中铁天水材料站，中铁天水材料站距离社堂站直线距离仅1—2千米，社堂站归郑州局管，是郑州局最西边站，向东车皮计划较多。而天水铁路货运站是兰州局最东边站，向东车皮计划较少。从天水铁路货运站向东出局按铁道部规定每一个车皮加收500元的跨局费，此外，还有车站货位占用费50元/吨，若选择社堂站，仅有短途运输费30元/吨（北道—社堂站），这样每年可节约运输费用近600万元。

(3) 物流园区占地规模符合地方性物流园区用地规模的要求。中铁天水材料站占地约7万平方米，其中除在铁路线以外的约1万平方米暂无法利用以外，其余土地均可供物流园区统一规划使用。根据国外已有的物流园区建设规模来看，一般用地在7公顷以上，最大1平方千米左右。本次规划的天水物流园区面积可达6公顷（6万平方米），结合本地区实际，从功能、空间服务范围、需求量、运输距离与成本、规模效益等方面综合考虑，基本符合地方性物流园区用地规模的要求。

综上所述，以中铁天水材料站为选址对象，降低物流园区投资风险，为项目社会经济效益的实现提供了保障。

三、天水物流园区投资各方的投资动机分析

物流园区的建设发展需要政府与企业的密切合作，共同建设，以求持续发展，这就需要对投资各方的投资动机加以分析。

1. 政府的投资动机分析

天水物流园区的主要投资者——政府的主要目标是有效使用其提供的资源（如土地、资金、政策等），最大限度地为物流企业提供基础设施和配套设施服务，最终目的是实现社会经济效益。其投资的动机主要来自该投资项目的社会性和公益性，具体分析如下：

(1) 天水的传统支柱产业如国有机床制造企业、国有纺织企业等，随着市场经济的发展变化，已优势不在，大多走向衰败，造成了相当一部分职工失业，当地政府曾投入大量的人力、物力、财力，先后提出"苹果建市""电子建市""旅游建市"等大型发展计划，一定程度上促进了当地经济的发展，但是其发展都有一定的局限性，如旅游受季节的制约等，围绕区位优势和资源优势的物流园区建成后，将成为当地经济的又一增长点。

(2) 天水物流园区的建立，通过各种优惠政策吸引关联行业入驻物流园区，这样可以关闭散落在天水周围的数以百计的影响天水形象和环保的选矿厂、堆放场等，解决了因选矿厂、堆放场以及货运混乱所造成的当地环境的严重污染和关联行业无序状态等政府一直以来比较棘手的问题。

(3) 天水物流园区是在原中铁天水材料站基础上进行，不涉及征用大片耕地的问题，可利用既有厂区进行规划建设，建成后可以安置下岗职工，解决其就业问题，不仅减轻了当地政府的就业压力，增加了社会安定性，而且还减少了社会福利支出，至少可以节约失业金的支出，通过物流园区的正常运作，可实现可观的利税，增加了地方财政收入，形成三方都受益的良好局面。

综上分析，该投资项目兼具的社会性和公益性，增加了当地政府投资的信心，降低了物流园区项目的开发风险，同时也为物流园区项目社会经济效益的实现提供了保障。

2. 其他投资者的投资动机分析

天水物流园区的投资者除政府之外,其余投资者是中铁天水材料站、甘肃五金矿山进出口公司、白银有色金属集团公司、株洲冶炼厂。天水材料站投资的主要目的是对现有基本闲置的场地能够进行充分利用,其余几家企业,多年来一直从事与有色金属矿石原料有关的采掘、选矿、冶炼、销售、进出口贸易、矿石调节、储藏和运输等经济活动,彼此长期保持着业务往来,形成了相对稳定的商业伙伴关系。通过物流园区的建立,将天水周围的关联企业吸引过来,形成对该领域有一定市场左右能力的"康采恩",也就是说,物流园区的投资者首先能做到相互信任、相互合作,他们既是物流园区的投资者,又是物流园区长期稳定的"顾客",而且还是物流园区的管理者,他们对物流园区的发展充满信心,为项目社会经济效益的实现奠定了基础。

四、天水物流园区的投资政策环境分析

《甘肃省现代物流业发展规划(草案)》中指出:从土地、税收、融资、通关等方面对尚处于起步阶段的物流企业进行政策倾斜。天水物流园区为市政府重点扶持的物流项目,已列入天水城市物流发展规划,首先物流园区的配套基础设施由政府规划、投资建设。其支持政策摘要如下:

(1) 在土地使用政策方面。对重点物流企业的第三方物流项目用地,优先审批。

(2) 用电政策方面。对重点物流企业的物流项目用电,按工业用电标准收取电费。

(3) 支持政策方面。从2007年起5年内,对重点物流企业和新上马的物流基地、物流中心、配送中心、信息系统建设及物流装备的升级改造等技改项目,由市财政每年给予每家10万元贴息。

(4) 按照当地新的税收政策。今后凡符合联运企业条件的物流企业,可使用联运业务专用发票允许物流企业经营货物运输业务的收入,按"交通运输业"征税;代理与货物运输有关业务的收入,按"代理业"征税。

(5) 在融资方面。当地还将从国债贴息资金项目中积极推荐有发展潜力的现代物流项目,在技改贴息项目中安排适当比例对现代物流项目进行倾斜。

(6) 协助货物的快速通关。天水海关将推行"全天候、无假日"的预约通关制度,实现一次申报查验放行的快速通关模式。

(7) 土地费用相当优惠。对新增物流用地,以出让方式供地的,按规划确定的用途和指标分别计收配套费;物流园区的市政公用配套设施用地,免收配套费;提供货物仓储、包装、运输业务的物流企业用地,按相当便宜的自用工业用地计收配套费。

(8) 车辆过桥减半收费。列入市重点扶持的大型物流配送企业,其配送车辆将由市交通管理部门颁发统一标识,享受绿色通道待遇,过桥减半收取费用。

(9) 鼓励引进优秀人才。对引进的优秀物流人才予以享受市引进的优秀人才政策规定的待遇。

上述投资政策反映了当地政府对建立天水物流园区的积极支持态度,它们从财政、金融、税收、土地使用以及基础设施等方面对天水物流园区给予了最可能的优惠,说明天水物流园区拥有理想的投资政策环境,从而增加了投资项目社会经济效益实现的可行性。

复习思考题

1. 简述投资项目可行性研究的含义和程序。
2. 什么是规模经济？影响投资项目规模的主要因素有哪些？
3. 确定项目投资规模的主要方法有哪些？
4. 盈亏平衡点和经济区两个模型的主要区别何在？
5. 企业设备和工艺选择的主要原则有哪些？
6. 简述企业选择生产工艺流程要考虑的主要因素。
7. 简述生产设备选择要考虑的主要因素。
8. 企业厂址选择主要有哪些类型？
9. 影响企业选址主要有哪些因素？
10. 企业选址应符合哪些要求？

第四章 项目投资的决策方法

投资导读

项目投资的决策属于长期决策的范畴。项目投资需要长时期地占用大量的经济资源,并且在一定时期内只有投入而没有产出。因此,投资决策应积极而又慎重,制定多个备选方案,从中择优。由于项目投资具有长期性,未来可能发生的情况较为复杂,预期的准确程度相对较低,因此一般应采用风险型决策与不确定决策方法。当对决策分析中某些主要影响因素预期结果有相当的把握程度,也不排斥确定型决策方法的运用。

第一节 确定型决策

在每个投资方案结果均为明确的前提下进行比较择优的决策称之为确定型决策。确定型决策具有以下特征:①存在决策期望达到的明确目标;②只存在一个确定的自然状态;③存在可供选择的两个以上的行动方案;④可以计算出不同方案在确定状态下的收益值或损失值。

静态分析法和动态分析法是确定型决策中两类最基本的分析方法,前者是在没有考虑货币时间价值的情况下进行的,计算较为简便;后者考虑到货币时间价值,因而计算较为复杂,但更科学、准确。从时间角度看,20世纪50年代之前大多采用静态分析法。50年代后,由于货币时间价值日益受到重视,人们开始采用动态分析法,到70年代已经成为确定型决策方法的主流。

一、静态分析法

虽然静态分析法不考虑货币时间价值,存在一些明显缺陷。但是,静态分析方法简单易懂,操作方便,因而在投资决策"短、平、快"项目以及进行投资决策方案的初选时,这些方法仍具有一定的实用价值。静态分析法主要有投资回收期法、投资收益率法等。

(一) 投资回收期法

(1) 投资回收期法的含义。投资回收期法是指以回收全部投资总额的时间长短来判断方案是否可行的方法,投资回收期反映了靠项目收益回收全部投资所需的时间(常用年表示)。投资分析不仅需要分析研究其技术上的先进性、经济上的合理性,而且还要考虑投入资金能否在尽可能短的时间内回收。

一般来说,投资者都希望尽快收回投资,即投资回收期越短越好。回收期短说明能为社会较快地提供产品与服务,为投资者较快地增加盈利,并使投资资金得以较快周转。运用投资回收期法,要将投资方案的回收期与投资者主观上既定的期望回收期进行比较,如果投资回收期在投资者期望值范围内,则接受该投资方案;反之,则拒绝该投资方案。为了保证投资决策的科学性,投资者要根据投资目标,确定若干个投资方案;然后分别计算确定其投资回收期并确定回收期短者为最优投资方案。

(2) 投资回收期的计算。在采用投资回收期法时,由于收益额中是否包括提取的折旧存在不同的看法,因而投资回收期又有不同的计算公式。

第一种计算方法如下:

$$投资回收期(年) = 投资总额 / 每年平均盈利额 \qquad (4-1)$$

第二种计算方法如下:

$$投资回收期(年) = 投资总额 / (每年平均盈利额 + 折旧) \qquad (4-2)$$

例 4-1:某项目投资总额为 50 万元,寿命为 5 年。第二年投入使用,预计每年平均实现盈利额为 12 万元。试测算其回收期。

解:根据投资回收期计算公式:

$$投资回收期 = 50/12 = 4.17(年)$$

本例中使用每年平均盈利额进行测算。实际工作中由于企业产品寿命周期影响,每年的盈利额往往有所差异,此时就难以用上述公式进行计算,只有在逐年累进的基础上进行测算。

例 4-2：某项目投资总额为 50 万元,寿命为 5 年。第二年投入使用,预计每年实现盈利额分别为 8 万元、10 万元、15 万元、20 万元和 18 万元。试测算其回收期。

解：由于每年盈利额不等,因而要逐年累进测算：

根据条件可得表 4-1。

表 4-1　投资回收期计算表　　　　　　　　　　　　　　单位:万元

年份	逐年盈利额	逐年盈利额累计	投资额—盈利额
0	0	0	50
1	8	8	42
2	10	18	32
3	15	33	17
4	20	53	−3
5	18	71	−21

从表 4-1 中不难看出,投资回收期应在投产后第 3—4 年。具体为：

$$投资回收期 = 3 + 17 \div 20 = 3.85(年)$$

(3) 投资回收期法的评价。投资回收期法的最大优点是简便、易懂,能促使投资者尽快回收投资。但是,这一方法存在明显的缺陷：其一,该方法只能反映投资回收速度,而并不能反映投资的经济效益；其二,该方法对项目使用寿命不同、资金投入时期不同和提供收益额不同的投资方案缺乏选优能力；其三,该方案没有考虑货币时间价值。因此,投资回收期法只适用于资金困难、管理水平偏低的投资者。

(二) 投资收益率法

(1) 投资收益率法的含义。投资收益率是投资项目建成投产达到正常生产能力后年平均收益额与投资总额之比,这个比值反映了投资回收期内单位投资每年可提供多少收益。投资收益率法就是根据投资方案预期投资收益率大小来选择最优方案的方法。

采用投资收益率进行投资方案决策的基本原则是：投资收益率越高,其经济效益越好；反之,则越差。

(2) 投资收益率的计算。由于对收益额中是否包括提取的折旧存在不同的看法,因而投资收益率又有不同的计算公式。

第一种计算方法如下：

$$投资收益率(\%) = \frac{每年平均盈利额}{投资总额} \times 100\% \quad (4-3)$$

第二种计算方法如下:

$$投资收益率(\%) = \frac{每年平均盈利额 + 折旧}{投资总额} \times 100\% \quad (4-4)$$

例 4-3: 某项目投资有两个方案,资料如表 4-2 所示,试确定投资收益率及最佳方案。

表 4-2 某项目投资方案

方 案	A	B
投资总额	20 万元	15 万元
年均盈利额	5 万元	4 万元
年折旧额	3 万元	2 万元

解: 根据上述资料可以计算出 A、B 方案的投资收益率。

第一种计算方法下:

A 方案:投资收益率 = $5 \div 20 \times 100\% = 25\%$

B 方案:投资收益率 = $4 \div 15 \times 100\% = 26.67\%$

可见 B 方案投资收益率高于 A 方案,应选择 B 方案。

第二种计算方法下:

A 方案:投资收益率 = $(5+3) \div 20 \times 100\% = 40\%$

B 方案:投资收益率 = $(4+2) \div 15 \times 100\% = 40\%$

根据计算结果,在考虑折旧因素后,A、B 方案投资收益率相同,无法确定最优方案。

(3) 投资收益率法的评价。投资收益率法计算简便、通俗易懂的特点与前述投资回收期法是一致的。利用投资收益率法评价投资项目,考虑到投资产生的盈利水平,较投资回收期法全面。但是,这一方法也没有考虑货币时间价值。因而,该方案只适用于资金紧张、追求尽快回收投资的管理水平偏低的投资者。

(三) 追加投资效益系数法

(1) 追加投资效益系数法的含义。追加投资效益系数法就是以追加投资效益系数的大小来选择最优方案的方法。若有产量相同的 A、B 两方案: A 方案投资少而产品成本高(即收益少);B 方案投资多而产品成本低(即收益大)。B 方案比 A 方案多投的资金称为追加投资,B 方案比 A 方案低的那部分成本称为成本降低额或收益增加额,在这种情况下,B 方案追加的投资要用其成本降低额或收益增加额来偿还。追加投资效益系数反映了单位追加投资每年能得到多少偿还。

(2) 追加投资效益系数法的计算。追加投资效益系数法的计算公式如下：

$$E = \frac{\Delta C}{\Delta K} = \frac{C_A - C_B}{K_B - K_A} \quad (4-5)$$

式中：E—— 追加投资效率系数；

K_A、K_B—— 对比方案的投资额，且 $K_A < K_B$；

C_A、C_B—— 对比方案年产品总成本，且 $C_A > C_B$。

若 A、B 方案的投资收益率及 E 都大于基准投资收益率，则应选择投资较大的方案；若 A、B 方案的投资收益率都大于基准投资收益率而 E 却小于基准投资收益率，则应选择投资较小的方案。

例 4-4：拟投资新建一化工厂，现有 A、B 两方案（见表 4-3），设基准投资收益率为 10%，试对两方案进行比较。

表 4-3 A、B 方案对照表　　　　　　　　　　　　单位：万元

项　目	方　案	
	A	B
投资总额	220	280
年产品销售收入	100	100
年产品总成本	60	50
年产品销售税金	10	10
年盈利额	30	40

解：解本题时可分两个步骤：

① 分别计算 A、B 方案的投资收益率：

$$A\text{方案投资收益率} = \frac{100 - 60 - 10}{220} \times 100\% = \frac{30}{220} \times 100\%$$

$$= 13.64\% > 10\%$$

$$B\text{方案投资收益率} = \frac{100 - 50 - 10}{280} \times 100\% = \frac{40}{280} \times 100\%$$

$$= 14.29\% > 10\%$$

因为 A、B 两方案均可行，再按追加投资效益系数进一步进行筛选。

② 追加投资效益系数：

$$E = \frac{60-50}{280-220} \times 100\% = 16.67\% > 10\%$$

从计算结果可知应选择 B 方案。

（四）追加投资回收期法

(1) 追加投资回收期法的含义。追加投资回收期法就是以追加投资回收期限的长短选择最优方案的方法。追加投资回收期是追加投资效益系数的倒数，它反映了全部追加投资偿还所需要的时间。

(2) 追加投资回收期法的计算。追加投资回收期法的计算公式如下：

$$T = \frac{\Delta K}{\Delta C} = \frac{K_B - K_A}{C_A - C_B} \tag{4-6}$$

式中：T——追加投资回收期。

若 A、B 两方案的投资回收期及 T 都小于基准投资回收期，则应选择投资较大的方案；若 A、B 两方案的投资回收期都小于基准投资回收期而 T 却大于基准投资回收期，则应选择投资较小的方案。

例 4-5：同例 4-4，设基准投资回收期为 10 年，试对两方案进行比较。

解：解本题可分两个步骤：

① 分别计算 A、B 两方案的投资回收期：

$$A 方案投资回收期 = \frac{220}{100-60-10} = \frac{220}{30} = 7.33(年) < 10 年$$

$$B 方案投资回收期 = \frac{280}{100-50-10} = \frac{280}{40} = 7(年) < 10 年$$

因为 A、B 两方案均可行，再按追加投资回收期进一步进行筛选。

② 追加投资回收期：

$$T = \frac{280-220}{60-50} = \frac{60}{10} = 6(年) < 10 年$$

从计算结果可知，应选择 B 方案。

二、动态分析法

项目投资决策的动态分析法与静态分析法不同，它是将拟建项目整个经济寿命期内的全部资金流量按照一定的贴现率贴现后，再分析比较各方案的投资收益并进行决策。由于这种决策方法考虑了整个项目的经济寿命期，同时也考虑了货币时间价值，因此动态分析法在现代投资决策中处于主要地位。项目投资决策的动态分析法有现值法、内部收益率法等。

(一) 现值法

现值法是把投资项目在整个经济寿命期内的现金流出与流入换算为现在时点的现值,根据累计的收入与支出现值的大小比较各方案的经济效益。现值法常用的评价方法有现值指数法、贴现回收期法、净现值法和净现值率法。

(1) 现值指数法。现值指数(present value index, PI),又称盈利能力指数(profitability index, PI),是指投资项目未来报酬的总现值与初始投资现值之间的对比关系。其计算公式为:

$$PI = \frac{未来报酬的总现值}{初始投资额现值} \quad (4-7)$$

现值指数法就是以现值指数的大小作为分析评价投资方案优劣的标准并据此进行决策判断的方法。现值指数法的决策原则是:如果某投资项目的现值指数小于1,表明投资项目达不到必要报酬率的水平;如果等于1,表明投资项目的收益水平与投资的必要报酬率相等;如果大于1,则表明投资项目的收益水平高于投资的必要报酬率。因此,投资项目现值指数大于1或等于1是选择投资方案的标准。

例4-6:某企业一项投资项目有三个方案可供选择,其初始投资和未来报酬如表4-4所示。如投资必要报酬率为12%,试确定最优投资方案。

表4-4 某项目投资方案现金流量　　　　　　　　　　　单位:万元

年份	第0年	第1年	第2年	第3年	第4年
$(1+I)^{-t}$ $I=12\%$	1.000 0	0.892 9	0.797 2	0.711 8	0.635 5
A方案	−10	2.8	3	4	4
B方案	−31	6	10	12	16
C方案	−18	6.5	6.5	6.5	6.5

解:根据上述资料,计算各投资方案的投资报酬总现值:

A方案:$2.8 \times 0.892\,9 + 3 \times 0.797\,2 + 4 \times 0.711\,8 + 4 \times 0.635\,5 = 10.28$(万元)

B方案:$6 \times 0.892\,9 + 10 \times 0.797\,2 + 12 \times 0.711\,8 + 16 \times 0.635\,5 = 32.05$(万元)

C方案:$6.5 \times (0.892\,9 + 0.797\,2 + 0.711\,8 + 0.635\,5) = 19.74$(万元)

因此,各方案的现值指数为:

A方案:$10.28/10 = 1.028\,3$

B方案:$32.05/31 = 1.033\,8$

C方案:$19.74/18 = 1.096\,7$

在上述三个方案中，虽然三个方案现值指数都大于1，但C方案为最高，企业应选择C方案。

(2) 贴现回收期法。投资的贴现回收期(discount payback period, DPP)是一项投资所实现的投资报酬现值合计数等于该项目全部投资总额现值时所用的时间。贴现回收期法是以投资项目贴现回收期的长短来评价分析投资项目优劣的投资决策方法。

贴现回收期法的决策原则是：如果某投资项目的贴现回收期小于企业期望回收期，表明投资项目符合企业投资要求，该项目是可行的；如果大于企业期望回收期，则表明该投资项目不能满足投资要求，该项目不可行。因此，投资项目贴现回收期小于或等于企业期望回收投资的时间是选择投资方案的标准。

例 4-7：某项目投资 50 万元（第一年为 20 万元，第二年为 30 万元）。第三年投入使用，使用寿命为 8 年，企业期望回收期为 4 年，预计每年平均实现盈利额现值为 14 万元。如企业投资报酬率为 10%，试测算该项目能否如期收回投资。

解：根据题意可得：

$$该企业两年投资现值 = 20 + 30 \times (1 + 10\%)^{-1}$$
$$= 47.27(万元)$$

$$贴现回收期年金现值系数 = \frac{现金流出现值}{每年现金流入现值} = \frac{47.27}{14}$$
$$\approx 3.3764$$

查阅"1元年金现值表"中10%的现值系数，知 $n=4$ 时，系数为 3.170；$n=5$ 时，系数为 3.791。由此可见该方案的贴现回收期在 4—5 年，用年金插补法测定其贴现回收期。

期数		年金现值系数	
4年 ⎫		3.170 ⎫	
x ⎬ 1年		3.376 ⎬ 0.206 ⎫	0.621
5年 ⎭		3.791 ⎭	

由此可以计算：

$$X = \frac{0.206}{0.621} = 0.332$$

贴现回收期为：

$$n = 4 + 0.332 = 4.332(年)$$

该投资的贴现回收期为 4.332 年，超过了企业的期望回收期 4 年。所以该投资项目是不可行的。

本例中使用了年均盈利额现值（年金）进行测算，如果所要测算的投产后年盈利额现值不等，就应采用下面的逐年累计方法。

例 4-8：某项目投资总额为 50 万元（第一年为 20 万元，第二年为 30 万元）。第三年投入使用，使用寿命为 8 年，企业期望回收期为 5 年。预计前四年实现盈利额分别为 10 万元、12 万元、15 万元和 20 万元，以后每年为 18 万元。如企业投资报酬率为 10%，试测算能否收回投资。

解：由于每年盈利额不等，因而要逐年累进测算（见表 4-5）。

表 4-5　某项目预计投资及盈利现值　　　　　　　　　　　　　　单位：万元

年　份	0	1	2	3	4	5	6
贴现系数$(1+I)^{-t}$	1.000 0	0.909 1	0.826 4	0.751 3	0.683 0	0.620 9	0.564 5
现金流量	−20	−30	10	12	15	20	18
投资额现值累计	20	47.27					
盈利额现值累计			8.26	17.28	27.52	39.94	50.10

从表 4-5 测算结果可以发现，累计盈利额现值与投资额现值相等的时间应在项目投产后 4—5 年。因为投产后的第四年累计盈利额现值为 39.94 万元，小于投资现值累计的 47.27 万元；而到了第五年，累计盈利额已达到 50.10 万元，超过累计投资现值。据此，可进一步判断此项目能如期回收。具体达到投资现值累计额的时间为：

$$n = 4 + \frac{47.27 - 39.94}{50.10 - 39.94} = 4.72(年)$$

贴现回收期法是对静态投资决策方法中投资回收期法的一种补充，因为静态分析法中的投资回收期法没有考虑到货币时间价值这一重要因素，贴现回收期法克服了回收期法存在的弊病，弥补了投资回收期法的不足。

（3）净现值法。净现值（net present value, NPV）是指投资项目在整个经济寿命期内累计的净现金流量现值，即这一时期内项目的总收入与总支出现值之差额。其计算公式如下：

$$NPV = \sum_{t=0}^{n} \frac{NCF_t}{(1+I)^t} \tag{4-8}$$

式中：NPV——累计的净现金流量现值；

NCF_t——第 t 年的净现金流量；

I——贴现率；

n——计算期。

应用净现值法评价时，当 $NPV < 0$，应否决方案；当 $NPV > 0$，则采纳方案；当 $NPV = 0$，还需参考其他经济评价指标，决定取舍；当若干方案比较，则取 NPV 为最大者。

例 4-9：某企业拟建项目提出 A、B 两方案，该行业的标准贴现率 12%。A 方案投资 170 万元，年初投资并当年建设，当年试生产。设备使用期限为 9 年；B 方案投资 140 万元，也是年初投资，当年建设，当年试生产，设备使用年限为 8 年。其有关数据及计算如表 4-6 所示。

解：在计算中应注意：

① 两方案皆为第一年年初一次投资，也可以理解为上年年末即第 0 年投资，故其投资额现值为原投资额。

② 企业收益一般为整个一年生产经营活动的最终成果，且在年末结算。故各方案第一年的净现金流量需换算为该年年初现值，以下类推。

$$NPV_{(A)} = 111.04 \text{ 万元}$$
$$NPV_{(B)} = 87.42 \text{ 万元}$$

因 $NPV_{(A)}$ 与 $NPV_{(B)}$ 皆大于 0，说明两方案都可行，又因 $NPV_{(A)}$ 大于 $NPV_{(B)}$，故应选择 A 方案。

表 4-6 某项目各方案净现值计算表   单位：万元

	年份(t)	0	1	2	3	4	5	6	7	8	9	合计
	$(1+I)^t$ $I=12\%$	1.000 0	1.120 0	1.254 4	1.404 9	1.573 5	1.762 3	1.973 8	2.210 7	2.476 0	2.773 1	
A 方案	销售收入		100	150	200	200	200	200	200	200	200	
	经营成本		−70	−105	−140	−140	−140	−140	−140	−140	−115	
	企业收益		30	45	60	60	60	60	60	60	85	
	项目投资	−170										
	流动资金		−10									
	年净现金流量	−170	20	45	60	60	60	60	60	60	85	
	净现值	−170	17.86	35.87	42.71	38.13	34.05	30.4	27.14	24.23	30.65	111.04
B 方案	销售收入		100	167	167	167	167	167	167	167		
	经营成本		−70	−117	−117	−117	−117	−117	−117	−107		
	企业收益		30	50	50	50	50	50	50	60		
	项目投资	−140										
	流动资金		−8									
	年净现金流量	−140	22	50	50	50	50	50	50	60		
	净现值	−140	19.64	39.86	35.59	31.78	28.37	25.33	22.62	24.23		87.42

在实际应用中，各年的净现金流量、贴现率和计算期都是预计数，这些因素的预测必须力求合理、科学，否则，净现值的计算精度将会受到影响。例如，计算期定得太长，或贴现率定得太低，将会虚假地夸大方案的收益；反之，又会导致对方案收益的估计不足。

净现值法考虑了方案在整个经济寿命期内的现金流入与流出，而且还计入货币时间价值,因而它能较客观地反映该方案的收益状况。净现值本身大小直接表明了方案在计算期内可提供的以现值表示的净收益数额,这是投资决策分析的重要依据之一。净现值中的贴现率可以根据投资风险大小调整,因而净现值表明的方案净收益数额相对比较保险。

但是,净现值只能反映方案的收益额,不能反映方案的收益率。因此,在多方案比较分析中对那些投资大、收益大的方案有利。此外,计算净现值要求预测整个计算期的净现金流量以及合理确定贴现率,这在资料不完备、影响因素多变的情况下是比较困难的。

(4) 净现值率法。净现值率法是在前述净现值法的基础上产生的。净现值率(net present value ratio, NPVR)是指投资方案净现金流量现值与投资总额现值的比率。采用净现值率法进行选优决策,不仅应考虑净现金流量现值的大小,还要考虑投资总额现值的大小,可以弥补净现值法仅着重净现金流量现值,不考虑投资总额大小的缺陷。净现值率的计算公式如下:

$$NPVR = \frac{NPV}{NPI} \times 100\% \qquad (4-9)$$

式中:$NPVR$—— 净现值率;
$\quad NPI$—— 投资总额现值。

净现值率法比较与评价的标准为:净现值率越大,说明该方案收益越高。

例 4-10:同例 4-9,A、B 两方案投资总额现值不一致,以净现值率法进行比较。

解:根据已知条件计算如下:

$$NPVR_{(A)} = \frac{NPV}{NPI} = \frac{111.04}{170} \times 100\% = 65.32\%$$

$$NPVR_{(B)} = \frac{NPV}{NPI} = \frac{87.42}{140} \times 100\% = 62.44\%$$

以上可知 A、B 两方案,A 方案投资多,经济寿命期长,生产能力大,净现值较大且净现值率也大于 B 方案,应优先选择 A 方案。

净现值率法来源于净现值法,两者的优缺点基本相似。但是,净现值率是以相对数形式表示各投资方案的收益,即单位投资现值所产生的净现值,便于在不同的方案中选优。在实际工作中,净现值率法与净现值法如果同时使用,从相对数与绝对数两个方面反映投资方案的收益水平,则投资决策的效果更为理想。

(二) 内部收益率法

(1) 内部收益率法的含义。内部收益率(internal rate of return, IRR),亦称内部报酬率、内含报酬率、内在报酬率,它是指投资项目在整个经济寿命周期内净现值为零的贴现率。

根据货币时间价值原理,一项未来资金现值的大小,取决于资金数额的大小、时间的长短和贴现率的高低三个因素。如果这项资金在数额和时间一定的情况下,贴现率的高低对其现值的大小起决定作用,即不同的贴现率有不同的现值。当贴现率较高时,其现值为负数;否则反之。因而,两者之间必然存在一个使净现值为零的贴现率,也即内部收益率。

内部收益率是一个特殊的贴现率,当投资项目取这个贴现率进行分析评价时,经济寿命期内现金流入现值与现金流出现值相等,即该投资项目不亏不盈。显然,当这个贴现率大于实际贷款利率,项目盈利;反之,项目亏损。因而,内部收益率具有两方面的功能:一方面,显示项目投资贷款能够承担的最大利率,并可与实际贷款利率相比较,这样能够减轻贷款决策的风险;另一方面,能够表明方案的优劣,通过与事先规定的标准收益率相比较,高于其的项目方案为可取,多方案比较时,内部收益率最大的项目方案为优。

(2) 内部收益率法的计算。内部收益率法理论计算公式如下:

$$NPV = \sum_{t=0}^{n} \frac{NCF_t}{(1+i)^t} \tag{4-10}$$

式中: i —— 所求的内部收益率。

进行内部收益率的具体计算时,根据年净现金流量是否相等,又分一次计算与逐次测试两种方法。

一是一次计算法。

当年净现金流量相等时,可采用一次计算方法。其计算程序如下:

① 计算年金现值换算系数。根据货币时间价值中的年金现值公式:

$$P_A = A \cdot \frac{(1+i)^n - 1}{i(1+i)^n} \text{ 计算年金现值换算系数} \tag{4-11}$$

即:现金=年金×年换算系数。

则:年金现值换算系数=原投资总额/每年净现金流量。

② 查一元的年金现值表。在相同时期数内,找出与上述年金换算系数相邻近的两个年金系数及其相应的贴现率。

③ 计算内部收益率。根据上述两个邻近的年金系数与其相应的贴现率,以及求得的年金换算系数,采用插值法计算该方案的内部收益率。

例 4-11：某企业拟年初投资 10 万元购买设备，当年安装当年生产，每年收入 5 万元，年支出 2.2 万元，设备经济寿命期为 5 年，求该方案的内部收益率。

解：解本题可用两个步骤进行计算：

① 因为该项目每年净现金流量相等为 2.8 万元（即 5 万元—2.2 万元），采用一次计算方法。所以该项目的年金现值换算系数 $=\dfrac{10}{2.8}=3.571\ 4$

根据寿命期 5 年与年金换算系数 3.571 4 查一元的年金现值表，得如下结果：

贴现率	年金现值系数
12%	3.605
i	3.571 4
14%	3.433

即该项目的年金现值系数 3.571 4 介于 3.605—3.433。其内部收益率介于 12%—14%。

② 根据插值法原理有：

$$\frac{i-12\%}{14\%-12\%}=\frac{3.571\ 4-3.605}{3.433-3.605}$$

变形得：

$$i=12\%+(14\%-12\%)\times\frac{3.571\ 4-3.605}{3.433-3.605}$$
$$=12\%+0.39\%=12.39\%$$

即：该方案的内部收益率为 12.39%。

二是逐次测试法。

当年净现金流量不等时，应采用逐次测试逐次逼近的计算方法。

① 逐次测试确定两个邻近贴现率。先估计一个贴现率，并按此贴现率计算项目经济寿命期内的净现值。因为内部收益率是使净现值为零的贴现率，所以，如果净现值为正数时，则表示估计的贴现率小于该项目的实际内部收益率，应稍提高估计的贴现率，再进行测试；如果净现值为负数时，则表示估计的贴现率大于该项目的实际内部收益率，应稍降低估计的贴现率，再进行测试。经过反复测试，直到找出两个分别从正负方向最接近零的净现值以及相应的贴现率为止。

② 计算内部收益率。根据上述确定的两个最接近零的净现值及其相应的贴现率，采用插值法计算出该项目的内部收益率。

例 4-12：同例 4-9，以 A 方案的有关数据（见表 4-7），求该方案的内部收益率。

表 4-7　某项目 A 方案内部收益率计算表　　　　　　　单位：万元

年份(t)	0	1	2	3	4	5	6	7	8	9	合计
年净现金流量	−170	20	45	60	60	60	60	60	60	85	—
$(1+I)^t$　$I=24\%$	1.000 0	1.240 0	1.537 6	1.906 6	2.364 2	2.931 6	3.635 2	4.507 7	5.589 5	6.931 0	—
净现值 ($I=24\%$)	−170	16.13	29.27	31.47	25.38	20.47	16.51	13.31	10.73	12.26	5.53
$(1+I)^t$　$I=26\%$	1.000 0	1.260 0	1.587 6	2.000 4	2.502 5	3.175 8	4.001 5	5.041 9	6.352 8	8.004 5	—
净现值 ($I=26\%$)	−170	15.87	28.34	29.99	23.98	18.89	14.99	11.90	9.44	10.62	−5.98

解：根据表 4-7 中的计算得：

贴现率	净现值
24%	5.53
i	0
26%	−5.98

应用插值法原理有：

$$\frac{i-24\%}{26\%-24\%} = \frac{0-5.53}{-5.98-5.53}$$

变形得：

$$i = 24\% + (26\%-24\%) \cdot \frac{0-5.53}{-5.98-5.53}$$

$$= 24\% + 0.96\% = 24.96\%$$

即：A 方案的内部收益率为 24.96%。

　　(3) 内部收益率法的评价。内部收益率法最大优点是它能反映各投资方案本身的投资收益率，而区别于净现值法与净现值率仅仅是从期望投资收益率计算投资方案的收益水平。所以，目前世界银行对投资方案进行分析与评价时，较多地运用这种方法。

　　但是，内部收益率法的内部收益率是根据投资方案本身的数据计算出来的，所以不能较全面、直接地反映货币时间价值的大小；以内部收益率高低进行投资决策分析，只是从相对数角度反映投资收益的水平，可能会使那些投资很大、内部收益率较低，但收益总额很大、对社会经济全局有重大影响的方案漏选。

　　因此，在实际运用中，内部收益率法有必要与净现值法结合运用，从相对数与绝对数两个方面把握投资收益水平的高低。

案例分析 4-1：确定型决策方法的具体运用实例

X 公司是一家钢铁公司，由于业务扩张，公司准备购入设备以扩充生产能力。现有甲、乙两个方案可供选择，甲方案需要投资 40 万元，使用寿命 5 年，采用直线法折旧，5 年后设备无残值。5 年中每年销售收入为 24 万元，每年付现成本为 8 万元。乙方案需要投资 60 万元，使用寿命也为 5 年，5 年后有残值 5 万元。5 年中每年销售收入为 32 万元，付现成本第一年为 10 万元，以后承受设备陈旧，逐年将增加修理费 5 000 元，另需垫支营运资金 6 万元。所得税率 30%，资金成本 8%。

要求：(1) 分别计算甲、乙两个方案寿命期内各年税后现金净流量。
(2) 分别计算甲、乙两个方案静态投资回收期指标并评价甲乙方案哪个较优。
(3) 分别计算甲、乙两个方案动态投资回收期指标并评价甲乙方案哪个较优。
(4) 分别计算甲、乙两个方案平均投资收益率指标并评价甲乙方案哪个较优。
(5) 分别计算甲、乙两个方案净现值和净现值率指标并评价甲乙方案哪个较优。
(6) 分别计算甲、乙两个方案现值指数指标并评价甲乙方案哪个较优。
(7) 分别计算甲、乙两个方案内部报酬率指标并评价甲乙方案哪个较优。

1. 解：

甲方案各年现金流量如下：

$$NCF_0 = -40(万元)$$

年折旧额 $= 40 \div 5 = 8(万元)$

$$NCF_{1-5} = (24-8-8)(1-30\%) + 8 = 13.6(万元)$$

乙方案各年现金流量如下：

$$NCF_0 = -60 - 6 = -66(万元)$$

年折旧额 $= (60-5) \div 5 = 11(万元)$

$$NCF_1 = (32-10-11)(1-30\%) + 11 = 18.70(万元)$$
$$NCF_2 = (32-10.5-11)(1-30\%) + 11 = 18.35(万元)$$
$$NCF_3 = (32-11-11)(1-30\%) + 11 = 18(万元)$$
$$NCF_4 = (32-11.5-11)(1-30\%) + 11 = 17.65(万元)$$
$$NCF_5 = (32-12-11)(1-30\%) + 11 + 6 + 5 = 28.30(万元)$$

表 4-8　X 公司项目投资方案现金流量　　　　　　　　　　单位：万元

年　份	第 0 年	第 1 年	第 2 年	第 3 年	第 4 年	第 5 年
A 方案	−40	13.6	13.6	13.6	13.6	13.6
B 方案	−66	18.70	18.35	18	17.65	28.30

2. 解：

静态投资回收期：

$$甲方案投资回收期 = \frac{40}{13.6} = 2.94(年)$$

$$乙方案投资回收期 = 3 + \frac{60 - 55.05}{17.65} = 3.28(年)$$

由于甲方案静态投资回收期较短，所以甲方案较优。

3. 解：

动态投资回收期：

将各期现金流量贴现到第一年年初，然后计算动态投资回收期。

甲方案：

$$NCF_0 = -40(万元)$$
$$NCF_1 = 13.6 \times (P/F, 8\%, 1) = 13.6 \times 0.9259 = 12.59(万元)$$
$$NCF_2 = 13.6 \times (P/F, 8\%, 2) = 13.6 \times 0.8573 = 11.66(万元)$$
$$NCF_3 = 13.6 \times (P/F, 8\%, 3) = 13.6 \times 0.7938 = 10.80(万元)$$
$$NCF_4 = 13.6 \times (P/F, 8\%, 4) = 13.6 \times 0.7350 = 10(万元)$$
$$NCF_5 = 13.6 \times (P/F, 8\%, 5) = 13.6 \times 0.6806 = 9.26(万元)$$

$$动态投资回收期 = 3 + \frac{40 - (12.59 + 11.66 + 10.80)}{10} = 3.495(年)$$

乙方案：

$$NCF_0 = -66(万元)$$
$$NCF_1 = 18.7 \times (P/F, 8\%, 1) = 18.7 \times 0.9259 = 17.31(万元)$$
$$NCF_2 = 18.35 \times (P/F, 8\%, 2) = 18.35 \times 0.8573 = 15.73(万元)$$
$$NCF_3 = 18 \times (P/F, 8\%, 3) = 18 \times 0.7938 = 14.29(万元)$$
$$NCF_4 = 17.65 \times (P/F, 8\%, 4) = 17.65 \times 0.7350 = 12.97(万元)$$
$$NCF_5 = 28.3 \times (P/F, 8\%, 5) = 28.3 \times 0.6806 = 19.26(万元)$$

$$动态投资回收期 = 3 + \frac{60 - (17.31 + 15.73 + 14.29)}{12.97} = 3.98(年)$$

由于甲方案动态投资回收期较短，所以甲方案较优。

4. 解：

平均投资收益率（投资收益取会计收益，不加回折旧）：

$$甲方案平均投资收益率 = \frac{13.6}{40} = 34\%$$

$$\text{乙方案平均投资收益率} = \frac{(18.7+18.35+18+17.65+28.3)\div 5}{66} = 30.61\%$$

由于甲方案平均报酬率较高,所以甲方案较优。

5. 解:

净现值:

甲方案:

$$NPV = -40 + 13.6 \times (P/A, 8\%, 5) = -40 + 13.6 \times 3.9927 = 14.30(万元)$$

乙方案:

$$NPV = -66 + 17.31 + 15.73 + 14.29 + 12.97 + 19.26 = 13.56(万元)$$

由于甲方案净现值较高,所以甲方案较优。

净现值率:

甲方案:

$$NPVR = \frac{14.30}{40} \times 100\% = 35.75\%$$

乙方案:

$$NPVR = \frac{13.56}{66} \times 100\% = 20.55\%$$

由于甲方案净现值率较高,所以甲方案较优。

6. 解:

现值指数:

甲方案:

$$PI = \frac{14.3 + 40}{40} = 1.357\ 5$$

乙方案:

$$NPVR = \frac{13.56 + 66}{66} = 1.205\ 5$$

由于甲方案现值指数较高,所以甲方案较优。

7. 解:

内部收益率:

甲方案:$NPV = -40 + 13.6 \times (P/A, i, 5) = 0$

$IRR = 20.83\%$

乙方案：$NPV = -66 + 18.7 \times (P/F, i, 1) + 18.35 \times (P/F, i, 2) + 18 \times (P/F, i, 3) + 17.65 \times (P/F, i, 4) + 28.3 \times (P/F, i, 5) = 0$

$IRR = 15.14\%$

由于甲方案内部收益率较高，所以甲方案较优。

案例分析 4-2：最优方案的选择

某建设集团有 A、B 两互斥方案，企业资金成本率 10%，各方案的现金流量见表 4-9，要求作出最优选择。

表 4-9　两种方案现金流量表　　　　　　　　　　　　　　　单位：万元

现金净流量＼年＼方案	A 方案	B 方案
第 0 年	−10 000	−10 000
第 1 年	6 000	2 000
第 2 年	4 000	3 000
第 3 年	3 000	4 000
第 4 年	2 000	8 000

本例按内含报酬率法选择：A 方案的内含报酬率为 23.05%，B 方案的内含报酬率为 19.67%，显然 A 方案为优；按净现值法进行选择：以资金成本率 10% 计算的 A 方案的净现值为 2 380 万元，B 方案的净现值为 2 767 万元，显然，应选择 B 方案。两种分析方法得出相异的结论。导致净现值法与内含报酬率法择优结果产生差异的原因是两种方法对未来现金流入的再投资报酬率的假设不同，因此，在最优方案选择之前，应客观预测企业未来特定时期可实现的再投资报酬率，然后结合具体情况进行择优，否则，无论以何种单一方法独立地进行选择，都有可能因实际情况与假设条件不一致而导致决策的失误。

选择方法如下。

按多个贴现率分别计算各方案的净现值，计算结果见表 4-10。

表 4-10　净现值表　　　　　　　　　　　　　　　单位：万元

贴现率	A 净现值	B 净现值	净现值差额（A−B）
5%	3 579	4 663	−1 084
10%	2 380	2 767	−387

续表

贴现率	A 净现值	B 净现值	净现值差额(A－B)
15%	1 358	1 212	146
20%	478	－77	555
25%	－285	－1 155	870

A、B 两方案内含报酬率分别为 23.05％和 19.67％,分析表 4-10 数据可发现:当贴现率小于等于 10％时,A 方案净现值小于 B 方案,净现值法与内含报酬率法择优结论相异,前者选择 B 方案,后者选择 A 方案;当贴现率大于等于 15％时,A 方案净现值大于 B 方案,净现值法与内含报酬率法择优结果相同,都为 A 方案,说明在 10％与 15％之间,存在一个使 A、B 方案净现值相等的分界贴现率,该贴现率同时也是两方案择优结论异、同的转折点。该分界贴现率通过插值试算得到是 13.49％,当贴现率为 13.49％时,两种方案的净现值均为 1 650 万元。

本例中计算现金流量现值所用的贴现率,实际上即为假计的项目现金流入的再投资报酬率,所以,如预计的再投资报酬率大于 13.49％,则应选择 A 方案;此时,净现值法和内含率报酬法不但择优结果一致,关键是两者的现金流入再投资假设符合客观情况;但如预计的再投资报酬率小于 13.49％,则应按净现值法进行择优,此例应选择 B 方案,因内含报酬率假计的较高的再投资报酬率难以实现。自然,如企业的现金流入无法立即实现再投资或再投资报酬率为零,则任何动态分析法的结果都将导致决策的失误。

此外,当投资项目的内含报酬率出现多个时,内含报酬率法就失去了实际意义,而净现值法的结果是唯一的,这时应以净现值法为标准,因为净现值法的判断永远是正确的。

净现值表示在既定资金成本下投资方案所能实现的价值增值,能够满足企业实现股东财富最大化经营目标的需要。内含报酬率表示企业在净现值为零时所适用的贴现率,与投资方案本身的价值紧密相关,但不能直接准确地予以表达。因此,对于互斥投资方案,当净现值法和内含报酬率法的结论相矛盾时,应以净现值法所得评估结论为准。

第二节 不确定型决策

针对每个投资方案结果是明确的前提下进行比较择优的决策称之为确定型决策。但是,在实际工作中,决策者可能面临出现的自然状态有两种以上且各种自然状态的概率不知的状况。在这种状况下,只能根据主观臆断来确定各投资方案在不同的自然状态下可能出现的收益值并进行比较选择的决策,称之为不确定型决策。

在不确定型决策中,由于各投资方案的结果随着自然状态不同而不同,且自然状态出现的概率又无法事先掌握,而不同方案在不同状态下的结果优劣交错,因此决策者缺乏评判优劣的标准,难以比较选择。不确定型决策至今没有一个肯定的标准。不确定型决策基本上取决于决策者决策的目的、企业的条件、对于风险的态度和实践经验。对方案的取舍,由于从不同的角度出发可以确定不同的标准,因而可得出不同的决策方法,同时也就得到不同的决策结果。不确定型的决策,主要有以下分析方法。

一、最大最小收益值分析法

最大最小收益值分析法是在计算出各方案在各种自然状态下可能的最小收益值的基础上,以最大的最小收益值为标准,从最小收益值的各方案中选择最大收益值的方案作为最佳决策方案。

在比较评价各方案时,不应以最大的最大收益值为标准,这是因为按其为标准选择的方案,虽然它的收益值可能最大,但却是不能完全实现的方案,无论自然状态发生什么变化,最大收益值都会减少。而最大最小收益值标准的着眼点则放在无论自然状态发生何种变化,其收益值也不会低于此限度,这种方法实际上是把最小收益的自然状态假定为必然出现的自然状态,按"最不利"的情况来处理。因此,最大最小收益值标准虽然是一种比较保守的分析方法,但却是稳妥可靠、留有余地的决策分析方法,它选择的方案是"最不利"中的"最有利"方案。

例 4-13:某企业的某产品很受欢迎,为了扩大其在市场上的份额满足需求,该企业提出了扩大生产的几种方案:A_1——扩建老厂,A_2——建设新厂,A_3——与兄弟厂联营,A_4——兼并某厂。但是,无论采用何种方案,都可能出现四种自然状态:S_1 需求量较高,S_2 需求量一般,S_3 需求量较低,S_4 需求量很低。假如该企业经过对各方案在不同自然状态下可能达到的销售量、经营成本等指标的核算,各方案在不同自然状态下的收益值如表 4-11 所示。

表 4-11　各方案在不同自然状态下的收益值　　　　　　　　单位:万元

自然状态 方案	需求量较高 S_1	需求量一般 S_2	需求量较低 S_3	需求量很低 S_4	最小 收益值
A_1	350	325	175	100	100
A_2	400	250	210	200	200
A_3	450	300	200	150	150
A_4	250	220	215	125	125

解：表 4-9 表明，各方案在不同自然状态下的最小收益值分别为 100，200，150，125，其中以 A_2 的最小收益值最大。因此按最大的最小收益值标准，应以 A_2 作为最佳决策方案，这个方案的可能年收益最低为 200 万元。

A_2 除了在出现 S_1 的情况下，其收益低于 A_3，在出现 S_2 的情况下低于 A_1、A_3，以及在 S_3 的情况下略低于 A_4 外，其他无论出现何种自然状态，该方案收益值均高于其他方案。因此，可以认为是 A_2 一个稳妥的决策方案。

二、最小最大后悔值分析法

最小最大后悔值分析法是在计算出某种自然状态下，由于未采用相对最佳方案而造成的"后悔"损失值的基础上再进行比较，以最大的后悔损失值中选出最小的"后悔值"，作为最佳决策方案。

在确定某方案并付诸实施中，当某种自然状态出现时，才会明确哪个方案的收益值最大即最佳决策方案。由于没有采用这个方案，而采用了其他方案，便会后悔。如上例中，当自然状态出现 S_1，又正好选择方案 A_3 时，便不会后悔，因为这个方案是收益最高的，可获得 450 万元收益，在这种情况下后悔值等于"0"。可是，上例却选择方案 A_2 只获收益 400 万元，这样就会由于没有选择方案 A_3 而后悔，因为方案 A_2 比方案 A_3 少获益 50 万元。这个 50 万元的差额，称之为后悔值。所以，后悔值是用最佳方案的收益值与所选择方案的收益值之差来表示的。最小最大后悔值分析法，就是从各方案的最大后悔值中选出最小的后悔值，作为选择方案的标准。

最小最大后悔值分析法的决策程序如下。

(1) 在各方案中找出一个对应于每种自然状态下的最大收益值。

(2) 求出后悔值，它是由每种自然状态的最大收益值减去相应各方案收益值之差额。

(3) 在各方案每种自然状态下的后悔值中选出最大后悔值。

(4) 在各方案的最大后悔值中选出最小后悔值。

例 4-14：同例 4-13，采用最小最大后悔值分析法进行决策。

解：根据表 4-11 所示，对应于每种自然状态的最大收益值是：出现 S_1 情况下的 A_3 为 450，出现 S_2 情况下的 A_1 为 325，出现 S_3 情况下的 A_4 为 215，出现 S_4 情况下的 A_2 为 200。

求出后悔值及选出最大后悔值，如表 4-12 所示。

各方案的最大后悔值分别为 100、75、50、200，其中最小的最大后悔值为 50。因此，按最小最大后悔值标准，应以 A_3 为最佳决策方案。

表 4-12　后悔值和最大后悔值　　　　　　　　　　　　　　　　　　　　单位:万元

自然状态 方案	S_1	S_2	S_3	S_4	最大 后悔值
A_1	100	0	40	100	100
A_2	50	75	5	0	75
A_3	0	25	15	50	50
A_4	200	105	0	75	200

三、折衷分析法

折衷分析法是运用折衷系数计算出介于最大收益值和最小收益值之间的折衷收益值,然后选择最大的折衷收益值为最佳决策方案。

折衷分析法的实质是认为对事物发展的前景不宜盲目乐观,否则太冒进;但也不宜盲目悲观,否则太保守,而应根据历史数据和实践经验具体分析出事物发展前景的乐观和悲观程度。为兼取两者长处,在决策中引入了折衷系数α来调节乐观态度与悲观态度。α值为$0<\alpha<1$,当$\alpha=1$时,为冒进标准即过于乐观;当$\alpha=0$时,为保守标准即过于悲观。但α值的确定,没有一个理论标准,而是由决策者通过对历史资料的分析与未来趋势的判断来确定。折衷收益值的计算公式如下:

$$折衷收益值 = \alpha X_{max} + (1-\alpha) X_{min} \tag{4-12}$$

式中:X_{max}——该方案的最大收益值;

X_{min}——该方案的最小收益值。

例 4-15:仍同例 4-13,采用折衷分析法进行决策。

解:先列出方案的最大和最小收益值,见表 4-13。

表 4-13　各方案的最大和最小收益值　　　　　　　　　　　　　　　　　单位:万元

方案	最大收益值 X_{max}	最小收益值 X_{min}
A_1	350	100
A_2	400	200
A_3	450	150
A_4	250	125

再计算折衷收益值。确定折衷系数α为 0.7(即最大收益值的权数为 0.7,最小收益值的权数为 0.3),则各方案的折衷收益值计算如下:

$$A_1 = 350 \times 0.7 + 100 \times 0.3 = 275$$
$$A_2 = 400 \times 0.7 + 200 \times 0.3 = 340$$
$$A_3 = 450 \times 0.7 + 150 \times 0.3 = 360$$
$$A_4 = 250 \times 0.7 + 125 \times 0.3 = 212.5$$

各方案的折衷收益值分别为 275、340、360、212.5，其中最大的折衷收益值为 360。因此，按最大折衷收益值标准，应以 A_3 为最佳决策方案。

四、等可能性分析法

等可能性分析法是在认为每种自然状态出现的概率是相同的前提下运用同等概率计算出各方案的期望收益值，然后选择最大的期望收益值为最佳决策方案。

等可能分析法的实质是认为在缺乏资料的情况下，由于不能肯定哪种自然状态可能出现，哪种自然状态不可能出现，因此就应当同等看待，即认为每种自然状态出现的概率是相同的。如果共有 n 种自然状态，则每种自然状态出现的概率为 $P = 1/n$。期望收益值的计算公式如下：

$$期望收益值 = \frac{1}{n} \sum_{i=1}^{n} x_i \tag{4-13}$$

式中：x_i——该方案在第 i 种自然状态出现下的收益值。

例 4-16：仍同例 4-13，采用等可能性分析法进行决策。

解：

计算各方案的期望收益值如下：

$$A_1 = (350 + 325 + 175 + 100) \div 4 = 237.5$$
$$A_2 = (400 + 250 + 210 + 200) \div 4 = 265$$
$$A_3 = (450 + 300 + 200 + 150) \div 4 = 275$$
$$A_4 = (250 + 220 + 215 + 125) \div 4 = 202.5$$

各方案的期望收益值分别为 237.5、265、275、202.5，其中最大的期望收益值为 275。因此，按最大期望收益值标准，应以 A_3 为最佳决策方案。

上述四种分析方法的决策结论不完全相同，这是由于选择标准不同所致。最大最小收益值的标准重点放在选择何种方案可取得最低限度的收益值上，最小最大后悔值标准重点在于选择何种方案可使最大的后悔值最小，而最大折衷收益值与最大期望收益值标准则是在最大收益值与最小收益值之间进行选择。可见，对于同一决策问题，不同的选择标准便会得出不同的结论。对于不确定型的决策问题，理论上还未能证明哪一种标准最为合理。因此，在实践中，拟对投资项目方案采用各种标准进行比较并综合分析，将其中被确定为最佳方案次数最多的方案作为最佳决策方案较为适当。

下面再以一个企业项目决策的案例来说明以上四种方法。

例 4-17：某企业为了开发一种新产品，有三种方案可供选择：新建；扩建；改建。未来对这种新产品的需求状态有三种，即销路好；销路一般；销路差。每种状态出现的概率的大小不知，但可推算出各方案在未来各种市场需求状态下的损益情况，如表 4-14 所示。

表 4-14　各方案损益值资料　　　　　　　　　　　　　　　　　单位：万元

	新建	扩建	改建
销路好	380	270	100
销路一般	150	100	70
销路差	−110	−40	10

试用最大最小收益值分析法、最小最大后悔值分析法、折衷分析法、等可能性分析法选择较优方案。

解：

1. 最大最小收益值分析法

把每一个方案在各自然状态下的最小值求出来，再求各最小值中的最大值，选择改建方案（表 4-15）。

表 4-15　各方案在不同自然状态下的收益值　　　　　　　　　　单位：万元

自然状态＼方案	新建	扩建	改建
销路好	380	270	100
销路一般	150	100	70
销路差	−110	−40	10
最小收益值	−110	−40	10

2. 最小最大后悔值分析法

后悔值矩阵，如表 4-16 所示。

表 4-16　后悔值矩阵　　　　　　　　　　　　　　　　　　　　单位：万元

自然状态＼方案	新建	扩建	改建
销路好	0	110	280
销路一般	0	50	80
销路差	120	50	0
最小收益值	120	110	280

因为，在最大后悔值中，最小值是 110，应当选择扩建方案。

3. 折衷分析法

先列出方案的最大和最小收益值,见表 4-17。

表 4-17　各方案的最大和最小收益值　　　　　　　　　单位:万元

方　案	最大收益值 X_{max}	最小收益值 X_{min}
新建	380	−110
扩建	270	−40
改建	100	10

再计算折衷收益值。确定折衷系数 α 为 0.6(即最大收益值的权数为 0.6,最小收益值的权数为 0.4),则各方案的折衷收益值计算如下:

$$新建方案折衷收益值 = 380 \times 0.6 + (-110) \times 0.4 = 184(万元)$$
$$改建方案折衷收益值 = 270 \times 0.6 + (-40) \times 0.4 = 146(万元)$$
$$扩建方案折衷收益值 = 100 \times 0.6 + 10 \times 0.34 = 64(万元)$$

其中最大的折衷收益值为 184 万元。因此,按最大折衷收益值标准,应以新建方案为最佳决策方案。

4. 等可能性分析法

按照各种状态等可能性情形下,计算不同方案的期望收益值如下:

$$新建方案期望收益值 = (380 + 150 - 110) \div 3 = 140(万元)$$
$$扩建方案期望收益值 = (270 + 100 - 40) \div 3 = 110(万元)$$
$$改建方案期望收益值 = (100 + 70 + 10) \div 3 = 60(万元)$$

根据计算结果,选择新建方案。

第三节　风险型决策

企业的一项行为有多种结果的可能性,其将来的成效是不肯定的,这就叫作风险。风险型决策就是根据几种不同自然状态下可能发生的概率进行决策。由于在决策中引入了概率的概念,因此,在依据不同概率所拟定的多个决策方案中,不论选择哪一种方案,都要承担一定的风险。所以,风险型决策又叫随机决策。

风险型决策具有以下的特征:①存在决策者期望达到的明确目标;②存在两种以上的客观自然状态;③存在可供选择的两个以上的行动方案;④可以具体计算出不同方案在不同自然状态下的收益值;⑤决策者虽然对未来

可能出现何种自然状态不能确定,但其出现的概率是可以大致估计出来的。

风险型决策主要有概率分析法、敏感性分析法、决策树分析法等。

一、概率分析法

概率分析法是现代风险型投资决策中的基本方法,将概率理论引入投资决策领域是 20 世纪 50 年代后才开始的,它改变了过去人们凭借简单的经验分析来判断投资行为可行性的做法,使投资者进行风险型决策成为一种可能。

(一) 概率分析法的含义

概率分析是以不同的有确定意义的变量的概率分布来表示经济行为的可能结果,较好地反映了投资活动中所涉及的不确定性因素在未来时期的多种不同后果,并考虑了诸多不确定性因素出现的可能性。

概率分析法就是研究各种影响投资收益的不确定因素的变化范围,以及这个变化范围出现的概率大小,通过测定各方案在不同概率条件下的期望收益和投资风险的大小进行决策。

(二) 概率分析法的步骤

(1) 计算盈利期望值 $\overline{K}$。计算某一投资方案盈利期望值 $\overline{K}$。其计算公式如下:

$$\overline{K} = \sum_{i=1}^{n} K_i \cdot P_i \tag{4-14}$$

式中:$\overline{K}$——盈利期望值;

K_i——该方案在第 i 种状况下的盈利水平;

p_i——该方案出现第 i 种状况的可能性(概率);

n——该方案出现不同状况的个数。

盈利期望值表示某一方案执行结果期望得到的最可能结果,也是该方案在不同状况下盈利水平的一般反映。但是,具体实施方案得到的盈利与盈利期望值势必存在一定的偏差。

(2) 计算盈利标准差。计算某一投资方案盈利标准差。其计算公式为:

$$\sigma = \sqrt{\sum_{i=1}^{n} (K_i - \overline{K})^2 P_i} \tag{4-15}$$

式中:σ——盈利标准差。

盈利标准差是反映该方案在不同状况下盈利水平差别大小程度的指标,一般来说,盈利标准差越大,说明投资收益分布松散,实施该方案的盈利水平偏离期望值可能性越大,经济效益不稳定,因而投资风险程度大;盈利标准差越小,说明投资收益分布集中,实施该方案的盈利水平偏离期望值可能性越小,经济效益比较稳定,因而投资风险程度小。但是,盈利标准差的大小不仅受同一方案在不同状况下盈利水平差别大小程度的影响,而且还受该方案在不同状况下盈利一般水平高低的影响,因而盈利标准差并不能完全反映风险程度大小,尤其不能作为不同方案风险程度对比分析的依据。

(3) 计算盈利标准差系数。计算某一投资方案盈利标准差系数。其计算公式为:

$$V_\sigma = \frac{\sigma}{K} \times 100\% \tag{4-16}$$

式中:V_σ—— 盈利标准差系数。

盈利标准差系数是通过盈利标准差与相应的盈利期望值对比来消除盈利一般水平高低的影响,以单纯反映同一方案在不同状况下盈利水平差别大小程度,表示该方案风险程度大小。同时,盈利标准差系数是以抽象化的相对数形式表示,可以作为不同方案风险程度对比分析的依据。一般来说,盈利标准差系数越小,说明该方案相对风险程度越小;否则反之。

(三) 概率分析法的应用

从上述分析可以知道,运用概率分析法进行项目方案决策,关键在于计算出不同方案的盈利期望值与盈利标准差系数,通过不同方案的盈利期望值与盈利标准差系数间的权衡决定优选方案。一般来说,在各方案盈利期望值相同的情况下,选择盈利标准差系数最小的方案为佳;在各方案盈利标准差系数相同的情况下,则选择盈利期望值最大的方案为好;如果各方案的盈利期望值与盈利标准差系数都存在差异时,则需要依据不同投资者的收益与风险偏好以及对风险损失的承受能力而加以具体选择。有效的方法是通过不同方案的盈利期望值与盈利标准差系数的对称关系分析,选择那个相对收益较之相对风险最大的方案进行投资。

例 4-18:某企业集团拟开发某种新产品,已知方案 A、B 的盈利水平及其概率预测值如表 4-18 所示,试比较方案 A、B 的风险程度。

表 4-18 两方案对照表　　　　　　　　　　　　　　　　　单位:万元

方案 A		方案 B	
K_i	p_i	K_i	p_i
20	0.2	20	0.1
40	0.6	30	0.8
60	0.2	40	0.1

解:分别计算两方案的盈利期望值、盈利标准差和盈利标准差系数并通过对比便可得出答案。

方案 A:

$$\overline{K}_A = \sum_{i=1}^{n} K_i \cdot P_i = 20 \times 0.2 + 40 \times 0.6 + 60 \times 0.2 = 40(万元)$$

$$\sigma_A = \sqrt{\sum_{i=1}^{n}(K_i - \overline{K})^2 P_i}$$
$$= \sqrt{(20-40)^2 \times 0.2 + (40-40)^2 \times 0.6 + (60-40)^2 \times 0.2}$$
$$= 12.65(万元)$$

$$V_A = \frac{\sigma_A}{\overline{K}_A} \times 100\% = \frac{12.65}{40} \times 100\% = 31.6\%$$

方案 B：

$$\overline{K}_B = \sum_{i=1}^{n} K_i \cdot P_i = 20 \times 0.1 + 30 \times 0.8 + 40 \times 0.1 = 30(万元)$$

$$\sigma_B = \sqrt{\sum_{i=1}^{n}(K_i - \overline{K})^2 P_i}$$
$$= \sqrt{(20-30)^2 \times 0.1 + (30-30)^2 \times 0.8 + (40-30)^2 \times 0.1}$$
$$= 4.47(万元)$$

$$V_B = \frac{\sigma_B}{\overline{K}_B} \times 100\% = \frac{4.47}{30} \times 100\% = 14.9\%$$

因为期望值 $\overline{K}_A > \overline{K}_B$，且标准差 $\sigma_A > \sigma_B$，故须采用标准差系数比较；标准差系数 $V_A > V_B$，可以判定尽管方案 A 的盈利水平比方案 B 高，但方案 A 的风险程度比方案 B 大。

二、敏感性分析法

敏感性分析法是投资风险决策方法的重要组成部分。进行项目敏感性分析，关键在于找到并测算出某些主要因素对投资项目的影响程度。敏感性分析一般希望最优决策不敏感。因为不敏感的最优决策方案才经得起多种因素变化的影响，表明其决策评价指标值比较稳定，取得最优效益的可能性较大。

（一）敏感性分析法的含义

在企业投资项目的寿命期内会受到许多不确定性因素的影响，这些不确定性因素从不同角度、不同程度上影响投资项目的经济效益。在这些影响因素中，有一些因素在改变时，只能引起某一经济效益指标的一般性变化，甚至无太大变化，这些因素被称为一般性敏感因素，或称为不敏感性因素；而有一些因素却不同，只要这些因素稍作调整，就可能导致项目经济效益出现大幅度的波动，此类因素被称为敏感性因素。

投资项目敏感性分析法就是要在众多影响因素中，观察其中某个(或某些)因素发生变化时原来最优方案收益值等决策评价指标变化的程度。如果决策评价指标的变化幅度较大,就认为它是敏感的;反之,则为不敏感的。

(二)敏感性分析法的步骤

(1)确定分析指标。敏感性分析法以投资项目决策为对象,其分析指标应主要考虑投资的动机和项目的特点。在实际工作中,进行敏感性分析要计算其成本,这种成本不仅包括进行敏感性分析所需要的成本,还要考虑由于进行敏感性分析造成的决策延迟的机会成本。因而只有在进行敏感性分析的成本低于其效益时,才能进行敏感性分析。

敏感性分析是对项目投资效益敏感的指标进行的,因此不能简单地对影响项目的所有指标都进行敏感性分析,而要选择那些对投资项目确实存在较大影响的敏感性指标。对一般的投资项目,投资者更加关注期望收益值、净现值、内部收益率等指标;对合作项目,投资者还要对能否如期回收投资进行分析;有些项目,因市场机会和竞争压力的影响,投资者追求"短、平、快",因而要对建设工期进行敏感性分析。

(2)确定影响因素。影响投资项目经济效益的不确定性因素很多,但主要影响指标有:投资规模及贴现水平,项目建设周期和项目回收期,生产经营的固定成本和变动成本,产品市场需求和同行竞争状况,生产销售量和市场价格等。

值得注意的是,所选择的影响因素是否准确,关系到项目敏感性分析的结果是否可信、有效。不同时间、地点、行业的项目受到上述因素的影响程度也是不同的,所以要根据具体项目的特点和所处的环境来选择确定恰当的影响因素。具体工作中,主要有专业分析人员进行确定。项目敏感性分析的专业人员,不仅要具有丰富的经验,还要利用科学的手段对未来一定时期环境的变化进行分析,在此基础上挑选那些对项目经济效益影响较大的,或者发生变化可能性大的因素进行分析。

对于一时难以准确确定敏感性因素的投资方案,可以通过测算几个不确定性因素的变化对项目的经济效益指标的影响程度来判断谁是最为敏感的因素。

(3)计算变动结果。对投资方案进行敏感性分析时,应主要分析敏感性因素在一定范围内变化时对所要分析指标(如净现值、内部收益率等)的影响。其基本方法是:

首先,假定其他因素不变,测算某个不确定性因素变动对分析指标的影响程度。

其次,选定另一个不确定因素并改变其数值,测定此时对分析指标的影响程度。这种分析的目的在于进一步确定所选择的第一个因素是否为最敏感的因素。如有必要还可以选择其他因素进行分析。

最后，比较不同因素对分析指标的变动状况，分析所确定的敏感性因素是否合理。

(4) 判断方案风险。以分析指标变动结果的大小为依据，进行方案风险的判定。如果在设定的变化范围内，项目分析指标值小于预定的标准值，通常需要放弃或修改原定投资方案；如果项目分析指标值仍大于预定的标准值，则表明该投资项目具有一定的抗风险能力，此项目可以接受。为了实现投资项目的预期收益，在项目实施过程中，必须加强对敏感性因素的监控，采取积极措施，促使其向有利于提高投资效益的方向转变。

(三) 敏感性分析法的应用

鉴于动态分析法考虑了整个项目的经济寿命期以及时间价值因素的合理性，因此，敏感性分析在实际应用中主要讨论的仍然是由于某些敏感性因素变动而导致项目的净现值和内部报酬率等动态分析指标的变动情况。

例 4-19：某企业拟投资一项目，计划投资 900 万元，2 年建成。预计项目使用寿命为 8 年，项目投资及投产后预计财务资料见表 4-19。预定最低贴现率为 12%，试测算该项目的内部报酬率。

表 4-19　某项目投资及预计收益资料　　　　　　　　　　　单位：万元

年　份	投资规模	销售收入	变动成本	固定成本
1	540			
2	360			
3		2 250	1 170	930
4		2 550	1 350	930
第 5 到 10 年		每年 3 000	每年 1 670	每年 930
合　计	900	22 800	12 540	7 440

解：

根据上述资料可得表 4-20。

表 4-20　某项目内部报酬率计算表　　　　　　　　　　　单位：万元

年份	净现金流量	$(1+i)^{-t}$ $i=12\%$	净现值	$(1+i)^{-t}$ $i=25\%$	净现值	$(1+i)^{-t}$ $i=26\%$	净现值
1	−540	0.892 9	−482.14	0.800 0	−432	0.793 7	−428.571
2	−360	0.797 2	−286.99	0.640 0	−230.40	0.629 9	−226.76
3	150	0.711 8	106.77	0.512 0	76.80	0.499 9	74.99
4	270	0.635 5	171.59	0.409 6	110.59	0.396 8	107.12
5—10	每年 400	2.612 9	1 045.15	1.208 9	483.56	1.144 6	457.85
合计	1 920		554.37		8.55		−15.37

根据表 4-20 资料，可以确定内部报酬率在 25% 和 26% 之间。用"插值法"计算：

$$\text{内部报酬率 } IRR = 25\% + \frac{8.55 \times (26\% - 25\%)}{8.55 + 15.37} = 25.36\%$$

由上述例子可以看出，该项目的净现值在贴现率 12% 时达到 554.37 万元；内部报酬率达 25.36%，超过 12% 的要求贴现率，项目是可行的。引入某些因素变动后，情形将会如何变化呢？下面将进一步进行有关因素变动的敏感性分析。

(1) 项目投资规模增加的敏感性分析分析。假设受到不可预期的因素影响，造成项目将在第二年追加投资 100 万元，使项目投资总额达到 1 000 万元。此时需重新测算其净现值和内部报酬率，见表 4-21。

表 4-21　投资规模增加后内部报酬率计算表　　　　　　　　单位：万元

年份	净现金流量	$(1+i)^{-t}$ $i=12\%$	净现值	$(1+i)^{-t}$ $i=22\%$	净现值	$(1+i)^{-t}$ $i=23\%$	净现值
1	−540	0.892 9	−482.14	0.819 7	−442.623	0.813 0	−439.024
2	−460	0.797 2	−366.71	0.671 9	−309.06	0.661 0	−304.05
3	150	0.711 8	106.77	0.550 7	82.61	0.537 4	80.61
4	270	0.635 5	171.59	0.451 4	121.88	0.436 9	117.96
5—10	每年 400	2.612 9	1 045.15	1.429 5	571.82	1.351 0	540.40
合计	1 820		474.65		24.62		−4.11

根据表 4-21 资料，可以确定内部报酬率在 22% 和 23% 之间。用"插值法"计算：

$$\text{内部报酬率 } IRR = 22\% + \frac{24.62 \times (23\% - 22\%)}{24.62 + 4.11} = 22.86\%$$

在第二年投资增加 100 万元后，该项目的净现值为 474.65 万元，减少 79.72 万元；内部报酬率下降到 22.86%，但仍高于 12% 的要求贴现率。

此结果说明，该项目如果在第二年增加 100 万元的额外投资，项目依然有利可图，是可行的。

(2) 销售收入下降和变动成本增加的敏感性分析。假设由于市场状况发生变化，预计项目投产后单位产品变动成本将上升 2%，而销售价格却将下降 2%。如果生产产量不调整，重新测算其净现值和内部报酬率，见表 4-22 和表 4-23。

表 4-22　销售收入和成本变动后投资及预计收益资料　　　　　单位:万元

年　份	投资规模	销售收入	变动成本	固定成本
1	540			
2	360			
3		2 205	1 193.4	930
4		2 499	1 377	930
5—10 年		每年 2 940	每年 1 703.4	每年 930
合　计	900	22 344	12 790.8	7 440

表 4-23　某项目内部报酬率计算表　　　　　单位:万元

年份	净现金流量	$(1+i)^{-t}$ $i=12\%$	净现值	$(1+i)^{-t}$ $i=17\%$	净现值	$(1+i)^{-t}$ $i=18\%$	净现值
1	−540	0.892 9	−482.14	0.854 7	−461.538	0.847 5	−457.627
2	−360	0.797 2	−286.99	0.730 5	−262.98	0.718 2	−258.55
3	81.6	0.711 8	58.08	0.624 4	50.95	0.608 6	49.66
4	192	0.635 5	122.02	0.533 7	102.46	0.515 8	99.03
5—10	每年 306.6	2.612 9	801.11	1.915 4	587.25	1.804 0	553.11
合计	1 213.2		212.08		16.14		−14.36

根据表 4-23 资料,可以确定内部报酬率在 17% 和 18% 之间。用"插值法"计算:

$$\text{内部报酬率 } IRR = 17\% + \frac{16.14 \times (18\% - 17\%)}{16.14 + 14.36} = 17.53\%$$

在单位变动成本上升 2%、销售价格下降 2% 后,该项目的净现值为 212.08 万元,减少 342.29 万元;内部报酬率下降到 17.53%,但仍高于 12% 的要求贴现率。

此结果说明,该项目如果单位变动成本上升 2%、销售价格下降 2%,项目依然有利可图,是可行的。

(3) 项目建设周期延长的敏感性分析。如果其他因素均未发生变化,投产时间推迟一年,那么会对净现值和内部报酬率产生何种影响呢?见表 4-24 和表 4-25。

表 4-24　销售收入和成本变动后投资及预计收益资料　　　　　单位:万元

年　份	投资规模	销售收入	变动成本	固定成本
1	540			
2	360			

续表

年 份	投资规模	销售收入	变动成本	固定成本
3				
4		2 250	1 170	930
5		2 550	1 350	930
6—11 年		每年 3 000	每年 1 670	每年 930
合　计	900	22 800	12 540	7 440

表 4-25　销售收入和成本变动后项目内部报酬率计算表　　　　　　单位:万元

年份	净现金流量	$(1+i)^{-t}$ $i=12\%$	净现值	$(1+i)^{-t}$ $i=20\%$	净现值	$(1+i)^{-t}$ $i=21\%$	净现值
1	−540	0.892 9	−482.14	0.833 3	−450	0.826 4	−446.281
2	−360	0.797 2	−286.99	0.694 4	−250.00	0.683 0	−245.88
3		0.711 8	0.00	0.578 7		0.564 5	
4	150	0.635 5	95.33	0.482 3	72.34	0.466 5	69.98
5	270	0.567 4	153.21	0.401 9	108.51	0.385 5	104.10
6—11	每年 400	2.332 9	933.16	1.336 4	534.58	1.250 9	500.38
合计	1 920		412.56		15.42		−17.72

根据表 4-25 资料,可以确定内部报酬率在 20% 和 21% 之间。用"插值法"计算:

$$\text{内部报酬率 } IRR = 20\% + \frac{15.42 \times (21\% - 20\%)}{15.42 + 17.72} = 20.47\%$$

在建设周期推迟一年后,该项目的净现值为 412.56 万元,减少 141.81 万元;内部报酬率下降到 20.47%,高于 12% 的要求贴现率。

此结果说明,推迟一年建设项目工期,项目依然有利可图,是可行的。

通过敏感性分析,可以发现影响项目投资效益的主要因素,并能确定这些敏感性因素变动对投资收益造成的影响程度,从而可以确定出项目抵御风险的能力。这有利于确定影响项目的关键因素,有利于提高项目决策的准确度,有利于加强对投资风险的监控。但由于敏感性分析法对因素的选择和分析具有较强的主观性,所以在具体应用中要与其他投资决策方法相互配合,力争使投资决策更加科学和完善。

三、决策树分析法

很多投资决策与时间的推移联系在一起,前一个决策是后一个决策的前提,后一个决策又是前一个决策的发展。此时就要求决策者将整个决策过程联系起来进行综合分析。决策树分析法适应了这种现象的要求,可以比较直观、简捷地对项目投资方案进行分析判断。

(一)决策树分析法的含义

决策树分析法,又称网络分析法,它是在事件发生概率的基础上,使用简单树枝图形,明确地说明投资项目各方案的面貌,完整反映决策过程的一种决策方法。这种方法适用于长期或分阶段的投资决策问题。

在决策树分析法过程中,首先要确定决策的目标,列出实现该目标的各种方案;然后要分析每一方案可能发生的状况,出现这种状况的概率以及产生的结果用树枝树干的图形进行反映,通过计算决策树中各方案的期望值,比较期望值的大小淘汰经济效益差的方案,保留经济效益好的方案,最终选择确定最优投资方案。

(二)决策树分析法的步骤

决策树分析法基本上有两个阶段,首先要根据决策目标从左往右分析作图,然后才能从右往左逐步分析判断进行项目决策。决策树分析的基本步骤如下。

一是画出决策树图形。决策树图形是对某个决策问题的分析和计量过程在图纸上的反映。它主要包括:

(1)决策点。它是对几种可能方案选择的结果,即最后选择的决策方案,一般以方框表示。

(2)方案枝。它是由决策点起自左而右画出的若干条直线。每条直线代表一种备选方案。

(3)机会点。它是画在方案末端的一个圆圈,代表备选方案的经济效果。

(4)概率枝。它是由机会点向右画出的若干条直线,代表各备选方案不同自然状态的概率。

二是预计各种自然状态可能发生的概率和计算期望值。一般通过经验判断与估计来确定各状态可能发生的概率,并以各种自然状态下的收益分别乘以概率之积计算预期收益率。

三是选择最佳方案。其一是分别将各方案期望值总和与投资总额之差标在机会点上方;其二是对各机会点的备选方案进行比较权衡,选择收益最大的方案为最佳方案。为清楚进行决策,人们往往要在舍弃的方案枝上画上"×"号,表示不采用此方案。

(三)决策树分析法的应用

为反映决策树分析法的操作步骤,下面举例说明。

例 4-20：某企业拟开发一种新产品，预计销路的可能性：畅销的概率 P_1 为 0.7，滞销的概率 P_2 为 0.3。可采用的方案：A 方案，建造一个新车间，使用期 10 年；B 方案，对现有设备进行技术改造，既维持原来生产，又组成新产品的生产线，使用期 10 年；C 方案，先按方案 B 进行，如果销路好，三年后进行扩建，扩建项目使用期 7 年。其有关数据如表 4-26 所示。

表 4-26　某新产品方案

方案	投资额		年收益值			
	当前	三年后	前三年		后七年	
			畅销	滞销	畅销	滞销
A	300	0	100	−20	100	−20
B	120	0	30	20	30	20
C	120	180	30	20	98	20

解：

首先要绘制决策树图形，见图 4-1。

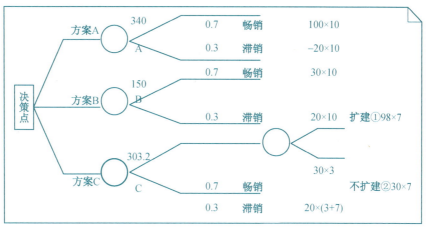

图 4-1　某新产品开发决策树图

然后计算各机会点的期望收益值。机会点期望收益值为该方案全部使用期内的期望收益总值与相应投资总额之差。各机会点的期望收益值计算如下：

$$机会点 A 的期望收益值 = 100 \times 10 \times 0.7 + (-20) \times 10 \times 0.3 - 300$$
$$= 340（万元）$$

$$机会点 B 的期望收益值 = 30 \times 10 \times 0.7 + 20 \times 10 \times 0.3 - 120$$
$$= 150（万元）$$

机会点 C 的期望收益值计算：

点① 期望收益值 = 98×7×1 − 180 = 506(万元)
点② 期望收益值 = 30×7×1 − 0 = 210(万元)

比较点①与点②的期望收益值,剪去点②

机会点 C 的期望收益值 = (30×3 + 98×7)×0.7 + 20×10×0.3 − (120+180)
= 303.2(万元)

因各方案使用期限一致,故可直接比较各方案期望收益值的大小,去掉期望收益值较小的方案 B、方案 C,以期望收益值大的方案 A 为最佳方案。

第四节 项目组合投资决策

前述项目投资决策是就单个项目而言。在现实生活中,人们可能面临多个项目的组合投资。投资者要在投资总额一定的情况下,通过多种项目比较择优与有机结合,实现投资收益与风险的有效组合。

一、项目组合投资决策的标准

所谓项目组合投资是指投资者为提高投资收益、减少投资风险,而将各种性质不同的项目投资有机组合的过程。虽然项目组合中的项目性质多样、项目组合方式众多,但投资者在项目组合投资决策时的出发点不会改变,即追求投资收益最大、投资风险最小。因此,最佳投资组合有如下两个评价标准。

(一) 投资总风险一定时,投资收益最大

就风险型投资者而言,通过投资组合追求投资收益最大,如果此时投资风险水平不变,那就意味着投资收益与投资风险达到最佳状态。这种评价标准的具体意义在于:在选择投资项目时,投资者放弃一个投资项目而选择另一个投资项目,如果在不改变投资风险水平的情况下,这种投资项目的调整不可能再提高投资收益,此时被调整的投资组合达到最佳组合状况。

(二) 投资总收益一定时,投资风险最低

就稳健型投资者而言,通过投资组合使投资总额所面临的投资风险水平最低,如果此时投资总额的收益水平不变,那就意味着投资总额的投资收益与投资风险达到最佳状态。这种评价标准的具体意义在于:在选择投资项目时,投资者放弃一个投资项目而选择另一个投资项目,如果在不改变投资总收益水平的情况下,这种投资项目的调整不可能再降低投资风险,此时被调整的投资组合达到最佳组合状况。

二、项目组合投资决策方法

项目组合投资决策方法根据上述评价标准,大致可分为侧重于投资收益与侧重于投资风险两类方法。侧重于投资风险的决策方法请参阅本书第二章和第九章。以下主要阐述侧重于投资收益的决策方法。

(一) 获利指数法

(1) 获利指数法的含义。所谓获利指数,是指投资项目未来报酬的现值总和与原始投资总额之比。获利指数大于1,说明该项目可行,获利指数越高,说明所选择的投资项目未来收益水平越好;相反,则说明投资收益越差,如果一个项目的获利指数小于1,则说明该项目收不抵支,必须放弃。

获利指数法就是运用获利指数的基本含义,对投资组合内各项目分别进行评估,通过计算加权平均获利指数,确定最佳项目投资组合的方法。

(2) 获利指数法的步骤。运用获利指数法进行项目投资组合决策主要按以下步骤进行:

① 分别测算投资组合中各项目获利指数;计算公式为:

$$K_i = \frac{i \text{ 项目未来投资报酬现值总和}}{i \text{ 项目投资额}} \tag{4-17}$$

② 根据计算结果,舍弃获利指数小于1的项目。

③ 在资源约束条件下,如资本限量无法满足所有项目,此时应在资本限量范围内进行项目组合,并分别计算各种不同组合状况下的加权平均获利指数。即:

$$获利指数加权平均数 \overline{K} = \frac{\sum K_i f_i}{\sum f_i} = \sum K_i d_i \tag{4-18}$$

式中:K_i—— 第 i 个项目投资额;

d_i—— 第 i 个项目投资额占投资总额的比重。

④ 选择加权平均获利指数最大的组合项目为最佳投资项目组合。

例 4-21:某公司投资资本限量为 900 万元,可供投资项目有 5 个,有关资料见表 4-27。试用获利指数法确定其最佳项目组合。

表 4-27 某公司可供投资项目资料

投资项目	原始投资(万元)	获利指数
A	360	1.60
B	240	1.65
C	450	0.97
D	300	1.28
E	600	1.45

解： 根据表 4-27 可知，项目 C 的获利指数小于 1，因而应将此舍弃。

由于该公司资本限量为 900 万元，对投资项目进行组合并计算其加权平均获利指数，得表 4-28。

表 4-28 某公司可供投资项目组合资料

投资项目	原始投资(万元)	加权平均获利指数
A、B、D	900	1.51
A、B	600	1.14
A、D	660	1.34
B、D	540	1.27
B、E	840	1.48
D、E	900	1.40

通过表 4-28 可以发现，该公司采用项目 A、B、C 组合加权平均获利指数最高，应选择该组合为最佳投资组合。

获利指数法考虑了货币时间价值，能够较真实地反映投资项目的盈亏程度，在进行项目投资组合决策中具有简单、易行的特点。

(二) 净现值(率)法

(1) 净现值(率)法的含义。净现值(率)法是利用净现值(率)的基本概念，通过测算不同项目组合条件下的净现值合计数或加权平均的净现值率来选择最佳投资项目组合的方法。其基本原理类似于单个项目投资决策，即净现值合计数越高，说明项目组合的投资收益越好；加权平均的净现值率越高，项目组合投资效果越理想。

(2) 净现值(率)法的步骤。用净现值(率)法对项目组合投资进行决策，其基本步骤如下：

① 根据项目原始投资额以及相关资料计算各项目的净现值或净现值率。

② 接受净现值大于及等于 0 或净现值率大于及等于 1 的项目。

③ 如存在资源约束,即资本限量不能安排所有可接受项目时,则要根据资本限量对可接受项目进行组合。分别计算各种可能项目组合的净现值或加权平均净现值率。

④ 接受净现值(率)最大的投资项目组合为最佳投资项目组合。

例 4-22:某公司投资资本限量为 900 万元,可供投资项目有 5 个,有关资料见表 4-29。试用净现值法确定其最佳项目组合。

表 4-29　某公司可供投资项目资料　　　　　　　　　　　　　单位:万元

投资项目	原始投资	净现值
A	360	216
B	240	156
C	450	−13.5
D	300	84
E	600	270

解:根据表 4-28 可知,项目 C 净现值小于 0,因此不列入投资项目组合。

在该公司投资资本限量在 900 万元条件下,对项目进行组合。资料见表 4-30。

表 4-30　某公司可供投资项目组合资料　　　　　　　　　　　单位:万元

投资项目	原始投资	净现值合计
A、B、D	900	456
A、B	600	372
A、D	660	300
B、D	540	240
B、E	840	426
D、E	900	354

通过表 4-30 可以发现,该公司采用项目 A、B、C 组合净现值合计数为 456 万元,为本例中最高值,应选择该组合为最佳投资组合。

运用净现值率法对项目组合进行投资决策,与净现值法唯一不同的是采用加权平均净现值率最大为决策标准,在此不再举例说明。

案例分析 4-3：博格华纳公司的投资组合分析

博格华纳公司是美国的一家上市公司,所有新投资项目必须符合以下要求才能进行投资,即项目投资获得董事会批准的前提条件为:①净现值(NPV)≥ 0;②投资回报率$\geq$最低回报率15%;③投资回收期符合公司规定。这与其他衡量标准一起有效控制风险。

公司现有五个非互斥的投资项目,有关原始投资、净现值和获利指数的数据如表4-31所示。

表4-31　投资项目相关数据表　　　　　　　　　　　　　　　　单位:万元

项目	原始投资	净现值	获利指数
A	100	50	1.5
B	200	110	1.55
C	50	20	1.4
D	150	80	1.53
E	100	70	1.7

要求:在资本限额分别为250万元、300万元和400万元情况下,选择对公司最有利的投资组合。

解:

首先,应按方案获利指数大小排序,结果见表4-32。

表4-32　投资项目按获利指数排序表　　　　　　　　　　　　　单位:万元

项目	原始投资	净现值	获利指数
E	100	70	1.7
B	200	110	1.55
D	150	80	1.53
A	100	50	1.5
C	50	20	1.4

当资本限额为250万元时,最优投资组合为E+D,净现值为150万元,大于其他可能组合:B+C、D+A、E+A+C。

当资本限额为300万元时,最优投资组合为E+B,净现值为180万元,大于其他可能的组合:E+D+C、B+A、D+A+C。

当资本限额为400万元时,最优投资组合为E+B+A,净现值为230万元,大于其他可能的组合:B+D+C、E+D+A+C。

需要注意的是，上述分析是在多种假设条件下进行的：一是假设各方案都是相互独立的；二是假设各方案的风险程度相同，且资本成本相一致；三是假设资本限量只是单一周期。但通常资本限量要持续若干年，在今后几年中可获得的资本取决于前些年投资的现金流入状况。

内含报酬率与获利指数法一样，都是根据相对比率来评价方案。因此，也可用来排定独立投资方案的优先次序。但内含报酬率与获利指数不一样的是：获利指数法需要有一个贴现率才能计算，贴现率的高低会影响方案的优选次序；计算内含报酬率时不必事先设定贴现率，根据内含报酬率就可以排定独立投资方案的优先次序，只是需要一个切合实际的资本成本或最低报酬率来判断方案是否可行。

复习思考题

1. 什么是确定型决策？其有何特征？
2. 试述静态分析法的主要内容。
3. 试述动态分析法的主要内容。
4. 为什么说在实际投资决策时净现值法与净现值率法同时使用有利于提高投资决策的效果？
5. 试述不确定型决策的主要内容。
6. 什么是风险型决策？其有何特征？
7. 应如何利用概率分析法进行项目方案决策？
8. 试述敏感性分析法的主要步骤。
9. 试述决策树法分析法的主要步骤。
10. 试述项目组合投资决策的评价标准。
11. 试述项目组合投资决策的一般方法。

第五章

企业投资：兼并与收购

> **投资导读**
>
> 企业的兼并和收购这类投资行为最初在美国市场上出现,之后迅速蔓延到其他国家。它可以突破企业积累绝对界限的限制,快速有效实现企业规模扩张,使现存企业重新组合,进行实力更为雄厚的资本投资和扩大再生产。随着企业购并浪潮的不断被掀起,购并和反购并的形式也逐渐多样化。在中国资本市场不断完善的背景下,兼并和收购成为常态,仅2015年上半年,中国购并市场公告交易1 082起,披露购并所涉及交易金额2 424亿美元。通过兼并和收购,企业资产的价值得到重新评估,资源也得到重新配置。

第一节 | 企业购并概述

企业购并是现代经济生活中企业项目投资的一个新内容,是市场经济条件下企业资本经营的重要方面。通过企业购并,企业可以根据自身发展的要求将符合本企业发展条件和目标的企业整体纳入本企业的运行轨道中,从而达到有效配置资源、扩大生产经营规模、增强企业竞争能力、提高企业盈利能力的目的。

一、企业购并的概念

企业购并,是企业之间进行"兼并"和"收购"的简称,是企业兼并与收购行为的总称。企业的购并,本身就是一种投资行为,即进行资本的扩张。从中外大型企业的发展看,任何一个大型企业的发展都是一个资本不断扩张的过程。在激烈的市场竞争中,通过这种购并,资本由分散迅速趋向集中,使大型企业在市场竞争中的地位日益得到巩固。

(一) 企业兼并

根据著名的《大不列颠百科全书》的解释,兼并(merger)是指"两家或更多的企业、公司合并组成一家企业,通常由一家占优势的公司吸收一家或更多的公司"。

兼并是一种经济行为,与企业其他投资行为一样,兼并也有特定的行为目的,即兼并必须给优势企业带来经济收益。兼并后,原有的劣势企业将不复存在。

(二) 企业合并

合并(consolidation),也称为联合,是指两个或两个以上的企业通过法定方式进行重组,重组后原有的企业都不再继续保留其合法地位,而由新组建的公司取而代之。

(三) 企业收购

市场经济条件下,兼并、合并都是与收购联系在一起的。收购(acquisition)是指一家企业在市场上购买另一家企业的股票或资产,以获得对该企业的控制权。

收购可以有两种基本目的:一是企业单纯获取对另一家企业的控制权,此时前者收购的股票或资产则是后者的一部分(并不是百分之百);二是完全收购,百分之百获取收购对象的股票或资产,这种行为与兼并相类似。

二、企业购并的动因

市场经济条件下,企业购并的根本目的是取得市场竞争优势,实现利润最大化。具体讲,其意义主要有以下五个方面。

(一) 获取高额利润

企业经营活动最终目的在于利润,一个企业生产什么、生产多少、怎样生产,都是以能否获取利润为转移的。利润是推动企业改进技术、更新设备、改善劳动组合、提高劳动生产率的主要动力。企业不断进行的积累、日益扩大的生产规模、企业生产力发展和提高的水平等都是由企业能够获取多少利润来决定的。

(1) 获取高额利润是企业购并的主要目标。不管是中小企业还是大型企业,企业经营者都知道,只有保持企业盈利才能有效避免企业生命的终结。在市场经济条件下,企业行为决定于企业的盈利能力和盈利水平,企业盈利水平高盈利能力强,则企业可以有更多的资本积累,可以为企业提供更多的扩张机会;而如果企业盈利水平一般,或者时常出现亏损状况,企业购并能力必然受到严重限制。从这个角度看,企业盈利状况也是企业购并的前提条件之一。企业通过购并可以扩大势力范围,提高市场占有率,加强企业在同行业中的垄断地位或进入一些新行业和新产品的生产,从而为企业获取高额利润。

但是企业经营者必须掌握的一个基本认识是,获取高额利润仅仅是企业购并的主要目标。正确认识这一点,必须注意两个问题:

一是企业购并不能忘记获取高额利润的目的。企业并不是为购并而购并的,有的企业仅仅是为了追求企业规模的增长而进行购并,势必会造成资源的大量浪费。在我国,企业规模扩大,就可能意味着企业领导有更高的行政职务,因而经常出现为购并而购并的现象。另外,企业购并并不是证明经营者经营才能的最好办法。有些企业面临经营危机时,企业经营者的权威通常会受到怀疑,有些经营者仅仅为了证明领导才能而进行购并,其可能出现的严重结果将是把整个企业过早带入衰退。

二是企业购并是实现企业利润的重要手段之一。企业购并可以拓宽企业的经营领域和经营范围,为企业利润增长找到一些新领域和新市场。但并不是只有实现企业购并才能获取高额利润,也不是说,只要规模扩大企业就可以得到高额利润了。

(2) 企业购并并不一定意味着企业利润的增长。尽管购并可以为企业取得高额利润提供一定的条件,但也有许多事实告诉我们,企业购并并不一定能取得理想的利润水平。

企业购并后,规模明显扩大,集中程度进一步提高,从而导致垄断行为增强,直接影响了市场竞争的效果,有可能导致企业效率下降。同时,庞大的企业规模将给企业管理带来一系列难以预料的问题,如企业运转成本将大幅上升、管理效益下降,从而导致企业竞争能力滑坡,直接影响企业盈利能力。

(3) 企业购并行为与企业利润上升之间并没有直接的因果关系。企业购并与企业取得高额利润之间相互关联,但是两者之间并没有直接的因果关系。由于规模经济的作用,企业规模与企业盈利能力之间存在着一定的关系,但这种关系并不一定在每个企业都表现为正相关关系。企业购并后能否取得预期利润的关键在于企业购并是否反映了企业的需要,是否与企业经营管理者的能力相吻合,是否反映了市场经济发展的要求。同样,企业的盈利能力对企业购并也具有很大的影响,如企业现有生产经营活动利润丰厚,此时就可能产生购并欲望;而当从事的产品盈利能力下降时,企业又可能产生转产或进入其他行业的购并欲望。

(二) 追求规模经济

有关规模经济的理论在第三章中已经作了比较详细的分析。总体上说,企业规模大小是与产品成本升降和劳动生产率高低相适应的,一个企业要取得最佳经济效益,就需要有合理的企业规模经济。

企业的合理规模不是一成不变的,随着经济发展、市场变化、技术进步和工艺提高,企业适度规模亦在不断变化。这样,企业要取得最佳经济效益,就必须适应技术变革和市场变化,对企业规模进行调整和重新组合,企业采取购并手段以追求规模经济是近年来企业购并的主要原因之一。要形成规模经济,企业购并的重点主要是同类产品的横向购并,使企业达到一定生产规模,这种规模能够形成最佳效益。

规模经济的形成是同一类型产品在同一地区通过更大规模的企业购并产生规模效益。但是,同一类型产品在不同地区的横向购并组成统一管理下的企业是否会产生规模经济效益,目前还存在着争议。有人认为,不是在同一地区的同一类型产品的横向购并,因为企业本身的规模并没有变化,并不会产生规模经济效益。但也有人认为,不同地区的横向购并,可以进一步加强企业的专业化和协作关系,可以在统一管理下,进行统一经营、统一核算,同样可以产生规模效应。另外有人认为,不同地区的同类产品的横向购并,虽然在生产上不会形成规模经济,而在市场上可能产生有益的市场规模效益。

我们还应该注意到这样一个事实,企业经营收益与企业规模扩大之间并不总是存在正相关关系。相反,有的企业恰恰是因为规模过大,导致了企业出现组织结构僵化、信息反馈迟钝、缺乏新的经济增长点等后果,再加上跨行业经营和企业多角化发展的难度极高,企业过分追求多角化经营,忽视主业发展,不仅不能分散风险,反而给企业带来了更大的经营风险,导致有些购并行为难以达到预期盈利目的,拖累企业整体盈利水平。

因此,企业从规模经济角度寻求企业购并的行为本身也存在着一个度的限制,不考虑企业经营需要和管理能力盲目扩张、盲目并购,也可能导致企业经营恶化。

（三）强化竞争和垄断

企业内部各个生产环节的组合，主要是依据技术和市场等因素的变化，对企业各个生产工序之间的关系及时予以调整，以发挥最佳经济效益。

（1）优化企业组合。由于技术革命的速度迅速加快，产品创新、技术创新不断，企业产品生命周期明显缩短，生产工艺和生产设备面临经常性的调整与改良。各个制造工序在新技术带动下会呈现新的生产工序，需要增加新技术工序才能完成新产品的制造，在完成以新换旧，或者增加新工序的过程中，企业形成最佳组合，产生最优经济效益，这种优化企业组合成为当今企业购并的一个重要动因。

在一个企业里，一个新兴部门的形成、一个新产品的投产，需要多种生产工序的配合，使企业生产程序不断完善，才能达到最佳组合，特别是一些新兴的尖端技术部门，是多学科多门类的综合体，如何使这些多门类的新兴行业在一个企业里进行合理配置，形成较完善的科学体系，就需要不断调整各种新兴行业之间的关系，企业间进行优化组合。

在行业间的技术和产品结构调整，形成了一系列的企业购并活动。随着科学技术进步，企业的生产工艺或某些生产环节会出现新技术，需要以新技术替换旧工艺。

（2）获取竞争优势。企业进行大规模资本积累，把大量利润转化为资本，以提高生产能力、扩大生产规模，在不断增长实力的基础上，加强垄断与竞争能力。否则，企业就不能取得在竞争激烈市场上的优势，就有被竞争对手打败的危险，也就不能保存自己原有的资本。因此，企业购并就成为积累资本、增长实力，加强垄断与竞争的主要手段。通过企业购并，企业才有可能把大量资金、设备、原材料和劳动力等生产要素集中在自己手中，形成实力强大的经济基础，加强企业在市场上的竞争能力。

一些新兴产业，由于它还处于发展时期，有相当数量的从事新产品开发的中小企业，发展势头甚旺，这些中小企业具有强有力的活力，在它们快速发展的同时，积累较多的资本，要求进一步扩大企业规模，扩展势力范围，增加市场份额，加强垄断地位。IT就是这样一个新兴行业，近年来发展很快，许多迅速发展起来的中小企业都试图努力提高市场份额，取得竞争优势地位。

（3）提高企业垄断地位。通过企业购并提高企业不同地区的垄断程度也是市场激烈竞争的必然结果。一个企业在某一地区经营状况良好，不断积累资本，必然要求进一步扩大经营范围。扩大经营范围是加强企业垄断势力的另一个重要手段，任何企业发展到一定阶段，在形成垄断、积累起一定规模的资本后,都希望能进一步扩大势力范围。如果在本部门内难以找到资本再投资的机会时,该企业为了扩展实力,只有把资金投向其他部门或行业,特别是一些与本企业经营部门或行业有着密切相关的部门或行业,以扩大自己的经营范围,来达到加强垄断的目的。

不断强化的企业垄断和日益激烈的竞争压力进一步推动了企业购并;而购并后的企业,又具有了更高的垄断地位和竞争能力,从而又将推动行业垄断进一步向前发展。

(四) 加强专业化与协作

当今全球经济联系日益加强,国内外企业生产分工不断深化,生产专业化与协作关系大大发展,企业通过多种渠道充分利用各个国家或地区的最优条件,达到合理配置,使其成本低、利润高、市场范围大、协作关系广。

(1) 可构建新的企业协作关系。在20世纪80年代之前,企业之间的协作关系是通过相互协议、联合投资等方式进行,目前,这些方式已不能满足日益发展的专业化和协作关系的要求。一般协议存在着市场、价格、规模等变动因素,联合投资又存在投资意向、经营管理和利润分配等矛盾。于是,企业的跨国购并就成为各国企业之间进行专业化和协作的一种更为行之有效的途径,特别是一些专业化程度高的部门,跨国经营活动更为活跃。

随着科学技术进步,部门之间关系发生了很大变化,出现了部门间、行业间和产品间相互渗透,新部门、新行业和新产品正在逐步替代老部门、老行业和老产品;科技的进步,也可以使生产设备改变使用方向进入新的生产领域;许多部门相互结合,可以形成新兴的交叉性部门。所有这些变动,都有助于形成一系列新的专业化和协作关系。

通过企业购并,把不同产品、不同行业、不同地区的企业组成一个相互联系的体系,进行有效的专业化生产运转。先进技术为分散在各个地区各个国家的生产单位和各个生产环节进行专业化和协作提供了可能,通信网络能够及时而准确地对企业各个生产环节和管理环节进行处理和分析,就有可能使企业通过兼并加强企业的专业化和协作。

通过企业购并方式进行的企业扩张行为,可以有效地实现一个企业对另一个企业的购并,可以有效协调企业之间的相互关系,做到相互补充、共同提高,有利于双方共同发展。

(2) 能加强企业专业化生产能力。企业之间存在差异是很正常的,他们具有各自不同的优势和特点。有的企业擅长于产品科研开发,而有的企业却善于市场经营;有的企业具有强有力的资本,而有的企业拥有最新科学技术;有的企业擅长生产经营,而有的企业却善于市场开拓;有的企业长期经营生产制造,也有的企业却一直从事于流通环节的经营;有的企业处于盈利状态,而有的企业却连年亏损。诸如此类差异,都要求企业之间相互协调,有效实行企业的横向购并行为,可以较好地利用各自的优势,彼此补充、取长补短,以达到共同发展的目的。

企业之间关系的协调表现的一个重要方面,是如何协调好生产过程中的各个环节之间的关系。产品生产是各个生产工序和各种生产工艺相互衔接,组成一个有机的整体,在这个整体中,形成一个合理的生产体系,这个体系是随着生产力发展、科学技术进步不断进行变革的。如果某一生产环节在生产中出现技术处于落后状态,或者供求难以平衡的现象,都会影响整个生产体系的正常运转。通过企业购并活动,弥补生产中某些环节的技术缺陷或者供求关系,是协调企业间关系的一个重要动因。

(五) 争夺和掌控先进技术

当今科学技术发展迅速、日新月异,任何一个企业都不可能在科学迅猛发展的今天,掌握和开发所经营部门的所有先进技术,这就需要各企业之间相互协作、彼此沟通,这种协作关系只有在彼此之间可以获得共同利益的基础上才得以实现。

可是,在市场竞争日益激烈的条件下,尖端技术并不是轻而易举能够取得的。一般来说,过去一家企业欲获得另一家企业的先进技术,主要依靠购买技术专利等办法,但这一办法没有充分保证,也不可能获得最新的、尖端的科学技术。于是,企业家们采取了单刀直入的办法,即通过企业购并手段,获得拥有高端技术企业的所有权,从而掌握其先进技术。这是因为高技术产业投资多、风险大,从研究到开发新产品的周期长,企业本身进行新技术研究不是一蹴而就的。因此,目前相当部分的企业都通过企业购并行为来获取新技术。

近年来,现代科学技术的发展速度明显加快,生化技术、生命科学、计算机技术和网络技术等发展尤其快速。因而处在高科技领域内的企业购并能力和购并速度极快。如医药工业,很多药品生产企业运用最新科学技术、生物工程等一系列研究成果,开发了数量可观的新产品,利润颇为丰厚,也吸引了其他部门企业纷纷把资金转向这一发展甚快的部门,特别是一些与医药工业相近的部门,更是近水楼台、捷足先登,主要表现在化学工业企业对医药工业的购并。电子计算机工业由于计算机网络的快速发展和普遍使用,对传统工业产生了巨大的冲击,利用计算机技术改造传统生产工艺已经显得非常重要,从而计算机公司就成为诸多部门的兼并对象。

二、企业购并的成本与风险

与企业所从事的任何经济行为一样,企业购并也要求企业投入大量的资本,也需要企业进行科学的可行性分析和决策。企业购并同样存在着成本和风险,因此企业在选择购并行为时也必须谨慎决策,充分考虑企业购并行为可能面临的成本与风险。

(一) 购并成本

企业购并成本是一个企业在进行购并过程中所涉及的全部费用。主要有以下三种。

(1) 直接成本,是指企业为达到购并目的,由猎人企业所付出的直接费用。在企业兼并和完全收购情况下,直接成本是以猎物企业经资产评估所确定的净资产额为基础的。在部分收购(控股)情况下,直接成本就表现为猎人企业为达到控股目的所占有猎物企业股份的市场价格总额或协议价格总额。

(2) 间接成本,是指猎人企业为购并所承担的猎物企业的债务、人员安置费用等。在我国,间接成本中还包括相当部分的原猎物企业的离退休人员的工资、福利等费用。

(3) 交易成本,是指猎人企业为保证购并顺利所支付给中介机构(如投资银行等)的服务费用、交易过程的税收等。

(二) 购并风险

风险与收益并存,是投资行为的基本特点之一,企业购并也不例外。企业购并中存在的风险主要有以下三种。

(1) 财务风险。财务风险主要表现为猎人企业为购并所发生的融资风险。企业购并需要投入大量的资金,这些资金可以是企业自有资金,也可以是借入资金。

利用借入资金,必须到期还本付息,当然存在融资风险;利用企业自有资本,虽无到期还本付息压力,但由于占用资金数量大,由此将影响企业其他投资安排,形成机会成本。万一项目失败,就会给企业造成难以预料的后果。

(2) 营运风险。由于未来经营环境存在着不确定性,从而导致企业的实际收益水平偏离预期的风险,这种风险就是营运风险。

企业购并后,企业希望收益水平能以更高的速度递增,但许多购并企业并没有出现猎人企业所希望的结局,反而出现了收益水平的下降。其主要原因:一是由于经营者对大企业缺乏管理经验或管理能力;二是由于购并可能导致规模过大而出现新的规模不经济;三是由于市场供求状况发生变化,致使产品销售出现困难等。

(3) 法律风险。为保证市场公平竞争,对企业购并行为存在着法律约束,其中一些法律可能导致企业购并行为中途流产,这种风险就是法律风险。

各国对企业购并行为都有很多法律规定,如《反不正当竞争法》《反垄断法》等。在我国企业收购中,要求收购方持有一家上市公司股票的 5% 时必须进行公告,此后每递增 5% 公告一次,持有 30% 股份仍继续进行收购的,应依法发出全面收购要约。这种规定,大大增加了企业收购成本,导致企业收购行为难以成功。

三、企业购并行为的发展

从 19 世纪末 20 世纪初到现在,全球经济发展史上经历了六次规模巨大的企业购并风潮。其中最为典型的是购并风潮大多发展在美国,下面就以美国为例来分析说明企业购并的历程及主要特征。

(一)第一次企业购并风潮

从多方面考察,第一次购并风潮中出现在 19 世纪末 20 世纪初,其高峰期是 1898—1902 年。

19 世纪末 20 世纪初,西方国家科学技术突飞猛进的发展,蒸汽机和各种机器的发明以及电力技术的广泛使用,促进了生产力发展和生产社会化程度的提高,企业对资本的要求极为强烈,单个资本的积累已无法满足社会化大生产的需要和企业对资本扩张的欲望。正如马克思所说:"假如必须等待积累去使某个资本增长到能够修建铁路的程度,那么恐怕直到今天世界上还没有铁路。"西方主要资本主义国家企业购并就是在这样的时代背景下应运而生。

第一次购并风潮的中心主要发生在以铁路、冶金、石化、机械等行业。在同一行业中许多中小企业通过资本集中组成规模巨大的垄断公司。美国在 1897—1904 年,约有 15% 的企业卷入购并浪潮,并在 1898—1902 年达到高潮。其间,美国被购并企业总数达 2 635 家,其中仅 1899 年一年因购并而消失的企业数就达 1 208 家,是 1896 年的 46 倍。在购并高峰期的 5 年间,购并的资本总额达到 63 亿美元,并形成 100 家大公司控制了全美 40% 的工业资本的局面。在主要工业部门占有国内市场的份额中:石油工业公司为 82%,结构金属公司为 100%,陶器和玻璃工业公司为 100%,石油工业公司 67%,初炼金属工业公司为 79%,造纸工业公司为 50%,烟草工业公司为 100%。在 93 家大公司中控制各行业市场份额 40% 以上的有 72 家,其中有 42 家公司控制了 70% 以上的市场份额。由此产生了一些巨头公司,如美国钢铁公司、国际收割机公司、美国橡胶公司、杜邦公司、美国烟草公司等。

第一次购并风潮的特点是:①以减少同行业间竞争程度为目的的横

向兼并为主;②购并遍及各个行业,也波及金融业,但主要是制造业和加工业;③成功的兼并企业大多数发生在大量生产、大批生产或连续作业并有需要特殊销售服务的工业中,其中食品工业和制造业特别成功;④追求垄断力、规模经济以及企业的利润是其重要的刺激因素;⑤金融业起了重要的中介作用。有25%的兼并活动由银行特别是投资银行完成,约有60%的兼并事件集中在纽约证券交易所进行。

由于这是美国历史上首次购并风潮,所以,购并失败的比率也占相当大的比重。在328起大型购并活动中,146起是成功的,169起是属于不完全成功或完全失败。促进购并成功的客观条件主要在于技术上的领先、经营管理的改善、新产品的开发、科研成果的及时推广应用等。失败的主要原因是企业由小变大但缺乏合格有经验的管理人才、成本过高、企业的灵活性减少等。

(二) 第二次购并风潮

第二次购并风潮出现在20世纪20年代,其中以1929年为高潮。此时资本主义国家经济处于相对稳定增长期,美国1929年的工业生产比1920年提高了39%以上。经济增长的主要原因是当时科学理论上的突破产生了新的工业技术,导致汽车工业、化学工业、电子工业、化纤工业等一系列新兴行业的产生。这些行业的产生促进了社会产业结构的调整,使工业从轻工业为主转向以重工业为主的结构。这些大工业的发展需要大资本补充,要求资本进一步集中,导致了第二次购并风潮的发生。

美国在1919—1930年,有近12 000家涉及公用事业、银行、制造业和采矿业的企业被购并,比第一次风潮中的数量规模高出2倍多。其中,在工业领域共有4 000多家企业发生购并行为,在1929年就发生了1 254起购并案。

这次购并风潮的主要特点是:①以纵向兼并形式为主,即把一个部门内各环节的企业兼并到一起,形成一个统一运行的联合体。20世纪20年代企业购并中85%采用此种方式。②投资银行再次起了主要作用。③购并管理技术和购并形式的改进,大大提高了购并的成功率。

从第二次购并风潮的结果看,它加强了第一次风潮所形成的集中。由于寡头垄断的产生,增加了市场的竞争程度。同时由于购并技术的改进,第二次购并的成功率大大高于第一次。

(三) 第三次购并风潮

第二次世界大战后的20世纪50—60年代,西方各国迎来了相对稳定的经济发展时期,主要发达国家都进行了规模庞大的固定资产投资。随着第三次科技变革的兴起,一系列新兴科学技术,如微电子、新材料、新能源、宇航激光等的应用,推动着生产力迅猛发展。第三次购并风潮就是在这样的经济背景下发生的。

这次购并风潮在规模、时间、速度上均超过前两次。1925—1931 年美国购并公司数平均每年为 845 起,而 1965—1971 年这一数字上升到 1 511 起。在第二次购并风潮的高峰期 1929 年,企业购并数为 1 254 起。第三次风潮的高峰期 1969 年为 2 307 起,平均购并数与高峰购并数均增加了 1 倍左右。

第三次购并的主要特点是部门集中垄断程度进一步扩大。1970 年美国资本 10 亿美元以上的公司占有的总资产占全国制造业资产总额的比重达到 48%,利润额达 53%。烟草、玻璃、轴承、冰箱、蓄电池等行业三家最大公司集中率平均在 50% 以上。

另一个主要特点是以跨行业、跨部门的混合购并为主,企业通过采取多样化战略进入以前所未曾涉足的活动领域。通过采用多样化战略,希望达到避免销售额和利润额的不稳定、技术落后以及与行业相关的其他他风险等,如航天航空业、汽车配件业、铁路设备业、纺织业、烟草等行业,由于容易受市场波动的影响,因而纷纷采取多样化战略进行混合购并,降低和分散风险。

(四) 第四次购并风潮

20 世纪 70 年代中期至 80 年代末,以信息技术为中心的新技术革命首次在美国发生,信息技术的广泛运用对经济产生了重要影响。为适应新的市场竞争和供需情况,围绕掌握先进科学技术,不断向市场提供产品和业务而展开的各类竞争,直接引导了购并的发生。

这次购并风潮主要集中在商业、投资银行业、金融业、保险业、批发业、零售业、广播业和医疗卫生等服务行业。兼并资产达到了空前的规模。1978 年以前,10 亿美元以上的特大型购并极为罕见。自 1979 年起,此类交易开始增多,1984 年达到 18 起,1985 年达到 32 起。1985 年底,通用电气公司以 60 多亿美元买下了美国无线电公司。1986 年 4 月下旬,纽约麦迪逊大街上三家广告商合并,创立了世界上最大的广告公司,资产达 50 亿美元;两星期后,位于同一大街的另外几家广告公司又行合并,成立了比前者规模更大的"萨奇贝茨全球广告公司"。这些大手笔的购并案波澜壮阔,一直持续到 80 年代末。

第四次购并风潮的主要特点是:①购并资产规模空前,单项企业购并规模巨大,10 亿美元以上的企业购并层出不穷。②杠杆收购是这次购并风潮中的主要手段。这种由金融媒介机构支持的购并方式,使购并活动出现了大量"小企业兼并大企业",即所谓的"蛇吞大象"的现象。如 1985 年销售额 3 亿美元、经营超级市场和杂货店的派利特雷·普兰德公司以借债方式,用 17.6 亿美元的价格吞并了年销售额达 24 亿美元、经营药品和化妆品的夫隆公司。通过举债来完成企业购并在 20 世纪 80 年代为许多企业所推崇。据统计，1980年美国杠杆收购交易额为30亿美元，1988年增加到390亿美元。整个80年代以杠杆收购方式购并的公司总价值达2 350亿美元，涉及公司2 800多家。从而使这一时期的企业购并具有新的特色。

（五）第五次购并风潮

进入20世纪90年代，西方又兴起新一轮的购并风潮，其规模之大、速度之快、影响之广泛，在西方发达国家经济发展史上极为罕见。据统计，1997年上半年，在美发生的购并案中，至少有74起价值超过10亿美元。美国企业历史上最大的11宗购并案中有7件是在一年内敲定的。其中SBC电信公司购并太平洋电讯案值167亿美元；富国银行购并第一联美银行案值142亿美元；贝尔大西洋同意与耐合并，案值227亿美元。在数量方面，1994年，美国的购并总额达到3 400亿美元，超过历史最高年份1988年3 358亿美元的水平。1995年美国企业购并价值达到4 500亿美元，1996年则超过了5 000亿美元。

这次购并风潮的发展主要特征如下。

(1) 规模巨大，数量众多，速度加快。进入20世纪90年代，企业购并在规模、数量、速度上再度刷新历史最高纪录，巨额交易占总交易额的比例直线上升。

(2) 强强联手，抢占市场份额，购并面广。强强联合，对手合并，扩大和抢占市场份额这是90年代企业收购的突出特点，且涉及面广。有计算机、电讯、金融、制造、媒体、交通等国民经济众多领域，其中最为瞩目的购并案当属波音公司兼并麦道公司。1996年世界航空制造业排行第一的美国波音公司宣布收购世界排行第三的麦道公司，波音公司完成这项收购共出资133亿美元。这次购并事件完成后，世界航空制造业三足鼎立的局面不复存在，取而代之的是美国波音与欧洲空中客车两霸相争的新格局。波音公司和麦道公司合并之后，由原来60%的市场份额提高到75%，在资源、资金、研究与开发等方面都占有优势，特别是通过合并可以集中科研开发力量，减少重复开支，降低生产成本，加速新产品开发，提高企业的国际竞争实力。

(3) 金融购并风潮再起，超强联合又创景观。在全球市场一体化主流趋势下，无论是资本市场还是商品市场都呈现垄断竞争的特点，且日趋激烈。各国企业（包括金融企业）力图着眼于21世纪更长远的生存和发展，相互合并谋求优势互补已成潮流。为了与日本、欧洲金融企业展开竞争，美国金融业购并风潮也愈演愈烈。

10年期间，美国国民银行共进行了50次左右的购并，在美国银行中排名从第29位上升到第3位，到1994年底已拥有1 200亿美元资产。1995年8月，美国排名第4位的化学银行宣布兼并排名第6位的大通曼哈顿银行，兼并额达 100 亿美元,兼并后总资产达 2 990 亿美元,超过了拥有 2 590 亿美元资产的花旗银行,荣登美国银行首席位置和全球第 4 位。

1998 年美国又掀起了近几十年来最大的金融企业购并事件。花旗银行与旅行者集团联合、国民银行与美洲银行合并、第一银行和芝加哥第一大银行联姻,美国金融企业的证券、银行、保险同业之间通过超强联合,积极抢滩国际金融市场,成为世人关注的焦点。

(4) 跨国购并强势依旧。随着产业资本国际化的深入发展,跨国公司遍布全球,跨国购并也日益高涨。在 1986 年,美国总资产超过 2 000 亿美元的跨国银行只有 4 家。到 1993 年,资产超过 2 000 亿美元的跨国银行已达 26 家,其中总资产额在 4 000 亿美元以上的超级跨国银行达 6 家。1993 年,外国资本对美国 262 亿美元投资中 88% 是采取兼并方式进行的。1995 年上半年跨国购并投资总额达 1 109 亿美元,比上年同期增长 25%。

(六)第六次购并浪潮(2003—2007 年)

第五次购并浪潮因为互联网泡沫的破裂而终止,2000 年 3 月 10 日美国纳斯达克指数到达 5 132.52 的历史高位,之后开始逐步下跌。经过了 3 年的沉寂,并购市场于 2003 年重新趋于活跃,并于 2006 年达到高峰,美国国内并购总金额超过 1 万亿美元。之后在 2007 年全球爆发金融危机后逐步消退,并主要集中在金融、食品、计算机与 IT、电信、交通等产业。

第六次并购浪潮的金额是巨大的,根据全球金融数据供应商 Dealogic 的统计,2005 年全球并购总额达到 2.9 万亿美元,较 2004 年增长 40%,到 2006 年达到创纪录的高峰,全球并购总额达到 3.5 万亿美元。这一态势还在继续,2007 年 1—4 月购并协议总额已达 2 万亿美元,增幅达 60%。

第六次购并浪潮的主要特点如下。

①规模更大,购并估值更客观。②低利率造就现金收购占比提高:2003—2007 年华尔街主要利率为 6.14%,低于 1998—1999 年的 7.84%。因此,在第六次购并浪潮中,用股票作为支付手段的比例显著下降而现金占比翻倍。③敌意并购大幅减少:对于上市公司的控制权争夺,相比之前温和了不少,而且购并发起者的进攻性也减弱了,敌意购并大幅减少。④购并溢价显著下降,说明购并者能从交易中获得更多的潜在利益,同时为股东们创造更多的价值。但反过来,目标企业的股东们收益就下降了。⑤私募基金推动杠杆购并浪潮:第六次购并浪潮期间,私募基金无论从数量上,抑或规模上都呈现出爆炸式增长,推动杠杆购并的重新崛起。

进入 21 世纪,美国企业购并案件不管是在规模、涉及行业等方面都取得了长足的发展。在经济全球化进程加快和信息技术迅速发展的背景下,企业购并除了金额屡创天文数字外,还表现出有别于传统经济时期的许多新特点。

(1) 越是发展迅速的行业,购并的规模和频繁度越高。近年来企业购并大多集中在计算机、通信信息、航空、金融和娱乐等新兴服务行业。美国微波世界通讯兼并斯普林特是世界上首例超过 1 000 亿美元的个案,大大超出过汽车、石油等传统工业兼并金额。其显著的特点是以小吃大,并要与通信业龙头老大美国电报电话公司一争高低;而美国电报、电话公司与英国电讯公司的合并,目的也是要提高两家公司在全球的竞争力。

(2) 购并以获取新市场、新技术和人才为目的。美国长途电话公司兼并无线通信公司,进而再购买有线电视网公司等,目的就是要在新的技术领域内扩大自己的发展。美国北电网络收购海湾网络公司,康柏收购 DEL,思科系统公司尽管购并规模不大,但对其公司发展有着战略性的影响,短短几年中,思科已收购 40 多家公司,收购不但能为公司带来技术,而且还能带来人才,公司的许多经理是随着这些购并进来的,其中包括思科的首席技术官埃斯特林,他是 3COM 公司的创始人之一。而其收购的 Crescend 通讯公司、Granite 系统公司、Ardent 公司、数据网络企业 Cerent 和 Monterey 都属各领域的技术顶尖公司。

(3) 购并着眼于信息革命和开拓网上市场。2000 年初,网络巨头美国在线(America Online, AOL)以换股及债务方式,收购世界最大的媒体公司时代华纳公司(Time Warner Inc., TWX),交易总额达 1 840 亿美元。这宗收购案成为历史上最大的收购案。两公司合并后,成为世界第七大公司,营收额高达 300 亿美元,市值总额高达 2 860 亿美元。新公司冠名以美国在线时代华纳公司(AOL Time Warner Inc)。分析人士表示,适值传统的网络及媒体巨头全面拥抱网络世界之机,该收购案将点亮媒体界,并引发一轮大购并的风潮。根据协议,美国在线股东将拥有新公司 55%的股份,时代华纳股东拥有 45%的股份。时代华纳股东持有的每股股票可换取新公司 1.5 股股票。合并后,时代华纳董事长及执行长李文(Gerald Levin)出任新公司执行长;美国在线董事长凯思(Steve Case)出任董事长。李文称,双方的合并是"天作之合",凯思则表示,此合并会促进"网络世纪"的到来。

(4) 跨国购并成为一种大趋势。全球化趋势日益明显。自 20 世纪 80 年代以来,随着企业规模日益壮大,跨国并购活动逐渐增多起来。特别是到了 20 世纪 90 年代后期,企业并购全球化的特点日益明显,主要以银行、保险金融服务行业和汽车制造行业的企业为主角。

在跨国购并案中,美国企业成为购并的"香饽饽",主要是基于以下若干方面的因素:①在全球商业激烈竞争的大环境中,各国跨国企业为增强自身竞争能力,赢得更大市场份额,纷纷进行结构调整,以求发展。②企业发展战略出现了明显的变化。在全球经济一体化进程不断加快的今天,任何一家公司都没有能力独吞潜力巨大的市场,因此,企业联姻便成为明智的选择。③欧美企业在政治、文化、金融、管理等方面有很多相似之处;美国政府对本国企业的政策性限制比欧洲国家少;美国企业员工对裁员的心理承受能力很强,这是欧美企业能互相兼容的重要因素之一。

(5) 先国内购并,后对外扩张。国内同行业之间企业的合并或兼并,先形成各国的冠军,然后再以向外扩张为目的,但却出现了"敌意"购并现象。

2000年上半年进行的Pfizer(辉瑞制药)购并Warner-Lambert(华纳-兰伯特)一案就是其中的典型。Pfizer公司认为合并后的联合体公司将大大降低运营成本,占领更多的市场份额,使R&D的力量更为强大。具体而言,Pfizer要在将来18个月内减少运营费用16亿美元,三年内共将降低25亿美元。Warner-Lambert公司将裁员10%,总部将从新泽西迁往纽约Pfizer的总部,公司的高级经理人员只留下为数不多的几位。从市场占有方面分析,Warner-Lambert的拳头产品降血压药Lipitor的销量可大大增加,远远超过其他同类产品。另外,Warner-Lambert的另一产品降血压药Accupril与Pfizer的降血压药Norvasc由于两者机理不同,医生可以同时在处方中开出。

合并后,这两种药品的销售取得突破性增长,Pfizer的市场份额将达到10%以上,这是美国任何一家药品生产企业从未达到过的市场占有份额。

(6) 政府在企业兼并过程中的作用增强。在美国,政府放宽了对企业兼并活动"反托拉斯"的法律限制。美联邦贸易委员会一致批准埃克森美孚石油公司兼并一案表明,美国政府开始支持美企业放开手脚到世界各地特别是同欧盟和日本企业竞争。在美国政府政策的影响下,其他各国也纷纷调整其经济政策,推动企业购并行为。在法国,如果没有政府参与,无论是飞亚克集团与费巴集团的合并,还是欧洲最大航空航天集团的重组,都是难以成功的,在法国由于法国各类企业的规模较之美、德、英等国的同类企业相对较小,因而为了避免被吃掉,法国企业不得不未雨绸缪,在政府更为宽松的政策条件下,先行合并以壮大实力。英国政府在鼓励本国企业积极参与国际市场竞争的同时放松了对大型跨国企业的一些干预和限制,从政策上给予其兼并的自主权。

(7) 跨国公司的跨国界经营和购并活动,成为经济全球化的重要特征之一。目前,跨国公司购并涉及几乎所有的重要产业,包括汽车、钢铁、能源、银行、保险、超市、电信、医药、大众传媒等。跨国公司内部的产品调拨和资金流动,在世界贸易和国际资金流动中所占的比重越来越大,而近来的跨国购并则主要是为了增强其在世界市场中的战略地位。由此可见,一个以跨国公司为核心的"国际经济一体化"正在逐步形成,企业购并风潮,对外国直接投资和世界贸易格局产生了深刻的影响,极大地推进了经济全球化的进程,从而形成了全球产业结构的大调整和重组。

(8) 并购日趋盛行"双赢策略模式"。市场经济是靠契约、合同维系的,而契约、合同则是由双方利益纽结在一起的,双方都要守契约、守合同、讲信誉,这利于培养一种健康的商业伦理精神。市场经济是竞争经济,也是合作经济或协作经济。在市场经济条件下企业的运作,是竞争和合作不可分割地联系在一起,特别是在现代经济条件下的企业,只有倡导意合精神,企业才能求得最佳的生存与发展,才能在市场中争取得到最大的份额或利益。当今,为了企业的生存和发展,企业变革的一个重要方面是企业之间改以团结合作、合力创造价值的方法来产生变化,不以吃掉对方、消灭竞争对手为目的;公司开发出新的合作经营方法,协助企业取得前所未有的获利与竞争力,这就是"双赢策略模式"。例如,美国金斯达科技公司以 92 亿美元的代价与电视指南合并,结束了长达 6 年的诉讼纷争,化敌为友,以便在电子商务领域共创未来。

在 2008 年金融危机之后的市场发展中,中国市场的企业兼并也出现了前所未有的浪潮,国有企业和民营企业之间,新兴企业之间,尤其是网络高科技企业的发展与并购出现了快速的发展,极大地推进了新兴产业的发展壮大和我国产业结构的转型与变革。

专栏阅读 5-1:并购史上最大的败局[1]

2000 年 1 月 10 日,互联网新贵美国在线(America Online)宣布以 1 810 亿美元收购老牌传媒帝国时代华纳(Time Warner),成立美国在线—时代华纳公司。这是美国乃至世界历史上最大的一宗并购案,所有形式的媒体都被整合到全球最大的媒体公司之中。当时,无论是媒体业还是网络业都普遍看好这种新旧媒体结合的模式。人们普遍认为,网络公司需要具有吸引力的内容,而传统媒体则需要互联网这个 21 世纪最具潜力的新媒体平台,美国在线和时代华纳的合并代表了传媒业未来的发展方向:渠道服务商和内容供应商的结合方式,意味着传统与现代产业相融合的可能。然而,看似光明的前景却被曲折的合并之路所取代。

据《财富》杂志统计,美国在线和时代华纳在 2001 年正式合并后,新公司在"财富 500 强"的排名中从第 271 位迅速跃升至第 37 位,但美国在线—时代华纳公司在截至 2002 年 3 月 3 日的财政年度里出现了 542.2 亿美元的大幅亏损,创下了美国历史上季度亏损的最高纪录。2002 年,公司名即跌至第 80 位,亏损额高达 987 亿美元,相当于智利与越南的 GDP 之和。在 2000 年 2 月两家公司合并公布

---

[1] 引自黄明:《并购史上最大的败局——美国在线收购时代华纳》,《董事会》,2009 年第 6 期。

前,美国在线的股票价格为每股 73 美元、时代华纳为每股 64 美元。一个月后,时代华纳的股价上升到了 81 美元,美国在线的股价却下降到了 58 美元,此后美国在线的股价就开始出现了持续下跌。2001 年 1 月双方合并结束后,新诞生的美国在线—时代华纳的股价徘徊在 39—45 美元。2002 年 4 月公司公开了 542 亿美元的巨额亏损,股价跌破 20 美元大关。此后,公司股价在各种丑闻的冲击下跌落到 10 美元左右。2003 年 10 月 13 日,美国在线—时代华纳正式发布公告宣布,自 2003 年 10 月 15 日起公司正式更名为时代华纳,从而将美国在线从公司名称彻底去掉。美国在线被看作一个部门,而不是公司首要的一部分。美国在线和时代华纳的"天作之合"不但没有实现业界所期待的"1+1＞2"的双赢局面,反而出现了"1+1＜2"的负面效应,其原因究竟何在?

一、并购失败的外因分析

1. 合并期间的经济环境影响

随着 2000 年纳斯达克股市崩盘和"网络泡沫"的破灭,全球互联网产业进入了严冬,多米诺骨牌效应带动 IT 产业整体下滑,市场一片低迷。根据 Web-mergers 的统计,自 2000 年泡沫破灭至 2002 年,全球至少有 4 854 家互联网公司被并购或者关门。而美国在线和时代华纳的"天作之合"正发生在这一期间。

2. 垄断审查

2000 年 12 月 12 日,联邦贸易委员会主席接见其他互联网供应商和消费者代表。竞争对手称此合并"极其不合理",这将"严重危害宽带互联网市场的竞争"。由于此番合并涉及新老行业前所未有的整合,欧盟和美国联邦贸易委员会的审批程序持续了一年。直到 2001 年 1 月 11 日,美国联邦通讯委员会才终于有条件地通过了合并案,合并条件是美国在线在使用时代华纳光缆时,必须开放它的即时信息服务,并且允许网络用户使用美国在线以外的网络供应商。这很大程度上削弱了时代华纳和美国在线的并购利益。

长达一年的反垄断审查大大延缓了美国在线和时代华纳的购并步伐,使竞争者获得了更宽裕的应对时间,而且,漫长的等待也侵蚀了投资者和公众的高涨情绪。到 2001 年 1 月 12 日美国在线—时代华纳公司正式组建时,最终合并的价值降到了 1 060 亿美元,缩水 750 亿美元。

二、并购失败的内因分析

1. 经营策略和业务模式的调整

合并前,美国在线的主要优势是为早期上网的新手提供简单的上网途径,提供被对手所忽略的服务。20 世纪 90 年代,拨号上网曾给美国在线带来了数百万的用户,并成为美国在线的主要收入来源。然而,美国在线的商业模式很快就受到低成本竞争者的挑战——后来的竞争对手可以抄袭美国在线的技术,提供同类服务,并可以省去技术开发费用而大幅降价,抢占市场。

两公司合并后,美国在线急于用财力和名气在全球开花,摊子铺得太大,步子迈得太急。美国在线还想将网络、电视、电话服务一体化,但结果是投入太多、损失巨大。面对不断变化的市场,美国在线没有相应调整经营策略,忽略了普通用户的需求和利益。

后来居上的网络接入服务企业所提供的低价在线服务,对美国在线的核心业务——拨号上网造成了严重影响,为了保持盈利,美国在线将看家的拨号上网服务月费从21.95美元提高到23.90美元;相反,许多竞争对手把拨号上网的收费水平降至美国在线服务费的一半左右,蚕食了美国在线的市场份额,同时,越来越多的用户舍弃拨号上网而使用速度更快的宽带接入。

美国在线没能适时抓住机会发展宽带技术,本想收购的美国电报电话宽带网被别人抢了头筹,自身推出的DSL高速上网服务比别人慢了半拍,技术和名气也没有过人之处。如此一来,在网络用户增势减缓的情况下,美国在线的部分老用户被宽带网吸引走,部分新客户又被竞争对手抢去,过分依赖的"用户生命线"出现险情。

2. 业务资源整合

美国在线和时代华纳合并时曾为互联网用户描述了一个美妙的前景:电脑、电视、音乐、杂志以及电影等媒体都可以通过网络平台为用户共享。但实际上,合并后的公司在业务方面仍基本上表现为合并前的分割状态,极少有相互渗透的业务。

由于受到网络带宽、传输等技术方面的限制,美国在线即使有了像时代华纳这样强大的内容资源也难以将其转化为高额的收入。时代华纳的内容也没有通过美国在线的网络服务出售给消费者,建立起成功的盈利模式。

集团本来想把跨媒体广告业务当作摇钱树,计划将杂志、书籍、有线服务、动画等传统媒体业务与美国在线网络服务的新经济运营模式很好地结合起来,但后来发现美国在线只是充当了时代华纳的各种产品的在线市场推广机器,在面对外部客户时各媒体各自的广告部门根本不能从大局出发进行合作,只为本部门的利益争斗,效率低下,造成客户在合同到期时不愿意续约,或者大幅削减合同金额。

3. 企业文化冲突

美国在线和时代华纳是跨文化的大型合并,是新旧媒体的联姻。美国在线是新媒体的代表,是一个年轻的互联网公司,其企业文化更注重以用户接入服务为导向,以快速抢占市场为第一目标,特点是操作灵活、决策迅速、善于创新、敢于冒险。而作为传统企业的时代华纳在长期的发展过程中积累了深厚的传统媒体的文化底蕴,有着受人拥护的诚信之道以及准确把握市场需求的能力,善于从经验中吸取教训,不断地推出新产品,其热忱的创新精神使其诚信之道得以延伸。

时代华纳的员工认为网络并不是一个新世界,而只是一个新市场,如果开发得好,可以为现有的媒体业务增加收入。但现实是,美国在线拖累了整个公司的业绩,却仍占据着公司的主导地位,甚至连公司名称上美国在线也放在前面,这让华纳的老员工多少觉得有些心有不甘。而美国在线一方的员工却认为,时代华纳有线电视、电影公司、音乐集团等创造的产品,只是先进的、迅猛发展的网络的"传统饲料"而已。两种冲突的观念以对峙的形式表现为时代华纳的员工看不惯美国在线的同事放荡不羁的IT作风,美国在线的员工也瞧不起时代华纳的同事的刻板保守。就是说,一次大胆的"实验"过后,双方发觉这并不是两种不同颜色的水的混合,而是油和水的混合。换言之,根本就无法混合。两大阵营的对立和控制权的争夺,严重影响了集团内部决策,使得集团难以进行及时有效的经营策略和业务模式的调整、业务整合以及文化融合,这又使业绩进一步恶化,加剧了对立,进一步增加了调整、整合及融合的难度,如此恶性循环。世界上最大的购并案成为世界上最大的购并失败案。

第二节 企业购并方式

伴随着企业购并行为的发展和深化,企业购并的方式也随企业购并实践的加深而不断创新。同时,不断更新的企业购并方式也为新的企业购并提供了更好的途径。由于企业购并总体上可分为企业兼并、企业收购和企业合并等方面,因此企业购并的具体方式也是复杂多样的。

一、企业兼并的主要方式

(一)从行业角度看,兼并可分为横向兼并、纵向兼并和混合兼并

(1)横向兼并,是指同行业内部两个或多个生产或销售相近产品的企业之间进行兼并,是以扩大市场占有水平为目的的兼并。

横向兼并是企业兼并中的常见方式。在同行业内部进行购并,具有兼并条件简单、兼并风险较小、双方容易融通、便于形成产销规模等优点。但横向兼并会导致垄断,遏制市场有效竞争,因此许多国家都采用立法手段在一定程度上限制这类兼并行为。

(2)纵向兼并,是指企业对与自身生产经营活动密切相关的供应企业和销售对象的兼并,是以促进形成"供、产、销"一体化为目的的兼并。如果兼并的对象是原材料供应者,这种兼并可称为向后兼并;如果兼并的对象是产品使用者,这种兼并可称为向前兼并。

(3)混合兼并,是一种例外于横向兼并和纵向兼并的兼并方式。是指对与企业生产经营活动无关的企业进行的兼并。

混合兼并反映了企业经营多元化的需要,与企业多元化经营策略有关。因这种兼并过程中,双方并无密切关系,因而往往不易被人察觉,收购成本相对较低,并能有效回避反垄断法的控制,因而目前这种兼并方式较为流行。

(二)从承担猎物企业债务角度看,可分为购买式兼并、入股式兼并、承担债务式兼并等形式

(1)购买式兼并,即根据兼并前猎物企业资产评估的结果,扣除各种应付款项后资本剩余部分,由猎人企业购买下来,并由猎人企业承担其债权债务。

(2)入股式兼并,即猎物企业的资产负债状况比较简单,经过协商处理,将猎物企业的净资产以股金形式投入猎人企业,猎人企业并不承担其原有债务。

(3) 承担债务式兼并,即对产品有一定市场和前途、拥有一定技术专利,但由于经营管理不善、债务较重的猎物企业,猎人企业以承担债务为条件对其进行的兼并。

(三) 从参与猎物企业管理的层次看,可分为全面管理式兼并和人事管理式兼并

(1) 全面管理式兼并,即兼并后猎人企业对猎物企业进行全面改造与管理,使被兼并企业完全成为兼并企业的一部分。

(2) 人事管理式兼并,即兼并后,由猎人企业派出人员担任被兼并企业的各种主要职务,使被兼并企业服从于兼并企业。

二、企业收购的主要方式

企业收购的方式很多,也可以从不同角度进行分类。

(一) 按企业收购信息公开与否,可分为公开收购和非公开收购

(1) 公开收购,是指猎人企业向猎物企业的股东公开发出收购要约,并承诺以某一特定价格收购一定比例的股份。

公开收购的目的在于取得猎物企业的控制权,是收购者与猎物企业股东之间进行的直接交易。其成败的关键在于收购方是否有足够的资本收购到相当数量的股份以及收购对象的股东是否同意收购方所允诺的条件出售股份。

(2) 非公开收购,是指在公开市场(通常为证券市场)上采用非公开的形式对猎物企业的股票进行收购。

由于一些国家法律要求收购方购买收购对象一定比例股份时必须公告,因此非公开收购的操作在事实就不复存在。

(二) 按企业收购动机,可分为善意收购和敌意收购

(1) 善意收购,也称直接收购或协议收购,是指猎人企业直接向猎物企业提出所有权要求,双方通过一定的途径协商收购条件并达成协议,使猎人企业在协议保障下顺利取得猎物企业的所有权。

善意收购一般是在猎物企业出现一定的财务困难时,并且猎物企业的管理层可能同意收购建议的条件下提出的,因此收购双方较易达成收购协议。

(2) 敌意收购,也称间接收购,是指猎人企业不直接向猎人企业提出购买要求,而是在证券市场上以较高的价格大量收购猎物企业的股份,从而实现控制猎物企业的目的。

敌意收购往往并不是猎物企业所愿意的,因而会遭到猎物企业的抵制,猎物企业往往采取一系列的反收购措施,如呼吁股东保持股份、提高股票价

格等。所以对猎人企业收购行为也是不利的,由于收购成本过高,敌意收购的成功率并不高。

在现实生活中,完全的善意收购或完全的敌意收购都是比较少的,人们通常采用一种介于两者之间的操作方式。

(三)按企业收购的目的不同,可分为参股收购、控股收购和全面收购

(1)参股收购,是指猎人企业只是收购猎物企业的部分股份。在这种情况下,猎人企业通常是以进入猎物企业的董事会为目的的。

(2)控股收购,是指猎人企业为达到控股目的而收购猎物企业达到控股比例的股权。

理论上讲,控股股权的比例应该占普通股的51%以上。但在实际生活中,市场化程度越高,企业普通股股权越分散,因此可以有效控制整个企业的股权比例并没有必要达到51%。

(3)全面收购,是指猎人企业收购猎物企业全部股份,被收购企业成为收购方的全资下属企业。

(四)按企业收购的资金来源,可分为自有资金收购和杠杆收购

(1)自有资金收购,是猎人企业动用自有资金进行企业收购的行为。由于企业收购的对象是企业,涉及资本规模一般较大,所以仅仅依靠自有资金进行收购存在着一定的困难。

(2)杠杆收购,是猎人企业利用银行贷款或金融市场借入的资金进行的收购行为。杠杆收购20世纪60年代出现于美国,到80年代风行于欧美。

利用金融杠杆,猎人企业只需动用少量资金就可以完成收购,因而受到猎人企业的欢迎,实现"小鱼吃大鱼"的目标。一般情况下,猎人企业只需投入收购目标资本总额的10%—15%,绝大部分资金来自贷款。收购完成后,用来自被收购企业运营形成的收益偿还贷款。因此进行杠杆收购,猎人企业往往只关心如何清偿债务和利息以及如何在中短期内获利,至于收购对象如何进一步发展则放在第二位。所以这种收购方式带有相当的投机色彩。

三、企业合并的主要方式

企业合并的两种基本方式:一是吸收合并,二是新设合并。

(1)吸收合并,是指由一家企业接受另一家企业的合并行为。吸收合并使前者得以存续,因而又称存续合并。

吸收合并的性质类似与兼并。

(2)新设合并,是指两家或多家现有企业合并到一起,组建一个新的企业。合并后,原有的企业都将不复存在,因而又称创立合并。

新设合并从本质上讲是几家现有企业的联合。通过这种合并将大大增

强企业的竞争能力,使参与企业共同受益。

专栏阅读 5-2:购并中的"毒丸计划"

一、"毒丸计划"简介

"毒丸计划"是一种反收购的手段。通常情况下表现为目标公司面临收购威胁时,其董事会启动"股东权利计划",通过股本结构重组,降低收购方的持股比例或表决权比例,或增加收购成本以减低公司对收购人的吸引力,达到反收购的效果。

"毒丸计划"是美国著名的购并律师马丁·利普顿(Martin Lipton)1982 年发明的,正式名称为"股权摊薄反收购措施",最初的形式很简单,就是目标公司向普通股股东发行优先股,一旦公司被收购,股东持有的优先股就可以转换为一定数额的收购方股票。

"毒丸计划"于 1985 年在美国特拉华法院被判决合法化。确认"毒丸计划"的实施无须股东直接批准即可实施。"毒丸计划"因此在 20 世纪 80 年代后期在美国被广泛采用。

二、"毒丸计划"产生背景——1980 年席卷美国的公司购并潮

1980 年席卷美国的公司购并潮如图 5-1 所示。

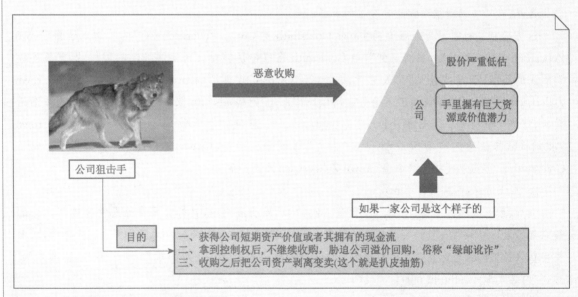

图 5-1 天下熙熙,皆为利来;天下攘攘,皆为利往

三、"毒丸计划"的产生以及分类

"毒丸计划"的产生以及分类如图 5-2 所示。

1. 一代毒丸:外翻式(flip-over)

简介:恶意收购方持股到目标公司一定比例(一般 20%—30%)的时候,与目标公司进行吸收合并的时候除恶意收购方之外的股东可以以折扣价格购买合并后公司的股票,从而起到稀释恶意收购方股权的作用。

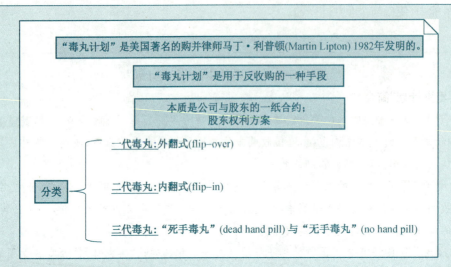

图 5-2 "毒丸计划"的产生以及分类

不足：第一代"外翻式毒丸"存在一些致命的弱点，其关键不足在于只有当收购者意图完全并购目标公司时，"毒性"才会发作。假如收购者仅仅取得目标公司的控制权，却不进一步实施全面并购，"外翻式毒丸"就不能起到稀释收购者股权的效果。

这方面有名的例子是金融大鳄 James Goldsmith 对 Crown Zellerbach 公司的收购。尽管 Crown Zellerbach 拥有典型的"外翻式毒丸"，但 Goldsmith 在取得足够对公司实施控制的股权后，就不再收购剩余的股权，于是，"毒丸"的效力无法外翻到 Goldsmith 自己的公司中。更加不幸的是，Crown Zellerbach 的"毒丸"没有设定回赎条件。所以，当"毒丸"因 Goldsmith 取得超过20%的股份而被激活之后，就将一直存续。其后果是：此后无论什么人——即便是善意收购者——要完全并购 Crown Zellerbach，其自身拥有的股权都会被"毒丸"稀释掉。于是，Crown Zellerbach"毒丸"反倒成了 Goldsmith 防止其他人从他手中将 Crown Zellberbach 夺走的利器。

2. 二代毒丸：内翻式(flip-in)

简介：恶意收购方取得目标公司10%—20%的已发行股票时，目标公司中除恶意收购者之外的股东都可以用半价购买目标公司自己的股票。于是，收购者在目标公司中的股权将被大大稀释，从而失去获取控制权的可能性。因为目标公司股东低价取得的是目标公司的股票，所以第二代"毒丸"被称作"内翻式毒丸"(flip-in pill)。

其特点如下。

(1) "内翻式毒丸"起作用的关键是区别对待收购者与收购者以外的目标公司股东。

(2) "内翻式毒丸"的另一特点是普遍伴有回赎权。目标公司可以灵活的掌控毒丸的毒性，区别对待恶意收购和善意收购。并且在面对恶意收购的时候，可以增强谈判的筹码。

(3) 为增强毒性常伴有其他附属条款等。例如：董事轮换制，建立错层式董事会，保护董事会控制权。

3. 三代毒丸:"死手毒丸"(dead hand pill)与"无手毒丸"(no hand pill)

简介:前者指的是必须由"毒丸"被激活时在职的目标公司董事方才能回赎"毒丸";后者则规定在目标董事会控制权发生变化之后的一段时间(如6个月)内,"毒丸"不能被回赎。

补充:不过,这两种形式的第三代"毒丸"都没有得到特拉华州法院的支持(法院的意见分别见于 Carmody v. Toll Brothers 与 Mentor Graphics v. Quickturn Design Systems 两案的判决)。

小结:真正流行的"毒丸"是第一代和第二代的结合体,既具有"外翻"的效力,又具有"内翻"的效力。

四、"毒丸计划"的意义

"毒丸"究竟给目标公司股东的利益带来怎样的影响?从理论上说有以下两个方面。

一方面,它使得对目标公司的收购变得十分困难,从而可能令目标公司股东丧失获得收购溢价的机会,从这方面看,"毒丸"会损害股东利益。

另一方面,"毒丸"——尤其是"毒性"强却又能被灵活回赎的第二代"毒丸"——赋予目标公司董事会与收购者讨价还价的绝佳筹码,进而能为目标公司股东争取到更为优惠的收购条件,所以,"毒丸"又可能有利于目标公司的股东。

一个有趣的事实是:尽管"毒丸"被广泛使用,却从来没有真正发作过。也就是说,面对"毒丸",有意收购者要么最终放弃了收购意图;要么与目标公司董事会达成协议,由后者将"毒丸"回赎。由此可见,对目标公司的股东而言,"毒丸"的确可能产生正反两方面的作用。

大体而言,"毒丸"不会给目标公司的股东带来过多损害,相反还有可能增加他们的收益。不过,"毒丸"的正面作用取决于目标公司董事会利用"毒丸"这个筹码切实地为股东利益讨价还价,而非专注于保全自己的职位。然而,要激励董事们做到这一点,又极度依赖于适当的法律制度,这种制度既要赋予董事抵御收购的权力,又要限制他们为谋求自身利益而滥用这种权力。

第三节 企业购并决策

企业购并行为作为企业项目投资的重要组成部分,其行为自身也存在着一定的成本和风险。企业(猎人企业)经营者在进行企业购并之前必须对购并对象、购并对象的价值及支付方式等内容进行决策。

一、企业购并对象的选择

确定购并对象是企业购并首先要考虑的问题,也是决定购并成功与否的关键因素。为准确选择购并对象,猎人企业一般都要在财务顾问的指导下进行决策。

(一) 选择购并对象要考虑的因素

(1) 猎人企业的购并动机。选择和确定购并对象首先决定于猎人企业的购并动机。动机不同，所确定的购并对象也就不同。

从扩大市场份额出发进行的购并，猎人企业应选择同行业、并且产品相同的企业。如果猎人企业在本地市场已有保证的情况下，其他地区、国家的同类企业就应成为企业购并目标。

从促进猎人企业增长出发进行的购并，猎人企业应选择经济增长快速的企业(包括同行业和其他行业)为购并目标。

从分散经营风险和业务多元化出发进行的购并，猎人企业应尽量选择与当前企业所涉及的生产经营领域无关的领域内的企业为购并对象。

(2) 猎人企业的财务状况。猎物企业的财务结构以及购并的融资安排是猎人企业选择购并对象时要充分考虑的因素。猎人企业往往是以改善自身的财务状况来选择购并对象的，猎物企业的财务结构是否符合猎人企业的要求，关系到购并后企业能否良好运营。

购并的融资安排是猎人企业要考虑的又一财务因素，特别是在杠杆收购方式下，猎人企业必须虑及自身的财务状况。在市场竞争激烈的情况下，只有当猎物企业拥有较理想的预期收益时，猎人企业才可能通过举债来完成购并交易。

(3) 猎物企业的规模。猎物企业规模的大小也是猎人企业确定购并对象时要考虑的重要因素。如果猎物企业规模过大，必将导致猎人企业在购并时的成本和风险增加，并有可能出现购并失败，形成不良后果。如果猎物企业规模过小，一方面可能导致企业购并的目标难以实现，另一方面也可能造成猎人企业购并成本过高，形成资金浪费。所以一般情况下，猎人企业往往应先确定出一个购并对象规模的上下限，然后才能进一步确定购并对象。

(二) 企业购并可能性分析

企业购并可能性涉及购并对象和猎人企业自身两个方面。

(1) 从购并对象看，影响购并可能性的因素主要有以下四个。

① 企业的股本结构。如果企业股本分散在众多投资者手中，这种企业易被购并；相反，股本相对集中在少数股东手中，企业被购并难度将加大。

② 大股东股权的稳定性。如果企业的大股东本身对企业前景不看好，其被购并的可能性明显增加；相反，如果大股东对企业将来充满信心，股权稳定，就会出现购并困难。

③ 企业规模和发展潜力。如果企业规模小而发展潜力大，很可能成为一些大企业的购并对象；相反，企业规模大而前景暗淡，对其他企业吸引力下降，愿意购并者极少。

④ 上市股票价格。如果企业股价市盈率较低,这种企业极易成为购并对象;反之,市盈率偏高,乐意购并者就会明显减少。

(2) 从猎人企业分析,影响购并可能性的因素主要有以下三个。

① 购并要约价格。要约价格偏低,购并对象不愿接收;要约价格偏高,购并成本过大,猎人企业债务压力过重,这些都不利于进行购并。

② 购并的目的。从参股、控股和全面收购角度看,参股是较容易实现的,而控股和全面收购难度无疑较大。

③ 融资手段。猎人企业融资手段广泛,有利于斥资进行购并;否则将有购并困难。

综上所述,选择购并对象要从双方的具体情况着手,制定具体的购并标准。原则上,购并标准越明确,购并的可操作性越强。

(三) 购并对象特征评估

在确定企业购并对象时,还应对可能的购并对象进行具体的评估和分析。其侧重点在购并对象所在的行业特征及竞争能力。

(1) 对购并对象的特征评估。购并对象的特征主要包括以下几方面内容:近年来的运营状况、目前的股东及股东利益、资产及债务状况、生产技术及专利、市场占有水平、盈利能力、企业历史、主要客户及供应商的情况、企业主要筹资方式等。

购并对象的信息来源主要有:各种经审计过的财务报告、企业内部财务分析报告、主要客户及供应商提供的信息等。除此以外,还要对企业进行实地考察,得到第一手的资料和概念。

(2) 对购并对象所在行业的特征评估。对购并对象所在行业的分析,主要包括的内容有:行业的生命周期(朝阳行业或夕阳行业)、行业的发展前景、经济周期对行业的影响度、产品市场及增长情况、行业内主要生产者及竞争程度、主要厂商的地理分布及市场分割状况等。

行业特征的资料来源有:政府的产业政策、行业发展报告、著名科研机构的报告以及行业、商会提供的报告及资料等。

(3) 购并对象竞争能力评估。对购并对象在行业中的地位分析,主要包括的内容有:产品的市场占有率、产品的技术含量、企业增长策略、营销策略、潜在机会、行业内排名等。

其资料来源主要有:企业所在行业的内部报告及资料、主要咨询机构提供的数据等。

二、企业购并对象价值确定

企业购并对象的价值是购并方发出购并要约的基础,也是被购并方愿意接受购并的前提条件。其价值确定方法主要有以下三种。

(一) 资产基准方法

资产基准方法,是指由公认的资产评估机构对购并对象进行科学的资产评估来确定购并对象价值的方法。

运用资产基准方法时,先对各项资产及负债进行评估,得到其公允价值,然后汇总资产和负债水平,测算购并对象的净资产价值。这就是购并对象的价值。

使用资产基准方法的关键在于资产评估中价格标准的选择,这也决定了资产评估的方法有现行市价法、重置成本法、收益现值法和清算价格法等。在具体运用中,要根据购并对象的状况决定所采用的方法。如购并对象未来收益潜力较大,可选择收益现值法进行评估;如购并对象持续亏损,面临清算压力,则可选择清算价格法进行评估。

(二) 现金流量法

现金流量法,是指对购并对象在将来一定时期内运营现金流出和流入状况进行分析以确定购并对象价值的方法。

运用现金流量法时,首先要科学确定预测期限、贴现率和未来各年度可能的现金流量,然后使用贴现手段测算其现值,汇总得到购并对象的价值。

(三) 市场比较法

市场比较法,是指以证券市场上交易的同类股票作参照,对购并对象进行价值评估的方法。

市场比较法,又可分为可比公司法、可比收购法和可比首次公开招股法三种。可比公司法,是以交易活跃的同类公司股价与财务资料为依据,测算其一定的财务比例,然后用这些比例推算非上市企业的资产价值。可比收购法,是从类似的收购事件中获取有用的财务资料来测算出一些相应的收购价格系数,据此对购并对象的价值进行推算。可比首次公开招股法,是通过收集其他上市公司上市前后的财务数据和上市之初的股价表现,计算出一些系数,然后来测算即将上市的购并对象的股票市价。

市场比较法的关键在于选择恰当的参照企业和测算系数。必要时可采用几个参照企业搜集资料来进行有关测算,防止资产价值确定失误。

三、支付方式的选择

企业购并时,猎人企业可选择的支付工具主要有现金、本公司的普通股、优先股、债务凭证或上述工具的混合形式。采用何种支付工具,关系到购并行为的成败,也关系到购并后猎人企业的生产经营状况和收益状况。

(一) 选择支付工具的原则

(1) 优化猎人企业的资本结构。合理的资本结构关系到猎人企业的运行和收益。如果企业长期债务负担较重,企业应考虑用普通股进行支付;如果企业长期债务负担较轻,企业则可以用债务凭证进行支付。

(2) 购并对象股东的要求。猎物企业的股东愿意以何种方式出让股权或控制权,也是猎人企业选择支付方式时必须考虑的依据。这关系到猎物企业股东大会能否顺利通过购并协议,并影响购并行为的成败与成效。

(3) 猎人企业股东的要求。不同的支付方式将对猎人企业股东的收益水平形成不同的影响。

(4) 国家政策法规的制约。各国法律对资本流动都有一定的规定,猎人企业选择支付手段,不能违反这些法律条款。

(5) 税收优惠。由于不同的支付方式所面临的税负不同,如选择普通股进行支付将比现金支付减少更多的所得税。

(6) 证券市场状况。如果证券市场低迷,猎物企业的股东将更愿意接受现金而非债券或股票;反之,他们将更乐意接受股票或债券。

(二) 主要支付方式

(1) 现金方式。利用现金支付,其突出优点是支付速度快,无交易成本,多用于敌意收购。

利用现金支付,会影响猎人企业的当前资金运用,企业为满足目前生产经营需要还可能采用贷款手段,相应增加了财务费用。另外,现金支付使纳税时间提前,难以获得税收优惠。

(2) 普通股方式。利用普通股支付不需要动用现金,不会影响企业的现金运用,可以减少融资成本;同时收购后猎物企业的股东成为购并后企业的新股东,没有丧失所有权,可以得到猎物企业股东的支持。这种方式多用于善意收购。

利用普通股支付方式也存在缺点,主要表现为耗时耗力。增发普通股要得到证券交易管理当局的批准和猎人企业股东的同意,因而需要有足够的时间进行申请和召开股东大会;股份价格的变动,使猎人企业很难准确确定收购成本及收购收益;增大收购风险,投机者经常利用企业购并进行投机操作。

(3) 优先股方式。优先股支付方式在操作中经常是指利用可转换优先股作为企业购并的支付手段。其优点在于,利用优先股支付,不挤占营运资金,而且优先股转换成普通股的价格往往要高出普通股现时市价,因此是一种成本低、效率高的支付方式。对猎物企业股东而言,优先股具有普通股的大部分特征,又享有固定收益,因此可以得到猎物企业股东的合作。

优先股支付方式具有普通股方式的缺点,又由于收益固定,当购并后企业运营不理想时无疑将增加企业负担。

(4) 债务凭证方式。利用债务凭证方式进行支付,不需要动用现金,不会影响企业目前的生产经营活动。收益固定,对猎物企业股东具有吸引力,可以得到猎物企业股东的合作。

债务凭证方式的缺点主要有:收益固定,当购并后企业运营不理想时无疑将增加企业负担;债务到期必须还本付息,对企业将来运行存在潜在的压力。

(5) 综合证券方式。由于单一支付方式存在不可避免的缺点,综合运用各种方式将能扬长避短。但在使用综合证券方式支付时,必须防范该方式的风险,其风险来源在于各种工具能否合理搭配。只有搭配合理,才能真正扬长避短。

专栏阅读 5-3:腾讯收购 Supercell 的支付方式探讨[1][2]

腾讯是目前中国最大的互联网综合服务提供商之一,2011 年以来,以社交产品起家的腾讯通过游戏这个变现渠道加强自己在产业链上游的实力,收购了《英雄联盟》开发商 Roit,并入股了动视暴雪等。

Supercell 总部位于芬兰,是由 Ilkkapaananen 和其他五位共同创始人共同建立。该公司仅依靠两款手游,从月收入 70 万美元上涨到日收入 250 万美元,打破了手游开发商记录。截至 2016 年 3 月,公司旗下游戏每日活跃用户人数已经突破 1 亿。

腾讯与 Supercell 的结合意味着全球最大手游开发商和最大端游开发商完成合体,由此将带来覆盖全球的游戏平台效果和超大的用户规模。对 Supercell 来说,这将助其实现成为全球最大游戏公司的梦想,此外,腾讯不会干涉后者的运营也是 Supercell 最终接受收购的原因之一。

一、并购具体情况

1. 融资方式

从新投资者手中筹集的现金将成为收购 Supercell 交易的部分现金,这笔交易主要通过银行贷款筹集资金。2016 年 6 月 21 日消息,腾讯发布公告称,经与 Supercell 协商后,收购 Supercell 84.3% 的股权,该交易金额预计为 86 亿美元,成就全球游戏史上最大规模的一笔收购,也是中国互联网史上金额最大的一笔海外并购。

---

[1] 引自龚小云、张树培:《我国企业并购的财务风险管理研究——以腾讯并购 Supercell 为例》,《现代商贸工业》,2017 年第 24 期。

[2] 引自尚嘉佳、王晓云:《企业并购的筹资与支付方式选择研究》,《财会学习》,2016 年第 22 期。

2. 支付方式

其领衔的财团将收购 Supercell 84.3% 股份,作价 86 亿美元,分三期以及现金支付。收购案总对价分三期支付:收购价中约 41 亿美元将由腾讯公司在交割时向卖方支付,约 2 亿美元将在交割三年后支付予卖方;腾讯公司将于延迟收购价发布日时将收购价中余下的大约 43 亿美元支付予卖方。后续潜在共同投资者加入买方财团后,腾讯将透过金融工具保持在财团的 50% 的投票权益。腾讯有足够的首付资金,后续计划发行以 Supercell 资产为担保的债券来帮助筹资。

3. 通过向投资者发行新股融资

腾讯控股为收购游戏开发商 Supercell,10 月 10 日至 12 日与共同投资者订立认购协议,共同投资者将支付 8.5 亿美元现金,公司和共同投资者将分别持有财团 50% 的投票股权。

二、筹资及支付方式方式研究

1. 现金收购是一把双刃剑

不难发现,腾讯此次对芬兰游戏公司 Supercell 高达 86 亿美元的收购,基本是分三期支付于卖方。首先腾讯通过现金收购 Supercell 的估价简单明了,另外分三期支付也减轻了腾讯的资金压力;另外从收购方角度看,以现金作为支付工具的最大优势是速度快,可使有敌意情绪的目标公司措手不及,无法获取得充分的时间实施反并购措施同时也使与收购公司竞购的公司或潜在对手公司因一时难以筹措大量现金而无法与之抗衡,有利于收购交易尽快完成。同时,对于 Supercell 公司而言,现金收购可以将其虚拟资本短时间内转化为现金,Supercell 不必承担证券风险,日后亦不会受到兼并公司发展前景、利息率以及通货膨胀率变化的影响,交割又简单明了,所以常常是目标公司最乐意接受的一种收购支付方式。但是,不可否对于腾讯公司而言,以大量的现金收购 Supercell 公司,现有的腾讯股东权益虽不会因此而被"淡化",但却是一项沉重的即时现金负担。这对腾讯公司本身的发展是一项巨大压力。另外,对于 Supercell 公司的股东而言,现金收购方式使他们无法推迟资本利得的确认,从而提早了纳税时间,不能享受税收上的优惠。

2. 充分利用其他投资者和银行贷款完成资金筹集

本次投资由腾讯参与的买方财团组成,目前,财团由腾讯全资拥有,但引入了"有兴趣参与财团的潜在共同投资者"。腾讯与"有兴趣参与财团的潜在共同投资者"磋商后,"潜在共同投资者"加入了财团后,腾讯透过"金融工具"保持在财团(而非 Supercell)50% 的投票权益。为收购游戏开发商 Supercell 而组建的财团已经通过向投资者发行新股融资 8.5 亿美元。投资者包括中国国有投资公司中航资本、中信资本。收购财团从新投资者手中筹集的现金将成为收购 Supercell 交易的部分现金,这笔交易主要通过银行贷款筹集资金。另外,腾讯寻求获得 35 亿美元贷款来资助收购 Supercell 交易,获得了 12 家至 13 家银行的逾 18 亿美元贷款。通过其他投资者以及银行贷款的帮助,减轻了腾讯公司的资金压力,但是不可否认银行贷款的偿还压力也会随着增长,腾讯成功收购 Supercell 公司的同时也伴随着背负巨大的偿债压力、面对较高的成本一旦产业政策、经济环境、经营环境发生恶化,将会对腾讯产生重大打击。

第四节 企业购并程序

企业购并不仅对猎物企业存在重大影响,也对猎人企业的发展有着重大影响,因此在操作中应当慎重。

一、企业购并前准备工作

(一)确定企业发展策略

要从企业长期发展战略的角度制定企业进一步发展的策略。当企业需要进行资本扩张时,首先就要对扩张途径进行决策,即确定进行何种方式的扩张,是进行新建、扩建、改建,还是进行企业购并,并分别研究其可行性。

(二)选择购并对象

在决定进行购并后,要慎重确定购并条件,包括购并对象所在行业、资产规模、财务状况、技术水平、市场地位等。在符合条件的企业中选择两个或多个企业为拟定购并对象。

(三)搜集购并对象资料

通过各种途径收集有关拟定购并对象的财务和会计资料。其资料来源主要有政府相关部门、大众传媒、信息服务机构以及资信评估机构、证券市场分析报告等。从中掌握有关拟定购并对象的背景、行业特征、财务信息、市场状况、技术及开发能力等基本情况。

(四)进行购并决策

通过对两个或多个拟定对象的财务、会计资料的分析,研究购并的可能性,最终确定企业的购并目标。必要时,购并决策应得到猎人企业股东大会的批准。

二、企业购并一般程序

由于企业购并方式较多,不同的方式下应有不同的操作程序,但他们之间也有相同的地方,其基本程序主要包括以下步骤。

(一)发出要约

除敌意收购外,猎人企业都应在购并开始之初向猎物企业发出购并要约,并提出购并条件、收购价格等。

猎人企业应根据对猎物企业的调查结果,确定合理的购并价格。一般情况下,购并价格以猎物企业上市股票价格为下限,以猎物企业预期收益价值为上限。为了使猎物企业股东能够接受购并,要约价格不宜过低,可以提出一个可变动的价格区间。

(二) 签订购并协议

猎人企业在发出要约后,就应积极与猎物企业的主要股东进行接触,在善意收购等行为中,最终购并价格是由双方共同磋商和谈判来决定的。在这个过程中,双方都应保持一定的灵活性,这样才能有利于达成最后购并协议。

购并协议中,应明确购并的时间表、价格、支付手段及方式、双方在购并期间的权利和责任、对猎物企业历史遗留问题的处理方法等基本内容。为了防止购并失败,购并协议中还包括有一些条款,明确购并失败时财务处理的方法等内容。

(三) 支付价款

猎人企业应按购并协议时间表,用协议所确定的支付方式向猎物企业原股东支付购并价款。

(四) 接收企业

猎物企业按购并协议时间表,按期向猎人企业办理产权转移手续。猎人企业可派遣专人负责接收事项,对产权转移部分进行核实、签收。

(五) 完成交割和实施重组

双方召开特别股东大会,对购并结果进行确认,宣告购并完成。对购并后新组建的企业,还要求组织召开第一次股东大会,选举董事会成员,组建企业领导层,宣告新企业的成立。

三、杠杆收购的程序

在企业购并行为中,杠杆收购是一种比较特殊的形式,成功进行杠杆收购需要猎人企业管理层、投资银行及其他金融机构的紧密配合,其操作程序也与上述一般程序有所区别。

(一) 杠杆收购应具备的基本条件

企业选择杠杆收购方式进行收购,意味着企业购并将不得不面临更高的经营风险和收购失败的风险,因此杠杆收购对猎人企业各方面的要求也是比较高的。

(1) 企业管理层有较高的管理技能。杠杆收购是一个小企业对一个数倍于自身规模的企业的收购,因此猎人企业首先要有良好的管理技能,只有这样猎人企业在完成收购行为后,才能有效地对新企业进行管理和经营,才能实现猎人企业进行杠杆收购的目的。

(2) 企业经营比较稳定。猎人企业目前经营活动是否稳定是实现杠杆收购活动的前提条件。目前经营稳定才能保证企业在完成购并行为后对新企业进行有效经营。

（3）企业负债较少。杠杆收购时，猎人企业由于自身规模限制必须通过大量举债的手段才能获取足够的收购资本。现有企业负债较少，才能提高企业的融资能力和融资规模。

（4）企业资产具有较强的变现能力。资产变现能力是企业抵抗风险的重要保障。进行杠杆收购时，猎人企业无疑将面临巨大的经营风险，如果资产变现能力较弱，企业在杠杆收购中面临的经营风险必然较高，极可能导致杠杆收购行为中途流产。

（5）企业在清偿收购债务期间，无须进行更新改造。企业在杠杆收购中所取得的大量债务必须在完成收购行为后的一个相对较短的时间内进行偿还。此时企业的大量资本必须集中于对所收购的"猎物企业"的生产经营活动中，如果企业还必须进行大规模的更新改造项目，势必造成企业资本短缺，影响企业的生产经营行为。

（6）投资银行及其他金融机构积极参与。金融机构能否有效参与，关系到企业的融资能力，因而直接决定着杠杆收购的成败。因此企业要与这些金融机构保持良好的关系，便于得到金融机构的资金支持。

（二）杠杆收购的程序

（1）选择杠杆收购的对象。猎人企业要在投资银行等金融机构的筹划下，选择确定杠杆收购的对象。由于杠杆收购的目的在于获取投资套现收益，因此杠杆收购的对象往往是那些由于经营管理不善而出现经营困难的并且又具有较好发展前景的企业。

（2）筹集收购资金。猎人企业在确定好猎物企业后，首先集中收购价格10%—15%的自有资本；其次通过投资银行等金融机构获取相当于收购价格50%—70%的贷款；另外还有相当于收购价格20%—40%的资金要在投资银行等金融机构帮助下通过发行高利率债券来取得，这种债券由于利率高、风险大，通常被称为"垃圾债券"。

可以看出，用于杠杆收购的资金结构是一个"倒三角形"，最低层为比重最小的自有资本，中间层为"垃圾债券"，最高层为比重最大的贷款。杠杆收购中猎人企业的债务规模及风险，由此可见一斑。

（3）经营被收购企业。当"猎人"成功捕获"猎物"后，就会按猎人企业原定目标对被收购企业进行整顿、重组和经营。由于猎人企业追求的是"短、平、快"的经济效益，拍卖闲置资产、裁减冗余人员是不可避免的，并将用此收入偿还部分债务。

同时，猎人企业还将派出具有丰富经验的管理人员对被收购企业进行经营管理，经营的核心是迅速提高企业销售收入、净收入，加大企业现金流入,使企业尽快产生效益,从而加速偿还债务的速度,实现股东财富最大化。

(4) 股权投资套现。这是杠杆收购过程的尾声,也是收购企业的撤资环节。投资套现主要有两种途径:一是公开招股上市;二是择机出售企业。

公开招股上市,是每个杠杆收购投资者所追求的。被收购企业经过几年精心经营后,成本降低、利润增加、公司形象改善。通过公开招股上市,收购企业伺机出售股票,可以获得其投资额的数倍甚至数十倍的收益。

择机出售企业,这是杠杆收购投资者撤资的另一重要途径。当股市萧条,上市已不可能或上市收益不理想时,杠杆收购投资者就会选择出售企业的方法。企业出售具有方便、快捷的特点,可以一次性获取投资收益。

专栏阅读 5-4:杠杆并购——以吉利汽车并购沃尔沃为例[1]

杠杆购并在 20 世纪 80 年代风靡欧美,被人们称为神奇的炼金术,备受资本家和投资银行的青睐。杠杆购并是购并方以目标公司的资产作为抵押,向银行或投资者融资借款来对目标公司进行收购,收购成功后再以目标公司未来的收益或是出售资产偿本付息。即杠杆收购是指以企业本身极少的资金作为基础,向外界借贷筹集大量资金,从而对目标企业完成购并。

在一般情况下,购并过程中大部分资金来源于外部,约占 85% 以上,剩下的部分则是企业自有资金,而收购中产生的大量债务,也可以通过被并购企业重组后的现金流以及未来的润来偿还。

2010 年 3 月 28 日 21 时,浙江吉利控股集团有限公司与美国福特汽车公司正式签署了对沃尔沃汽车公司的股权收购协议,进驻汽车行业不过 20 年的中国民营企业吉利以 18 亿美元成功收购了拥有将近 90 年历史的豪华汽车品牌沃尔沃轿车公司 100% 的股权以及相关资产(包括知识产权),这是中国跨国购并历史上重要的里程碑。

沃尔沃成立于 1927 年,是瑞典著名汽车品牌,也是北欧最著名的汽车企业,而且还是瑞典最大的工业企业集团,是全球知名的汽车公司之一,即使在金融危机严重的 2008 年,仍保持了 147 亿美元(约合 1 000 亿元人民币)的销售收入。

浙江吉利控股集团有限公司是中国汽车行业十强中唯一的一家民营企业,成立于 1986 年,主要业务为生产汽车以及汽车的零部件,发展到今天,已经成为中国汽车主要厂商之一。吉利虽然每年都在以较快的速度发展,但却仍与其他世界知名汽车公司差距很大,总资产只有 230 亿元人民币,利润不过十几亿元,吉利并购沃尔沃采用的就是杠杆并购这一特殊的融资方式。

1. 国内银行借款

在 2009 年 9 月 29 日,由吉利出资注册了北京吉利凯盛投资有限公司,该公司就是吉利的一个子公司,后来,通过与国家开发银行以及成都银行的接洽,承诺以沃尔沃的资产以及日后的盈利作为抵押,顺利的融资贷款到了 30 亿元人民币。2009 年 12 月 22 日,吉利出资成立了北京吉利万源投资有

---

[1] 引自李艳玲、张昊:《杠杆并购在企业集团并购中的应用——以吉利并购沃尔沃为例》,《当代经济》,2017 年第 20 期。

限公司,同样的,通过日后的资产以及盈利来许诺成功地找到了又一个第三方投资方——大庆国有资产经营有限公司,融资借贷到另一笔资金。

2. 国外借款和夹层债券

就在不久后,吉利获得了并购中所需的第二笔巨款。由中国银行的伦敦分行牵头,吉利获得了一笔由英国财团提供的将近10亿美元的5年期贷款。也得到了瑞典和比利时当地政府的担保,3年内仅需支付三分之一的利息,三年后看情况再偿还。

在购并期间,吉利旗下的中国香港上市公司吉利汽车还得到了高盛3.3亿美元的支持,这次融资也为吉利成功并购打下了基础。

3. 杠杆效益

通过银行、投资者、高盛等多方面的融资就已经有17.8亿美元。吉利公司的自有资金只有创立两个子公司注资的3 000万元人民币以及后续提供的将近1亿元人民币。自有资金只占到了杠杆并购总资金的1.6%。非但没有达到正常杠杆并购自有资金的10%,还远远低于正常杠杆并购的自有资金。

纵观全局,吉利所投入的自有资金只能用来提供并购后的正常运营资本而已。这样大的融资金额,如果完全由吉利汽车现有资金来完成并购根本就不可能,可是最终通过四两拨千斤的方法,以自身极小的代价,完成了此次杠杆并购的融资部分。

案例阅读 5-1:首钢集团购并通钢始末

首钢集团有限公司(以下简称"首钢集团")与吉林省政府于2010年7月签订战略合作协议暨并购重组通化钢铁集团股份有限公司(以下简称"通钢集团"),交易于2011年10月完成,此次并购重组主要信息如下。

一、购并各方的基本情况

1. 收购方:首钢集团

首钢集团基本信息如表5-1。

表5-1　首钢集团基本信息

公司全称	首钢集团有限公司(即首钢总公司)
法定代表人	靳伟
注册地址	北京市石景山区石景山路
注册资本	287.55亿元
统一社会信用代码	911100001011200015
成立日期	1981年05月13日

首钢集团总部在北京,控股北京首钢股份有限公司(以下简称"首钢股份",股票代码:000959),目前已发展成为以钢铁业为主,兼营矿产资源业、环境产业、静态交通产业、装备制造业、建筑及房地产业、生产性服务业、海外产业等跨行业、跨地区、跨所有制、跨国经营的大型企业集团,全资、控股、参股企业544家,职工9.4万人,总资产列全国钢铁企业第二位,2010年以来连续6年进入世界500强。

根据工商查询,截至目前,首钢集团的股权结构如图5-3所示。

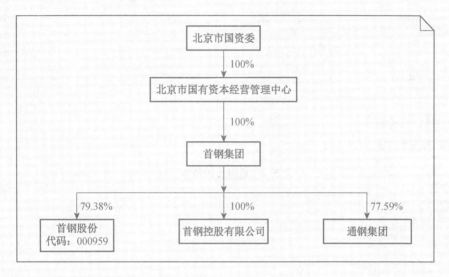

图 5-3 首钢集团的股权结构

2. 首钢股份基本信息

首钢集团控股子公司首钢股份(持股比例79.38%),基本信息如表5-2所示。

表 5-2 首钢股份基本信息

股票简称	首钢股份
股票代码	000959
公司全称	北京首钢股份有限公司
法定代表人	靳伟
注册地址	北京市石景山区石景山路
注册资本	5 289 389 600 元
统一社会信用代码	911100007002343182

首钢股份2014—2016年简要财务信息如表5-3所示。

表 5-3　首钢股份 2014—2016 年简要财务信息　　　　　　　　　单位:元

指标	2016 年	2015 年	2014 年
营业收入	41 850 407 993.16	36 344 215 674.08	51 154 037 507.19
归母净利润	400 963 972.92	−1 132 364 371.17	125 943 199.90
扣非归母净利润	375 841 127.21	−1 157 738 038.08	−147 951 114.91
资产	127 205 940 032.97	122 800 551 150.64	125 808 657 912.58
归母净资产	24 381 433 034.94	23 306 396 501.58	23 548 992 931.05

3. 购并标的:通钢集团

通钢集团基本信息如表 5-4 所示。

表 5-4　通钢集团基本信息

公司全称	通化钢铁集团股份有限公司
法定代表人	王自亭
注册地址	长春市亚泰大街 3218 号
注册资本	181 990.8535 万人民币
统一社会信用代码	912200002452000274
成立日期	1999 年 07 月 06 日
经营范围	黑色金属采矿、选矿(子公司凭资质证书经营);钢铁和铁合金冶炼、压延加工、金属制品、炼焦、冶金设计;与主营有关的原材料采购及产品销售;化工产品、仪表电器、耐火材料、水泥及制品生产、销售;机械加工;运输、汽车修理(由子公司凭资质证书经营);技术咨询;进出口贸易(国家法律、法规禁止品种除外);＊＊＊(依法须经批准的项目,经相关部门批准后方可开展经营活动)

通钢集团是吉林省属最大的工业企业,是省内最大的钢铁联合企业,也是国家振兴东北老工业基地重点支持的企业。通钢集团始建于 1958 年 6 月,2010 年 7 月与首钢联合重组。截至 2015 年底,首钢通钢集团资产总额 369 亿元,钢年产能 520 万吨,职工总数 17 287 人。

根据全国工商信息查询的最新的通钢集团股权结构如表 5-5 所示。

表 5-5 购并完成后通钢集团股权结构

序号	股东姓名	持股数(万股)	占比
1	首钢控股有限责任公司	96 909.89	53.25%
2	首钢集团有限公司	44 291.12	24.34%
3	中国华融资产管理公司	18 806.25	10.33%
4	吉林省国资委	18 199.09	10.00%
5	吉林省国有资产经营管理有限责任公司	3 417.01	1.88%
6	吉林新华能源集团有限责任公司	122.50	0.07%
7	中国矿产有限责任公司	105.00	0.06%
8	广州黄埔区南贸发展有限责任公司	70	0.04%
9	王艳华	70	0.04%
	合计	181 990.86	100.00%

二、首钢集团购并通钢集团的主要过程

1. 并购协议签署

2010年7月16日,吉林省政府与首钢总公司、首钢控股公司战略合作框架协议暨首钢总公司、首钢控股公司重组通钢集团协议签约仪式在长春举行。

本次购并确定,由首钢集团出资25亿元现金受让吉林省国资委持有的通钢集团部分股份以及对通钢集团增资,同时吉林省国资委向首钢总公司划转了部分通钢集团股份。并购完成后,首钢总公司及首钢控股公司将合计持有通钢集团77.59%的股份,华融资产公司持有10.33%,省国资委持有10%,其他小股东持有2.08%。首钢并购通钢集团后,将把通钢的发展规划纳入首钢"十二五"规划,将通钢的生产经营、项目建设等事项纳入首钢的钢铁主流程管理体系,并通过技术改造升级、调整产品结构、延长产业链和多元化经营等措施,争取到"十二五"期末使通钢集团销售收入翻一番,人均销售收入、销售成本、资产利润率、净资产收益率等指标达到首钢平均水平。

此次购并前(2009年11月25日),通钢集团股权结构如表5-6所示。

表 5-6 购并前通钢集团股权结构

序号	股东姓名	持股数(万股)	占比
1	吉林省国资委	62 490.21	46.97%
2	浙江建龙钢铁实业有限公司	48 042.54	36.11%

续 表

序号	股东姓名	持股数(万股)	占比
3	中国华融资产管理公司	18 806.25	14.13%
4	吉林省国有资产经营管理有限责任公司	3 417.01	2.57%
5	吉林新华能源集团有限责任公司	122.50	0.09%
6	中国矿产有限责任公司	105.00	0.08%
7	广州黄埔区南贸发展有限责任公司	70	0.05%
	合计	133 053.51	100.00%

此次购并完成后(2011年10月14日),通钢集团股权结构如表5-5所示。

2. 工业和信息化部批复首钢和通钢兼并重组方案

2012年3月1日,工信部批复同意吉林省工信厅上报的首钢集团和通钢集团兼并重组方案。批复要求加快推进首钢和通钢的实质性重组。重组后的通钢要按照有关要求完善公司法人治理结构,构建现代企业制度。首钢要把通钢纳入集团总体规划,发挥购并重组方各自优势和协同效应,在资源配置、技术开发、市场开拓等方面资源共享、相互依托,做强通化钢铁主业,优化产品结构。按期淘汰现有落后钢铁产能,在不增加产能的前提下,充分利用通钢厂区现有基础,加快推进企业转型升级。

复习思考题

1. 试述企业购并的概念及主要内容。
2. 企业购并的动因何在?
3. 金融业快速发展对企业购并主要有哪些作用?
4. 当代美国企业购并主要有哪些特征?
5. 企业兼并主要有哪些方式?
6. 企业收购主要有哪些方式?
7. 企业合并主要有哪些方式?
8. 选择企业购并对象主要应考虑哪些因素?
9. 确定企业购并对象价值主要有哪些方法?
10. 不同的购并支付方式对企业的影响有何不同?
11. 企业购并的一般程序如何?
12. 什么是杠杆收购?杠杆收购的一般程序如何?
13. 企业实现杠杆收购应具备哪些条件?

第六章

市场体系与风险性投资

投资导读

第二次世界大战以后,国外(主要以美国为代表)逐步形成了较为完备的风险投资体系,而且运作效果良好。这种新兴的投资机制对一国乃至世界经济产生了重大影响,主要表现在以下两个方面:一是促进了科技成果转化为现实生产力;二是以市场需求为导向推动科技进步。这两方面互相促进形成一个良性的循环过程。正是科学发现,企业家才能通过风险投资推动新兴产业的产生与发展,并导致社会变革。本章主要阐述风险投资的内涵、特点与功能、风险投资的活动主体与投资过程。

第一节 风险投资概述

现代意义上的风险投资起源于 20 世纪 20 年代的美国,但其诞生的标志是 1946 年美国研究与发展公司(ARD)的建立,ARD 是一家上市的投资公司。1957 年它对数据设备公司最初的投入不到 7 万美元的资本金,11 年后增值到 5 亿美元。这次成功的投资改写了历史。此后风险投资在美国及世界各地不断涌现,成为推动新兴的高新技术产业发展的一支生力军。近年来,中国风险投资发展迅速,投资总额从 2014 年的 150 亿美元上升至 2015 年的大约 390 亿美元。图 6-1 是中国(包括香港、澳门和台湾地区)风险投资交易数量及价值的发展历程。

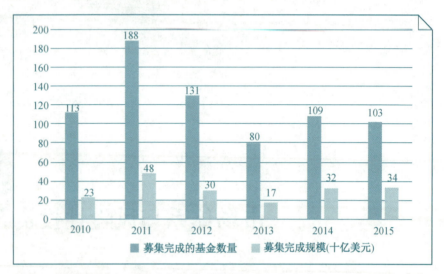

图 6-1　中国私募股权与风险资本基金的年度募集情况(2010—2015)

资料来源:清科数据库。

专栏 6-1:美国风险资本发展历程

第二次世界大战后风险资本的产生源自战争引发的科技创新热潮,当时主要是军事方面的应用,包括微电路方面的早期尝试。美国风险资本发展大体经历了五个阶段。

第一阶段:小企业投资公司诞生阶段。20 世纪 50 年代中期,美国政府要求加速高科技发展,以遏止冷战期苏联正在成长的科技实力威胁。1957 年美联储主导的一项调查报告显示,创业融资的不足是创业企业发展的主要障碍。为了解决这一问题,1958 年,美国颁布了《小企业法》。立法设立了小企业局(SSA),并在小企业局创设了小企业投资公司(SBIC)计划。于是,大量小企业投资公司纷纷成立。不久,商业银行也被允许组建小企业投资公司。

与此同时,大量风险资本公司正在 SBIC 模式以外组建私人合伙企业。这些合伙企业通过提供 SBIC 所不具有的一定程度的弹性优势,增加了风险资本家的"筹码"。不到十年,私人风险资本合伙企业(private venture capital partnerships)的总资本便超过了小企业投资公司。

第二阶段:风险资本成长阶段。20 世纪 60 年代美国经济步入了一个"黄金"增长时期,同时,它也带来了一个巨大的 IPO 牛市,并允许风险资本公司(venture capital firms)上市。例如,1968 年"数字设备"上市时,它提供给 ARD 的年度投资回报为 101%。1959 年数字投资创设公司时的 7 万美元,上市后市值变为3 700万美元。正因如此,风险资本成了美国富有个人和家庭的一个热门市场。然而,它仍被机构投资者认为风险太大。

第三阶段:风险资本市场萎缩阶段。20世纪70年代,风险资本遭遇了双重严厉的打击。一是狂热过后的"理性"。1968年,有超过1 000家风险支持公司IPO(首次公募上市),这是市场疯狂的顶峰,自此,股市进入了一个长达7年的漫漫熊市。这让许多股市投资者和风险资本投资者大失所望。二是1974年,国会通过《雇员退休保障收入法》,严格禁止公司养老金滥用(包括与风险资本有关的滥用),以保护公司退休者。从此,这些养老金的所有高风险投资(high-risk investment)被停止。由于低迷的公开市场和养老金立法,风险资本基金筹资在1975年跌入谷底。这一年整个风险资本行业为新投资而筹资总计仅为1 000万美元。

第四个阶段:风险资本市场复苏阶段。1978年开始,一系列立法与规则变革渐渐改进了风险投资的不景气。首先,国会大幅削减资本利得税率(从49.5%减至28%)。同时,劳工部取消作为风险投资障碍的养老金立法案。政府政策的重大变化消除了风险股权投资的障碍。几乎与此同时,有大量风险支持公司高姿态IPO,这重新点燃了部分富有家庭和机构投资者对风险资本的兴趣。于是,20世纪80年代风险资本行业开始了一个最长周期的增长。1980年,风险公司筹资和投资不足6亿美元。1987年这一数字陡增至40亿美元。这10年也引发了管理层收购(MBO)企业的大批涌现。20世纪80年代末期,一个显著的变化是,风险资本基金的主要来源由富有的个人和家庭明显地转向了捐赠基金、养老金和其他机构基金。例如,1978年,富有的个人和家庭是最大的单独资本来源,它占所有筹资的大约1/3。后来,个人与家庭的这一比例下降至10%,公共养老金与公司养老金已成为到目前为止最重要的资金来源,它占所有承诺资金的大约一半。

第五个阶段:风险资本快速扩张阶段。20世纪90年代是新经济产生与网络时代形成的10年。这10年美国经历了长达100多个月的经济持续增长,风险资本市场在"硅谷"与"NASDAQ"的双重动力推动下,它与高科技产业在90年代末期一并步入了一个极盛时期。Yahoo、SOHU、SINA、ebay、Google等便是这一时期的代表。

然而,从2000年开始,以网络股为龙头的股市大跌,直接引发了网络、生物工程等高科技风险资本泡沫的破灭,直到2003年初,随美国经济和股市的逐渐走好,创业资本行业才逐渐复苏。

一、高新技术产业的投资特征

高新技术是一个相对概念。当一项更完善的技术产生,原有的技术就成了旧技术,而这一新的比原有技术更完善的技术可称为新技术。因此,广义上讲,各产业时时刻刻都在不断地用高新技术更新原有技术,以获取更大的利益。步入新世纪,中国对高新技术产业的投资比重不断上升,高新技术产业投资总额占GDP的比例从2000年的0.893%上升到2015年的2.106%[1]。

---

[1] 数据来源:经合组织(OECD)。

传统概念上的高新技术是以提高制造业的效率为核心。通常,人们运用物理或化学方法来提高资源的利用效率、机械的精密程度、产品的适用性能等。现代意义上的高新技术及其产业是指第二次世界大战以后围绕突飞猛进的计算机科学与生命科学而发展起来的新兴产业。这些新兴的高新技术产业与传统的新技术及制造业存在明显的差异:传统的技术发展主要为制造业服务,而现代的高新技术在为制造业服务的同时,促进并产生了新兴的以服务为主的行业;传统的技术发展是以实物为对象的,而现代的高新技术则基本上是以智能与生命体为对象的研究。可以说,传统的技术发展更多的是革新的成分,而现代高新技术是高度创新的科学与技术的发展。

由于现代高新技术的高度创新性,必然需要高度密集的科学知识为支撑,同时,现代高新技术的高度创新性、知识密集性也充分揭示了现代高新技术发展的高难度性和低成功率。高新技术发展的特性决定了高新技术产业投资具有以下特征。

(一)高风险

高新技术产业投资的高风险主要来自:①技术风险。由于高新技术研发的复杂性,难以把握研发成果商品化过程的成功概率。②市场风险。由于高新技术产品的销售困难或被更完善的高新技术产品替代而导致的风险。这涉及市场认可程度、产品售价以及高新技术发展速度等种种因素。③财务风险。正是由于市场风险与技术风险,高新技术项目投资难以把握其财务预算,同时投资能否回收以及何时回收等存在诸多不确定性。

(二)长期性

高新技术研发到高新技术产品问世再到产品的规模生产,扩大市场占有率。需要相当长的周期。因此,高新技术产业发展需要有长时期的逐步增大的资金支持。

(三)高收益

高新技术产业投资项目一旦成功,其收益是巨大的。前述 ARD 对数据设备公司的投资就是一个成功的范例。表 6-1 展示了高新技术产业投资项目成功的高收益性。

表 6-1 高新技术产业风险投资成功案例

VC	被投资公司	投资时股票价格	上市首日收盘价	增值倍数	投资时间
Kleiner	DNA	0.125 万美元	71.25 美元	572 倍	14 年
IDG	百度	1.23 美元	122.5 美元	100 倍	5 年
中船投资	乐普医药	0.42 元	63.4 元	151 倍	5 年
科技风投	莱美药业	1.35 元	35.8 元	27 倍	2 年

上述特征,决定了高新技术产业不可能像成熟产业一样通过普通融资渠道获得资金支持。高新技术产业发展需要有一大批愿意承担投资的高风险、长期性,以获取投资高收益的风险投资者及风险投资机构的支持。

二、风险投资的内涵及特点

风险投资又称创业投资。广义的风险投资是指对一切开拓性、发展性的经济活动的资金投入。根据欧洲风险投资协会的定义,风险投资是一种专门的投资公司向具有巨大发展潜力的成长型、扩张型或重组型的未上市企业提供资金并辅之以管理参与的投资行为。而狭义的风险投资一般是指对高新技术产业的投资。根据美国全美风险投资协会的定义,风险投资是指由职业金融家对新兴的、迅速发展的、蕴藏着巨大竞争潜力的企业的一种权益性投资。

从投资的范围看,严格意义的风险投资的对象只限于创新项目或创新企业,尤其是高新技术企业。尽管 20 世纪 80 年代以来,激烈的市场竞争迫使风险投资走出传统的投资范围,有向其他领域扩张的趋势,但这并不能改变风险投资以高新技术产业为主体投资对象的性质。

风险投资一般包括三方当事人:风险投资者(风险资本提供者)、风险投资机构(风险投资家)、风险企业(风险企业家)。风险投资机构是风险投资运作流程的中间环节。资金从风险投资者流向风险投资机构,经过风险投资家的筛选决策,再流向风险企业;通过风险企业家的运作,资本得到增殖,再回流至风险投资机构,由其将收益回报风险投资者。也就是说,风险投资构成一个融资、投资与退出在内的资金循环。

风险投资实质上又是资本、技术与管理相结合,将资金投入风险极大的高新技术研究开发和生产经营过程,促使科技成果转化为商品的新型的投资机制;也是高新技术产业化过程中的资金支撑系统。

因此,风险投资机制必须解决:风险投资的资金从何而来,怎样的资金结构与高新技术企业最为匹配;风险投资资金投资给谁,怎样的风险投资组合最为有效;风险资本提供者与需求者之间应如何建立一个中介机构,中介机构如何运作才能降低风险提高收益。正因为如此,风险投资有别于一般金融投资(见表6-2)。

表6-2 风险投资与一般金融投资的比较

	风险投资	一般金融投资
投资对象	用于高新技术创业及其新产品开发,主要以中小型企业为主	用于传统企业扩展传统技术、新产品的开发,主要以大中型企业为主

续表

	风险投资	一般金融投资
投资审查	以技术实现的可能性为审查重点,技术创新与市场前景的研究是关键	以财务分析与物质保证为审查重点,有无偿还能力是关键
投资方式	通常采用股权式投资,失败时无偿还风险,其关心的是企业的发展前景	采用贷款方式,需要按时偿还本息,其关心的是安全性
投资管理	参与企业经营管理与决策,投资管理较严密,是合作开发关系	对企业经营管理有参考咨询作用,一般不介入企业决策系统,是借贷关系
投资回收	风险共担,利润共享,企业若获得巨大发展,进入市场运作,可转让股权,收回投资,再投向新企业	按贷款或合同期限收回本息
投资风险	风险大,投资的大部分企业可能失败,但一旦成功,其收益足以弥补全部损失	风险小,若到期不能收回本金,除追究企业经营者的责任,所欠本息也不能豁免
人员素质	需懂技术、经营管理、金融、市场,有预测风险、处理风险的能力,有较强的承受能力	懂财务管理,不懂技术开发,可行性研究水平较低
市场重点	未来潜在市场,难以预测	现有市场,易于预测

资料来源:綦建红,《现代投资银行论纲》,山东大学出版社,2000。

风险投资在企业发展初期对风险企业尤其是高新技术风险企业提供资本支持,并通过资本经营服务对所投资企业进行培育和辅导,在企业成长到相对成熟后即退出投资,以实现自身资本增殖。与其他投资方式不同,风险投资具有以下五个主要特点。

(1) 投资对象是新建企业尤其是高新技术风险企业,投资领域主要集中于高科技、新产品领域。在美国,有75%的风险资本投入与高新技术相关的企业和项目。

(2) 有明显的运动周期,风险投资总是随一项新产品或者一个新企业的产生和发展而运动,它依次经历投入、回收和撤回三个阶段。风险投资与一般金融投资最大的区别在于,前者只存在于新产品的扩展阶段,其目的在于获取超额利润,而当企业的创业风险不复存在时,风险资本家就撤出投资,寻找新的投资对象。

(3) 风险投资是一种长期性投资,其最终目的是套现。从最初产生设想到最后实现规模生产,达到一定的市场占有率,往往需要5—10年的时间,而正是风险投资的这种长期性加大了投资的风险。当风险企业创业成功,股票上市后,风险资本家便抛出所持有的股份,以实现投资收益。

(4) 风险投资是以融资为首的投资和融资的有机结合。融资中有投资,投资中有融资。没有一定的投资目的或投资方向很难融到资金,很多时候,投资方向的选定是能否融到资金的关键。

(5) 在风险投资过程中,风险投资家积极参与企业管理,辅导企业经营,促进被投资企业的成长,必要时甚至可以建议调换公司的高层管理人员。

三、风险投资的功能

风险投资是随着高新技术产业的不断壮大而产生与发展的。它在现代知识经济社会中具有不可代替的功能,主要表现为以下两个方面。

(一)风险投资逐步替代政府投资

20世纪80年代以来,西方国家的研究开发投资出现了一种新趋势,即政府对R&D的直接投资占GNP的比重逐步降低,而企业对R&D的投资占GNP的比重不断增长。这种趋势反映了两个方面的变化:一方面是经济增长放缓,冷战结束和政府开支缩减直接导致了政府对R&D投入的减少;另一方面是风险投资机制的逐步完善推动了风险投资市场的不断发展,从而增强了对R&D的投资力度。

(二)风险投资是培育高新技术企业的主力

在美国,有90%的高新技术企业是在风险投资的支持下发展起来的,这些企业已经成为20世纪90年代美国经济增长的主要源泉,如英特尔公司、戴尔公司、微软公司等。对高新技术企业投资是长期的高风险投资,要求资本与技术、创业家精神与管理科学相结合,同时其投资回报是在企业股权出售或企业上市以资本增殖的方式来实现。这些特点与传统的银行经营理念相违背。一般来说,银行在风险与收益的平衡中更注重风险的大小,其传统的现金流量的评估方法以企业是否具备还本付息能力作为项目选择的标准,这与风险投资的做法大相径庭。即使高新技术企业的项目开发得到银行贷款的支持,如果项目开发成功,银行除了得到正常的贷款利息外,得不到任何额外的风险收益,全部风险收益均为企业所获;相反,如果项目开发失败,银行则要承担全部贷款风险。这种收益与风险的不对称,必然促使银行尽可能减少对风险企业的贷款,导致高新技术企业的投入不足。

专栏6-2:风险投资与硅谷

说起高新技术和技术创新,人们自然会想起"硅谷",因为当今世界上许多著名的高新技术公司总部都设在硅谷,如世界上最大的互联网设备制造公司之一思科(CISCO)、微电子领域的霸主英特尔(INTEL)等。硅谷作为信息技术革命的产业核心,在科技创新的历史上具有无可争辩的领导地位。

在硅谷成功的因素中,风险投资机制的建立和发展占据了重要地位。风险投资是硅谷科技创新和产业化的前提,正因为硅谷有了世界上最完备的风险投资机制,有上千家风险投资公司和2 000多家中介服务机构,有以斯坦福大学为首的科研院所与充裕的风险资本的结合,才造就了今天硅谷发展的辉煌。

在 20 世纪 70 年代以前，风险投资在硅谷与高科技公司接触很少，更不用说进行风险投资了。而开创这一先河的就是著名的投资银行——摩根士丹利。1980 年摩根士丹利将苹果公司推荐在纳斯达克上市，使最先介入的风险投资获得了巨额投资回报：在最初以 5.75 万美元进行风险投资所获得的苹果公司股票，在不到 3 年的时间里市值达到了 1 400 多万美元，风险投资获得了巨大成功。这一风险投资与高科技公司结合的典范，掀起了风险投资进入硅谷的浪潮，高盛等其他著名的投资银行也接踵而至，纷纷开展了硅谷的风险投资业务。

到了 20 世纪 90 年代，在硅谷进行风险投资的投资银行数量急剧增长，形成了几个投资团体：第一个群体是以摩根士丹利、高盛、美林等为代表的美国本地的大型投资银行；第二个群体是专门从事兼并收购或融资业务的小型投资银行；第三个群体是国外大型跨国投资银行，如德意志摩根建富、瑞士联合银行等。

在硅谷，一方面，风险投资为高新技术融资，使其发展壮大，风险投资也获得了高额回报；另一方面，高新技术公司发展壮大以后，又为投资银行提供更多的业务。硅谷就在这种风险投资和高新技术公司互相需要、相互促进的良性循环中走向巅峰。

三、风险投资在优化资源配置上具有重要作用

在现代经济中，传统的银行在资源配置上存在着一个"逆向选择"的问题，即最需要资金、资金生产率可能最高的项目往往因其高风险而得不到贷款支持，而发展成熟、收入趋于稳定的企业因风险较小而成为追逐的对象。风险投资的运作则与银行完全不同。为了抵消风险投资的高风险和长期的资金占用对投资者的影响，风险投资必须提供比其他投资工具如政府债券或主板市场股票等更高的回报水平，因此，只有最具成长性的项目才可能吸引风险投资。另外，风险投资的目的是取得最大的预期资本增殖，而不是保本付息。在市场经济条件下，对企业价值最大化的追求能带来资源的优化配置。风险投资的特性决定了其将大部分资源配置于科技含量高、成长性强的企业。

第二节 风险投资的活动主体

风险投资是一个三位一体的运作流程。无论是哪个阶段的风险投资，一般都包括三方面当事人，即风险资本的提供者——风险投资者，风险资本的运作者——风险投资机构，风险资本的使用者——风险企业。风险投资机构是风险投资运作流程的中心环节。在风险投资运作实践中，风险资本

的提供者与运作者也可合二为一,即风险投资者不经过中间环节,直接行使风险资本运作者的职能,将资本投入风险企业。风险投资运作流程详见图6-2。

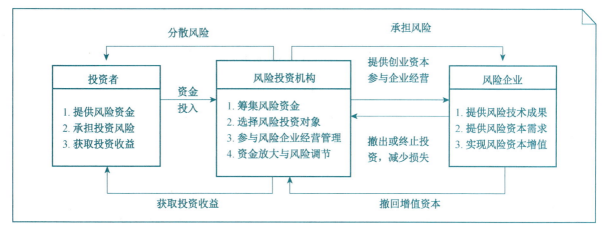

图 6-2　风险投资运作流程

一、风险投资者

对于风险投资的融资而言,最主要的问题就是风险资本的来源问题即由谁来提供风险资本。风险资本提供者的差异相应决定了各国与地区风险投资机构的组织形式与运作效率,最终对风险投资的发展水平产生不同的影响。

(一)风险资本的来源

在风险投资发展的早期阶段,风险资本主要来源于富裕的家庭和个人。随着风险投资的发展,各国与地区政府给予种种政策上的支持,吸引了许多机构投资者的加入。目前,风险资本提供者主要包括以下十种。

(1) 公共与私人的退休基金。

(2) 捐赠基金。

(3) 银行持股公司。

(4) 保险公司。

(5) 投资银行。

(6) 其他非银行金融机构。

(7) 公司。

(8) 个人与家庭。

(9) 外国投资者。

(10) 政府资金。

(二)风险资本来源的差异分析

以美欧为例,分析风险资本来源的差异对风险投资运作的影响。美国的风险资本提供者主要有年金基金、银行、保险公司、大公司、个人、国外资金等。20世纪80年代以前,风险资本的来源比较分散,家庭和个人提供资金所占比例最大。20世纪80年代以后,风险资本的来源结构发生重大变化,有集中于机构投资者的趋势。美国、欧洲、中国风险资本来源比较详见表6-3。2014年中国风险资本来源详见表6-4。

表6-3 美国、欧洲、中国风险资本来源比较

	美国	欧洲	中国
资本充裕程度	充足、集中	充足、多样化	一般
资本主要来源	年金基金+国外基金+银行+大公司	银行+保险公司+年金基金+大公司	非金融类企业+政府+金融机构
最大资本来源的比重	46%	31%	43%
其他重要资金来源	保险公司+个人+天使投资	银行+个人+国外基金	国有独资机构投资+个人
资本结构	优化	优化	一般,国有投资占中心地位

表6-4 2014年中国风险资本来源

资本来源	占比
未上市企业	38.04%
国有独资投资企业	20.49%
个人	14.99%
政府	10.9%
上市公司	4.17%
其他	11.41%
总计	100%

资料来源:清科数据库。

不同类型的风险资本提供者对风险资本的运作有很大的影响。因为风险资本是流动性很低的权益资本,投资期限长和风险大等特点决定了其筹集的资金必须是长期固定的,风险投资者对投资风险应有一定的评价能力。年金基金、人寿保险公司等机构性质决定了资金来源稳定并具有相当的专业素质和研究能力,自然成为风险资本的主要提供者。而商业银行等传统金融机构在兼顾收益性、流动性和安全性的经营原则下,更注重保持资产的流动性,适度回避金融风险,这使得风险投资的期限不得不缩短,并且其经理人员多数来自商业银行,缺少科技背景,阻碍了对高新科技项目创业初期投资机会的挖掘,导致风险投资集中在企业发展后期进入,有违风险投资的初衷——对新兴的有发展前景的中小企业提供资金支持。

因此,可以得出一个基本的结论是,高风险投资的资金应当由愿意并且

能够承担高风险的个人与机构来提供。

二、风险投资机构

在理论上,风险资本的运作者可分为风险投资机构和个体风险投资者;在实践中,风险资本的提供者与运作者也可合二为一,即资本提供者直接行使资本运作者的职能。但是,风险资本运作者作为风险投资运作流程的中间环节的地位不可动摇。随着风险投资的发展,各国给予风险投资的各种政策扶持,促使风险投资机构成为风险投资动作的主体。我国风险资本机构发展迅速,2014年我国风险投资各类机构已经达到1 551家,比2011年增长了10.16%,其中风险投资企业就有1 167家,风险投资管理企业384家,当年募集资金216家,资本总量已经达到5 232.4亿元,增幅为32.7%。

(一) 风险投资机构的类型

概括世界各国风险投资机构的组织形式大致可以分为以下三类:公司制、子公司型及有限合伙制。

(1) 公司制。这是指风险投资机构以股份公司或有限责任公司的形式设立。这是最早出现的风险投资的组织形式。按照《公司法》设立的风险投资机构,在架构上与普通公司一样,都设有股东大会、董事会、监事会和由董事会决定的经理人,经理人员实施风险投资管理。风险资本提供者投入资金成为公司股东,只承担有限责任,享有股东权益,可以采用诸如"用手投票"和"用脚投票"的方式对经理人员进行监督与控制。由于公司一般不会轻易解散,因而会增加潜在风险投资者对其的信心,所以在风险投资发展的早期阶段和当今的发展中国家,公司制的风险投资机构成为最主要的组织形式。但是,在风险投资这一特殊行业,公司制采用的激励与运作机制存在着较大的缺陷。在公司制的风险投资机构中,经理人员的报酬明显不如有限合伙制中的普通合伙人,各国对公司经理人员股票期权问题都作了慎重规定,即使公司的经理人员能够享受到公司的年终分红,其分成水平也较低,这样业绩报酬不对称难以起到激励作用。在风险投资市场上,风险资本提供者与使用者之间存在信息不对称,往往导致直接投资效率低下,因而产生对中介——风险投资机构的需求。但在公司制中,大股东与董事在决策上有更多的主动权,经理人员的作用难以充分发挥,往往影响投资效率。20世纪80年代以后,随着公共退休基金、私人退休基金等机构投资者的介入,这种组织形式风险投资机构的数量很快减少。

在美国还有一种公司制风险投资机构即中小企业投资公司。1958年,美国国会通过中小企业法案,授权中小企业管理局(SBC)制定和实施中小企业投资公司计划,其目的在于通过设立政府风险基金,引导和带动民间资金进入风险资本市场,支持风险企业的创立和成长,以促进高新技术产业的发展。这种政府提供优惠贷款支持的做法不符合风险投资的特点和市场运行的规律。例如风险投资的风险大、周期长,中小企业投资公司取得低息贷款后,因为有按期还款的压力,加之管理者的急功近利,款项并非用于创业而以高利率转借其他工商企业。更严重的是这些中小企业投资公司由于政府的大力支持而缺乏有效的激励机制,难以培养和吸引高素质的投资管理者,因管理不善而造成亏损。到 1989 年这类公司管理的风险资本只占全美风险资本的 1%。可以说按"政府意志"创建的风险投资体系遭到了彻底的失败。

(2) 子公司型。这是指大公司、大财团以独立实体、分支机构或部门的形式设立的风险投资机构。20 世纪 60 年代中后期,一些大公司、大财团通过设立子公司型的风险投资机构,逐步进入了风险投资市场,这些实力雄厚的大公司逐渐成为风险投资的资金来源的主力之一。

实体公司下属的风险投资机构代表母公司的利益进行投资,其投资的重点为:一是产品有望进入母公司目标市场领域的企业;二是拥有或正在研发母公司所需技术的企业。这类风险投资机构的资金和经理人员一般来自母公司,投资项目的成功与否与经理人员报酬关联度有限,而其运作上往往受到母公司的严格控制。实践表明,随着风险投资市场的发展与成熟,投资项目的种类与数量越来越多,有限合伙制风险投资机构更显其旺盛的生命力。因此,实体公司下属的风险投资机构的市场份额呈下降趋势。

金融机构下属的风险投资机构代表外界投资者或母公司的客户进行投资。这类风险投资机构的经理人员往往来自金融机构,商业银行作为金融机构的主体,其安全性、流动性与收益性三位一体的稳健动作理念必然影响投资决策。这类风险投资机构通常将投资切入点放在企业发展后期,以扩展期尤以成熟期为主。

(3) 有限合伙制。在风险投资较为发达的国家与地区,有限合伙制的风险投资机构较为普遍。这类风险投资机构虽被称为公司,但其实质是合伙企业。由于风险投资的高风险性与长期性,风险资本提供者多为机构投资者且数量少。因此,由风险投资公司或基金管理公司作为发起人,采用私募方式筹集资金,设立风险投资基金。该基金不是独立法人,而是有限合伙的形式。其合伙人又分为有限合伙人和普通合伙人两种:有限合伙人对公司负有限责任,是风险企业的真正投资者,出资比率约占 99%;普通合伙人对公司承担无限责任,一般是具有丰富的专业或科技经验知识的经理人员,主要以人力资本为投入,通常只占 1%。普通合伙人的年管理费约占风险投资总额的 1%—3%,作为对管理的回报,他们还能够得到资本增殖 20%

左右的附带权益。这种有限责任与无限责任相结合的组织形式,一方面可以吸引更多的可以作为有限合伙人的风险投资者,以筹集更多的风险资本;另一方面解决了风险投资机构的内部激励问题,也符合风险企业必须进行专业化管理的要求。到 1995 年,美国有限合伙公司参与的风险投资约为 1 432 亿美元,所占的市场份额达 81.2%。它是美国风险投资的主要形式。

(二) 风险投资机构类型的差异分析

(1) 有限合伙制与公司制的差异分析。我们将从六个方面对两者之间的差异进行分析。

① 法律架构。有限合伙制风险投资机构在法律上的最大特点是其不以公司的名义注册,因而不存在公司税。其税收是在各个合伙人的收入实现后上缴的所得税,避免了重复纳税的问题。而公司制风险投资机构作为独立实体要缴纳所得税,然后才能进行利润分配。

② 生命周期。有限合伙制风险投资机构普遍的生命周期为 10 年,但在征得合伙人同意后可以延长 1—3 年。在生命周期结束后,所有的股票与现金分配完毕,对账户进行彻底清算。而公司制风险投资机构除非被兼并收购或破产,其一般可以长期存续。

③ 注资时间。有限合伙制风险投资机构中的有限合伙人的资金支付一般可分期进行,通常合同规定有限合伙人在合同签字后立即投入其承诺资金的 25%—35%,然后在规定的时间按规定的比例投入。而公司制风险投资机构由于采用公司组织形式,其资本金必须一次到位。

④ 报酬激励。有限合伙制风险投资机构的普通合伙人的投入通常为基金资本的 1%,其报酬由管理费用和利润分成两部分组成;基金的生命周期内每年的管理费用一般为承诺资本的 1%—3%;利润分成部分通常占基金总利润的 20%。而公司制风险投资机构对基金经理人员的激励乏力。美国《1940 年投资公司法案》规定,公开交易的投资公司经理不得接受股票期权或其他以业绩为基础的报酬。

⑤ 承担责任。有限合伙制风险投资机构所获得的投资收益一般立即分配给有限合伙人,收益分配的形式可以是现金也可以是股票;普通合伙人的利润分成要到有限合伙人收回其全部投资后方可提取。而公司制风险投资机构所获得的投资收益既可按投资的比例向股东分配,也可作为积累留在公司。

⑥ 基金性质。有限合伙制风险投资机构属于私募基金的性质,无须定期公告业绩,动作较为自由。而公司制风险投资机构属于公募基金,并且大多数公开上市,其动作要求有很高的透明度,这与风险投资的高风险特征存在冲突。

(2) 有限合伙制与子公司型的差异分析。我们将从三个方面对两者间的差异进行分析。

① 资金来源。有限合伙制风险投资机构的资金主要来自其出资者即有限合伙人,通常包括公司退休基金、私人退休基金等机构投资者以及个人投资者。而子公司风险投资机构的资金主要来源于其母公司。

② 投资策略。有限合伙风险投资机构独立其出资者,对投资对象的选择完全取决于普通合伙人的经验与评价。而子公司型的风险投资机构的投资策略通常由母公司的发展战略所决定。

③ 报酬激励。有限合伙制风险投资机构的普通合伙人只有在其投资的风险企业项目获得成功时才能取得收益,但投资项目一旦取得成功,其收益水平相当高。而子公司型的风险投资机构的经理人员一般为母公司的雇员,投资项目的成功与否对其的报酬影响极为有限,他们一般以工资的形式取得收入。

三、风险企业

风险企业是风险投资的对象。从内涵上看,风险企业大多数为具有创新性和良好市场发展潜力的中小企业;而在实际操作中美在风险企业范畴的外延上有所差别。从美国在风险资本投资的产业分布比较可以看出(见表6-5),美国主要集中于软件、媒体娱乐、生物技术等高新技术产业领域,因此其风险企业的外延主要指中小高新技术企业。而中国对高新技术产业的风险投资比例明显偏低,一般加工业和通信设备行业的比例相当高。

表6-5 中美风险资本投资行业   单位:亿美元

投资行业	中国		美国	
	投资金额	投资项目	投资金额	投资项目
软件	7.37	9.39	46.87	41.05
生物技术	3.68	4.11	13.60	10.75
工业/能源	6.66	10.09	5.41	5.66
医疗设备	—	5.67	0.81	7.22
IT服务	3.00	5.67	7.42	7.52
媒体娱乐业	5.44	3.81	13.34	10.96
消费产品与服务	1.57	2.55	5.0	4.49
半导体	1.35	1.77	1.73	2.11
通信设备	13.76	8.31	0.74	1.01
电子/仪器	1.89	2.86	1.61	1.22
零售	3.82	1.9	1.75	1.42

续 表

投资行业	中国		美国	
	投资金额	投资项目	投资金额	投资项目
金融服务	2.86	3.59	2.51	1.47
网络与设备	4.02	8.87	1.09	0.6
电脑与外设	4.15	1.69	3.32	1.44
健康护理服务	—	—	0.81	1.12
商业产品与服务	—	—	0.85	1.22
其他	—	—	5.44	0.73

资料来源:《中国创业投资风险发展报告 2015》。

作为风险投资的对象,风险企业发展的不同阶段相应地对风险资本有不同的融资需求。根据风险资本在企业不同发展阶段投资的特性,可将风险投资分为前期融资投资、后期融资投资和投资转型资本。

(一) 前期融资投资

前期融资投资包括创业资本、开业资本和早期发展资本三种形式。这三种形态风险资本的共同特征是投资期限长、风险高,尤以创业资本为甚。

(1) 创业资本。研发阶段是指产品或技术的酝酿与发明阶段。这一阶段的风险企业尚未成型,可能还只是一种创意、专利或一项新技术、新发明,资金需求量很少,投资期限最长,风险最大。这一阶段风险投资机构投入的资本称为创业资本。

创业资本主要用于帮助风险企业家研究其创意、进行市场调研、编制创业计划、组建管理团队等。对于风险企业家而言,接受创业资本将付出极大的代价,意味着要失去相当一部分企业的股权,但他得到不仅仅是创业资本的支持,通常还包括未成型企业特别需要的实践经验的指导。对于风险投资家而言,投入创业资本将要承担长时期的高风险,因此必须拥有较多的企业股权,才能确保在企业成功后获取对应的高额回报。

(2) 开业资本。创建阶段是指技术初步完善和产品试销阶段。这一阶段风险企业在新发明新技术基础上开始了初步运行:一方面要进一步解决创意或发明的产品化,排除技术障碍;另一方面需要制造少量产品进行试销,反馈市场信息。这一阶段风险企业的资金需求(相对上一阶段)明显增加,但投资期限长,风险大的特征仍然存在。这一阶段风险投资投入资本称为开业资本。

开业资本的资金需求量较大,其资金来源主要是原有风险投资机构的第二轮资金投入,如果这一渠道无法完全满足需要,也可从其他风险投资机构获得资金支持。风险企业家为获得新一轮长期资本支持的代价是进一步出售企业的股权。风险投资机构在拥有风险企业股权比重提高的情况下，对风险投资家提出了管理素质的要求，即在这一阶段中风险投资家需要直接或间接地介入风险企业的管理。

(3) 早期发展资本。早期发展阶段是指风险企业开始正式生产，初步形成规模阶段。这一阶段风险企业在市场开拓方面已有进展，但一般还没有盈利。为了塑造产品的品牌，提高公司的知名度，确立在行业中的先导及主导地位，风险企业需要第三轮投资。这一阶段风险投资机构投入的资金称为早期发展资本。

早期发展资本的介入往往会引起风险企业资本结构多元趋势。就风险企业家而言，不希望原有风险投资机构拥有股权比例的进一步提高，并且担心原有风险投资机构一旦对其失去信心会影响企业发展，因而要求扩大股东数目分散股权，并希望通过吸收新投资者能带来其所需技术或市场份额。就原有风险投资机构而言，则可能担心对单一风险企业投资过多，承担的风险过大，影响其投资组合多元化以分散风险的投资宗旨；或者风险企业要求第三轮资本投入量超过了其投资能力，也会同意吸收新投资者。但是，原有风险投资机构仍把握有是否投入早期发展资本的主动权。

(二) 后期融资投资

后期融资投资主要包括扩展资本与过渡性资本。相对早期融资投资而言，该阶段投资的周期较短，风险较低。

(1) 扩展资本。扩展阶段是指风险企业技术完善与生产扩展阶段。在这一阶段，风险企业一方面要扩大生产规模；另一方面要开拓市场，提高销售能力，以尽快达到最低经济规模或实现规模经济效应。这一阶段风险投资机构投入的资金称为扩展资本。这一阶段风险企业资金来源已不仅是原有风险投资的增资和新的风险投资机构的投入，企业产品销售开始回笼资金，银行等其他金融机构的稳健资金也会择机进入。

处于这一阶段的风险企业的管理与动作基本成型，已具有较为成功的业绩，投资风险明显降低。更为吸引风险投资家的是，风险企业在较短的时期内便可迅速成长壮大走向成熟，并接近公开上市的最低标准。风险投资机构投入的扩展资本，将会帮助风险企业完成公开上市的飞跃。因此，扩展资本投资具有周期较短、流动性较强、风险较低的特征。

(2) 过渡性资本。风险投资的过渡性阶段也是风险企业的成熟阶段，是指企业技术成熟和产品进入大工业生产阶段。在这一阶段风险企业产品销售已能产生相当的现金流入，因为技术成熟与市场稳定，风险企业已有足够的资信去吸引稳健型金融机构的投入或利用债券、股票等金融工具融资。虽然这一阶段风险企业的资金需求量很大，但风险投资机构已很少增加投资。这一阶段一般是风险投资企业的收获季节即风险投资的退出阶段。

如果风险企业需要进一步改善资产负债结构，或吸引著名风险投资机构进入以提高企业形象，增强公开上市的能力，也会接受风险投资机构的资本投入。在风险企业走向公开上市的最后阶段的投入资本，也被称为过渡性资本。过渡性资本的周期短、流动性强、风险小的特征也就更为显著。

（三）投资转型资本

风险投资机构主要培育创新型企业，必要时也为处于破产边缘或资金周转失灵的成熟型企业提供资金，在使其重获新生后退出。投资转型资本主要以重组资本与风险杠杆收购资本形式出现。

(1) 重组资本。当企业管理层能力不足、财务控制失衡、负债过重，或缺乏动作资金而陷入困境时，而企业又拥有相当的优质资产或拥有先进的技术及产品，风险投资机构经过实地考察与市场调研，也可以为企业提供一定的股权资本，帮助企业改善其资产负债结构，通过资产重组起死回生。风险投资机构投入企业重组的资本称为重组资本。

风险投资机构根据企业潜力与市场前景的调研，决定投入重组资本，就需要实施管理辅助或完全接管。企业经过资产重组，渡过危机后，风险投资机构则通过企业股价上扬后出售股权获利或将企业整体出售获利。风险投资机构投入重组资本的最大风险是企业重组失败。

(2) 风险杠杆收购资本。风险杠杆收购通常是企业经理人员以及技术专家利用风险投资机构提供的资金，买下自己所在的企业的所有权。风险投资机构投资于杠杆收购活动的风险资本称为风险杠杆收购资本。

风险投资机构之所以帮助这些经理人员及技术专家，关键在于他们已经掌握了先进技术或产品，具有丰富的市场运作经验，协助他们获得成功的概率远远高于扶植新型的风险企业。

此外，风险投资机构还可通过收购有潜力的现存公司合并成具有一定规模的大公司，然后在公开资本市场上市，以达到风险资本增殖的目标。风险投资机构投资于一般意义上的收购合并活动的资本就是风险购并资本。

第三节 | 风险投资的决策过程

风险资本从提供者手中流向运作者，风险投资活动具体由风险投资机构运作。风险投资活动的投资过程一般包括项目选择、项目投资合约的设计与鉴定、项目管理与监控以及风险投资的退出等四个基本环节。

一、风险投资项目选择

风险投资是否成功,关键之一在于所选择的风险投资项目,所选项目的好坏将直接与未来的风险与收益相联系。

(一)风险投资项目的选择原则与选择方法

国际风险资本经过多年运作的经验和教训,逐渐形成了风险投资机构的三大投资选择原则。

(1) 每项投资不承受多于两项风险。企业在早期阶段,会遇到研发风险、生产风险、市场风险、管理风险和发展风险这五项典型的风险。即对于企业来说,是否能开发出技术,生产出产品并销售出去,最后能够获得足够的利润以维持企业的发展。对风险投资机构来讲,一般只能同时接受其中的两种风险,而且风险投资机构最能有效控制的风险应是市场和管理风险,其他风险则较难把握。一般超过两项风险的项目再好也不投。

(2) 遵循 $V = P \cdot S \cdot E$ 的公式。这里的 V 为投资价值,P 为市场需求大小,S 为产品、技术或服务的独特性与可行性,E 为企业家(管理团队)的素质。项目有了高价值的因素 P、S 和 E,才会激发风险投资机构的兴趣。如果定义 P、S、E 有效的比值系是 0—3,那么交易发生价值在 0—27,在这样的评价系统中,一般来说只有 V 值达到 20 以上,项目才具有投资价值。因为选择投资价值(V)高的项目,投资才能获得高回报。

(3) 其他因素相近时以 P 为参照系。也就是说风险投资家在几个项目风险与收益相近的情况下,更愿意投资市场需求较大的项目。从某种意义上说,风险投资机构投资的并非项目本身,而是项目(技术)未来的市场。没有市场也就不可能有回报,因此一个好的风险投资项目的灵魂是其未来的市场需求性。

风险投资项目的选择实际上是一个多目标的决策过程,成熟的风险投资机构通常应用系统工程和决策论的方法。层次分析法(AHP 法)是当今解决项目评估和选择的一种行之有效的方法,在这其中就体现了风险投资的三大原则。确定投资项目的评估价值是层次分析的总目标,项目评估的一般标准(创业计划书、管理、技术和产品、市场、财务、退出等)则作为分目标,分目标又可细分为技术的先进性、成熟性和市场接受程度等指标,最后量化指标以便比较。在确定各个指标的权重以及对各指标具体评价时则可以采用专家打分法。项目的评估值确定后,将项目的评估值和最低的预期值要求相比较,大于预期值的可以考虑投资,小于预期值的不予投资;若几个项目可供选择,则评估值最大的项目优先。

(二)风险投资项目的操作流程

确定投资项目是风险投资运作的第一步,也是最为关键的一步。在如何确定项目上风险投资机构都有一套十分严格的专业化操作流程,一般包括以下三个主要步骤。

(1) 项目遴选。一般在遴选阶段,项目通过率只有 1/10—1/15。一个典型的风险投资机构每年都能接到数以千计的项目建议书或项目信息,风险投资机构的专业人员对收到的创业计划和投资信息进行筛选,以快速舍弃不合适的投资方案。在该阶段,选择的主要依据是风险投资机构根据其投资战略、目标所制定的项目筛选标准,所评估的对象基本只是项目计划书本身。项目选择一般遵循如下要求:①是否符合投资方向;②是否达到一定的技术含量标准;③是否具有一定的商业前景。

(2) 项目评估。通过筛选阶段的淘汰,只有风险投资机构认为合适的、有价值的少数项目得以保留,进入投资评估阶段。国外成功的风险投资机构在实践中都建立了一套行之有效的风险评估组织体系及评价指标体系。在项目评估中一般会考虑以下几个问题。

① 风险企业所处的行业。风险投资机构出于控制风险、增大回报的考虑,大都坚持集合投资的原则,对风险企业所处的行业有自己的偏好和专长。许多风险投资机构往往对某一领域有着远超于常人的了解程度,比如麦克尔.伯金斯基金在信息领域独树一帜,其杰作是苹果电脑;唐·休特兰则专门投资于微电子领域,他虽拒绝了苹果公司的投资请求,却得到了罗姆电子的回报。

② 风险企业所处的阶段。企业的发展阶段通常被分为:研发阶段、创建阶段、开拓阶段、扩展阶段、成熟阶段。风险投资机构对风险企业所处的阶段也有自己的偏好和专长。一般致力于投资早期企业的风险投资机构会强调自己投资政策的专一。只有一些优秀的风险投资机构和经验丰富的投资家才致力于并能够从事创业阶段企业的投资;一般的风险投资公司则投入开拓期和扩展期以规避风险;金融机构下属的风险投资公司则明确地表示投资后期乃至过渡、转型的企业以求迅速变现,发挥他们特有的经验优势,并避免他们对早期企业的管理和行业技术不熟悉的缺陷。

③ 风险企业要求的投资规模。投资规模的选择是一个规模效益和风险控制的平衡问题。和成熟企业一样,投资规模过小,管理成本就会上升;规模过大则风险过大。风险投资机构必须结合自身条件给予全面考虑,寻找两者的最佳结合点。

④ 风险企业的地理位置。出于辅助管理风险企业的便利条件考虑或政策所限,风险投资机构一般选择在其所在地周围的风险企业进行投资。而且往往会自发地集中到某些投资环境优良的地方,形成"范围经济效应"和良性循环,比如美国的硅谷、英国的剑桥、中国台湾地区的新竹等。

⑤ 风险企业家的素质。企业家素质是否符合要求,是风险投资需要考虑的重要因素。有经验的风险投资机构认为环境与市场的变化是不可预知的,也是无法控制的,只有经营者的强烈愿望和意志力才能克服困难和挑战,确保成功。因此,投资对象应具有技术创新精神和经营专业能力的高素质的管理团队。

在同创业企业管理者打交道时,风险投资机构常常会遇到一些实际问题,最典型的就是排外性、信息垄断和控股心态。一些企业有了发展之后,便将这片天地视作自己的"一亩三分地",或在双方合作谈判中报喜不报忧,导致严重的信息不对称,或在合作中一律要求控股,缺乏灵活性。这些负面因素的影响,常常使企业丧失了由风险投资进入而带来的低成本扩张和分散风险的最佳机会。

此外,风险投资机构在对潜在的投资机会进行筛选时,还要考虑自身的资本实力、融资渠道、投资策略、以往经验和对产业发展的战略判断等。

综合风险投资的内涵与特征,不同风险投资机构的不同评估侧重,可以肯定的是项目评价指标体系的核心是判定投资收益和风险。由评价核心所确定的评价指标体系一般可由以下子体系组成:①市场吸引系统,主要包括市场规模、市场对产品的需求程度与竞争程度、产品的市场增长潜力以及产品进入市场的渠道类型等;②产品技术系统,主要包括风险企业的技术水平与能力、研发产品性能的独特程度、产品的利润含量,产品技术受到专利保护等;③管理能力系统,主要包括企业家素质、管理团队的合作程度与应变能力、管理技能、营销技能以及财务技能等;④环境支持系统,主要包括经济周期变化影响、宏观政策调整影响、相关技术领域的发展影响等;⑤退出变现系统,主要包括退出变现的难易程度、退出变现的方式选择等。如果第一、第二子系统主要偏重项目的预期收益水平,那么第三、第四子系统则主要偏重降低项目风险的能力,第五子系统表现为收益与风险的结合。

风险投资机构在确定了项目评估的指导思想、评估方法和评价指标体系后,就可以组织专业人员(包括内部和外聘)按评价指标体系对项目进行量化评估。在评估工作中必须对项目的有关信息进行系统的调研、分析和处理,并根据掌握的信息对项目的技术、市场和财务等进行分析。主要的方法有:与创业企业家和管理人员进行面谈;调查与企业管理人员有往来的相关人员或机构;参观企业;对风险企业的管理和财务进行分析;检查风险企业的历史记录等。

(3) 项目决策。风险投资机构认为好的项目应该是合适的企业家在合适的时候拥有合适的技术,并存在或能够创造出合适的市场,最终必会带来丰厚的回报。经过一系列的筛选,只有极少数的投资项目得到保留,但还需从宏观上加以考虑,判断是否有合适的投资时机。

绝大多数情况下,风险投资机构是以创业企业的计划书为基础,依靠风险投资的知识、经验甚至直觉来进行项目选择的。这种决策很大程度上带有决策者的主观性,但是这种主观性不等于随意性,事实上风险投资家必须有全面的金融、管理知识和高度风险意识并且对某个产业(技术)有着深入的了解,才能准确地作出投资决策。

风险投资的风险确实很大,但这种风险并不是盲目的,而是可以预期的,尤其是各类非系统性风险。风险投资机构在项目评估和选择时往往依靠各种专业的人才、机构来做大量审慎、严格的调查工作,以求达到项目决策的最大限度的科学性和获得在控制风险条件下的最大化收益。

二、项目投资的合约及其构造

风险投资机构与风险企业之间的默契与合作是风险投资能否取得成功的又一关键。而这种默契,从国际风险投资的游戏规则分析,更多的是依靠投资合约中所设定的各种契约关系以及由此形成的内在机制来实现。

项目投资合约是风险投资机构与风险企业之间的投资合同,目的是为了协调双方在特定风险投资交易中的不同需求与关系。尽管不同类型风险投资机构与处于不同发展阶段的不同性质的风险企业的需求各异,但其投资合约(主要是购股协议)却有许多共同点。主要包括:①风险投资定价;②金融工具确定;③分批投入金额与时间;④报酬体系;⑤信息要求;⑥董事会构成;⑦介入管理的程度与途径;⑧退出机制等。

风险投资机构与风险企业之间的关系本质也是一种委托代理关系,由于它们的利益要求不同,客观上存在着信息不对称。项目投资合约作为调节两者之间关系的重要工具,又必然反映出风险投资机构保护自身利益解决问题的途径与方法。

(一) 项目投资定价

风险项目投资的价格是指风险投资家在投资寿命期内获得的总回报,它既包括当期收入(股利与利息),也包括资本利得。由于风险企业经营业绩的不确定性,风险项目投资的价格一般表示为风险企业为获得风险资本而提供的股权份额,或风险投资机构对风险企业投入资金所要求的股权份额,也反映了风险投资机构与风险企业在共同合作过程中所要承担的风险与应得的收益。风险投资定价的基本方法有以下两种。

(1) 哈佛定价方法。它对风险企业定价的一般程序为:

① 对风险企业长期目标的实现进行预测,主要是投资的收回时间即第 n 年的税后利润 C_n。

② 估算第 n 年投资收回时风险企业的可能价值 V_n。

V_n 为第 n 年行业平均市盈率(P/E)与第 n 年风险企业税后利润(C_n)的乘积。

③ 估算投资期限内调整风险的贴现率(r),并将投资收回时的风险企业价值(V_n)折为现值 P_n。

$$P_n = V_n/(1+r)^n \quad (6-1)$$

④ 将所需投资额现值(I)除以风险企业价值的现值(P_n),求得风险投资机构应得到的股权比例。

即:风险投资机构要求的股权份额$=I/P_n$。

(2) 曲棍球法。该方法名称源于风险企业财务状况的预计类似曲棍球棒,即当前风险企业处于曲棍球棒的底部,如果筹集到一定资金,风险企业财务状况可在若干年内达到球棒的顶端。利用该方法对风险企业定价的一般程序为:

① 预测第 n 年投资收回时风险企业的可能价值(V_n),方法同上。

② 估算投资回报倍数(R)。

③ 估算风险投资机构投入资本的现值(I)。

④ 估算风险投资机构的预期投资收回价值,即 $I \cdot R$。

⑤ 估算风险投资机构要求的股权比例,即 $I \cdot R/V_n$。

上述定价过程中的一个核心问题是贴现率(或投资回报倍数)的估算。这些收益率应当明显高于市场上其他投资的收益率水平,因为风险投资要求的收益率包含着市场上的无风险收益、风险收益以及资产的流动性等的补偿。实践中,风险投资家使用高贴现率的另一目标,就是防止风险企业对预测的结果过于乐观。

(二) 确定金融工具

风险投资机构投资风险企业,一般运用的金融工具有债券、普通股以及介于两者之间的混合证券。风险投资机构确定金融工具的出发点为:投资的变现、对投资的保护及对企业的控制。

以债券形式投入的优点是有固定的利息收入,清算时具有优先权。但它的不利之处在于风险投资机构不能分享风险企业未来的增长成果,无法对风险企业实施有效的控制。对风险企业而言,采用债务融资将呈现资产负债水平过高,影响其进一步融资,也阻碍了其他传统金融机构的进入。

以普通股形式投入的优点是风险投资机构可以享受风险企业价值上升的成果。但它的不利之处在于企业清算时,普通股股东剩余求偿权排在最后。此外,拥有风险企业少数股权会导致风险投资机构对企业控制能力的削弱,而拥有多数股权风险投资机构则须加大资金投入。

因此，大多数风险投资机构采用隐含选择权在内的混合证券形式投入，最常见的是优先股、可转换优先股、可转换债券、附认股权债券。风险投资机构往往还要求投资合约中加入控制投票权等其他条款以加强对风险企业的控制。

优先股是企业股本的构成部分，而且当企业有税后利润是才支付股利，但在企业清算时其剩余求偿权次序先于普通股。可转换优先股还具有在一定期限内按约定的条件转成普通股的权利。

可转换债券是债券与股票混合体。当股价低于转换价时，可转换债券只是一种债券；当股价高于转换价时，可转换债券可转成普通股，因此在企业经营不景气时，可转换债券的价值损失小于股票。对风险企业而言，转换价一般高于直接购股价，等于发行一定量的普通股可以获取较多的资金；反之，则获得一笔利率较低和期限较宽松的债务资金。

附认股权债券是由债券与认股权组成。认股权允许风险投资机构选择，当企业前景明朗，股价上升时，风险投资机构有权按约定的价格（低于股票市价）购买普通股；否则放弃认股权。对风险企业而言，因为认股权的潜在价值将使其能获得利率较低和期限较宽松的债务资金。

显然，风险投资机构掌握的混合证券比风险企业家的证券优先级高，且隐含的选择权在一定程度上起到了保护投资者的作用。

（三）分阶段投资

风险投资机构一般不是一次性投入风险企业完成其创业计划书所需的全部资金，而是分阶段投入，这样较好地解决了信息不对称与控制投资风险的问题。分阶段投资使风险投资机构拥有了一个有价期权，可以在风险企业经营不善时放弃投资，减少损失。因为只要风险投资机构还在提供资本，风险企业几乎从不停止对一个失败项目的投资。风险投资机构只有拥有放弃的权利，才能在高度不确定的风险环境中保护自身的利益。

在风险企业发展不顺利的情况下，风险投资机构给予风险企业家严厉的惩罚。惩罚主要采用两种形式：一是超过额度使用标准部分的资金，风险投资机构将要求更高的股权份额，从而加速稀释风险企业家的股份；二是完全停止投资，关闭企业。这两种情况不仅会给风险企业带来巨大的经济损失，降低市场信誉，增加筹资成本，甚至可能使其失去在市场上的立足之地。因此，风险企业家要通过全面的分析，相信有能力达到预定的目标，才会接受分阶段的投资安排。而风险企业一旦获得成功，分阶段投资安排下的风险企业家所得远超过一次性投资安排下所得。由于成功的风险企业价值总是在不断上升的，因而某笔资本所能换取的股份会递减，从而风险投资机构的增量投资对风险企业家股份的稀释作用会降低。所以，分阶段投资是一种有效的监督制约工具,也是一种激励机制。

除了分阶段投资外,风险投资机构还有对风险企业管理人员进行直接监控的手段,如降职、解职等。风险投资机构还可通过投资合约中的有关股份回购条款来制约企业管理人员,如当管理人员离开企业时,企业有权以低于市价或账面价值的价格从其手中回购企业股票。股权分配计划也会将分配给提前离开企业的管理人员的股票限制在最低水平。这些措施的目的就是将企业管理人员的利益与企业的利益捆在一起,从而降低风险投资机构的投资风险。

(四)报酬体系

在风险企业中,管理人员的报酬是同企业的业绩挂钩的。他们的现金收入一般低于劳动力市场的价格,现金收入的不足由他们得到的风险企业的股权来弥补,其潜在价值往往远远高于其的现金收入。然而,管理人员拥有的股票只有在企业创造了价值并变现后才能实现。通过这种报酬体系,风险企业管理人员与风险投资机构的利益趋于一致,降低了委托代理关系中的"道德风险"。这种报酬体系也有利于风险企业对其雇员的有效管理。当风险企业终止雇佣合同时,离职人员的股票不能在市场上出售,只能按固定的价格由企业回购,由于预定价格远低于账面价值,而雇员的主要收入来自股票,这就大大增加了雇员离职或被解职的机会成本。

当然,股票代替现金的收入分配方法并不是十全十美的。它存在着一个重大缺陷是客观上刺激风险企业家敢冒风险。在经济学中,股票期权可以被看作是或有权利,它的价值是随着企业价值的不稳定性而增加。因此,除了设计合理的、科学的报酬体系机制外,风险投资家还应积极参与企业的管理。

(五)直接参与管理

由于信息不对称的存在,任何设计精密的投资合约也不可能预见所有的问题、冲突与分歧。在高度不确定的风险投资环境中,风险投资家需要扮演积极的角色,直接参与企业管理,发挥减少信息不对称、降低风险、降低委托代理成本的作用。风险投资机构占据董事会席位,帮助招募关键员工,与供应商和客户打交道,帮助制定战略战术,承担主要的筹资职能,协助企业进行收购兼并等。所有这些活动都是为了提高企业成功的可能性和投资回报,降低信息不对称,保护风险投资机构的利益。

风险企业获取风险投资的最大好处是在获取风险资本的同时,也获得了风险投资机构在资金、人才、管理、信息等方面的优势,为企业经营提供了便利。风险投资机构与投资银行之间也保持十分密切的联系,为企业的上市与并购提供了机会。

（六）投资变现

风险投资机构和风险企业家都希望最终将手中股权资产变现，但由于他们在企业中所处的地位不同，对变现的时机与方式可能会有不同意见。因此，风险投资机构在投资合约中设置了一些保证实现双方目标的条款。

首先，风险投资机构拥有对其所持股份的卖权。这一权利常常在企业财务状况良好但因企业太小等原因不能上市的情况下执行。其次，大多的风险投资合约给予风险投资机构在某个时候将其股份拿到交易所注册的权利，并且由风险企业承担全部的注册费用。另外，投资合约还规定风险投资机构可以在风险企业家出售股份的同时，以相同的条件出售自己的股份，以避免风险企业家抢在风险投资机构前面出售股份。

案例 6-1

A 游艇休闲俱乐部创立了 1 年左右，老板已经投资 2 亿元人民币，并进行了一些前期规划、关系梳理、海域租赁等方面的工作。但是，因为企业目前尚未发展会员，也就没有任何业务收入。俱乐部的财务人员了解一些常用的估值方法，但认为都不太适合用在他们身上。更重要的是，公司前期已经投入 2 亿元资金，估值如果少于这个金额，老板绝对不会答应。因此财务顾问给的建议是：先按常规的估值方法作出一个估值，再去跟投资人谈，但是以已经投入的金额（2 亿元）作为底线。

其实，企业在和 VC 进行估值谈判时，完全可以撇去各种看似纷繁复杂的财务估值方法，应先认真地自问：企业是不是一定需要 VC 的资金？没有这笔资金企业就无法长大或者活下去了吗？另外还需要换位思考：VC 不投资你的企业，是不是活不下去？他的资金是不是没有其他地方可以投资了？

企业如果和 VC 达成 3 年或 5 年的长期合作，那么，即使在估值上有所让步，这点所谓的损失也是微乎其微。因为 VC 的资金及其他增值服务，能帮企业把蛋糕做大。对长期合作而言，投资协议上的关于企业经营管理方面的条款，可能对企业家更为重要，这些条款对企业未来价值的影响更为重大。企业家为使 VC 在其他条款上宽松友好，而在估值上做些让步，这是值得的。

案例 6-2

甲曾为 B 医药技术公司操作第一轮 VC 融资（约 500 万美元）。该公司在找甲寻求融资顾问服务之时，正在跟国内知名风险投资公司 L Capital 谈投资事宜。但尚未进入实质性谈判阶段，VC 经过 6 个月的调研、沟通后，仍未表达明确的投资意向。甲接受 B 公司委托后，在 1 个月之内，将其推荐给国内最知名的几家风险投资公司（美元投资基金），这些公司都表示了极大的兴趣。其中 S 基金在跟 B 公司创始人见面的第二天就出具了投资意向书，他们甚至愿意投资 1 000 万美元，P/E 估值倍数为 10

倍。另外,G 基金报价也是 1 000 万美元左右,但给企业的 P/E 估值倍数为 14 倍!这个倍数是在国内 VC 投资领域比较罕见的高倍数。

当然,这些消息没有逃过 L Capital 的眼睛。他们很快就找 B 公司的创始人,立刻出具了一份非常优惠、友好的投资意向书。虽然价格比 C 基金和 G 基金兜底,但其他条款上非常宽松,而且企业家也认为 L Captial 的合伙人比较容易沟通,也不"贪婪",最为重要的是 L Capital 的国内资源可以对 B 公司业务上更有帮助。

最终,B 公司——这个被 VC 追捧的香饽饽,经过综合权衡,最终选择了 L Capital 这个相对满意的合作伙伴。

三、项目的管理与监控

风险投资机构与传统金融机构最大的区别,就在于风险投资合约鉴定后,风险投资机构的角色从投资者扩展为合作者,即风险投资机构还要参与风险企业的运作管理。

风险投资机构参与风险企业管理的程度与侧重受到各种因素的影响,其中最主要的因素包括企业管理人员的经验与技能、企业所处的发育阶段、企业所采用技术的创新程度以及风险企业家与风险投资机构在企业发展目标上的一致性等。

风险投资机构参与风险企业管理与监控方式因此分为三类:积极干预型、间接参与型和放任自由型。积极干预型是一种紧密式参与,风险投资家的意见直接影响风险企业的决策与运作。间接参与型,风险投资家仅提供咨询建议,但并不强求风险企业完全接受。在投资规模较小,风险企业已处于成熟期或对企业管理团队有信心的情况下,风险投资机构也可采用放任自由型的管理与监控。

风险投资机构参与风险企业的管理与监控中最主要的两项工作是帮助企业筹集资金和提高管理能力。前者是风险投资机构利用其在资本市场上的良好人际关系与运作技能为风险企业的进一步发展筹措资金。后者是风险投资机构通过经理市场上寻找和吸收高素质的经理人员,及时更换不称职的企业主管来实现。由于多数风险投资家认为管理能力是决定项目投资成功与否的关键因素,因而提高风险企业的管理能力成为其参与管理与监控中的最主要的工作。

对处于不同发育阶段的风险企业,风险投资机构参与企业管理的侧重存在明显的差别。在风险企业发展早期阶段,风险投资机构在投入资金的同时,还主要参与制定风险企业战略规划,提供建立、组织和管理新企业所需要的技能,招募经理人员等。在风险企业发展中后期阶段，风险投资机构一般不干涉企业的日常经营管理，放手让他们选中的信任的企业经理人员去经营发展风险企业。同时，风险投资机构为了保护其投资的权益，也会以积极支持的态度与企业经理人员保持密切的伙伴关系。当风险企业出现财务危机或管理危机时，风险投资机构往往利用控制投票权的方式实现对风险企业的控制、干涉，直至接管企业更换管理团队。在投资退出阶段，风险投资机构则直接指导企业的收购兼并和股票的发行上市。

四、风险投资的退出

风险投资仅是促进科技成果商品化、产业化，扶持中小企业创业发展的具有特定目标的阶段性资金，不能替代产业资本的投入。它会在适当的时机退出项目的运作，以实现风险投资的预期收益，保证风险投资的循环运作。

风险投资退出的方式与价格将决定风险投资机构的业绩。影响风险投资退出方式与价格的主要因素有风险企业的经营业绩与发展趋势和宏观经济环境与资本市场的成熟程度。

风险投资退出的主要方式有：①出售，包括风险投资机构将企业股份转售给新加入的风险投资机构或收购公司；②股票回购，是指风险企业管理层要求回购企业股票时，风险投资机构可将企业股份返售给企业管理层；③公开上市，是通过风险企业首次公开招股上市，风险投资机构将股份在二级市场上出售。显然，公开上市是最有利可图的退出方式。

但是，传统交易所对上市公司的要求十分严格，风险企业一般达不到这些交易所的上市标准。为此世界各国相继产生了为风险企业提供退出场所的二板市场，并随着风险投资业的崛起而备受瞩目。美国早在20世纪70年代便有专门为中小企业服务的二板市场的雏形，目前成功运作的NASDAQ小盘股市场已成为世界各国建立二板市场的典范，尤其是创造了一套能保证小盘股市场正常运行的交易商制度。而欧洲起步较晚，直到1995年欧洲委员会才在有关文件中明确表示：传统的欧洲股票市场偏重于为大公司服务而忽略了小公司。由此越来越多的欧洲小公司到美国股票市场，尤其是NASDAQ市场上市，这种状况不利于欧洲金融服务业的发展。更为严重的是，上市困难使风险投资不易退出，影响了风险投资业的发展，阻碍了创新型企业的发育和成长。在欧洲委员会的支持下从1995年开始建立多个服务于新生小企业的股票市场。我国的二板市场也于2009年10月30日正式推出，新的科创板也于近期在上海证交所推出。

案例阅读:阿里巴巴的创业投资与上市

1999年3月10日马云在杭州开始创业,当年10月,阿里巴巴引入了包括高盛、富达投资(Fidelity Capital)和新加坡政府科技发展基金、Invest AB等在内的首期500万美元天使基金;2000年1月,日本软银(Soft Bank)向阿里巴巴注资2 000万美元;2002年2月,阿里巴巴进行第三轮融资,日本亚洲投资公司注资500万美元;2004年2月17日,阿里巴巴又宣布获得8 200万美元的战略投资,投资者包括软银、富达投资、Granite Global Ventures和TDF风险投资有限公司四家公司,其中软银投资6 000万美元。软银不仅给阿里巴巴投入了资金,在后来的发展中还给了阿里巴巴足够的支持。尤其是2001—2003年的互联网低谷时期,投资人伴随阿里巴巴整个团队一路挺过来了。2007年11月6日,全球最大B2B公司阿里巴巴(股份代号:1688)在中国香港联交所正式挂牌上市。2014年9月20日,阿里巴巴在美国纽约证券交易所挂牌上市,首日报收于93.89美元,较发行价上涨38.07%,以收盘价计算,其市值破2 300亿美元。从50万元人民币初创到上市市值达到2 300亿美元左右,阿里巴巴用了15年。进入2018年,阿里巴巴的市值进一步上升,已超过5 000亿美元,成为世界上市值规模最大的上市公司之一。

复习思考题

1. 试述风险投资的内涵。
2. 试述风险投资与一般金融投资的区别。
3. 试述风险投资的功能。
4. 试述风险资本来源差异的影响。
5. 试述有限合伙制与公司制风险投资机构的差异。
6. 试述有限合伙制与子公司型风险投资机构的差异。
7. 试述创新型企业不同发育阶段的特征。
8. 试述前期融资投资与后期融资投资的区别。
9. 试述风险投资项目的选择原则。
10. 试述风险投资项目评价指标体系的构成。
11. 试述风险投资机构以混合证券形式投资对其和风险企业的各自优点。
12. 为什么说分阶段投资既是一种制约工具,又是一种激励机制?
13. 试述风险投资退出的主要途径。

第七章

项目融资

> **投资导读**
>
> 项目融资是指一切针对具体项目所安排的融资活动,其具有表外融资、有限追索、分散风险的特征,项目融资结构复杂,参与者众多。通常采取公司型合资的方式进行,大多进行充分的可行性论证分析之后才能推进。项目融资的资金来源广泛,包括权益资本、准权益资本和债务资金。由于项目涉及主体较多、建设复杂、周期长,因此具有较高的系统性和非系统性风险,需要项目公司和其他当事人通过各种方式和手段对风险进行管理和分担。本章主要从项目融资的概述、结构和方式、风险及分担角度解读项目融资。

第一节 项目融资概述

一、项目融资定义及特征

(一) 项目融资的定义

关于项目融资(project financing)的定义,目前世界上主要有两种观点。

即以北美洲金融界为代表的"项目融资窄派"和以欧洲金融界为代表的"项目融资宽派"。前者认为只有具备无追索权(non-recourse)或有限追索权(limited recourse)形式的融资活动才称其为项目融资;后者则认为一切针对具体项目所安排的融资活动都属于项目融资。而在我国通常认为项目融资是指向某一特定的工程项目提供贷款,贷款人依赖该项目所产生的现金流量和收益作为偿还贷款的资金来源,并将该项目或经营该项目的经济单位的资产作为贷款的担保。因此我国习惯上一般只将具有无追索权或有限追索权形式的融资活动称为项目融资。

本章也以此类项目融资活动作为主要研究对象。无追索的项目融资也称为纯粹的项目融资,在这种融资方式下,贷款的还本付息完全依靠项目的经营效益。同时,贷款银行为保障自身的利益必须从该项目拥有的资产取得物权担保。如果该项目由于种种原因未能建成或经营失败,其资产或受益不足以清偿全部的贷款时,贷款银行无权向该项目的主办人追索。而有追索权的项目融资则是指除了以贷款项目的经营收益作为还款来源和取得物权担保外,贷款银行还要求有项目实体以外的第三方提供担保。贷款行有权向第三方担保人追索。但担保人承担债务的责任,以他们各自提供的担保金额为限,所以称为有限追索权的项目融资。

(二) 项目融资的特征

与传统的融资方式相比较,项目融资作为一种特定的融资方式,具备以下基本特征:

(1) 以项目为主体安排融资。按照以上关于项目融资的定义,项目融资用来保证贷款偿还的的首要资金来源被限制在被融资项目本身的经济强度之中,即项目未来的可用于偿还贷款的净现金流量和项目本身的资产价值。因此,项目的经济强度加上项目投资者和其他与该项目有关的各个方面对项目所作出的有限承诺,就构成了项目融资的基础。目前,项目融资主要用于资金需求量比较大的项目,一般都是十几亿美元到几十亿美元。发展中国家急需项目开发,但发展中国家的企业或项目实体国际信用等级一般不高,很难从国际资金市场直接借入。但因为项目融资可以把项目同发起方分离开来,若银行认为项目前景好,就可通过各种合同、协议的限制性条款,在确保收回贷款本息,实现自己的利益时,对项目提供贷款。因此,有些对于投资者很难借到的资金可以利用项目来安排,很难得到的担保条件可以通过组织项目融资来实现。

(2) 表外融资(off-balance finance)。在通常状况下,项目的债务不表现在项目投资公司的资产负债表中,而只是以某种说明的形式反映在公司资产负债表的注释中。从而避免在项目取得收益之前,给项目公司造成不利的资产负债结构,也不会影响该项目实体从其他方面进一步借款的能力。

(3) 有限追索。所谓追索,是指在借款人未按期偿还债务时,贷款人要求借款人用除抵押资产之外的其他资产偿还债务的权力。在传统融资方式下,贷款人对借款人提供的是完全追索形式的贷款,借款人的偿债能力主要依据其自身的资信状况,而非项目的经济强度。而作为有限追索的项目融资,贷款人可以在贷款的某个特定阶段或规定的范围内对项目借款人实行追索。除此之外,不能对该项目除资产、现金流量以及所承担的义务之外的任何形式的财产实行追索。

(4) 分散型风险。因为项目融资的贷款一般没有追索权或仅有有限追索权,所以项目主办方虽然是项目的权益所有者,但仅承担项目风险的一小部分,对于与项目有关的各种风险,需要以各种形式在项目投资者、与项目开发有直接或间接利益关系的其他参与者和贷款人之间进行分担。通过要求项目所在国或所在地政府作出担保或承诺、向跨国保险公司投保以及贷款抵押等各种形式,有效地将项目风险分散掉。

(5) 较高的成本。在项目融资中,贷款银行因为承担了较高的风险,而将贷款利率提高到普通贷款利率之上,其利息成本一般要高出同等条件公司贷款的 0.3%—1.5%。同时,项目融资要求烦琐的担保与抵押,每一次担保和抵押均要收取较高的手续费。另外,项目融资的筹资文件比一般公司融资要多出几倍,通常需要几十个甚至上百个法律文件才能解决问题。结果不仅导致组织项目融资的时间较长,而且包括融资顾问费、成功费、承诺费、法律费等融资的前期费用较高,通常占贷款金额的 0.5%—2%。

二、项目融资的产生及发展

(一) 项目融资产生的原因

早在 19 世纪末 20 世纪初,法国和世界其他地区就出现了"特许"(concession)投资方式,著名的苏伊士运河就是由私人投资以特许的方式修建的。但这还不是真正意义上的项目融资方式。项目融资的出现有其客观必然性,是经济发展的必然结果。

1929 年,世界范围内爆发了经济危机,整个资本主义世界陷入了动荡和混乱之中。大批企业破产、倒闭,更有相当一部分企业处于衰败状态。因此即使有好的项目,由于自身信誉低,企业很难从银行获得贷款,便产生了通过项目本身的收益去获得贷款的设想。项目融资就是通过对因经济危机而衰败的企业开展不直接依赖本身的信用能力,而是依靠企业生产的产品乃至项目的融资活动而产生和发展起来的。在发展中国家,随着人口的增长和经济的发展,对基础设施的需求不断增加。但政府的财力有限,国际债务危机的压力加大,急需新的资金来源,项目融资方式也就适时引进。

(二) 项目融资的发展

20世纪70年代,美国和其他发达国家,在基础设施领域开始采用项目融资方式。随着项目规模的不断增大,单个银行有时很难满足一个项目的资金需求。一般情况下,便由多家金融机构组成银团来进行,从而达到筹资和分散风险的目的。20世纪70年代末80年代初,一些发展中国家开始采用BOT投资方式进行基础设施建设,既解决了发展中国家国内资金不足的问题,又为其引进了先进的技术和设备。由此,项目融资便逐渐成为一种跨国的金融活动。目前,在发达国家,项目融资的重点正有基础设施转向其他行业,如制造业。从全球范围来看,项目融资正处在一个应用范围逐渐扩大的阶段。同时,由于融资规模、地域范围的扩大,风险分析日益成为项目融资的重要方面。在不远的将来,随着更多金融工具的出现,项目融资必然不断向大型化、国际化和技术化方向发展,其应用重点也必然是在发展中国家。

三、项目融资的当事人

由于项目融资具有比较复杂的结构,因此参与融资结构并在内发挥不同作用的当事人也比较多。一般而言,项目融资的参与者主要有以下各方。

(一) 项目投资者(项目主办人)

项目的实际投资者,是项目的真正主办人和发起人,通过项目的投资经营活动,获取投资利润和其他收益,实现投资项目的综合目标。在项目融资结构中,项目投资者常常拥有项目公司的全部股权或者部分股权,向项目公司提供一部分权益资本并且以直接担保或者间接担保的形式为项目公司获得贷款一定的信用支持。项目投资者(主办人)可以是政府机构或者公司企业,或者是两者的混合体。此外,大型工程项目的主办人除了东道国政府或公司企业以外,一般还都吸收一家或几家知名外国公司参加,以便利用外国公司的投资、技术和信誉,并吸引外国银行的贷款。

(二) 项目贷款人

商业银行、非银行金融机构(如租赁公司、财务公司、投资基金等)和一些国家政府的出口信贷机构以及国际金融组织,是项目融资资金来源的主要提供者。承担项目融资贷款责任的银行可以是一两家银行,但在大型项目融资中更为常见的是由多家银行组成国际银团作为贷款人提供项目贷款。贷款规模和项目风险是决定参与银团的银行数目的重要因素。一般来说,贷款金额越高,项目风险越大,就需要越多的银行组成银团以分担风险(像贷款金额在3 000万美元以上的项目就至少需要三家以上银行组成银团)。

(三) 项目借款人(项目公司)

项目贷款的借款人一般就是项目公司,这是由项目投资者专门为某一特定项目融资而成立一家单一目的的独立公司,而非母公司或控股公司。作为项目的直接主办人,直接参与项目投资和项目管理,直接承担项目债务责任和项目风险。项目公司的组织形式可以分为契约式合营、股权式合资和承包三种,需要根据项目的具体情况选择合适的项目公司组织形式。成立项目公司是项目融资中的普遍做法。这样做的好处主要有:可以将项目融资的债务风险和经营风险基本限制在项目公司中,由项目公司对偿还项目贷款承担直接责任;对项目投资者来说,可以实现表外融资;可以把项目资产的所有权集中在项目公司一家身上,便于进行管理;对贷款人来说,成立项目公司还便于银行在项目资产上设定抵押担保权益;从实际操作的角度,采用项目公司具有较强的管理灵活性。项目公司可以是一个实体,也可以将实际的项目运作委托给富有生产管理经验的管理公司负责。

(四) 项目设施使用方或项目产品的购买方

项目使用方或者项目产品的购买方在项目融资结构中具有非常重要的地位,它们通过与项目公司签订项目产品的长期购买合同或者项目设施的长期使用协议,保证了项目的市场和现金流量,为项目贷款提供重要的信用支持。项目设施使用方或者项目产品购买方,一般是由项目投资者本身、有意使用项目设施或购买项目产品的独立第三方,或者有关政府机构来承担。

(五) 保证方

除了项目投资者通常要为项目公司借入的项目贷款提供一定的担保以外,贷款人为了进一步降低风险,有时还会要求东道国中央银行、外国的大银行或大公司向其提供保证,特别是完工保证和偿债保证。

(六) 项目建设的工程承包方

工程承包公司与项目公司签订项目工程建设合同,承担项目的设计和建设。工程承包公司的资金情况、工程技术能力和以往的经营信誉,在很大程度上可以直接影响到贷款人对项目建设风险的判断,如果由信用卓著的工程承包公司承建项目,可以减少项目投资者在项目建设期间承担的责任和义务。

(七) 项目设备、原材料和能源供应方

项目设备、原材料和能源供应方与项目公司签订供应合同,向项目提供建设和生产经营所需的设备、原材料和能源。设备供应商通过延期付款或低息出口贷款的安排,以及项目原材料、能源供应商以长期的优惠价格条件为项目提供原材料和能源,对于减少项目的不确定性、降低项目成本和风险都是非常有利的。

(八) 中介机构

由于项目融资通常结构复杂，规模巨大，涉及不同国家的当事人，因此项目投资者或者贷款人往往需要聘请具有专门技能和经验的专业人士和中介机构来完成组织安排工作。这些中介机构有项目融资顾问、法律顾问、税务顾问等，他们在项目融资活动中发挥着非常重要的作用，在某种程度上甚至可以说是决定项目融资成败的关键。融资顾问通常聘请投资银行、财务公司或商业银行的项目融资部门来担任。不仅要求其能够准确地了解项目投资者的目标和具体要求，熟悉项目所在国的政治经济结构、投资环境、法律和税务，掌握金融市场的变化动向和新的融资手段，而且与主要银行和金融机构保持良好的关系，具备丰富的谈判经验和技巧。

(九) 国际金融机构

许多国家的项目都是由世界银行及地区开发机构，如亚洲开发银行、欧洲复兴与开发银行提供部分或全部资金，取得这些国际金融机构的贷款可以达到减少项目融资成本，降低项目风险的作用。但因为这些贷款在审查和监督、担保、贷款的终止和生效等问题上有各自独立的政策和标准，在使用时应引起注意。

(十) 保险公司

项目融资的巨大资金数额以及未来许多难以预料的不利因素，要求项目各方准确地认定自己面临的主要风险，并及时投保。适当的保险是项目融资赖以存在的基础，特别是在贷款方对借款方或项目发起方只有限追索权的情况下，保险赔款就成为贷款方的一个主要抵押。

(十一) 政府机构

政府机构在项目融资中起着很重要的作用，例如为项目开发提供土地或者经营特许权，减少项目的建设风险和经营风险；为项目提供条件优惠的出口信贷或贷款担保、投资保险，促成项目融资；甚至为项目批准特殊的外汇政策或税务政策等来降低项目的综合债务成本，这些对于完成一次成功的项目融资都十分重要。

延伸阅读：结构性融资

结构性融资（structure financing）是指企业通过利用特定目的实体（special purpose entities or special purpose vehicle, SPEs or SPV），将拥有未来现金流的特定资产剥离开来，并以该特定资产为标的进行融资。也可以理解为，以现金资产将企业特定资产从其资产负债表中替换（资产置换），在资产负债率不变的情况下增加高效资产，主要是流量资产。

项目融资与不同类型的结构融资[1]如下。

应收账款融资：这类融资是基于企业已有的现金流进行借贷，与项目融资一样是通过一个专门设立的公司进行融资的（通常情况下是现金流的实际受益方的表外融资）。现金流可能包括总体的业务情况（如连锁的酒店），也可能是一些合同（如消费者贷款、销售合同等）产生的新现金流。它与项目融资最主要的区别在于后者是基于对新建项目现金流的预测。

虽然人们通常认为通信领域的融资属于项目融资的范畴，但是它和其他类型的项目融资几乎没有什么共同点。可以认为通信项目的融资介于应收账款融资和真正的融资项目之间，因为融资可以用于项目（一个新的电话网络项目）的建设，但是一般只有在首笔收入产生后才能提取贷款。

证券化融资：如果在债券市场上获得应收账款融资，那么这就是应收账款的证券化。

杠杆收购或管理收购融资：通过高杠杆融资的资产组合，投资人或其管理方对于一家公司进行收购。它通常利用被收购企业的现金流和其资产作抵押，通常不涉及为一个新项目的建设而融资，也不像项目融资那样需要为担保签订合同。

并购融资：并购融资可能在结构融资中所占的比例最高，它可以通过高杠杆债务使一个公司并购另外一个公司。从这个意义上讲它和杠杆收购或管理收购融资非常相似，但是并购融资是基于把两个公司的业务合并到一起而进行的。

资产融资：资产融资是当资产的价值能在公开市场上比较容易出售的前提下进行借贷的，比如飞行器或不动产的融资。而项目融资的借贷是以资产产生的现金流为基础的，项目的资产在公开市场上价值很低。

租赁：租赁是资产融资的一种形式，这种形式要求资产的所有权归出租人（贷款方）所有。

第二节 项目融资的结构和方式

一、项目的投资结构

在通常情况下，一个有实力和经验的项目公司当然希望能够百分之百的拥有项目的股权，完全地控制项目的生产、原材料供应和最终产品的销售。但是，一方面，大型项目的开发有可能超出了一个公司的财务、管理或风险承受能力，尤其对于那些投资回收期长，资金需求量大的基础设施类项目来说，任何单个投资者都很难独立承担项目的风险；另一方面，由具有不同背景的投资者相结合进行投资，则可以利用各自的优势实现互补。从市场、资源、技术和管理技能、融资成本以及贷款的可获得性方面得到强有力

---

[1] 引自 E.R.Yescombe：《项目融资原理与实务》，王锦程译，清华大学出版社，2010年。

的支撑,提高项目融资成功的机会。因此许多大型项目都需要几家公司共同投入财力和专门技能才能建成和经营。除本国公司外,一般还吸收外国公司参加。如果主办人是两家以上的公司,则它们必须通过谈判采取适当的法律形式来实现拟议中的项目。项目投资者需要根据项目的特点和合资各方的发展战略、利益追求、融资方式选择最佳的组织形式。目前,国际上普遍采用的投资结构主要有四种基本形式:公司型合资结构、有限合伙制结构、契约型合资结构和基金结构。

(一) 股份公司型合资结构

公司型合资结构的基础是有限责任公司,即由合作各方共同经营、共负盈亏、共担风险,并按股权份额分配利润。公司作为独立的法人,拥有资产所有权和处置权,其权利和义务受国家法律保护。在公司型合资结构中,投资者的责任是有限的,仅限于其认缴的权益资本。在以项目融资方式筹措项目资金时,项目公司作为借款人,将合资企业的资产作为贷款的物权担保,以企业的收益作为偿还贷款的主要来源。项目发起人除了向贷款人作出有限担保外,不承担为项目公司偿还债务的责任。同时,公司型合资结构容易被资本市场所接受,可以直接进入资本市场通过发行股票或债券方式筹集资金,从而引入新的投资者并促进股权的合理流动。

(二) 有限合伙制结构

合伙制结构是至少两个以上合伙人之间以获取利润为目的共同从事某项商业活动而建立起来的一种法律关系。它不是一个独立的法律实体,其合伙人可以是自然人也可以是公司法人。有限合伙制是在普通合伙制基础上发展起来的一种合伙制结构。它包括至少一个普通合伙人和至少一个有限合伙人。其中前者负责合伙制项目的组织、经营、管理工作,并承担合伙制结构债务的无限责任;而后者无权参与项目的日常经营管理,同时仅以其投入项目中的资本数量对债务承担有限责任。

(三) 契约型合资结构

契约型合资结构是最常见的项目组织方式。合作各方不组成具有法人资格的合营实体,各方都是独立的法人,各自以自身的法人资格按合同规定的比例在法律上承担责任。合作各方可以组成一个联合管理机构来处理日常事务,也可以委托一方或聘请第三方进行管理。投资者在契约型合资结构中的关系是一种合作性质的关系,而不是合伙性质的关系。其与合伙制的最大区别表现为:契约型合资结构不是以获取利润为目的而建立起来的,合资协议规定每一个投资者从合资项目中获得的是相应份额的产品,而不是利润;每一个投资者都有权独立作出其相应投资比例的项目投资、原材料供应、产品处置等重大商业决策。项目投资者在契约型合资结构中直接拥有项目的资产,直接掌握项目的产品,直接控制项目的现金流量,独立设计项目的税务结构,每个投资者可以按照自身发展战略和财务状况安排项目的融资。

(四) 信托基金结构

信托基金在英美法国家应用得较为普遍,通常表现为单位信托基金。它是将信托基金划分为类似于股票的信托单位,通过发行信托单位筹集资金,利用信托契约约束和规范信托单位持有人、信托基金受托管理人和基金经理。信托基金不是一个独立的法人,而由受托管理人承担信托基金的起诉和被起诉的责任。因此,受托管理人作为信托基金的法定代表,其所代表的责任与其个人责任是不能够分割的。信托单位持有人对信托基金资产按比例享有获取收益的权利。信托基金同样比较易于被资本市场所接受,通过信托单位上市方式筹集资金。

在项目融资中,项目公司是最常见、最普遍的项目经营方式。成立项目公司对项目发起人来说,其优势主要表现在:①把项目资产的所有权集中在项目公司,便于进行管理;②实现表外融资;③把项目的风险与发起方分离开来,防止因项目失败而受太大牵连;④项目公司作为东道国的法人,可以享受东道国政府赋予本国法人的税收减免待遇;⑤便于吸收其他人参加项目。

二、项目可行性研究

项目融资贷款对项目资产和现金流的依赖性及有限追索权,以及项目本身的风险影响,促使贷款人对项目技术和经济可行性论证给予高度的重视。只有通过严格的技术和经济检验,证明项目确实可行,并能将风险控制在可以接受的范围内,贷款银行才会参与项目融资。

(一) 可行性研究的范围

为获得项目融资贷款,项目主办人必须通盘考虑有关项目可行性的所有方面,并提交一份具有说服力和权威性的可行性研究报告。报告内容通常包括以下三个方面。

(1) 外部投资环境:包括政策性环境、金融性环境和工业性环境。其中:政策性环境是指东道国国家法律制度、税收政策;项目对环境的影响及为达到环境保护标准所采取的措施和所消耗的费用;项目的生产经营许可或其他政府政策限制,获得这些许可的可能性及许可的可转让性;项目获得政治风险担保的可能性。金融性环境是指一国的利率、汇率政策、国家外汇管理政策、货币风险及可兑换性,还包括通货膨胀因素。工业性环境是指项目选定地点的基础设施和服务设施的状况,如能源、水电供应,交通运输和通信等设施是否快捷、通畅,以及取得这些设施和服务的成本。

(2) 项目生产要素：包括技术要素、原材料供应、项目市场、项目管理。技术要素是指生产技术的可靠性和成熟度，以及对矿业和石油开采等能源项目来说，其资源的储量、范围和可靠性及可能的产量；原材料供应包括原材料的取得及供应地和供应商的情况和可靠性，原材料的价格及供应数量和质量、进口关税和外汇限制；项目市场包括项目提供的产品或服务的市场需求、价格、竞争性、国内和国际市场需求量及占有率分析；项目管理则是指生产、技术、设备管理和劳动力分析。

(3) 投资收益分析：包括项目投资成本分析、经营性收益分析、资本性收益分析。投资成本包括项目建设费用、征购土地、购买设备费用及不可预见费用；经营性收益分析包括对项目产品或服务市场价格分析和预测、对生产成本的分析和预测、经营性资本支出预测、项目现金流量分析；资本性收益分析是指对项目资产增殖的分析和预测。

（二）项目的现金流量分析

对项目的经济检验要通过现金流量分析来实现。现金流量分析是以项目作为一个独立系统。在东道国政府已有的财政、税收、金融、外汇政策下，对项目在建设期和营运期内的收入和支出作出预测，编制现金流量表，并以此来分析项目的财务状况、盈利能力和清偿能力。一般包括以下几个步骤：

(1) 投资支出估算。项目建设期的投资支出包括建造建筑物、购置设备费用和安装费，这些构成项目的有形资产。此外，还有专利使用权费、技术转让费、设计咨询费等构成项目的无形资产。做可行性研究时，要估算出项目的总投资及其分年投入的现金流出。

(2) 经营期现金流量。项目投入运营后有产品销售收入、提供服务的营业收入，同时有营运成本支出、利息支出及税务支出。项目每年的现金收入和支出构成了现金流量序列。每个时点上的现金流入减去现金流出称为净现金流量。

(3) 期末资产回收。现金流量分析要确定一个计算期。计算期不一定等于资产的物理寿命或折旧寿命。在计算期末，项目的资产还有价值，其价值等于计算期末资产转让或出售的市场价值。这部分应作为项目计算期末的现金流入。

(4) 项目净现值。净现值是项目在计算期内各年净现金流量按资金成本折现至基准年的现值之和。它反映的是项目在整个生命周期内的价值总和。项目净现值大于零，说明该项目可以成立。项目净现值大，说明项目的盈利能力强，资产价值高。

（三）项目评估

对项目的评价从两个方面进行：技术评估和财务评估。综合两个评估的结果来决定项目的取舍。

(1) 技术评估。关于工程项目的技术可行性，贷款银行通常依靠相对独立的专家提交的可行性研究报告进行判断。这些专家包括：土建专家、道路桥梁工程师、通信电力工程师等。许多大银行有自己的技术专家，他们在技术评估中严格把关，在保护贷款人利益时起着重要作用。但是贷款银行在评价和监督工程项目时仍然会请一些工程咨询公司的专家和工程师参与，听取他们的评估意见。

(2) 财务评估。财务评估以现金流量分析为基础，说明工程项目能产生足够的现金流以支付经营费用、债务清偿及税金，并且有充足的应急资金应付市场需求、汇率和利率以及通货膨胀率的变化。通过财务评估计算出项目的净现值、内部收益率和投资回收期，看项目在支付一切费用后能否给项目公司和投资人带来净收益，以达到其权益收益率的目标。此外，财务评估还要给出贷款的偿还期和各年的偿还额。贷款银行要审查项目的偿还计划，以保证贷款的按期偿还。

除财务评估外，基础设施及公共项目还应对项目带来的外部效果进行评估。所谓外部效果是指项目的投入和产出除对项目本身带来直接费用和直接效用以外，还有对社会其他相关部门产生的间接费用和间接收益。这些间接费用和间接收益称为外部效果。外部效果能够用货币来衡量的，应尽可能计入项目费用的收益中，不能够用货币来衡量的，应对其影响作定性说明。

延伸阅读：项目的可融资性分析[1]

项目的经济、技术、政策及环境可行性在很大程度上都是从项目发起人的角度进行的可行性分析。但这并不意味着项目就具备了可融资性，即满足了投资者的最低风险要求，并不意味着项目一定能够满足融资的要求。因此，通过以上项目可行性分析的同时，还要进行项目的可融资性分析。

项目的可融资性，即银行的可接受性。一般地，银行不愿冒不确定或不能控制的风险，如他们一般不愿承担法律变化的风险，因为这样的风险无法转移给消费者或产品购买者。但他们可承担石油开发项目中原油价格下跌的风险，因为他们的分析师能根据大量的历史数据预测原油价格的未来走势。

一、项目可融资性的内涵

对于项目的可融资性，有人进行了并不权威的归纳，他们认为，理解项目可融资性应着重理解以下五点。

---

[1] 项目可行性研究，https://wenku.baidu.com/view/c4ffd968011ca300a6c390cb.html。

(1) 银行一般不愿意承担法律变化的风险。
(2) 在存在信用违约或对贷款人进行第一次偿还以前,项目发起人不得进行红利分配。
(3) 完工前收入应用于补充项目的资本性支出,以此来减少对银行资金的需求量。
(4) 项目风险应进行较好的分摊。项目公司不能承担太多的风险,尤其不能承担东道国政府和项目发起人都不愿承担的风险。
(5) 项目合同涉及的其他当事人不能因为银行对项目资产或权益行使了抵押权益而终止与项目公司的合同。

二、对"免责条款"的运用

在项目融资实务中,项目发起人在说服银行接受该项目时,应注意利用不可抗力因素来构成"免责条款"。因此,对这一条款的理解相对于发起人和银行来说都是非常重要的。一般地,出现以下事件时,就构成了不可抗力因素,可以免除项目发起人的责任。
(1) 罢工或其他停工行为。
(2) 战争和其他武装斗争,如恐怖分子活动、武装阴谋破坏活动、暴乱等。
(3) 封锁或禁运导致供应或运输的中断。
(4) 不利的自然现象,如雷电、地震、地陷、火山爆发、山崩、飓风、暴雨、火灾、洪水、干旱、积雪及陨石等。
(5) 流行病。
(6) 辐射和化学污染等。
(7) 法律和法规的变化。
(8) 其他人类暂时不能控制的事件等。

以上是构成不可抗力的一些排序,但并不是说所有的项目都可以将以上所有事件视为不可抗力。对于不同的项目,不可抗力的特征是不同的,如在电力项目开发中,能源供应的中断就不构成项目的不可抗力事件,以此表明项目公司必须为此而承担责任。

三、项目可融资性的必要条件

银行只有在所承担的风险与其收益相当时,才能向项目注入资金,而要保证这一点,银行就会提出种种限制条件。

1. 对各种授权合约的限制

(1) 所有授权合约都必须确定项目的有效生命期。
(2) 如果银行对项目公司行使抵押权时(包括银行卖出项目公司抵押的股份),授权合约不能提前终止。即所有这些合约应与项目而不是项目公司同在。
(3) 授予的权利应能全部转让。

2. 对股东协议和所有者权益分配的限制

(1) 发起人应认购分配给它的全部股份。
(2) 发起人应补足成本超支的资金。

(3) 发起人应为保险不能覆盖的部分提供资金保证。

3. 对特许协议的限制

(1) 特许协议应规定项目的固定生命期。

(2) 不能将不适当的过重的条款加在项目公司的身上。

(3) 特许协议的授予者应承担法律变更的风险。

(4) 由于不可抗力因素,应延长项目的特许期限。

(5) 特许协议不能简单地因为银行对项目公司行使了抵押权而提前终止。

(6) 银行应可以自由地转让特许权给第三者。

4. 对建设合同的限制

(1) 建设合同应是一揽子承包合同。

(2) 在建设合同中,应规定固定价格。

(3) 应在固定期限内完工。

(4) 不可抗力事件应控制在有限范围内。

(5) 如果不能在固定日期完工,承包商应承担由此给项目公司带来的损失,而且这种损失赔偿应至少能弥补项目公司须支付的银行贷款利息额。

(6) 承包商应提供广泛的担保合同。

5. 对经营和维护合同的限制

(1) 对项目经营者应提供适当的激励措施以使其保证项目正常有效率地运行,实现项目公司利润最大化的目标。

(2) 如果由于项目经营管理不善导致经营目标的失败,经营者应承受严格的处罚。

(3) 银行应有权对经营管理不善的经营者行使开除权或建议开除权。

对于以上三点,应进行一些解释:首先经营者所得到的激励与所承受的处罚应相对平衡,有时甚至需要进行重新谈判修改条款;其次,对于银行拥有的对径。经营者的否决权,操作起来有些难度,通常的做法是把项目公司在经营和维护合同中拥有的控制合同终止权授予银行,这样,银行可以控制经营合同的期限但不能直接开除某经营者。

综上所述,只有在解决以上问题之后,才能打消银行的顾虑,银行才能将大量资金长期注入项目中来。

三、项目融资的模式及类型

(一)项目融资的模式

任何一个项目的融资模式,由于其在项目性质、投资结构、融资战略等方面的不同,而显示出各自的独特性和复杂性。国际上通用的项目融资模式主要有以下几种:

(1) 项目公司。为了减少投资者在项目融资中的风险,项目投资者通常通过建立项目公司的方式来安排融资。其中一种是建立一个单一目的的项目子公司作为投资载体,以该子公司的名义与其他投资者组成合资结构来安排融资,在由项目投资者提供一定的信用支持和保证的基础上,由该子公司负责承担项目中的全部或部分经济责任。还有一种更为普遍的形式是由项目投资者根据股东协议共同组建一个项目公司,并注入一定的权益资本,将该公司作为独立的生产经营者,以其名义拥有、经营项目和安排融资。主要的信用保证来自项目公司的现金流量、项目资产以及项目投资者提供的与融资有关的担保和商业协议。其中,在项目建设阶段,由投资者为贷款银行提供的完工担保是以项目公司安排融资模式的关键一环。因为项目公司的弱点就是除了正在安排融资的项目以外没有任何其他的资产,也没有任何经营历史,所以项目投资者必须承担一定程度的项目责任。另外,通过项目公司安排融资,还可以充分利用各位股东在不同领域的优势,从而在管理、技术、资信和市场等方面赢得贷款银行的信任,为项目获得相对优惠的贷款创造条件。

(2) 杠杆租赁。杠杆租赁是项目融资的重要资金来源之一。杠杆租赁是采用财务杠杆方式的融资性节税租赁。以杠杆租赁为基础的项目融资模式,是指在项目投资者的要求和安排下,由杠杆租赁结构中的资产出租人融资购买项目的资产然后租赁给项目投资者的一种融资结构。项目的主办人,即真正的投资者,作为资产承租人,通过租赁协议的方式从杠杆租赁结构中的股本参加者手中获得项目资产的使用权,支付租赁费作为使用项目资产的报酬。这种方式与直接拥有项目资产比较,项目投资者可以获得较低的融资成本。资产出租人和融资贷款银行的收入以及信用保证主要来自结构中的税务好处、租赁费用、项目的资产以及对项目现金流量的控制。由于杠杆租赁融资结构中涉及的参与者数目较多,资产抵押以及其他形式的信用保证在股本参加者与债务参加者之间的分配和优先顺序问题也比一般项目融资模式复杂,再加上税务、资产处理与转让等问题,造成组织这种融资模式所花费的时间要相对长一些,法律结构及文件也相对复杂一些,因而比较适合大型项目的融资安排。

(3) 产品支付。产品支付是项目融资的早期形式之一,起源于20世纪50年代的美国。在石油、天然气、矿产等项目融资中最为常见。这种形式主要针对项目贷款的还款方式而言。借款方在项目投产后直接以项目产品来还本付息,而不是以项目产品的销售收入来偿还债务。在这种方式下,项目产品是用于支付各种经营成本支出和债务还本付息的唯一来源。在通常情况下,产品支付表现为产权的转移,而不是产品本身的实际转移。一般情况下,贷款方会要求项目公司重新购回属于他们的项目产品或通过他们的代理来销售产品,贷款方根据收货或付款协议,以购买商或最终用户承诺的付款责任来收回贷款。产品支付融资适用于资源储藏量已经探明并且项目生产的现金流量能够比较准确地计算出来的项目。产品支付融资所能安排的资金数量等于产品支付所购买的那一部分矿产资源的预期未来收益在一定利率条件下贴现出来的资产现值。

(4) 设施使用协议。这种融资模式的对象主要是一些工业设施或服务性项目,如石油、天然气管道项目、港口、铁路设施等,在工业项目中有时也称其为"委托加工协议",即在某种工业设施或服务性设施的提供者和这种设施的使用者之间达成的一种"无论提货与否均需付款"性质的协议。这样,项目的投资者可以利用与项目利益有关的项目设施使用者的信用来安排融资,分散风险,节约初始资金投入,因而特别适用于资本密集,收益较低但相对稳定的基础设施类项目。利用"设施使用协议"方式来安排项目融资,关键在于设施的使用者是否能完成"无论使用与否均需付款"的承诺,因为承诺是无条件的,因此,不管设施的使用者是否使用了该项设施,都必须在融资期间定期向设施的提供者支付一定数量的设备使用费,理论上该项费用应足以支付项目的生产经营成本和项目债务的本息。

(5) BOT 模式。BOT 是 Build-Operate-Transfer 的首字母缩写,BOT 方式中,通常由项目东道国政府或其所属机构与项目公司签署协议,把项目建设及经营的特许权授予项目公司。项目公司在项目经营特许期内,利用项目收益偿还投资及营运支出,并获得利润。特许期满后,项目移交给东道国政府或其下属机构。对于交通和能源等为全社会提供产品和服务的公共工程,最适合用 BOT 方式进行项目融资。在 BOT 方式中,东道国政府是最重要的参与者和支持者。这不仅因为 BOT 项目必须得到政府的批准,并与项目公司签订详尽的特许权协议,而且东道国政府通常提供部分资金、信誉、履约等方面的支持。政府部门也可以持有项目公司的股份。BOT 方式受到发展中国家的普遍关注,主要是因为这些国家通常面临着同样的问题,即资金短缺和和技术力量不足。对于电站、高速公路和铁路等公共设施的建设通常显得力不从心。采用 BOT 方式融资,可以减少东道国政府在项目建设初期的资金投入,同时,可以引进先进的技术和管理经验,为发展中国家的经济建设服务。东道国政府在选择项目经营者时,一定要保证其有充足的资金,较高的技术水平和管理能力,并督促其做好项目的维修和保养工作,以保证在特许权协议终止时项目的运行继续保持良好。

(二) 资金的来源及构成

项目融资的核心问题就是资金来源问题,资金从何而来、以何种方式进行筹集直接影响着整个项目融资过程的成败。巨大的资金需求量和广泛的参与主体,造成了项目融资活动的特殊性和复杂性。

项目融资的资金主要来源于两个方面:权益资本和债务资金。虽然一个项目的资金构成和来源更多地取决于项目的投资结构、融资模式等方面,但若能灵活巧妙地安排项目的资金构成和来源,则既可以减少项目投资者自身资金的投入,又能提高项目的综合经济效益。在确定项目的资金来源和结构时,应主要考虑以下两个要素。

(1) 债务资金和权益资本的比例。国际上大多数国家税法都规定公司贷款利息支出可以计入公司成本冲抵所得税,所以在考虑公司所得税的基础上,债务资金的成本要比权益资本的低得多。理论上如果一个项目使用的资金全部是债务资金,那么它的资金成本应该最低。但过高的负债率同时意味着项目的抗风险能力极度脆弱。相反,若项目的资金来源全部是权益资本,虽然是项目的抗风险能力得到保证,但却没有发挥财务杠杆的强大作用,无形之中加大了项目资金使用的机会成本。因此,如何确定权益资本和债务资金之间的恰当比例,是项目资金安排的关键因素。这个比例的确定主要依据是项目的经济强度,同时受金融市场资金供求状况、贷款银行风险承受能力的影响。

(2) 项目资金的合理使用结构。确定项目资金的合理使用结构,除了需要建立合理的债务资金和权益资本的比例关系之外,还要注意以下四个方面内容:①项目的总资金需求量。一个新建项目的资金预算主要由项目资本投资、投资费用超支准备金和流动资金组成,为了保证项目融资中的资金安排可以满足项目的不同阶段和不同用途的资金需求,必须做好项目的资金总量预算和项目建设期和试生产期的项目现金流量预算。②资金使用期限。项目中的任何债务资金都是有使用期限的。在项目建设的不同阶段,要根据项目的现金流量特点,采用不同的融资手段,安排不同期限的贷款,从而优化债务结构,降低债务风险。③资金成本和构成。权益资本的成本更多地表现为一种机会成本,但项目的贷款利息是债务资金的成本,项目融资可以选择固定利率、浮动利率或两种利率的结合,利率结构的选择通常要考虑项目现金流量的性质和利率的发展变化趋势。④混合融资。混合融资是指不同利率结构、不同贷款形式或者不同货币种类的贷款的结合。混合融资如果安排得当,可以起到降低项目融资成本,减少项目风险的作用。

混合融资的主要来源有以下七种。

a. 权益资本。项目中的权益资本是风险资金,构成了项目融资的基础,也是贷款银行对其进行融资的安全保障。在我国称其为资本金,即项目实体在工商行政管理部门登记的注册资金。项目的权益资本主要是项目投资者投资入股形成的股本金,也可以通过发行股票以及吸收少量政府资金入股的方式筹集。权益资本体现了投资人对项目资产和收益的所有权,在项目满足所有债权后,投资人有权分享利润,同时也要承担项目亏损的风险。

b. 准权益资本。准权益资本是指项目投资者或者与项目利益有关的各方所提供的一种从属性债务。准权益资本的性质包括:债务本金的偿还需要具有灵活性,不能规定在某一特定期间强制性地要求项目公司偿还从属性债务;从属性债务在项目资金优先序列中要低于其他的债务资金,但高于权益资本;当项目公司破产时,在偿还所有的项目融资贷款和其他的高级债务之前,从属性债务将不能被偿还。最常见的准权益资本有无担保贷款、可转换债券和零息债券三种形式。无担保贷款顾名思义,就是没有任何项目资产作为抵押和担保,本息的支付通常也带有一定的附加限制条件。可转换债券是指在一定的时期内,投资者有权将债券按照一定的价格转换为一定数量的公司的普通股。零息债券计算利息,但是不支付利息。在债券发行时,根据债券的面值、贴现率和到期日贴现计算出其发行价格,债券持有人按发行价格认购债券。

c. 第三方资金。第三方资金是指包括项目原材料提供方、设备供应商、工程承包公司、项目产品购买方等一些公司和政府机构出于某种政治目的或经济利益等方面的考虑,而为项目所提供的一些股本资金、软贷款或贷款担保。第三方资金主要包括以下三类:一是由项目产品购买者或项目设施使用者通过签订"长期购买协议"或"设施使用协议"的形式,在项目融资初期购买一定资源储量和产品,把项目预期的生产量转换成为项目的销售收入现值,以资本形式一次或分几次注入项目;二是项目设备、能源、原材料供应商或项目工程承包公司通过延期付款或者低息优惠出口信贷的安排,为项目提供资金;三是政府部门为项目提供条件优惠的出口信贷,其他类型的贷款或贷款担保。

d. 国际商业贷款。国际商业贷款是对在国际金融市场上以借贷方式筹集各种资金的总称。其中以银团贷款最为典型。银团贷款是由一家金融机构牵头、多家国外金融机构组成银团,联合向某借款人提供较大金额的长期贷款,也称辛迪加贷款。主要是针对资金需求规模大、结构复杂的融资项目,由大型跨国银行和金融机构联合组织起来完成融资的任务。在这种融资方式下,借款人可以根据项目的性质、现金流量的来源和货币种类,来组织最适当的资金结构。银团贷款在每个利息期的利率通常以同期的伦敦同业拆放利率(LIBOR)为基础。LIBOR 是目前国外浮动利率贷款中采用最多的基础利率,它从币种上分为美元、日元、英镑等。浮动利率的调整期限有一个月、三个月、六个月、一年等多种。银团贷款一般允许借款人在贷款期间改变货币的币种,给予借款人在不同时间提取不同币种的贷款的选择权。银团贷款任命一家银行作为银团代理行,并在贷款协议中详细规定出代理行的权利和义务。代理行负责监督借款人的财务活动,管理贷款和保持银团和借款人之间的联系。所有借款人的偿债资金都支付给代理行,然后由代理行再按比例分配给每一家贷款银行。

e. 国际债券。国际债券是指一国政府、企事业单位、金融机构或国际金融机构,在国际市场上以外国货币为面值发行的债券。国际债券主要有两大类:外国债券和欧洲债券。前者是指借款人在本国以外的某一个国家发行的、以发行地所在国的货币为面值的债券。它的发行必须经过发行地所在国政府的批准,并受该国金融法令的管辖。后者是指借款人在债券票面货币发行国以外的国家或在该国的离岸国际金融市场上发行的债券。欧洲债券的发行人通常是政府机构、大公司及国际金融机构,其发行地范围并不仅仅限于欧洲,它除了欧洲金融中心的债券市场以外,还包括亚洲、中东等地的国际债券市场,与外国债券不同,欧洲债券发行不受个发行国金融法律的管辖和约束,只需经债券发行人所在国批准即可。常见的欧洲债券包括固定利率债券、浮动利率债券、可转换债券、附各种金融商品认购权债券、无票面利率债券、附红利债券等。总而言之,国际债券是为借款人提供从国际金融市场为数众多的金融机构投资者和个人投资者手中获得成本相对较低的债务资金的一种有效形式。

f. 票据融资。商业票据是一种附有固定到期日的无担保的本票。其原意是指随商品劳务交易而签发的一种债权债务凭证,由买方作为出票人,承诺在一定时期内付给卖方一定金额,卖方可以据此在到期日向买方索现或在未到期时向金融机构申请贴现。现在一般意义上的商业票据则包括美国商业票据、欧洲商业票据、浮动利率票据等。商业票据作为利率低的无担保票据,是一种公开性的短期筹资工具。票据期限短至若干天,长至 9 个月,一般为 30 天。欧洲商业票据是一种由政府、政府机构或大企业凭信用发行的无抵押借款凭证。期限最短仅为 1 天,期限较长的可达 1 年;其发行金额很大,通常在几千万美元以上;欧洲票据多以私募方式发行,融资成本较低,而且发行金额、基础利率等都由发行人决定,利率也可以依据市场条件和借款者的信用等级进行调整。美国商业票据的利率以银行贴现率为计算基础。多数情况下,票据的最小单位为 10 万美元。票据的发行人包括美国的金融机构、外国的金融机构、美国和外国的工业公司、石油公司、矿业公司等。而票据的持有人通常为投资基金、保险公司、银行、养老基金等金融机构,或少量的工业公司。在同等条件下,从美国商业票据市场上获得的资金可以比以 LIBOR 或美国银行优惠利率为基础的银团贷款要便宜;借款人为了避免过分少数商业银行和投资银行,通过商业票据市场获得广泛的资金来源,从而达到分散风险的目的。

g. 租赁融资。融资功能是现代租赁的核心。通过租赁方式融资,是项目融资的重要渠道之一。租赁原意是指将物借与他人使用而获取一定报酬的活动。在现代意义上是指在资本投资中作为获得资本设备所有权的一种融通资金的手段。融资租赁通常包括三方当事人:出租方、承租方和借贷方。利用租赁融资能够增加投资者在财务、税收及经营等方面的灵活性。首先,采用租赁的方法,项目投资者先获得设备使用权,及时发挥设备的经济效益,而每期只需支付一定的租金,使项目投资者能保留较多的自有资金和银行信用额度,用于其他的投资和业务发展机会。其次,把租赁设计成为经营租赁,可以避免进入公司的资产负债表,不影响公司的资产负债率,实现表外融资。最后,由于经营租赁的期限是灵活的,承租人可以根据项目的实际需要而灵活确定租赁期限,承租人也可根据项目的实际需要在任何时间终止租赁协议,减少财务负担。同时,租赁资产多数情况下由出租人提供资产的保养和维修,可减少承租人的各项支出。

第三节 项目融资的风险及分担

一、项目融资风险的分类

（一）按照风险的可控性划分为:系统风险和非系统风险

前者是指与市场客观环境有关,项目的生产经营由于受到超出企业自身可控制范围的经济环境变化的影响而遭受到损失的风险。主要包括政治风险、金融风险、市场风险等,又称不可控制风险。后者是指与项目的生产建设和经营管理直接有关的风险,可由项目实体自行控制和管理,因此又称可控风险。主要包括生产风险、完工风险、环保风险等。

（1）政治风险:投资者与所投项目不在同一个国家或贷款银行与贷款项目不在同一国家都有可能面临着由于项目所在国家的政治条件发生变化而导致项目失败、项目信用结构改变、项目债务偿还能力改变等风险,这类风险统称为项目的政治风险。可分成两类:①国家风险,即项目所在国政府由于某种政治原因或外交政策上的原因,对项目实行征用、没收,或者对项目产品实行禁运、联合抵制,中止债务偿还的潜在可能性;②国家政治、经济、法律稳定性风险,即项目所在国在外汇管理、法律制度、税收、劳资制度、劳资关系、环境保护、资源主权等与项目有关的敏感性问题方面的立法是否健全,管理是否完善,是否经常变动。减低政治风险的办法之一是政治风险保险,包括纯商业性质的保险和政府机构的保险。

(2) 金融风险:金融风险主要表现为利率风险和汇率风险两个方面。利率风险是指项目在经营过程中,由于利率的变动而造成项目价值的降低或收益受到影响。如果投资方采用浮动利率融资,若利率上升,项目生产成本就会上升;如果采用固定利率融资,利率下降又会造成机会成本的提高。汇率风险主要是指东道国货币的自由兑换、经营收益的自由汇出和汇率波动造成的货币贬值问题。例如,境外的项目发起方希望将项目的利润以本国货币或硬通货汇回国内,避免因东道国货币贬值而遭受损失。贷款方也希望项目能以同样货币偿还。

(3) 市场风险:市场风险包含价格和市场销售量两个要素。大多数产品都具备这两种风险。项目投产后的效益取决于其产品在市场上的销售情况和其他表现。产品在市场上的销路和其他情况的变化就是市场风险。降低风险从两方面入手:①要求项目有长期产品销售协议;②长期销售协议的期限要求与融资期限一致。一般采取浮动定价(公式定价)和固定定价方式。另外,需要注意的是市场风险不仅同产品销售有关,而且同项目的原材料和燃料等的供应有关。如果项目投产后原材料及燃料的价格涨幅超过项目产品价格的涨幅,则项目的收益必将受到影响。

(4) 生产风险:项目的生产风险是在项目试生产阶段和生产运行阶段存在的技术、资源储量、能源和原材料供应、生产经营、劳动力状况等风险因素的总称,是项目融资的另一个主要的核心风险。主要表现形式包括:技术风险、资源风险、能源和原材料供应风险、经营管理风险。

① 技术风险:技术风险是指存在于项目生产技术及生产过程中的问题。如技术工艺是否保持先进、是否会被新技术取代等。贷款银行为避免更大风险,项目选择应为经市场检验成熟的生产技术项目。

② 资源风险:对于依赖某种自然资源的生产项目,一个先决条件是要求项目的可供开采的已证实资源总储量与项目融资期间内所计划采取或消耗的资源量之比要保持在风险警戒线之下。

③ 能源和原材料供应风险:由于能源和原材料成本在整个生产成本中所占的比重很大,因此其价格波动和供应可靠性成为影响项目经济强度的一个主要因素。长期的能源和原材料供应协议将是减少项目能源和原材料供应风险的一种有效办法。由于能源和原材料供应价格指数化对各方面都有一定好处,因此特别受到项目融资者的欢迎。

④ 经营管理风险:管理风险主要是来评价项目投资者对于所开发项目的经营的经营管理能力,而这种能力是决定项目的质量控制、成本控制和生

产效率的一个重要因素。其中包括三方面：a. 项目经理是否具备在同一领域的工作经验和资信；b. 项目经理是否为项目投资者之一；c. 除项目经理的直接投资外，项目经理是否具有利润分成或成本控制奖励等鼓励机制。

(5) 完工风险：完工风险是指项目在建设阶段和试生产阶段所面临的项目无法完工、延期完工或者完工后无法达到预期运行标准的状况，是项目融资的核心风险之一。完工风险对项目公司意味着利息支出的增加、贷款期限的延长和市场机会的错过。项目融资赖以依存的基础遭到根本破坏，项目现金流量不能按计划获得。

(6) 环保风险：世界上许多国家政府制定了严格的环境保护法律来限制工业生产对环境的破坏，鉴于在项目融资中，投资者对项目的技术条件和生产条件比贷款银行更了解，所以一般环境保护风险由投资者承担。包括：对所造成的环境污染的罚款、改正错误所需的资本投入、环境评价费用、保护费用以及其他的一些成本。这些都意味着项目成本支出的增加，因此，从长远来看，为了提高生产效益，努力开发符合环保标准的新技术和新产品，才能将增加的成本自行消化。

(二) 按照项目风险的阶段性划分为：项目建设开发阶段风险、项目试生产阶段风险、项目生产经营阶段风险

1. 项目建设开发阶段风险

项目正式开工前有一个较长的预开发阶段，是由投资者承担的，不包括在项目融资风险之中，真正的项目建设开发阶段风险是从项目正式动工建设开始计算的。由于这一阶段需要大量资金购买工程用地、设备，且贷款利息也开始计算成本，因此项目风险接近于最大。需要有强有力的信用支持来保证项目的顺利完成。解决这一风险的途径之一是与工程承包商签订一个"交钥匙"工程，使风险及项目控制权全部落在投资者身上。

2. 项目试生产阶段风险

这是风险仍很高的一个阶段，如不能生产出合格的产品就意味着对项目的现金流的分析和预测是不正确的。在项目融资中引入"商业完工"的概念，即在指定的时间内按一定技术指标生产出合格产量、质量和能源消耗定额的产品。

3. 项目生产经营阶段风险

这是一个标志性的阶段，从生产经营阶段起，项目进入正常运转，正常情况下也应该产生出足够的现金流量支付生产经营费用，偿还债务。贷款银行的项目风险逐步降低，还款能力主要依赖于项目的现金流量和资产。而项目的风险则主要表现为市场、金融、生产等方面。

另外，在项目的开发和经营阶段都需要投入大量的各种要素，包括时间、技术、资金、人员等,因此也可以从这一角度对项目融资的风险进行分类,即所谓的时间风险、技术风险、资金风险、人员风险等,在此不再赘述。

二、项目融资风险的管理

由于项目融资存在以上各种风险,因此必须尽可能地采取各种措施降低风险水平,对各类风险加强管理。

(一) 政治风险的管理

在通常情况下,东道国政府最有能力承担政治风险,因此政治风险一般都由东道国政府来承担。例如,通过东道国政府与项目公司签订"项目全面收购"协议的形式,在政治风险发生时,由政府用现金收购项目,从而保障在政治事故发生时由国家负责所有债务的偿付责任。另外,比较可行的办法还有为政治风险投保或引入多边机构来减少损失,同时东道国的项目参加者也是降低政治风险的关键,这主要是由于它们跟东道国政府的关系比较密切。

(二) 法律风险的管理

由于项目的设计、融资和税务处理等都必须符合项目所在国的法律要求,因此项目融资一定要聘请法律顾问参与。项目的法律环境变化可能给项目带来不可预料的损失,在某种意义上,法律风险事件可通过政治来控制,尤其是在目前法律尚不健全的国家,法律风险更主要应由东道国政府来承担,或者得到东道国某些信誉比较高的机构的担保。项目公司与东道国政府之间可以签署一系列相互担保协议,彼此在自己的权利范围内作出某种担保或让步,以达到互惠互利的目的。这类协议在一定程度上为项目发起方和贷款方提供了法律上的保护。协议主要包括进口限制协议、劳务协议、公平仲裁协议等。

(三) 市场风险的管理

市场风险管理的关键在于预防。在项目初期应做好充分的市场调研和市场预测,在可行性研究论证的基础上,减少项目的盲目性。在项目的建设和运营过程中,签订建立在固定价格基础上的长期原材料及能源供应协议和无货亦付款的产品销售协议,可以减少市场价格波动等不确定因素对项目收入的影响。项目公司还可以通过获得当地政府或产业部门的某种信用支持的方式来降低风险。

(四) 利率与汇率风险的管理

在项目融资中,项目公司根据项目现金流量的特点安排利息偿还,通过浮动利率与固定利率之间的掉期、不同基础的浮动利率之间的掉期,或者不同项目阶段的利率掉期,可减少因利率变化造成项目风险的增加,起到减少项目风险的作用。而货币掉期可以有助于降低项目的利率风险和汇率风险,改变那些有几种不同的货币和利率的项目的资产负债结构。同时,利率掉期可帮助投资者避免利率上涨的风险,在合适的价格条件下获得利率下降的好处;在对汇率变化趋势掌握不准的情况下,采用货币掉期将会为项目公司提供较大的风险管理灵活性。

(五) 完工风险的管理

项目按时并保质保量地完工,主要通过由项目公司与项目建设承包公司签订"项目建设承包合同"和贷款银行通过"完工担保合同"或"商业完工标准"来保证。其中,在固定价格固定工期的"交钥匙"合同中,项目的建设控制权和建设期风险完全由建设承包公司承担。由于贷款银行是项目完工风险的主要受害者之一,银行一般通过项目的"商业完工标准"来检验项目是否达到完工的条件,同时要求项目投资者或项目建设承包公司等其他参与方提供相应的"完工担保"作为保证。

(六) 生产经营风险的管理

在项目融资中,生产经营风险主要包括生产风险、技术风险、能源原材料供应风险和经营管理风险等,这些风险主要是通过项目公司对经营者的约束来完成的,主要体现在一系列融资文件与协议中,如"无论提货与否均需付款"的产品购买协议、原材料供应协议等。如果项目的经营协议建立在固定价格的合同基础上,经营者就会承担经营超过预算的风险。同时,选择经过市场检验的成熟技术、选择具有良好资信与管理经验的项目投资者都有助于降低或减轻项目的生产经营风险。

归纳以上各点可以看出,项目融资的风险管理主要是通过各种合同文件和信用担保协议,将项目风险在参与者之间进行合理分配。而分配原则恰恰是"将所有的风险都分配给最适合承受它的一方"。

三、项目融资风险的分担

对于采用项目融资的项目来说,风险的合理分配和严格管理是项目成功的关键,也是项目各参与方谈判的核心问题。而风险分配与管理的主要手段,就是通过各种合同、协议等文件来协调各方的关系,合理分配风险,从而使项目按计划顺利进行,并明确项目各方的责任和权利。因此风险管理、担保、项目文件的目的在于明确和量化风险;通过担保将风险分析结果落实到书面上,以项目文件作为最终具有法律效力的约束性合同、协议。

(一) 担保的概念和种类

担保在民法上是指以确保债务或其他经济合同项下义务的履行或清偿为目的的保证行为。它是债务人对债权人提供的履行债务的特殊保证,是保证债权实现的一种法律手段。

按照各国法律,担保可以分为两类:物的担保和人的担保。前者是指借款人或担保人以自己的有形财产或权益财产为履行债务设定的担保物权,如抵押权、质押权、留置权等。在项目融资中,主要表现为对项目的土地、建筑物、机器设备、原材料、产成品的抵押及对公司银行账户、专利权等设置担保物权等。如债务人不履行还款义务,债权人有权对担保物行使权利,以保证自己的债权。后者是指担保人以自己的资信向债权人保证对债务人履行债务承担责任。

(二)项目融资担保人

(1) 项目主办方。在项目融资的各种交易中,一般的担保人是项目主办方,即项目发起方。项目公司虽然以自身的资产作为贷款的抵押,但贷款人通常认为项目公司本身资本小,历史短,不能以自身信用举债,所以在实际工作中,作为项目公司股东的项目主办方往往向贷款人提某种形式的担保,作为附加的债权保证。有时还会寻找合适的第三方,请其充当担保人。

(2) 第三方担保人。第三方担保人是指在项目的直接投资者之外寻找其他与项目开发有直接或间接利益关系的机构为项目的建设或生产经营提供担保。第三方担保人通常有以下五类。

① 供应商:有的供应商急于推销自己的产品或副产品,愿意为使用其产品的建设项目提供担保;有的供应商希望自己的产品的得到深加工,愿意为加工项目提供担保。

② 设备经营商:设备经营商若有多余设备,一般不大可能将这些设备卖给那些自身资金不足的公司,除非他们认为该公司前景确实好。但以项目融资形式出售设备,则属特殊情况。设备经营商在售出设备的同时为资产购置者提供担保。这样,设备经营商得到了现金,设备购买者获得了项目融资。

③ 产品用户:需求某种产品或服务的公司愿意为生产此种产品或提供此种服务的建设项目提供担保。一般情况下,产品用户采取长期无货亦付款合同或产量合同的形式。无货亦付款合同或产量合同相当于保证书,可作为担保从其他金融机构获得贷款。

④ 承包商:为了获得大型工程项目的承包建设权利,从而赚取利润,很多承包商都热心于项目融资。他们以固定价合同的形式支持项目的长期融资,承包商接受固定价合同相当于为项目的施工提供担保。

⑤ 政府机构:大型工程项目有时非常需要政府担保,因为有些经济和政治风险不是一般人能担保的,特别是国际银团贷款,债权人希望东道国政

府能为该国工程项目的政治风险担保。同时也可以突破立法上的限制，避免政府的直接股份参与。

(3) 金融机构。银行、保险公司和其他的一些专营商业担保的金融机构，将提供担保作为盈利的手段，承担项目的风险并收取担保费用。由商业银行、投资公司和专业担保机构通过银行信用证或银行担保形式提供担保，保证项目投资者在项目中承担应尽的义务。而各种类型的保险公司为了防止项目意外事件的发生，为项目提供包括项目资产风险、项目政治风险在内的内容广泛的项目保险。

(三) 项目融资担保的类型

(1) 完工担保。项目融资过程中风险最大的是项目建设阶段。因此，大多数项目融资在建设阶段都由项目出资人提供完工担保。完工担保许诺在规定时间内完成项目。若在预定工期内出现超支，则担保方承担全部超支费用。一般来说，完工不仅指设施建设完毕，还包括以一定费用达到一定生产水平。完工担保的担保人保护自己的办法是选择财力可靠的承包商，使承包协议条款和完工担保条件一致。如果承包商能力和信用好，贷款人可以不要担保。另外，担保人可以通过买保险来预防工期拖延，作为完工担保的补充。

(2) 无货亦付款合同。无货亦付款合同是长期合同。采用此类合同时，所收货款应足以为提供服务或产品的项目还债，并支付项目营业费用。最低数额支付的义务是无条件的，当实际不能提供服务或产品时也得支付。无货亦付款责任者的义务是无条件的，是无货亦付款合同的核心。设施全毁、不可抗力、核爆炸、没收、征用都不能构成拒付的理由。因此，无货亦付款合同是不可撤销的。

(3) 安慰信。安慰信一般是由项目主办方或政府写给贷款人，对他发放给项目公司的贷款表示支持的信。这通常是在担保人不愿接受法律约束的情况下所采用的一种担保形式。安慰信最显著的特征是其条款一般不具有法律约束力，而只有道义上的约束力，即使明确规定了法律效力，安慰信也会由于条款弹性过大而不能产生实质性的权利义务。然而，由于关系到担保人自身的资信，违反安慰信虽然不引起法律责任，但会影响担保人今后的业务，因此资信良好的担保人一般不会违背自己在安慰信中的诺言。贷款方愿意接受担保人出具的这类安慰信。

(4) 东道国政府的支持。东道国政府在项目融资中扮演的角色虽然是间接的，但很重要。在许多情况下，东道国政府颁发的开发、营运的特许权和执照是项目开发的前提。虽然东道国政府一般不以借款人或项目公司股东的身份直接参与项目融资，但可能通过代理机构进行权益投资，或者是项目产品的最大买主或用户。特别是基本建设项目,如公路、机场、地铁等,所在国政府将参与项目的规划、融资、建设和运营各个阶段,在项目运营一定时期后由政府部门接管项目。

延伸阅读:第三方风险[1]

1. 项目所需的附属连接设施和共用设施

工程总承包商可能要依靠第三方,比如公共部门、供应方或包销方为项目建设现场提供附属的连接的设施以使项目能够完工。同样,在项目开始运营前也需要这样的连接设施。比如,需要把燃料管道或供水管道接到项目现场,或修建连接到收费公路或桥梁的道路。如果提供这些设施的第三方和项目没有直接关系,那么它们就没有动力遵守项目的时间表,甚至由于连接设施的误工而给项目工程造成更大的损失。在这种情况下,项目公司是能通过分析第三方的业绩记录评估风险的程度,通过和第三方的协调并对其工作进行监督来控制这类风险。工程总承包商和第三方的关系以及他们过去的经验也会对风险的控制起到重要的作用。

2. 公用设施的搬迁

在有些项目的施工中,如道路的修建,需要转移或搬迁某些公用设施,相关的公用设施管理部门可能对这一搬迁的过程负责,所以需要他们的配合。因为他们没有动力配合项目施工的时间表,可能导致项目的延期完工。这一风险可能会从项目公司转移给工程总承包商,这在建设中是一种常规的要求。

3. 项目遭到抗议

涉及公共基础设施建设的项目常常会成为公众抗议的焦点,由此也会影响建设的工期。这种抗议不仅仅会阻碍承包商的施工,最坏的还可能演变成暴力行为。

一般来讲,如果项目涉及公共基础设施的建设,那么公共部门应该为这种事件造成的工程延误负责。首先,应该提供警力保证承包商的施工继续进行;其次,至少应把这种事件造成的误工按不可抗力进行处理,即使无法补充项目公司的收入损失,也应使项目公司免于因工程延期而承担罚款的责任。

4. 依靠另一个项目的项目

第三方风险中最大的一种,也经常是对项目开发具有毁灭性的一种是一个项目的融资要依靠另一个项目。比如,天然气火力发电站可能要依靠管道运输天然气,而该管道本身也采用项目融资的方式建设。如果管道的完工得不到保证,电站项目就不可能获得融资;相反,如果电站的完工得不到保证,那么天然气管道也可能得不到融资。把两个项目的融资合二为一可能是解决这个僵局的办法,但是这两个项目的发起人可能并不相同,而且双方对投资对方的项目或担保可能并没有兴趣。

---

[1] 引自 E.R.Yescombe:《项目融资原理与实务》,王锦程译,清华大学出版社,2010年。

案例分析：PPP 项目运作经验教训总结及启示[1]

1. 案例选取

根据《关于开展政府和社会资本合作的指导意见》（发改投资〔2014〕2724 号）定义，城市基础设施经营性项目是指"有明确收费基础，并且经营收费能够完全覆盖投资的成本的项目"，政府可通过政府授予特许经营权的方式，采取"建设—运营—移交（BOT）"和"建设—拥有—运营—移交（BOOT）"等模式推进。城市基础设施经营性项目具有一定的公益性、竞争性和非排他性等特点，表明在资产使用过程中具有一定正外部效应，资产具有一定的收费基础，收费机制决定在资产的使用过程存在竞争性，但资产的使用具有非排他性，由于项目具有一定的公益性，因此价格调节机制市场化程度较低，政府根据成本—收益的关系对价格进行调节。经营性项目和准经营性项目的区分并不是绝对和一成不变的，而是可以随着具体环境条件的变化而变化的，政府根据需要，通过制定特定政策提高产品或服务的价格等可以提升经营性项目的经营系数，准经营性项目可变成经营性项目。依据上述标准，选取杭州湾大桥和广州西朗污水处理厂 PPP 项目，具体情况参见表 7-1 和表 7-2。

表 7-1　杭州湾大桥 PPP 项目

项目	内容	
政府方	初始投资阶段（截至 2008 年 5 月），宁波市政府授权机构——宁波交通投资控股有限公司（以下简称"宁波交投"，持股 40.50%）	运营阶段（截至 2013 年 12 月 31 日）宁波市政府授权机构——宁波交投（持股 51.33%）
社会资本方	初始投资阶段（截至 2008 年 5 月），社会资本方共 15 家，其中：中国中钢集团公司（国有企业，持股 23.06%）、嘉兴市杭州湾大桥投资开发有限公司（国有企业，持股 7.80%）、慈溪建桥投资有限公司等 13 家民营企业（持股 28.64%）	运营阶段（截至 2013 年 12 月 31 日），社会资本共 16 家，其中：上海上实（集团）有限公司（国有企业，持股 23.06%）、嘉兴市杭州湾大桥投资开发有限公司（国有企业，持股 7.80%）、上海海通环宇投资发展有限公司等 14 家民营企业（持股 17.81%）
项目公司	宁波市杭州湾大桥发展有限公司（以下简称"杭州湾大桥"）	
项目概况	项目总投资：总投资 118 亿元 项目介绍：杭州湾大桥北起嘉兴海盐郑家埭，南至宁波慈溪水路湾，全长 36 千米，双向六车道，时速 100 千米/小时 建设期：2003 年 11 月至 2008 年 5 月 1 日 运营期限：预计收费经营期 25 年	
项目合同	公司主要负责杭州湾跨海大桥及相关附属设施和设备的投资、建设、运营、维护、管理	
存在问题	出现竞争性项目，导致收益降低，部分社会资本退出，政府方授权机构持股比例提升	

资料来源：公开资料，中债资信整理。

---

[1]　基于案例分析的 PPP 项目运作经验教训总结及启示，http://bond.hexun.com/2015-03-02/173657595.html。

表 7-2 广州西朗污水处理 PPP 项目

项目	内容
政府方	广州市政府授权机构——广州市污水治理有限责任公司(以下简称"广州污水")
社会资本方	泰科亚洲投资有限公司(以下简称"泰科投资"),美国地球工程公司(以下简称"美国地球"),泰科投资和美国地球为美国泰科集团公司(以下简称"泰科集团")全资子公司,其中美国地球主要从事水处理和环境工程的业务
项目公司	广州西朗污水处理有限公司(以下简称"西朗污水") 股权结构:广州污水持股比例为33%,泰科投资和美国地球持股比例为67%
项目概况	初始投资:9.88亿元 建设期:2001年12月21日至2003年10月底 运营期:17年特许经营权
项目合同	(1) 项目公司成立时按照持股比例缴纳注册资本金3.33亿元(广州污水缴纳1.098 9亿元,泰科投资和美国地球缴纳2.231 1亿元),剩余6.67亿元的项目资金以项目做抵押贷款 (2) 项目建设内容包括西朗污水处理厂、截污管网(40公里)和沿线4个泵站 (3) 西朗污水厂收入来源于建设期的投资回报率和按污水处理费 (4) 从建设到运营的合作期为23年,泰科投资和美国地球获得17年特许经营权,西朗污水需要在17年内将主要设备更新一遍,合作期结束后全部资产无偿转让给中方所有,此过程中由政府授权机构广州污水进行监督,防止资产移交后不能使用
存在问题	正常运营

资料来源:公开资料,中债资信整理。

2. 案例分析

基于上述案例,经营性项目引入 PPP 模式需要注意以下两点。

(1) 项目选择:经营性项目应具有明确的收费机制,长期看可形成稳定的投资回报。在选择经营性项目开展 PPP 的过程中,确保社会资本回报率对于 PPP 的开展起着十分关键的作用。

对于西朗污水项目,项目资产是污水处理资产,资产运营具有收费机制,资产运营规避了纯市场项目高风险、高收益的特点,收费机制具有长期稳定性,长期来看,西朗污水项目的运营不仅可以覆盖投资运营成本而且会带来稳定的投资回报率,西朗污水项目是经营性 PPP 项目的成功典范。

整体来看,对于经营性项目,项目自身的运营收入是社会资本投资回报的主要途径,基于风险与收益的对等关系,在经营性项目的选择中,与资本市场和市场化程度较高的实体经济投资领域(如房地产市场)相比,项目选择中应规避"高风险和高收益"的纯市场投资特点,项目投资回报应具有较强的稳定性,长期来看会形成较高的稳定投资回报率。

(2) 合同订立:社会资本方应重点关注特许经营期限、收费机制变更的补偿机制、项目唯一性等条款以保障项目收益;政府方则需重点关注项目监督机制。对于经营性项目,合同订立是保证政府方和社会资本方开展 PPP 项目成功与否的法律保障。

对社会资本方而言,尽管经营性 PPP 项目具有较强的市场化运作特征,但其依赖市场化运作实现投资回报的前提往往是政府政策支持,包括特许经营期限、收费机制、项目唯一性等,社会资本方需在合同订立中作出约定,并就违约补偿与政府方达成共识,以保障项目盈利。杭州湾大桥项目中,项目运营初期,投资回报率较高(2009 年营业毛利率为 63.93%)。但运营 5 年后,杭甬客运专线和杭州湾第二通道(嘉绍跨江大桥,相隔仅 50 千米左右)分别于 2013 年 7 月 1 日和 2013 年 7 月 19 日建成通车,对杭州湾大桥形成较强分流,致使通行费收入下降,投资回报率下降(2013 年营业毛利率降为 50.44%),并最终引致部分社会资本退出,并由政府方授权机构宁波交投回购其股权。在该案例中,项目主要风险为项目唯一性风险,即政府或其他投资人新建或改建其他类似项目,导致对该项目形成实质性商业竞争而产生的风险。由于在合同订立环节,社会资本方未就项目唯一性及违约补偿与政府方达成一致,最终导致 PPP 模式难以为继。

对政府方而言,合同订立过程中应重点关注对资产使用及维护的监督条款,保证在特许经营期期满后转交的资产可以继续使用。广州西朗污水项目中,依据特许经营协议,西朗污水从建设到运营的合作期为 23 年,其中运营期为 17 年,合作期结束后将全部资产无偿转让给政府方所有。为维护资产使用的可持续性,在合同中约定由政府授权机构对污水资产的使用进行监督,明确了资产更新条款(西朗污水需要在 17 年内将主要设备更新一遍),并在特许经营期全面进行监督。上述监督机制的设立有效保障的项目资产使用的可持续性,值得借鉴。

复习思考题

1. 什么是项目融资?其基本的特征是什么?
2. 项目融资的 BOT 方式是什么?基本的特征是什么?
3. 请分析项目融资的参与主体和当事人构成。
4. 项目融资的主体通常采取何种公司组织结构?
5. 项目可行性研究中的评估方法有哪些?
6. 什么是融资租赁?它在项目融资中的作用是什么?
7. 请分析国际商业贷款在项目融资中的地位与作用。
8. 项目融资的风险按照可控性有哪些分类?
9. 请分析项目融资风险管理控制的基本方法与途径。
10. 项目融资的担保人在融资过程中具有何种角色和功能?

第三篇
金融市场与金融投资

DISANPIAN JINRONG SHICHANG YU JINRONG TOUZI

第八章

金融市场与金融产品

投资导读

金融市场是现代经济体系中一个重要的部分。作为社会资金分配的重要渠道,金融市场与银行体系扮演着两个最主要的角色。其中银行体系担负的是间接融资的功能,而金融市场是一个直接融资的体系。随着市场经济体系的发展,金融市场所承担的直接融资功能在扩张,其地位也不断上升。现代金融市场以资本市场为核心,它能提供一系列的金融产品,吸引了大量的公司企业进入市场融资,同时也吸引了无数的投资者进入市场从事金融交易,由此而构成了现代金融市场体系。

第一节 金融市场及其构成概述

要从事金融投资,就必须从认识现代的金融市场开始。金融市场(financial market)是指由货币资金的供需双方以金融工具为交易对象所形成的市场。金融市场有广义和狭义之分:广义的金融市场是由货币资金的借贷、有价证券的发行和交易以及外汇和黄金买卖活动所形成的市场,包括银行、证券等所有的金融交易活动;而狭义的金融市场是指由直接融资工具构成的金融交易体系,特指一国的货币市场和债券与股票交易组成的证券市场,它包括证券的发行市场和交易市场,而不包括银行等金融机构的间接融资活动。我们在这里分析的都是指狭义的金融市场。

金融市场是进行金融资产交易的场所,也是金融工具交易和流通的体系,这个依一定原则建立的市场可以吸纳社会的投资者和企业进行自由的交易,完成社会资源的配置,并通过市场的竞争决定资金交易的价格。作为金融交易体系的金融市场已有数百年的发展历史,而其大规模的扩展与发展是在近百年以来,尤其是在第二次世界大战以后,而在 20 世纪 80 年代以后,由于金融自由化和市场的日益开放,金融市场的融资交易已经在一些工业发达国家中占据主导地位,而新兴工业化国家也正在追随效仿。

金融市场有两大构成要素:一是金融市场的主体,即金融市场的参与者,他们组成资金的供应者和需求者,金融市场的主体主要包括政府、中央银行、金融机构、企业和居民,在开放的金融市场上,还应该包括国外的金融交易参与者;二是金融工具,即金融市场的交易对象,以金融资产或金融商品的形式出现,根据等价交换的原则进行自由交易。不同的金融工具具有不同的特点,能分别满足资金供需双方在数量、期限和条件等方面的不同需求,在不同的市场上为不同交易者服务。

金融市场的构成较为复杂,它的实际体系也在经常性地发生变化,因此,对金融市场的分类也是多种多样的,我们现在主要以交易对象为标准来分析认识金融市场。

一、货币市场

货币市场,即短期资金交易市场,它通常是指交易期限在一年以内的金融资产市场。具有交易期限短、流动性强、安全性高和交易额大等特征。货币市场具有为政府和企业调剂资金余缺和形成市场基准利率等功能,也是中央银行进行宏观调控,商业银行等金融机构进行流动性管理的市场。其中货币市场最主要的部分有以下五个。

(一)同业拆借市场

这是一个以银行为主要参与者的金融业短期资金拆借市场,这个市场的主要功能是为金融业提供一个短期资金买卖的场所。因此,同业拆借市场是一个金融业的"头寸"调剂市场。它可以提高银行业资金的利用效率和流通速度。金融机构以其信誉参与资金拆借,因此市场准入条件比较严格,我国同业拆借市场的主体主要包括所有类型的金融机构,但是金融机构进入同业拆借市场必须经过中央银行批准。

（二）票据贴现市场

这是一个由银行业为未到期的商业票据提供贴现的市场，它是一个短期的资金调剂市场。贴现是商业银行在票据未到期时把票据买进，以票面金额扣除自贴现日起到票据期满日为止的利息，将所余金额付给贴现人。贴现率是商业银行的主要贷款利率之一，与拆借利率存在着互相影响的作用。

（三）短期国库券市场

这是一个由期限在一年以内的短期国库券流通买卖构成的市场，金融机构通过参与市场的买卖来调整自身的头寸和资产结构。高安全性、高流动性是国库券的典型特征，由于有国家信用做支撑，二级市场发达，流通转让十分容易，投资者通常将国库券看作无风险债券。

（四）大面额可转让存单市场，即CD市场

大面额可转让存单是由商业银行发行的具有固定面额、固定期限，可以流通转让的大额存款凭证，期限按到期范围是1—18个月，最普遍的是6个月。银行业通过发行这种特种的存单可以吸收较为稳定的资金，而存单的流通转让构成了一个短期的资金市场。

（五）国债回购协议市场

回购协议是指这样一种资金交易行为：证券持有人在卖出一定数量证券的同时，与证券买入方签订协议，双方约定在将来某一时期由证券的出售方按约定的价格将证券如数赎回。国债回购协议也就是金融业通过国债的买卖和回购协议来获得资金的渠道，金融业通过这个协议可以获得较为稳定的资金。

二、资本市场

资本市场，即长期资金市场，主要由股票市场和债券市场组成，此外，还有由股票和债券市场延伸出来的金融衍生工具市场。其中股票是由公司企业发行的资本权证，是一种没有期限的流通证券；而债券则包括国债、公司债券，以及金融债券等。资本市场上的交易工具期限长，筹资和交易的规模大，收益性不确定。从长期来看，资本市场的发展能促进资源的合理配置、企业的并购重组和优化升级，现代资本市场被称为具有"魔力"的市场。

从资本市场的组织与运作角度看，可以把资本市场分为一级市场和二级市场。

（一）一级市场

一级市场是新发行证券的交易市场，因而也称为发行市场。一级市场

可以是无形市场,它由证券的发行人——公司或政府、投资银行和证券商以及公众投资者组成。发行市场按证券发行销售对象分类,可以分为公开向所有投资者发行销售的公募形式和向特定机构或者群体投资人发行销售的私募形式;按发行方式分类,可以分为发行主体自行办理一切手续直接从投资者那里筹集资金的直接发行和通过证券商作为受托机构的间接发行。上市公司发行股票,必须由一家投资银行或证券商承销,发行规模大的还要组织证券商承销团联合承销。上市公司与承销商一般通过订立协议来确立承销关系。承销商或承销团可以采用代销和包销两种方式销售股票。代销方式由上市公司承担销售风险,承销商不承担市场销售风险;而包销方式是由承销商把新发行的股票全部认购下来,再销售给投资者,承销商要垫付资金并承担市场销售风险,当然承销商也可获得较高的佣金。一级市场本身可以是一个无形的市场,也可以是借助二级市场活动的市场。

(二) 二级市场

二级市场是已经发行的证券买卖转手的市场,即"二手"证券市场,证券流通转让市场是金融市场最重要的部分。二级市场上的证券来自一级市场,两个市场是相互联系的。有一级市场的证券供给才有二级市场的流通转让;同样,有了二级市场的流通转让才能有一级市场的证券发行。两个市场在价格和资金上是相互联系和制约的。二级市场上的证券交易是有充分竞争的,其价格是由供求关系决定的,证券二级市场的价格即其"市盈率"是一级市场证券价格制定的参考依据。证券二级市场的组织方式有正规的证券交易所,证券挂牌上市,实行集中的拍卖;也有证券商的柜台交易;还有场外的自由交易。交易所的集中交易是有组织的市场,投资者必须通过证券经纪人进行买卖。

三、外汇市场

外汇市场是一国外汇自由买卖交易的市场,也是金融市场的构成部分。外汇市场的参与者主要有银行、企业和个人投资者,中央银行则是作为汇率的调节者参与市场的交易。

外汇市场的交易运作一般有以下三个部分。

(1) 由企业和公众与外汇业务银行的交易构成:企业和个人因贸易、旅游、投资、投机等需要而与银行发生外汇买卖业务,这个市场的交易多数是外汇的实盘买卖业务。

(2) 由银行间的外汇买卖所构成的同业调剂市场:在这个市场上,商业银行、投资银行、外汇银行、非银行金融机构因业务需要而买卖外汇,形成银行间同业外汇买卖市场,这种交易的规模比较大。

(3) 由一国中央银行和银行及外汇经营机构之间的交易构成:中央银行介入外汇市场的交易,一般不是出于投资或投机的目的,而是为了通过外汇的买卖影响市场的供求关系,从而发挥干预汇率的作用,以保持一国货币汇率的稳定。

由于外汇市场的波动与汇率变动的不确定性,外汇市场投资也就具有相应的收益和风险。在外汇市场投资,目前基本的交易方式有以下几种:①即期外汇交易,即现汇买卖业务;②远期外汇交易,即外汇买卖的远期合约,一般交割期为1—6个月;③外汇掉期交易,是指在买进或卖出现汇的同时以相反的方向卖出或买进同等数量的远期外汇;④套汇交易,即投资者在汇率较低的外汇市场上买进一种货币,而同时在汇率较高的另一市场上卖出同种货币,以获取利差;⑤套利交易,即投资者利用不同金融市场利率差异而调动资金获取利差的交易;⑥外汇期权交易,即外汇远期交易市场上的选择权买卖,属于一种金融衍生商品。

四、黄金市场

黄金买卖的市场属于一种特殊的金融市场。在黄金市场上的交易,是中央银行和金融机构调剂储备、分散风险的手段,也可以进行投机性的黄金买卖,而国内的黄金市场已转变为普通商品的买卖市场。现在虽然普遍实行信用货币制度,但是各国仍然保留一定的黄金储备。当本国货币汇率大幅波动时,政府仍然会利用增减黄金储备、吸纳或投放本币的方法来稳定汇率。20世纪70年代以来,黄金市场发生巨大变化,不但市场规模扩大、交易量猛增,而且投机活动不断增加,黄金市场不断壮大。

专栏阅读8-1:国际金融中心——纽约

纽约是世界最重要的国际金融中心之一。第二次世界大战以后,纽约金融市场在国际金融领域中的地位进一步加强。美国凭借其在战争时期膨胀起来的强大经济和金融实力,建立了以美元为中心的资本主义货币体系,使美元成为世界最主要的储备货币和国际清算货币。西方资本主义国家和发展中国家的外汇储备中大部分是美元资产,存放在美国,由纽约联邦储备银行代为保管。一些外国官方机构持有的部分黄金也存放在纽约联邦储备银行。纽约联邦储备银行作为贯彻执行美国货币政策及外汇政策的主要机构,在金融市场的活动对国际市场利率和汇率的变化有着重要影响。世界各地的美元买卖,包括欧洲、亚洲美元市场的交易,都必须在美国,特别是在纽约的商业银行账户上办理收付、清算和划拨,因此纽约成为世界美元交易的清算中心。此外,美国外汇管制较松,资金调动比较自由。在纽约,不仅有许多大银行,而且商业银行、储蓄银行、投资银行、证券交易所及保险公司等金融机构云集，许多外国银行也在纽约设有分支机构，2016年世界最大的100家银行在纽约设有分支机构的就有95家之多，包括中国的主要商业银行在纽约都设有分支机构。这些都为纽约国际金融市场的发展与运行创造了条件，并强化了纽约作为国际金融中心的地位。

第二节 金融市场的组织与运行

现代金融市场作为大众投资的场所，市场的组织与管理体系主要体现为交易服务的功能，维护市场"公开、公正、公平"的原则和交易的效率。

从狭义金融市场角度看，其市场组织与构成主要体现为以下两个方面：①按照证券市场流通交易过程看，金融市场由从事证券发行的一级市场和进行证券交易的二级市场所组成；②从证券交易的过程和方式看，金融市场是由交易所集中交易、柜台交易、场外自由交易等形式所组成。具体的交易方式有现货交易、期货交易、期权交易和期指交易等方式所构成。

一、一级市场的组织与交易方式

一级市场是证券市场的基础和先导，它担当着证券初次发行和融资的功能。一级市场因此也被称为发行市场。

一级市场的功能决定了它的组织结构，它不是一个集中的、有形的交易市场，而是一种交易关系。市场的功能是要完成证券的初次发行和资金的筹集，因此，参与一级市场的活动主体有以下三种。

(1) 上市公司或政府，是证券的发行者，也是融资主体。
(2) 投资银行或券商，是证券发行、承销的金融机构。
(3) 投资者，由企业、各种经济主体以及社会大众所构成。

公司作为一级市场的融资主体，是证券的发行者，它可以是首次发行(initial public offerings, IPO)，也可能是增发和再次发行。公司发行股票并在证券交易所挂牌上市，即成为上市公司。上市公司要发行股票并进入交易所挂牌，必须具备一定的条件，因各个国家的经济发展水平和证券市场结构不同，上市的标准也不同。从我国目前的要求看，公司公开发行股票必须符合以下几个准则：一是公司的规模基准，上市公司的资产规模必须达到基本要求，如目前要求不少于人民币5 000万元；二是公司股权的分布基准，即要求上市公司的股权有一定的分散度，目前我国法规要求公众持有的流通股比重不低于30%,在流通股中,持有1 000股以上的公众股东不少于1 000人;三是公司经营的盈利基准,即公司要发行和上市必须具备一定的盈利基础,目前要求公司必须在公开发行前有连续3年经营盈利的记录;四是公司的合法经营基准,要求公司在发行和上市时,没有财产纠纷和未清理的债权债务关系,也没有任何的法律诉讼。当然,在市场体系中,符合上述条件的企业是很多的,但能够通过发行股票成为上市公司的只是少数。在公司上市过程中,需要有一个竞争和选择的机制来遴选上市公司。在成熟的证券市场上,公司上市的选择机制除了法规体系外,主要是通竞争优胜劣汰,由投资者的选择来决定;在我国目前的一级市场上,上市公司的选择主要由行政机制及其行政选择来决定。通常是按照行政区划分配上市公司名额,再通过行政审批来决定上市公司的名单。行政审批的缺陷是缺少竞争机制与公众选择,容易造成企业包装重组,弄虚作假,使一些劣质公司得以上市。因此,一级市场也需要有更透明的信息,引入市场的竞争机制。

专栏阅读8-2:企业IPO发行条件

首次公开募股(IPO)是指一家企业或公司(股份有限公司)第一次将它的股份向公众出售(首次公开发行,指股份公司首次向社会公众公开招股的发行方式)。表8-1罗列了我国主板、中小板和创业板市场对企业IPO的条件限制。

表8-1 我国主板、中小板和创业板市场对企业IPO的条件限制

		主板	中小板	创业板
名词解释		沪深交易所的主板	从深交所主板市场中单独设立一个模块,上市条件与主板完全相同	2009年在深交所启动,相对于主板,创业板的上市门槛较低
主体资格	主体类型	依法设立且合法存续的股份有限公司	同主板	同主板
	经营年限	持续经营三年以上	同主板	同主板
	主营业务	最近三年内没有发生重大变化	同主板	应当主要经营一种业务,最近两年内没有发生重大变化
	董事、高级管理人员	最近三年内没有发生重大变化	同主板	最近两年内没有发生重大变化
	实际控制人	最近三年内没有发生变更	同主板	最近两年内没有发生变更

续 表

		主板	中小板	创业板
财务与会计	净利润	最近三个会计年度净利润均为正数且累计超过人民币3 000万元	同主板	最近两年连续盈利,净利润累计不少于1 000万元;或者最近一年盈利,最近一年营业收入不少于5 000万元
	收入	最近三个会计年度经营活动产生的现金流量净额累计超过人民币5 000万元;或者最近三个会计年度营业收入累计超过人民币3亿元	同主板	
	股本总额	发行前股本总额不少于人民币3 000万元	同主板	发行后股本总额不少于3 000万元
	资产	最近一期末无形资产(扣除土地使用权等)占净资产的比例不高于20%	同主板	最近一期末净资产不少于2 000万元
	其他	最近一期末不存在未弥补亏损	同主板	最近一期末不存在未弥补亏损

公司除了公开发行股票和挂牌上市外,还可以通过市场发行股票并通过证券商的交易系统进行买卖,亦即进行"柜台交易",这些公司也可称为"上柜公司",相对于上市公司,柜台交易系统的公司的上市条件要宽松一些,如对于资本规模、经营年限、经营盈利的要求都要低一些。有些国家还专门设立了以高新技术企业为主要对象的创业板市场,作为柜台交易的对象,如美国的 NASDAQ 系统。除了上市和上柜的公司以外,一些国家还允许公司进行"私募",在一定范围内发行证券,并在市场外自由转让,投资者可以自由选择证券进行买卖。

证券一级市场上的另一参与主体是投资银行和证券商。投资银行在有些国家称为证券公司,它是从事一级市场证券承销、包销代理的中介机构,具有融资、财务顾问、资产重组、证券包销代理、证券市场开发等运作能力。一级市场离不开投资银行的中介作用,它可以为企业提供融资,进行资产重组,包销代理证券,解决企业与投资者之间的信息不对称问题,大大提高市场运行的效率。从目前看,各国一般都不允许企业自己直接销售股票,而必须由投资银行或证券公司承销。在一级市场上,投资银行或证券商开展业务也必须通过竞争,企业与投资银行或证券商之间的关系是一种委托代理关系,双方都可以根据市场和成本原则进行选择。

公众投资者是证券一级市场上的投资主体。投资者进入一级市场从事证券买卖,也是为了获利,但市场的操作方式与二级市场是不同的,投资者认购一级市场股票就成为公司的原始股东,投资者不能马上在这个市场上转让其所持有的股票,他必须要等到公司的股票在二级市场上挂牌交易后才能进行转让交易。投资者获利的基础是认购的股票在二级市场挂牌后发生增值,当然,投资者也可以长期持有股票,成为公司的股东和战略投资者。一级市场的投资也有相应的风险:一是投资具有流动性风险,其认购的股票不能马上转让和变现,遇到市场的重大变化,或者公司的意外变化,就有可能出现亏损;二是企业的信用风险,从市场发行到二级市场挂牌上市,有一个时间间隔,企业或市场的变化都可能给投资者带来风险。

从投资者的构成看,一级市场由两部分投资者组成:一部分是长期持股的战略性投资者,也可能是管理参与型的机构实体;另一部分是分散的投资者,是非参与型的一般投资大众。

一级市场的交易方式也是特殊的。股票的初次发行,涉及股票定价问题,一级市场上股票价格的确定,也不同于二级市场,它有两种基本的方法:一种是以固定价格发售,投资者通过竞标方式,或者通过抽签、摇号、排队等方式购买;二是以浮动价格发售,一般通过交易系统实行网上竞价拍卖。一级市场的股票定价标准一般要低于二级市场的同类股票,其市盈率一般为二级市场同类股票的40%—50%,其原因有多种多样的解释。一般认为是为了便于股票的销售和向一级市场投资者让利。也有分析认为是因为投资者进入一级市场承担了更多的风险而所获得的回报。但一级市场和二级市场是相互联系、相互影响的,一级市场的股票价格不能完全脱离二级市场价格,而二级市场股票价格也会受到一级市场价格的影响。所以,一定时期的市场供求关系对一级市场的股票价格也会产生影响。在二级市场处于低迷的熊市状态时,一级市场的价格就低,发行也会有困难;而在二级市场处于上升时期的牛市时,一级市场的价格也会被拉高。因此,进入一级市场的时机对于投资者来说也是十分重要的。

案例阅读 8-1:我国的证券发行市场

中华人民共和国成立初期,中央政府为了迅速恢复国民经济,曾在 1950—1959 年发行过公债,但是在 1968 年还清内外债以后的十多年里,我国成为"无债国"。1981 年 7 月,国务院决定发行国库券,从此揭开了中国证券市场发展的序幕。进入 20 世纪 90 年代,随着上海证券交易所和深圳证券交易所的开通,证券管理体制的逐步形成以及一系列证券管理法规的出台,我国证券市场进入高速发展阶段。总体来讲,我国证券市场的发展经历了三个阶段。

1. 起步阶段(1981—1985 年)

这一阶段,中国证券市场基本上是国库券单一品种结构,证券交易市场没有发育。无论是从股票发行市场的数量,还是发行市场的管理来看,这一时期的我国股票发行市场都处于早期试验阶段,市场发展的基本要素严重不全,仅有少数的市场品种(基本上是单一的国库券),所以这一时期的我国证券发行市场处于先期实验探索阶段。

2. 过渡阶段(1986—1990 年)

这一阶段,证券发行市场的结构逐渐多元化。国债、企业债和股票都已经存在。但是这种市场结构很不稳定,经常发生跳跃和波动。这一时期中国的证券发行市场进展加快,通过发展证券股发行市场筹集经济建设资金开始成为经济体制改革的一种思路。当时的股票发行作为集体所有制企业筹集资金和企业间进行横向经济联合融资的试行方式深受推崇。此时的证券发行市场规模开始扩大。

3. 全面发展阶段(1991 年至今)

1992 年 10 月,国务院证券委和中国证监会宣告成立,标志着中国证券市场统一监管体制开始形成。我国证券发行市场也进入全面发展阶段,主要表现有以下六个方面:第一,证券发行规模逐渐扩大;第二,证券品种增多,结构趋于合理;第三,证券发行方式逐渐市场化;第四,证券市场的法制建设得到加强;第五,基本确立了我国证券发行市场监管的基本框架,初步形成全国性的证券监管体系;第六,证券发行市场的国际化方面也取得很大成绩。

二、二级市场的组织与交易方式

二级市场是证券交易和转手买卖的市场,也是一个提供证券变现的市场,也是投资活动的基本场所。

二级市场的基本功能是为投资者提供一个连续交易和变现的场所;通过交易发现价格;为企业提供一个再融资的渠道;市场价格的变化为国民经济变化提供一个晴雨表的作用。

二级市场的组织主要的方式有集中的证券交易所、场外交易系统,还有场外自由交易。

(一) 证券交易所

证券交易所是二级市场最基本的组织形式和交易场所。它是一个封闭式的、连续交易的、集中拍卖的市场系统。交易所系统是在证券自由市场基础上发展而来的一个有组织的市场。它由上市公司、投资者和证券商组成,上市公司的股票在获得批准后在交易所系统挂牌交易;投资者则申请开户进入交易所系统;而证券商则作为交易经纪人进入市场为投资者提供中介服务。二级市场证券交易的基本流程为:投资者向证券交易所申请开户,建立证券账户和交易资金账户;投资者确定证券公司作为经纪人;投资者根据市场行情向证券公司发出买卖股票的指令,通常买卖指令有限价指令、市价指令、停损指令;证券公司通过市场交易系统实现买卖并实现股票的交割、清算。

现代证券交易所的组织方式有两种,即公司制交易所和会员制交易所。公司制交易所是指证券交易所本身是按有限责任公司形式组织的。交易所公司本身也是营利性机构,它通过提供特种的服务而获得收益,一般而言,公司制交易所因以营利为目标,其收费要高于会员制交易所,而公司制交易所本身不参与证券交易,与交易各方没有利益关系,因而其管理运作过程较为公正。目前只有英国等少数国家的交易所实行公司制。会员制交易所是由证券商会员所组成的非公司性法人机构,不以营利为目标,其收费也较公司制交易所为低,但一般认为会员制交易所的条例与管理运作对证券商较为有利。目前大多数国家的交易所都实行会员制,如美国的纽约证交所、美国证券交易所、日本的东京证交所,以及我国的上海证交所、深圳证交所。

证券交易所的组织与市场规模有一定的关联。在美国,交易所有全国性的证交所和地方性的证交所两种,纽约证交所和美国证交所是两个全国性的交易所。此外,还有 5 个地区性的证券交易所,分别为旧金山、新奥尔良、费城、波士顿和辛辛那提交易所。在纽约证交所上市的股票有 8 000 家左右,其中约有一半为美国公司,总市值约为 80 000 亿美元,是世界上最大的证券交易所。在地区性证券交易所上市的股票有两种:一种为不够资格到全国证交所上市的股票;还有一种是在全国性证券市场挂牌的股票同时在地区性交易所上市,属于双重上市。我国目前只有上海和深圳两个全国性的证券交易所,随着市场的扩展和企业上市的扩张,交易所的规模将会扩大,交易所的分布也可能发生变化。

> 我国的证券交易所是成立于 1990 年的上海证券交易所和深圳证券交易所,简称上交所和深交所。包含了上交所的主板市场交易系统和深交所的中小板市场与创业板市场交易系统。从创立之初到 2017 年 6 月,两地市场共有上市企业 3 200 余家,上市证券 14 800 余只。交易所的日交易量从初期的几千万元人民币到目前的两市各 5 000 多亿元人民币,在市场多头交易高涨时日成交量高达 10 000 多亿元。目前沪深两市的投资者开户数超过了 1.2 亿,与美国的投资者开户数相近,证券市场的股票数量和投资者数量,以及交易规模都呈快速增长的态势。

证券交易所实行集中封闭的交易,通常只有证券商经纪人才能进场交易,其必须要向交易所申请席位,交易所的席位数通常是固定的,必须缴纳席位费,新的经纪人要获得席位,必须要等待原有会员席位的退出。交易所的交易佣金是根据交易量来确定的。现在世界上大多数交易所的交易佣金是可以浮动的,交易商可根据交易的规模来调整佣金比例,客户可以与经纪人协商确定佣金比例。我国从 2002 年开始,允许佣金实行浮动,可以由券商和客户协商佣金的比例,而没有最低限制。

(二) 场外交易系统

场外交易系统是指在证券交易所系统以外所从事的证券交易。其交易的证券都是非交易所上市的股票和其他证券。场外交易(OTC)中一种有组织的交易系统叫作证券商自动报价系统,是一种电子化的柜台交易系统,最有代表性的是美国的全美证券商自动报价系统,即 NASDAQ 系统。这个电子化的自动报价系统要为从事场外交易的交易商提供市场行情信息,投资者购买股票要通过其经纪人委托交易商进行。较为标准化的证券报价系统,如 NASDAD 系统,它以高新技术公司的股票为对象,形成了一个类似于证券交易所的交易市场。在欧洲、日本、澳大利亚以及中国香港,也都有类似于 NASDAQ 的创业板市场,我国也于 2009 年建立了创业板市场,吸引高新技术公司股票进入这个市场。

(三) 场外自由交易

场外自由交易也称为第三市场，它是指那些在证券交易所上市的股票在场外自由交易。在美国，上市公司的股票大多为无记名股票，股票交易不需要登记和过户，这为股票的场外自由交易创造了条件。同时，证券交易所内的交易佣金较高，大笔交易佣金有最低限额，这导致了投资者，尤其是机构投资者转向场外买卖上市股票，以节省费用。还有一些大的公司与机构投资者甚至不需要场外的交易商而进行直接的股票买卖，如一些共同基金、养老基金所从事的大笔交易，通过场外信息系统自由交易，可以节省交易费用，这形成了一个证券交易的"第四市场"。场外自由交易在美国是合法的买卖，是证券交易管理机构所认可的。市场的监管是由相关的法规系统来完成的。我国的证券市场交易，是不允许场外自由买卖的，所有的公司普通股票都是记名的，只有通过交易所的转让才能实现过户。但随着市场的扩展和相应法规的完善，机构投资者的大量增加，这个市场也会逐步得到发展。

二级市场证券交易方式也要受到交易法规的限制，目前市场上最主要的交易方式有以下三种。

(1) 现金交易。现金交易是证券二级市场上最基本的交易方式，投资者必须将资金存入经纪公司的账户，才能进行交易。客户购买任何证券都必须支付全部款项的现金，同样，客户出售所有的证券，都将即时清算并获得现金。也就是说，证券交易没有任何的资金拖欠和透支。

(2) 保证金交易，即保证金账户。保证金交易也是证券市场上重要的交易方式。投资者在经纪公司开设保证金账户并存入资金，而投资者在购入证券时，只要按一定比例支付证券交易的成本，余款由经纪公司垫付。经纪公司通常是向银行借入资金，要支付利息，因此其向投资者融资也要收取保证金利息。其利率要高于同期银行的借款利率。由于保证金比例的高低影响到银行的融资结构和资本市场的资金流，因此各国金融管理当局或中央银行对保证金的最低比例都有规定，如 30%，有时甚至 50%。在投资者购入股票以后，如果证券市场价格发生波动，投资者的实际保证金也会发生变化，当股票价格下跌导致实际保证金低于最低保证金时，经纪公司有权要求投资者追加保证金或出售一定的股票来归还贷款。如果投资者无法增加保证金，或者不愿增加保证金，经纪公司有权出售保证金账户中的股票以归还贷款，实行"平仓"。如果股价上升导致实际保证金超出最低保证金比例，投资者可以增加股票的持仓量，或者提出现金。

(3) 卖空机制。卖空机制是现代证券交易中一种重要而特别的方式。在证券市场行情不断波动的条件下，股票价格的升降都会使投资者在收益上发生变化。通常在市场只能做多的条件下,投资者在股票价格上升情况下,以低价买入股票,在价格上升以后在高价卖出,从而获得利润。而卖空机制就是在股市价格下跌的情况下,投资者手中并没有股票,但他可以从证券商那里借入证券,在市场上先行卖出,等到市场价格下跌以后,再以较低的价格买回股票,从而可以获得卖空的利润。卖空机制使投资者在股市上升和股市下跌的情况下,都可以进行投资并获利,而没有卖空机制的市场中投资者只能在股市上涨时才能获利。因此,卖空机制的作用在于使市场交易更为活跃,并能够更好地发挥"发现价格"的作用。当然,卖空机制使投资者可以"融券"出售,扩大了市场的交易规模,也使市场的风险放大了。

第三节 金融市场的监管

从证券市场的角度看,金融监管是市场组织的重要部分,它要使得证券交易符合规范,市场秩序良好;从投资者的角度看,要使证券交易体现"公开、公正、公平"的原则,从而使市场获得健康的发展,并对经济的发展产生积极的作用。

证券市场的监管要求从金融交易的特殊性产生的,金融市场交易的对象是证券,它所代表的金融资产的安全性和收益率要得到体现,证券市场就必须要保持信息的公开与透明度,以便最大限度地消除金融交易中的垄断、欺诈和黑幕交易等现象。

市场监管的实施依据市场制度和组织结构分为行政监管和自律监管两种。目前大多数国家实行的是行政监管制度,只有英国等少数国家和地区实行行业自律监管。我国实行的也是行政监管制度。

一、行业管理机构

证券行业管理机构往往是行政性的证券主管机构,属于政府的一个部门机构,或者是一个特殊的部门。在我国,证券管理机构是中国证券监督管理委员会,即证监会,是国家的证券行政管理机构,隶属于国务院。证监会对市场的监管涉及以下领域:一是对上市公司及其市场行为的监管;二是对证券经纪商的活动行为的监管;三是对证券交易所及其行为的监管;四是对证券交易过程和市场活动的监管。目前行政监管的基本职能包括以下七个方面。

(1) 负责起草证券、期货市场的法案和管理规则。

(2) 对证券的发行、上市、交易以及相关的活动进行监管。

(3) 对证券经营机构的从业资格、业务活动,以及从业人员的资格进行审查监管。

(4) 对证券市场的其他中介组织的从业资格及其业务活动进行审查和监管。

(5) 对证券交易所的组织、业务活动进行监管。

(6) 对国内企业的海外上市活动进行审查和监管。

(7) 依法对证券交易中违法的机构、违法的行为进行调查和处罚。

行政监管方式是依法进行的强制性监管,它的活动在很大程度上是受证券法规的限定。行政监管涉及市场交易活动及其组织体系的巨大信息,要提高监管效率,就需要付出极其高昂的成本;相比之下,行业自律监管所付出的成本与代价要小得多。

案例阅读 8-2:证监会的监管功能

中国证监会为国务院直属正部级事业单位,依照法律、法规和国务院授权,统一监督管理全国证券期货市场,维护证券期货市场秩序,保障其合法运行。

中国证监会设在北京,现设主席1名,纪检组长1名,副主席5名,主席助理3名;会机关内设20个职能部门,1个稽查总队,3个中心;根据《证券法》第14条规定,中国证监会还设有股票发行审核委员会,委员由中国证监会专业人员和所聘请的会外有关专家担任。中国证监会在省、自治区、直辖市和计划单列市设立36个证券监管局,以及上海、深圳证券监管专员办事处。

依据有关法律法规,中国证监会在对证券市场实施监督管理中履行下列职责。

(1) 研究和拟订证券期货市场的方针政策、发展规划;起草证券期货市场的有关法律、法规,提出制定和修改的建议;制定有关证券期货市场监管的规章、规则和办法。

(2) 垂直领导全国证券期货监管机构,对证券期货市场实行集中统一监管;管理有关证券公司的领导班子和领导成员。

(3) 监管股票、可转换债券、证券公司债券和国务院确定由证监会负责的债券及其他证券的发行、上市、交易、托管和结算;监管证券投资基金活动;批准企业债券的上市;监管上市国债和企业债券的交易活动。

(4) 监管上市公司及其按法律法规必须履行有关义务的股东的证券市场行为。

(5) 监管境内期货合约的上市、交易和结算;按规定监管境内机构从事境外期货业务。

(6) 管理证券期货交易所;按规定管理证券期货交易所的高级管理人员;归口管理证券业、期货业协会。

(7) 监管证券期货经营机构、证券投资基金管理公司、证券登记结算公司、期货结算机构、证券期货投资咨询机构、证券资信评级机构;审批基金托管机构的资格并监管其基金托管业务;制定有关机构高级管理人员任职资格的管理办法并组织实施;指导中国证券业、期货业协会开展证券期货从业人员资格管理工作。

(8) 监管境内企业直接或间接到境外发行股票、上市以及在境外上市的公司到境外发行可转换债券;监管境内证券、期货经营机构到境外设立证券、期货机构;监管境外机构到境内设立证券、期货机构、从事证券、期货业务。

(9) 监管证券期货信息传播活动,负责证券期货市场的统计与信息资源管理。

(10) 会同有关部门审批会计师事务所、资产评估机构及其成员从事证券期货中介业务的资格,并监管律师事务所、律师及有资格的会计师事务所、资产评估机构及其成员从事证券期货相关业务的活动。

(11) 依法对证券期货违法违规行为进行调查、处罚。

(12) 归口管理证券期货行业的对外交往和国际合作事务。

(13) 承办国务院交办的其他事项。

二、市场监管的主要内容

在证券市场监管过程中,涉计法规制定、机构审批、政策规定调整等非日常的管理,而对证券发行、上市、交易活动的管理则是日常的监管。

(一) 对证券发行的监管

上市公司发行股票必须履行一定的程序,提供必须的信息资料,接受有关部门的监督和管理。证券发行的审查通常有两种方式:一种是注册登记制度;另一种是审核批准制度。目前美国、日本、韩国等国家实行注册登记制度。以美国为代表,实行注册登记制度时,申请发行的公司要将各种相关的资料提供给证券主管机构,申请注册登记,而证券主管机构在收到了公司的注册登记申请后,对其申请资料进行审核,如未发现问题,监管机构没有提出任何异议,则申请在规定的时间内会自动生效。但公司必须对其提供的信息资料的完整性、真实性负责,如发现申请资料有虚报、谎报、漏报的情况,证券监管机构有权追究申报人的责任。如证券的发行导致投资者损失的,投资者有权对证券发行公司、投资银行和其他中介机构提起民事诉讼。

审核批准制度是要求证券发行人按规定向证券监管机构提出发行申请,并提供所有的发行资料信息。证券监管机构按照证券发行资格和市场的情况,对申请人进行审查。主要的核准因素有:公司的营业性质、资本规模与结构、公司经营人员的资格与能力、公司的盈利能力和发展潜力等。不符合要求的公司将被拒之门外。新兴的证券市场一般都使用核准制,我国目前也实行证券发行的核准制。

(二) 对证券交易所和券商的监管

证券交易所是二级市场的核心，是证券交易流通的主要场所。对交易所的监管涉及证券交易所的设立和证券交易所的日常活动。证券交易所的设立也有登记制度和核准制度两种。目前只有极少数国家实行登记制，如美国，只要申请条件符合法规，即可注册登记成立证券交易所。由于交易所地位重要，影响巨大，大多数国家对设立交易所都实行核准制，或称特许制。证券监管机构认为有需要和有条件设立证券交易所才予批准。我国目前也实行证券交易所特许设立制度。

对交易所日常活动的监管涉及交易所的运行安全与稳定，一般对交易所的监管涉及以下方面：交易所的资料信息是否完全与真实；交易活动过程是否合法；交易行为有无违法现象。一旦检查发现问题，监管机构将对交易所作出处罚，以维护市场的稳定。

对券商的监管主要涉及对券商行为的规范，以保护投资者的利益和市场的秩序。对券商的监管主要涉及以下方面：一是对设立券商的资格及其营业范围的审批，如我国对券商的资本金规模和从业人员有要求，券商的营业范围则划分为综合类与经纪类两种，综合类券商可从事投资银行业务，而经纪类券商只能从事经纪业务。二是对券商经营活动的监管，如券商的资本金是否充足、财务制度是否健全、保证金账户与自有资金账户是否分开、交易记录是否健全、是否按规定向客户披露有关信息。三是对证券从业人员的监管，世界上大多数国家都对证券从业人员提出特殊的要求，如证券从业人员不得从事自营性的证券交易，不得利用内幕信息操纵市场、不得利用客户资金私自买卖股票，不得制造虚假信息欺骗客户。对违反规定者进行处罚。

(三) 对证券交易过程与交易行为的监管

证券交易过程和行为是一个最为复杂的问题，也是监管的难点。证券交易过程是一个动态的过程，涉及上市公司、券商、投资者的活动方式和关系，行政监管要对市场交易过程进行不间断的监管，成本十分高昂。目前对证券市场交易过程的监管主要涉及以下三个方面。

(1) 反垄断交易，维护市场信息的公开与透明。证券市场的交易要维护其公开性和透明度，才能使投资者在一个公平的环境下参与市场活动。因此，必须限制市场的垄断性交易。市场上的垄断行为是指一部分交易者通过证券买卖来影响证券市场的行情，或者说是通过交易来操纵市场行情，以达到牟取暴利的目的。垄断者的交易行为主要有：利用自身强大的资金实力，或者勾结其他人一起，连续以高价买进或以低价卖出一种股票，从而影响股价走势；也有的利用多个账户来回对倒买卖股票，在不转移证券所有权的条件下,进行大规模的虚拟买卖,操纵市场价格。在我国,有一些机构投资者利用自身的资金实力和特殊的信息渠道,大量买进一种或几种股票,成为"庄家",他们在市场上随意打压股价或拉抬股价,以此操纵股价牟取暴利。

目前大多数国家对垄断交易都予以限制,发现后要按规定进行处罚。

(2) 反内幕交易,维护市场交易的公平。证券市场的内幕交易是一个最常见而又较难解决的问题。所谓内幕交易,是指一些机构和特殊人员,如公司的大股东、董事以及高级管理人员,金融业与证券业的从业人员,了解经济政策制定与变化的人员,他们通过"内幕消息"进行证券交易,从而获得额外利润。在我国证券市场上,还存在着上市公司和投资机构联手操纵市场的情况,使得内幕交易更为严重。证券市场的内幕消息往往是一些有关公司经营变化或经济政策调整的敏感信息,消息一经公布,将影响股价的走势。因此,对于内幕交易必须进行限制。

事实上,要解决内幕交易问题难度很大,主要是存在着信息不对称的情况,监管机构较难监控公司的信息发布和合谋做市。在一些国家,如美国和英国,有一些规定限制"内幕人士"参与股票交易,要求内幕人士按月报告交易及持有公司股票的情况。同时,也限制证券从业人员参与证券买卖,证券市场的管理人员也被禁止参与证券交易。我国的证券市场也有这样的规定,但内幕交易的情况依然存在,上市公司利用自身的信息优势,勾结一些投资机构,实现内幕交易。当公司有利多信息时,内幕交易者事先做多;而公司有利空消息时,内幕交易者事先做空,以此来牟取额外利润。控制内幕交易要求实现动态的实时监管,对机构投资者的持仓结构及变化实行连续监控,发现问题,即时查处,以确保市场交易的公平性。

(3) 反欺诈交易,维护市场交易的公正与秩序。证券市场上的欺诈性交易主要来自伪造、篡改交易信息,弄虚作假,提供虚假资料误导投资者,以此来牟取暴利。欺诈性的交易信息可能来自某些上市公司,也可能出自一些市场交易参与者,他们用假信息、假资料欺骗投资者,以此来获利,这对市场秩序是极大的破坏。监管机构一般通过不间断的监控,防止市场欺诈行为的发生,一旦发现,将对其进行处罚,以维护市场交易的稳定与秩序。

专栏阅读 8-3:我国金融市场监管体制发展演变过程

1. 1984—1992 年的集中监管体制阶段

改革开放以前,为与计划经济体制相适应,我国实行的是高度集中的金融监管体制,因而也就没有必要实行金融监督,管理体制以行政隶属关系为准。改革开放以后(1979—1984年),我国先后恢复了中行、农行、建行以及人保的业务,外资金融机构也开始在北京等地设立代表处。1983年9月,国务院决定由中国人民银行专门履行中央银行职能。1984年中国工商银行成立,中国人民银行成为现代意义上的中央银行,负责货币政策的制定和金融监管。从此,银行、信托、保险、证券等所有金融业务都归中国人民银行监管,形成了初步的集中监管体制。

2. 1992—2003年的分业监管体制阶段

1990年和1991年上海和深圳两大证券交易所的建立大大推动了中国证券业的发展。1992年10月,国务院证券委员会和中国证券监督管理委员会成立,负责股票发行上市的监管,中国人民银行仍然对债券和基金实施监管。

1997年受亚洲金融危机的影响,中国金融工作会议提前召开,并决定健全证券市场的"集中统一"监管体制。1998年6月,国务院决定将证券委员会并入证监会,将中国人民银行的证券监管权移交给证监会。1998年11月,国务院决定成立中国保险监督管理委员会,将人民银行的保险监管权分离出来,由保监会统一行使,而中国人民银行则专门负责货币政策和银行业监管。2003年4月28日,中国银监会正式挂牌,标志着我国分业监管体制的最终形成。

3. 我国现阶段的金融市场监管目标

现阶段,可以将我国金融市场的监管目标分为三个不同层次:一是最终目标,即金融监管要达到的社会目标,金融监管的最终目标是由金融业在国民经济发展中的地位所决定的;二是中间目标,即金融监管当局为实现监管的最终目标,而对金融机构的经营规定一些可度量、可控制的指标体系,如资本充足率、风险资本评估、金融机构结构、市场结构、竞争实力等,以此作为金融监管的监测指标;三是操作目标,即金融监管当局制定的管理制度和工具,主要包括监管规则、现场监管、业务审批、市场干预、违规处罚等一些具有操作性的规定和细则。

第四节 金融市场的主要产品

金融市场的构成是较为复杂和多元的,从投资者的角度看,资本市场是主要的投资领域,资本市场的产品也就构成了投资的主要对象。目前资本市场上最主要的金融商品有股票、债券、投资基金和衍生性金融商品。

一、股票

股票是股份公司发行的证明股东权益的证书,是一种可以转让的有价证券。到目前为止,股票仍是证券市场上最重要的金融商品。股票的种类和形态较多,但其基本的特性是,作为一种资本工具,它是永久性的证券,无需还本付息。投资股票具有风险,它可以通过流通转让进行变现。

主要的股票品种分类有以下三种。

(一) 普通股和优先股

股票根据股东权利可划分为普通股和优先股。普通股是指公司发行的没有特别权利的股票,普通股东拥有参与公司经营管理的权利,拥有红利的分配权和剩余财产的分配权,普通股还拥有优先认股权,但普通股也是风险最大的股份,没有固定的收益回报。公司发行的最基本股份是普通股,市场上流通的股份主要也是普通股。

优先股是公司发行的拥有一定优先权的股票,优先股股东不参与公司的经营管理,一般只能获得固定的红利。优先股的优先权主要体现为两个方面:一是在公司分配红利时拥有优先权;二是在公司清算时,拥有对剩余财产的优先分配权。优先股承担较低的经营风险,但其收益率也是固定的,不能分享公司成长的收益。为此,现在优先股也有了一些变种,如可参与优先股、可分红优先股、可转换优先股等。

(二) 记名股票和无记名股票

股票根据是否登记股东姓名可划分为记名股票和无记名股票。记名股票要对股东登记注册,注明持股人的姓名和地址,股票转让时必须登记过户,这种股票不易在市场外流通,但便于控制。我国目前证券市场上流通的股票均是记名股票。无记名股票是一种不记载股东姓名和地址的股票,股票转让买卖时也无需登记过户,持股人就是股票的拥有人。无记名股票便于流通,但不便于控制。

(三) 面值股和无面值股

股票根据是否载有表面金额可分为面值股和无面值股。股票标明面值的就是面值股;股票不标明面值的就是无面值股。股票面值的大小是根据股份公司的目的决定的,面额小有利于流通和中小投资者的购买,我国目前的股票面值均规定为一元。无面值股也就是份额股,每一股份都代表了公司净资产的一个份额,股票的资产随公司净资产的增减而变化。我国目前股票的发行与流通还有更复杂的结构,在发行的普通股票中,有国家股、法人股和公众股之分,其中国家股和法人股是不能在二级市场流通的股票。有些公司还发行专为境外投资者购买的股票——B股,即外资股。

二、债券

债券是一种表明债券债务的借款凭证,它一般由政府、金融机构、企业发行。债券是一种特定的信用工具,它既是一种融资手段,又是一种投资工具。在证券市场上,债券与股票一样,是一种重要的金融商品,所不同的是,债券是具有期限的交易品种,具有到期日期,债券的收益率一般也是固定的,到期必须结束交易还本付息。因此,从投资风险角度看,债券也与股票有所区别,它的风险区域要比股票小得多,主要受债券期限长短和发行主体的资信状况影响。证券市场上流通的债券品种主要有以下三种。

(一) 政府债券

政府债券又称国债,是由各级政府或其代理机构以政府名义发行的债券,具体可分为中央政府债券和地方政府债券,按归还期限,则可分为短期国债、中期国债和长期国债。政府债券是以国家财政资源作为保证,因而具有安全性高、信誉好、风险低的特点,而且其流动性好、变现容易、收益稳定,是证券市场上较好的投资品种,尤其适合追求低风险的投资群体。目前大多数国家的政府债券还具有免税优惠,因而政府债券是市场上较为活跃的投资品种。

专栏阅读 8-3:政府债券的发行管理

1994 年通过的《中华人民共和国预算法》第 28 条规定:除法律和国务院另有规定外,地方政府不得发行地方政府债券。但是,由于形势的变化,各地方政府通过各种途径(包括成立地方政府融资平台、BOT、BT 等)变相地大量举债,地方政府债务问题成为备受关注的焦点。

2009 年,为实施积极的财政政策,增强地方安排配套资金和扩大政府投资的能力,国务院同意地方发行 2 000 亿元债券,由财政部代理发行,列入省级预算管理。2011 年起,国务院批准部分省市地方发行 2 000 亿元债券,由财政部代理发行,列入省级预算管理。2011 年起,国务院批准部分省市地方政府可自行发债试点,首批试点省市包括上海、浙江、广东和深圳四省市。

2014 年修订的《中华人民共和国预算法》第 35 条规定:经国务院批准的省、自治区、直辖市的预算中必需的建设投资的部分资金,可以在国务院确定的限额内,通过发行地方政府债券举借债务的方式筹措。举借债务的规模,由国务院报全国人民代表大会或者全国人民代表大会常务委员会批准。修订后,该法 2015 年 1 月 1 日起正式实施。

2015 年,我国共发行地方政府债券 3.835 万亿元,是 2014 年的 9.58 倍。其中,发行地方政府债券置换存量债务 3.2 万亿元,占比 84%;新发行地方政府债券 6 350 亿元,占比 16%。截至 2015 年底,我国地方政府债券余额 4.826 万亿元,占债券市场总规定的 9.94%。

(二) 金融债券

这是由银行或其他金融机构为筹集资金而向社会发行的并承诺到期还本付息的债务凭证。银行和金融机构发行的债券是一种主动性负债,它一般用于特殊的投资项目和较大规模的融资贷款,如大型项目贷款、银团贷款等。金融债券的发行比吸收存款的优势在于资金的稳定性,以利于中长期投资项目的开展,而金融债券的变现则通过证券市场的交易转让来实现。对于投资者来说,金融债券的利息收益较储蓄高,收益稳定而且风险较小,是一种较好的投资品种。

(三) 公司债券

公司债券是由股份公司发行的并承诺到期还本付息的债务凭证。企业尤其是上市公司发行债券是其融资的重要渠道,公司从财务运作的角度看,也需要有不同的融资方式。股票融资解决企业的资本金,这是因为资本金需要有稳定性,但股票融资的难度较大、融资的成本较高,不能作为经常性的融资工具使用。公司债券的发行与销售较为容易,成本也较低,是企业尤其是上市公司的重要融资手段。从投资者的角度看,公司债券也是一种较好的投资品种。公司债券的收益率较高,而且较为稳定,它的风险较股票为低,但它的收益率比银行存款和股票以外的其他投资品种为高,也适合于追求低风险投资群体的投资。公司债券的形式较多,主要有信用型债券、抵押型债券、担保型债券,还有一些如参与型债券、可转换债券等。

三、投资基金

投资基金是在金融市场发展基础上产生的一种金融工具,是一种特殊的金融商品。

投资基金也称为共同基金,或证券投资信托基金、单位信托基金。投资基金是通过发行受益凭证或基金股份,将众多投资者的资金聚集起来,交由专业人员管理运作,投资于各种证券与金融工具,或投资于产业部门,以获得收益的投资中介组织形式;也指这种利益共享、风险共担的投资方式。投资基金本身是一种组合的投资方式,但它本身又是一种投资工具。投资基金是由基金管理公司、投资顾问、基金托管人或受托人和投资者组成的。基金管理公司是投资基金的发起人和组织管理机构;投资顾问是金融市场上为基金及投资人提供投资咨询及管理运作服务的专业机构;基金托管人和受托人是负责保管基金,并对基金进行财务核算的银行或信托公司,它们是独立的金融机构,负责监督基金管理公司的运作与财务核算;投资者是基金股份的购买人,即基金股份的持股人。

投资基金在世界主要证券市场上的发展体现了证券市场规模的扩展和投资结构的变化。市场的发展吸引了越来越多的资金,而分散的资金与非专业化的投资使得中小投资者面临着巨大的风险。组织投资基金,则可以改变这种状况。投资基金的运行特点是集中资金、多元投资、分散风险、专家管理、专业操作、流动性高、变现能力强。投资基金的发展形成了一种全新的投资理念,吸引了越来越多的资金进入证券市场。

投资基金的种类较多,从基金组织结构来看,可以分成契约型基金和公司型基金。契约型基金是基于信托契约原理而建立起来的投资基金,基金本身只是受托人,而不是公司型法人机构,委托人、受托人和投资人之间按照信托契约来行使权利。公司型基金则是以公司法为基础组织投资公司,通过发行投资基金股份来吸收资金,创设投资基金,基金的发起人所组织的投资公司就是基金公司,基金的运作同样实行基金管理、资产保管和基金承销的分离,以保障投资人的利益。

从基金流动变现的角度看,投资基金可以分为封闭型基金和开放型基金。封闭型基金是指基金股份总数是固定的,发行期满以后基金实行封闭,其股份不再变化,投资人在契约到期前,不能赎回基金股份,而只能通过证券交易所售出基金股份,收回投资。可见,封闭型基金的股份数量是稳定的,资金也是稳定的,这使得其管理简便、操作容易,但封闭型基金不利于吸引投资者。开放型基金是一种可追加的基金,设立基金时,基金股份的数量和期限都是不固定的。基金可以根据投资经营需要连续发行基金股份,投资者也可以根据市场情况和基金的投资价值转卖基金,赎回现金。因此,开放型基金的流动性更强,对基金管理者的要求也更高。但开放型基金在市场成熟状态下也更有竞争力,是未来基金发展的主要方向。

从投资对象来看,投资基金又可分为股票基金、债券基金、货币基金、行业基金、期货基金、认股权证基金、创业基金、对冲基金等。我国目前基金还处在发展初期,基金数量较少,基金规模也较小,大部分基金是封闭型的,开放型基金刚刚起步,基金的投资领域并不稳定,有证券型的基金,还有证券与产业混合型的,我国的证券投资基金还须进一步发展与规范管理。

四、衍生性金融商品

衍生性金融商品也就是证券市场上的派生证券,它是在金融市场发展与扩张的基础上发展起来的,并成为证券市场上最为活跃的交易品种。目前金融市场上交易工具的创新速度很快,已有上千种衍生工具出现,而主要的交易品种有期货、期权、认股权证等。它们同时也是市场上重要的投资品种。

期货又称期货合约,是指买卖双方同意在未来指定的日期以事先的价格买入或售出某种商品的协议,期货可以分为商品期货和金融期货,它们的运作机制和交易方式是相同的。从金融期货看,它主要包括利率期货和股票指数期货两类。利率期货的主要交易对象是政府公债、国库券、银行大额存单,以及欧洲美元等,利率期货既可以进行投资获利,也可以通过对冲交易来分散利率风险。股票指数期货是利用证券交易所的股票指数作为期货交易对象,如标准普尔指数期货、恒生指数期货、日经指数期货等。指数期货既可以用来进行投资(投机),也可以用来进行对冲交易以分散风险和保值,其对于证券市场的稳定也起着积极的作用。

期权亦称期权合约,是投资者买进的一种权利,即在一定的时间内以双方商定的价格买入或卖出某种商品或金融资产,如股票、股票指数、债券、债券指数、外汇等。根据交易对象的不同,期权可以分为商品期权、股票期权、债券期权、股指期权、外汇期权等。从权利形式看,期权可以分成买入期权(即看涨期权)和卖出期权(即看跌期权)。期权的买入须支付期权费用,即为了得到权利而支付的代价。投资者可以行使权利,也可以放弃权利。期权买卖的是一种权利,而不是真实的商品,期权的投资者买入期权的风险是有限的,但其收益是无限的,而期权的出售者是投机者,要承受较大的风险。在现代证券市场上,期权交易也是一种重要的金融创新,它能够使市场交易趋于活跃,而且能分散投资的风险,稳定市场。我国目前也开放了期权交易,虽然品种较少,但随着市场的扩展和规范,期权交易必将会得到大力发展。

复习思考题

1. 什么是现代金融市场?它的基本构成是什么?
2. 请分析证券一级市场的构成要素与运作机制。
3. 请分析证券一级市场和二级市场的区别与联系。
4. 公众投资者在一级市场投资中起到了什么作用?
5. 证券交易所的组织与运行机制是怎样的?
6. 对证券交易的监管涉及哪些方面?
7. 证券市场上主要的交易品种是什么?有何特征?
8. 公司债券的发展对证券市场交易有何影响?
9. 什么是金融衍生工具?它的交易过程有何特点?
10. 请分析金融商品的发展对证券市场发展的作用与影响。

第九章 资本市场理论

投资导读

收益与风险以及两者关系是证券投资活动中最基本的内容。为解决证券投资活动中的收益风险问题,资本市场理论应运而生。这一理论提出了一系列分散投资的思路,帮助投资者选择一个在收益水平一定状态下风险水平最小的投资组合;或一个在风险水平一定状态下收益水平最大的投资组合。这一理论主要包括证券投资组合理论、资本资产定价模型与套利定价理论等。

第一节 证券投资组合理论

在证券投资活动中,一般投资者的目的是获取一定的收益,但是收益是与风险密切相关的,它们之间形成相互的交换关系。传统的证券投资组合理论是根据投资者对证券投资收益的需求,从经常收入、资本增殖或两者平衡方面来研究如何进行证券投资组合,以指导投资者进行投资选择。现代资产组合理论的创立者哈里·马科维茨在传统投资理论的基础上,运用概率论和线性代数方法以及偏好和效用分析理论,于1952年在美国《金融杂志》上发表的《资产组合选择》一文,奠定了资产组合理论的基石。马科维茨的资产组合理论的核心是在给定风险水平的基础上,如何使证券组合的预期收益率最大,或为获取既定的预期收益率,如何使承受的证券组合风险最小。与传统组合理论相比,资产组合理论的突出优势之一是能对证券的收益与风险的关系进行定量分析。

(一) 证券投资组合理论的假设

与其他许多经济学理论相同,证券投资组合理论也是建立在一定的假设基础之上。

第一,假设证券市场是有效的,投资者能得知证券市场上各种证券收益与风险变动及其原因。

第二,假设投资者能对各种证券及其组合的收益和风险进行定量描述。在证券投资组合理论中,单一证券的收益和风险用其期望收益率和标准差来衡量。由若干证券组成的证券投资组合的收益,是由构成该证券组合的各项证券期望收益率的加权平均数来衡量;证券投资组合的风险则是用其收益的标准差和方差来衡量。但与证券投资组合的期望收益率不同,这一组合方差或标准差并不是构成该证券组合的各项证券的方差或标准差的加权平均数,而是包含各种证券间的相互影响在内。有关证券收益与风险的定量分析,详见本书第二章的有关内容。

第三,假设投资者都是综合考虑了收益和风险的影响,力求效用最大化,即一定条件下的期望收益最高或风险最低作为选择标准。

第四,假设投资者在追求效用最大时,都是风险回避型的。

(二) 证券投资组合的分散原理

证券投资的风险是指未来收益的不确定性。影响证券投资未来收益不确定性的因素可以归纳为系统风险与非系统风险。系统风险对市场上所有证券产生影响,只是影响程度存在差异,因此证券投资分散化并不能消除系统风险的影响;非系统风险只是对市场某一证券或某一类证券产生影响,因此可以通过证券投资分散化予以消除。

要通过证券投资分散化达到消除非系统风险的目的,必须对构成证券组合的各个证券进行合理、科学的选择。证券投资组合风险,不仅取决于构成组合的各个证券自身风险和投资比例,还取决于各个证券之间预期收益的相关方向与相关程度。当组合中各个证券预期收益呈完全正相关,则投资分散化不能降低风险;当组合中各证券预期收益呈完全负相关,则投资分散化可以完全消除风险;当组合中各证券预期的收益相关程度较低,则投资分散化可以大幅度降低风险。事实上,上述组合中各证券预期收益相关关系的类型中,第三种状况占了较大比重。

证券组合中证券种类的多少与风险的消除程度有一定的关联,证券投资实践表明,当一个证券组合的证券种类趋于 20 种及以上,证券组合的标准差逐渐缩小并趋近某一极限值,也即通过合理、科学的分散化投资,一般可将影响某一证券或某一类证券的非系统风险消除,但与市场波动相关的系统风险则无法通过分散化投资来减少。

马科维茨的证券投资组合理论就是利用分散投资原理、借助数学方法,从各证券中选择最佳组合,从而协调收益与风险的关系。

(三) 有效边界

在证券市场所有的证券中,取 n 种证券构成证券投资组合;以及证券投资组合中各证券投资比例差异可形成无数多个证券投资组合,并对每一个证券投资组合计算其期望收益率与标准差,则可构成一个可行组合,详见图 9-1 所示。图中纵轴度量每个证券投资组合的预期收益率,横轴度量每个证券投资组合的风险程度。

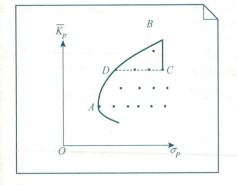

图 9-1
可行组合与有效边界

投资者不需要分析评估可行组合中的所有证券组合,但必须分析研究任意给定风险水平而期望收益最大或任意给定期望收益水平而风险最小的证券组合。满足上述两个条件的证券组合构成的曲线称为有效边界。图 9-1 中的曲线 ADB 为有效边界,其中证券组合 A 有最小的风险,B 有最大的期望收益。可行组合中的任何证券组合都可以用比它更好的有效边界上的证券组合来代替。例如,图 9-1 中的证券组合 C,可以用证券组合 B 来代替,因为在相同风险水平下 B 的期望收益比 C 大;也可以用证券组合 D 来代替,因为在相同期望收益水平下 D 的风险比 C 小。

(四) 最佳证券投资组合的选择

确定证券投资组合的有效边界以后,投资者就可以从这个有效边界上选择出更适合自己的证券投资组合。为了满足投资者的个人偏好,可采用无差别曲线,无差别曲线一般具有以下特征:①表示投资者对在该曲线上任何收益和风险的组合都是可以接受的,也即对投资者而言,该曲线上高风险、高收益的点与低风险、低收益的点没有区别。②无差别曲线具有正的斜率,这是因为在分析中假设投资者都是风险回避型,当他们面对有同样期望收益的两个证券投资组合时,投资者将会选择风险较小的一个。③投资者更偏好位于左上方的无差别曲线,这是因为如果将可行组合所在坐标图分成四个象限的话,那么位于左上方的第Ⅱ象限中的证券组合显然具有收益高、风险小的优势。④不同投资者有不同类型的无差别曲线:偏好风险投资者的无差别曲线较平坦,因为少量的收益提高就可弥补他们可能的风险损失;风险回避型投资者的无差别曲线较陡峭,只有收益的大幅度提高才能促使他们愿意承担较大的风险。

最佳证券投资组合就是在有效边界和某投资者无差别曲线的切点上。如图 9-2 所示,X、Y 是两个不同投资者的最优证券投资组合。这是因为,l_1、l_2、l_3 三条无差别曲线中,投资者会偏好 l_1,但其远离可行组合,也即现实中不存在这样的投资机会;l_3 在 l_2 的右下方,相比之下,投资者更会偏好位于左上方的 l_2,因此,X、Y 是两个不同投资者分别可以选择的唯一的最佳证券投资组合。显然,选择(a) 图中 X 的投资者比选择(b) 图中 Y 的投资者更不喜爱风险,因而其选择的最佳证券投资组合的期望收益与风险都比较小。

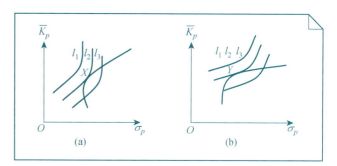

图 9-2
最佳证券投资组合的选择

案例阅读 9-1:五粮液股价崩跌

2009 年 9 月 9 日中午,五粮液(000858)突然发布公告称,其因涉嫌违反证券法规受到中国证监会立案调查,于是,这个被认为是"稀缺资源"而受到市场追捧的公司股价当日下午应声狂跌,在开盘 21 分钟内即被封至跌停,引发市场一片恐慌,并连累深圳成指从 12 097 点下降指 11 828 点。至收盘时,五粮液股价跌幅高达 6.22%,成交金额高达 50 亿元,不仅五倍于 10 均量,也为五粮液上市 11 年来之天量。据估计,仅当天下午短短 2 小时,五粮液市值便迅速蒸发掉 57 亿元,中小投资人损失巨大。其后数日内,五粮液股价依然出现跌势,抛盘明显,9 月 9 日的开盘价为 24.10 元,至 9 月 30 日收盘价为 20.91 元,同时,涉及五粮液公司立案调查的种种猜测亦充盈市场。涉及的案件包括对外投资失利、董事会内部投资失利的责任问题、跨行业投资收购导致资金巨额损失等,在随后的市场调查中,这些风险案件都一一被验证,股市信息的不透明和滞后现象对投资者造成了极大的风险和损失。

第二节 资本资产定价模型

在经典的马科维茨的证券投资组合理论的基础上,美国经济学家夏普和特勒等人几乎同时提出了资本资产定价模型(capital asset pricing model, CAPM)。这一模型是资本市场理论的核心内容,是现代金融理论和证券理论的一项重要成果,对于了解证券收益与风险间的本质关系、指导证券投资活动有着重要的意义。

(一)资本资产定价模型的假设

资本资产定价模型是以证券投资组合理论为基础发展而成,因此,关于证券投资组合理论的假设对资本资产定价模型同样适用。同时资本资产定价模型的有关假设比证券投资组合理论更为严格,其基本假设如下。

第一,投资者都是风险回避者,且都是为了使单一期间内财富预期效用最大化。

第二,投资者都是价格接受者,且对呈正态分布的资产报酬都有齐性预期,即对证券未来的期望收益、标准差与协方差有相同的预测。

第三,在现实经济中存在无风险资产,投资者可以按照无风险利率任意借入或贷出资本。

第四,资本市场是不可分割的,市场信息是免费的,且投资者都可以同时获得各种信息。

第五,市场是完善的,不存在税收、交易成本、对抛空的限制等投资障碍。

第六,投资者都是采用资产期望收益及方差或标准差来衡量资产的收益和风险。

(二)资本市场线

上述马科维茨的证券投资组合理论中,投资者的投资对象仅是各种风险证券(主要是股票)。资本资产定价模型中,投资者不仅投资于风险证券,还包括无风险资产的借贷活动,进一步分散投资,建立投资者对风险和收益不同偏好的组合。资本市场线就是投资者获取的一种无风险与有风险证券有效组合的途径。

(1)无风险借贷。资本资产定价模型引入了无风险资产概念,无风险资产意味着其收益的确定性,由于收益的确定性,因而无风险资产的标准差为零。假定在一个较短的期间内未发生通货膨胀与利率变动,即可将相应期间的政府公债代表无风险资产。其中,投资者对无风险资产的投资称为无风险贷款;投资者以固定利率借入资金并将其投入风险资产则称为无风险借款。

当投资者将无风险资产与风险证券组合结合形成新的投资组合,则新投资组合的期望收益率为:

$$\overline{K}_p = K_f \cdot P_f + (1-P_f)\overline{K}_m \tag{9-1}$$

新投资组合的标准差为:

$$\sigma_p = [P_f^2 \cdot \sigma_f^2 + (1-P_f)^2 \cdot \sigma_m^2 + 2P_f(1-P_f) \cdot COV_{fm}]^{\frac{1}{2}}$$
$$\because \sigma_f = 0, \quad COV_{fm} = 0 \tag{9-2}$$
$$\therefore \sigma_p = [(1-P_f)^2 \cdot \sigma_m^2]^{\frac{1}{2}} = (1-P_f) \cdot \sigma_m$$

式中：K_f——无风险资产收益率；

$\overline{K}_m$——风险证券组合期望收益率；

P_f——投资于无风险资产的比例；

σ_f——无风险资产收益率的标准差；

σ_m——风险证券组合期望收益率的标准差；

COV_{fm}——无风险资产与风险证券组合收益率的协方差。

可见，新投资组合的收益取决于无风险资产与风险证券组合的收益及其各自的投资比例；而新投资组合的风险则取决于风险证券组合的标准差及其投资比例。

(2) 市场证券组合。引入无风险资产后，投资者有了借入借出资金的可能，其投资的灵活机动性大为提高，无风险资产可以与任何一种风险证券或风险证券组合以任何投资比例构成一系列新的投资组合，但从纵轴上无风险资产收益率即点 $(0, K_f)$ 引出一条直线 K_fM 与证券投资组合理论的有效边界 AB 相切于 M，此时直线 K_fM 就是纳入无风险资产的最佳资产组合线，M 点是所有有效组合与无风险资产的最佳组合点。而且有效边界 AB 上除点 M 外不再有效，比如证券组合 C 在 AB 上，可以在直线 K_fM 上找到证券组合 D 比 C 更有效。同样有效边界 AB 上除点 M 外的任何证券组合与无风险资产组成的证券组合总能在直线 K_fM 上找到比它更有效的证券组合，详见图9-3所示。

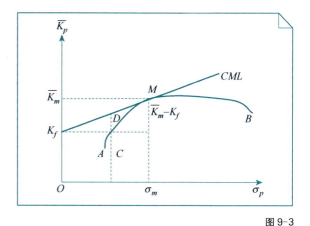

图9-3
资本市场线

直线 K_fM 与有效边界 AB 相切于点 M，M 点被称为市场证券组合。理论上，市场证券组合包括所有风险资产：金融资产——股票、债券、期权、期货等；实际资产——不动产、黄金、古董、艺术品等。市场证券组合中的每一种风险资产的现时价格均为均衡价格，并以每一种风险资产总值占市场风险资产总值的份额为权数综合形成。市场证券组合是一个风险证券组合，通过组合的完全多元化与分散化，各风险资产的非系统风险相互抵消，但系统风险仍将保留。因此，市场证券组合提供了最大限度的资产多元化与投资分散化的效应。

但是，市场证券组合是无法观测的。所以通常采用全部的或样本的普通股票的证券投资组合来代替市场证券组合，如各交易所综合股价指数或成分股价指数。因为综合股价指数或具有代表性的成分股价指数变动代表着市场平均收益率的变动,而且这种变动几乎仅受系统风险的影响。因此,股价指数代表的市场证券组合可以提供与理论上的市场证券组合基本一致的资产多元化与投资分散化的效应。

(3) 资本市场线。根据齐性预期的假设前提,所有投资者都以市场证券组合作为自己的风险资产投资组合。这样市场证券组合 M 与无风险资产构成的全部资产组合集合的效率前沿,即图 9-3 中的直线 K_fM,就是投资者选择自己的资产组合的最佳集合,这个直线型资产组合集合被称为资本市场线(CML)。

在引入无风险资产后,有效边界的形态发生了变化。证券投资组合理论的弧形有效边界不再奏效,尽管其弧形有效边界上各点的证券投资组合也能与无风险资产结合,但除 M 点外,其他证券投资组合都在资本市场线之下,因此,资本市场线成为风险资产与无风险资产结合的有效边界。尤为重要的是,资本市场线上的所有证券组合仅包含系统风险,即非系统风险已有效地分散化。

由于资本市场线(CML)是一条直线,因而在这个有效边界上的任何证券投资组合的预期收益率与风险的关系可以清楚地表示。

如果投资者准备投资风险资产,必然需要一个风险报酬来补偿增加的风险。风险报酬是一个证券组合的期望收益率与无风险资产收益率之差。图 9-3 中证券投资组合 M 的风险报酬 $=\bar{K}_m-K_f$。通常 CML 是向上倾斜的,因为风险报酬总是正的。并且根据前述的假设前提,投资者都是风险回避型,除非未来的风险得到补偿才会投资。因此,风险越大,预期收益也越大。CML 的斜率就是有效证券组合的风险市场价格,表示一个证券组合的风险每增加一个 1%,需要增加的风险报酬,其计算公式为:

$$\text{CML 的斜率} = \frac{\bar{K}_m - K_f}{\sigma_m} \tag{9-3}$$

在掌握了 CML 的斜率和截距 K_f,那么在 CML 上的任何有效证券组合的期望收益率都可以用它的风险来反映,因此 CML 的表达式为:

$$\bar{K}_p = K_f + \frac{\bar{K}_m - K_f}{\sigma_m} \cdot \sigma_p \tag{9-4}$$

也即,CML 给出每一个证券组合的风险水平应得的收益回报。因而,不同投资者可根据自己的无差别曲线在资本市场线上选择自己的资产组合。

一是对于风险承受能力弱、偏爱低风险的投资者可在 CML 上的左下方选择自己的资产组合。一般可将全部资金分为两部分:一部分投资于无风险资产;一部分投资于风险资产。越是追求低风险,在无风险资产上投资越大,所选择的资产组合点越接近于纵轴上的 K_f。

二是对于风险承受能力强、偏爱高风险的投资者可在 CML 上的右上方选择自己的资产组合。一般将全部资金投资于风险资产组合后,还按无风险利率借入资金投资于风险资产。风险偏好越强,借入资金越多,所选择的资产组合点越远离 CML 上的 M 点。

(三) 证券市场线

资本市场线反映了有效资产组合的期望收益与风险之间的关系,但未展现出每一证券自身的风险与收益的关系。而证券市场线正是在均衡市场条件下反映每一证券的风险与收益的关系。

(1) 资本资产定价模型。证券投资风险可分为系统风险与非系统风险两类。对市场证券组合而言,它只含有系统风险,该组合中每一单项资产对市场证券组合的风险影响也仅是它所具有的系统风险。

如果将第 i 项资产与市场证券组合的协方差 COV_{im} 和市场证券组合的方差 σ_m^2 之比,$COV_{im}/\sigma_m^2 = \beta_i$ 作为该项资产系统风险程度的量值,则可将资产的期望收益与系统风险间的关系表示为:

$$\overline{K}_i = K_f + (\overline{K}_m - K_f)\frac{COV_{im}}{\sigma_m^2} \tag{9-5}$$

将 $\dfrac{COV_{im}}{\sigma_m^2} = \beta_i$ 代入,则:

$$\overline{K}_i = K_f + (\overline{K}_m - K_f)\beta_i \tag{9-6}$$

式中:$\overline{K}_i$ —— 资产 i 的期望收益率;

K_f —— 无风险资产收益率;

$\overline{K}_m$ —— 市场证券组合期望收益率;

β_i —— 资产 i 的 β 系数。

公式(9-6)即为资本资产定价模型(CAPM),又称证券市场线(SML)。它反映了每一项资产风险与期望收益的关系,详见图 9-4 所示。

(2) 资本资产定价模型的意义。由证券市场线图示可知,每项资产的收益包括:一是无风险收益 K_f,即资本的时间价格;二是风险收益 $(\overline{K}_m - K_f)\beta_i$,即资本的风险报酬,或投资者因承担风险而获取的补偿。这与资本市场线(CML)相同。不同的是:单

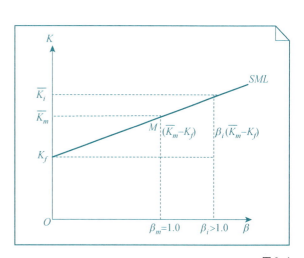

图 9-4
证券市场线

位风险报酬由 $\frac{\overline{K}_m - K_f}{\sigma_m}$ 换成 $(\overline{K}_m - K_f)$；风险的衡量单位由 σ_p 换成了 β_i。

证券投资组合理论揭示，当证券组合中的证券种类趋于 20 种及以上时，风险得到了充分的分散，所有非系统风险几乎全部消除。因此，投资者在考虑这一组合中增加或减少某一种证券，可以忽略该项资产自身的非系统风险的影响，主要考虑该项资产所含的系统风险的大小，只就所承担的系统风险取得风险补偿。公式(9-6)中的 $(\overline{K}_m - K_f)$ 作为单位系统风险的风险报酬，β_i 则为资产 i 所含系统风险的量值，反映资产 i 受系统风险的影响大小。

由于我们用 $(\overline{K}_m - K_f)$ 来表示单位系统风险所需的风险报酬，而 σ_m^2 是全部系统风险的表示，因而，资产 i 的系统风险大小便以 σ_m^2 为单位来衡量，即 $\beta_i = \frac{\sigma_{im}}{\sigma_m^2}$。市场证券组合的系统风险为 $\frac{\sigma_{mm}}{\sigma_m^2} = \frac{\sigma_m^2}{\sigma_m^2} = 1$。因此，资本资产定价模型是以市场证券组合的风险作为系统风险的标准，其他各单项资产或资产组合的系统风险均以其相对这一标准的大小 β 来衡量，进而反映资产收益与风险的依赖关系。$\beta = 1$ 表明该资产具有市场上的平均风险；$\beta > 1$ 表明该资产的风险程度高于市场平均风险；$\beta < 1$ 表明该资产的风险程度低于市场平均风险。这里，β 类似于风险杠杆，当风险收益为 $(\overline{K}_m - K_f)$ 时，增大风险杠杆系数 β，才能增加总的投资收益。

(3) 资本资产定价模型的特征。CAPM 具有以下两个重要特征。

一是在均衡状态下，每一项资产的收益与风险关系都落在证券市场线上。风险大的资产收益高，风险小的资产收益低，$\overline{K}_i$ 与 β_i 的关系是一条由左至右向上倾斜的直线 SML。

为了说明 CAPM 处于均衡状态，图 9-5 中的点 Z 与 V 分别表示处于非均衡状态的两种资产。资产 Z 有高的系统风险，价格过高，期望收益较低，不能吸引投资者投资，因而价格下跌，期望收益回升，直到期望收益上升到足以补偿投资者承担这种高系统风险。这个价格就是均衡价格，并且期望收益就是均衡收益，即为 SML 上的 $\overline{K}_z$。相反，资产 V 有低的系统风险，价格过低，期望收益较高，因而吸引投资者投资，价格回升，期望收益下降，直至均衡点 $\overline{K}_v$。

二是资产组合的 β 值是构成该组合的各项资产的 β 的加权平均数。例如，投资者将 a 比例资金投资于风险程度为 β_x 的资产 x，b 比例资金投资于风险程度为 β_y 的资产 y，则资产组合 $ax + by$ 的 β_p 为：

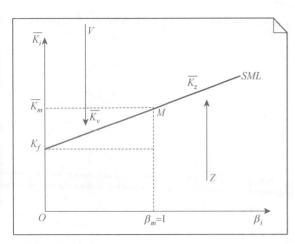

图 9-5
证券市场线的均衡特征

$$\beta_p = a\beta_x + \beta_y \tag{9-7}$$

由此推论：

$$\beta_p = \sum_{i=1}^{n} \beta_i \cdot P_i \tag{9-8}$$

式中：P_i——第i种资产价值占资产组合总价值的比重。

这一特征表明：CAPM对任意资产或资产组合都成立。

(4) CAPM与CML的比较。资本资产定价模型(CAPM)或证券市场线(SML)与资本市场线(CML)，都是描述资产或资产组合的期望收益与风险状况间依赖关系的函数。但两者间存在以下主要差别。

① CML是由所有风险资产与无风险资产构成的有效资产组合的集合，反映的是有效资产组合的期望收益与风险程度间的依赖关系。CML上的每一点都是一个有效资产组合，其中M是由全部风险资产构成的市场证券组合，其余各点是由市场证券组合与无风险资产构成的资产组合。

SML反映的则是单项资产或任意资产组合的期望收益与风险程度间的依赖关系。从本质上看，CML是SML的一个特例。

② CML是由市场证券组合与无风险资产构成的，因此直线上的所有资产组合都只含有系统风险，它所反映的是这些资产组合的期望收益与其全部风险σ_p间的依赖关系。

SML是由任意单项资产或资产组合构成的，但它只反映这些资产或资产组合的期望收益与其所含的系统风险的关系，而不是全部风险的关系。因此，它用β_i来衡量资产或资产组合所含的系统风险的大小。

(5) CAPM的应用及局限性。资本资产定价模型是建立在严格的前提假设下的。这些严格的假设条件在现实的世界中很难满足。那么，该理论在现实中如何应用呢？

① CAPM的应用。CAPM认为，只要我们确定三个变量：该资产的β、市场组合的预期收益($\overline{K}_m$)和无风险利率(K_f)，就可以确定任何一项资产在金融市场的预期收益($\overline{K}_i$)，即：

$$\overline{K}_i = K_f + (\overline{K}_m - K_f)\beta_i \tag{9-9}$$

其中，市场组合的预期收益和无风险利率都是事先已知的，因此，投资人只要测得某一项资产相对于市场组合的β系数，就可以确定该资产的预期收益。

例9-1：计算英特尔公司的预期收益。

英特尔(INTEL)公司是生产芯片的专业厂商。该公司在纳斯达克市场上市交易代码为：INTE。

设该公司的 β 系数为 1.5，美国股市的市场组合的收益率为 8%，当前美国国债的利率是 3%，求解英特尔公司股票的预期收益。

答：

$$\overline{K}_i = K_f + (\overline{K}_m - K_f)\beta_i = 1.5 \times (8\% - 3\%) = 3\% = 10.5\%$$

也就是说，投资人在承担了英特尔公司股票的风险之后，希望能够获得 10.5% 的预期收益率。

② CAPM 的局限。CAPM 成立需要一些约束条件我们似乎无法确定有效金融市场是理智的、可预测的，或者是有规律可循的。总的来看，CAPM 在实际应用中存在以下一些主要的局限。

① CAPM 中的 β 系数可能时时刻刻都在发生变化。因此，当我们通过一个固定的系数测算出某个项目或者某项资产的预期收益，并以该预期收益去对现金进行贴现时，我们可能会丧失在万恶来接受新消息，并对 β 系数作出相应调整的机会。

② 任何投资都是"零净现值"的活动。由于 CAPM 模型认为获得高回报的唯一方法就是承担高风险，而任何一项资产的风险和回报都在 CAPM 中表现为针对市场组合的线性关系。这就意味着：我们今天的任何投资 u，在足够长的一段时间之后，其结果都是相同的。如果对这些不同类型的投资进行贴现的话，所有投资的净现值都是零。然而，现实中我们清楚地知道有些投资会产生高回报，有些投资会损失惨重。

③ 预期收益依赖于主观判断。CAPM 在应用到企业的生产经营和投资决策中时，有一个致命的问题：对于未来现金流或者预期收益的估计完全正确取决于决策者的主观判断。如果企业决策者自己提高了对未来现金流的估计，就有可能对某一项目的价值判断过高。在这种情况下，无论我们用来贴现的预期收益率有多么准确，都无法否决一个被人为夸大了盈利的项目。

（四）证券特征线

如果说证券市场线是用以估计一种资产的预计收益，那么证券特征线只是用以描述一种资产的实际收益。

(1) α 系数。处于均衡状态的资本资产定价模型中，每一种资产都位于证券市场线上，即资产期望收益率与它的均衡期望收益率完全一致，而事实上，总有一部分资产或资产组合位于 SML 上下，这时，资产价格与期望收益率处于不均衡状态，又称资产的错误定价。资产的错误定价用 α 系数度量，其计算公式为：

$$\alpha_i = \overline{K}_i - \overline{K}_i' \tag{9-10}$$

式中：$\overline{K}_i$——资产 i 的期望收益率；

$\overline{K}'_i$——资产 i 的均衡期望收益率。

处于均衡状态的资本资产定价模型中,位于 SML 上的资产 i 的期望收益率即为均衡期望收益率,也即:

$$\overline{K}'_i = K_f + (\overline{K}_m - K_f) \cdot \beta_i \qquad (9\text{-}11)$$

则:

$$\alpha_i = \overline{K}_i - [K_f + (\overline{K}_m - K_f) \cdot \beta_i] \qquad (9\text{-}12)$$

如果某资产的 α 系数为零,则它位于 SML 上,说明定价正确;如果某资产的 α 系数为正数,则它位于 SML 的上方,说明价格被低估,如图 9-5 中的 V 点;如果某资产的 α 系数为负数,则它位于 SML 的下方,说明价格被高估,如图 9-5 中的 Z 点。在资本资产定价模型中,一种资产的 α 系数是由它的位置到 SML 的垂直距离来度量的,如图 9-5 中的 $V\overline{K}_v$ 与 $Z\overline{K}_z$。

(2) 证券特征线。根据公式(9-8)(9-9)(9-10),则下式成立:

$$\overline{K}_i - K_f = \alpha_i + (\overline{K}_m - K_f) \cdot \beta_i \qquad (9\text{-}13)$$

公式(9-11)表明:资产 i 的期望超额收益率由两部分组成:一是该资产的 α_i 系数;二是市场证券组合期望超额收益率与该资产 β_i 系数的乘积。

如将横轴反映市场证券组合的超额收益率 ($\overline{K}_m - K_f$),纵轴反映资产 i 的超额收益率($\overline{K}_i - K_f$),则可绘制证券特征线,详见图 9-6 所示。

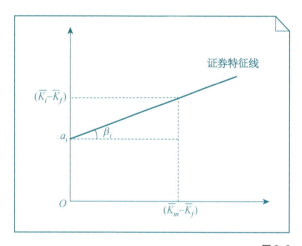

图 9-6
证券特征线

从图 9-6 可见,证券特征线为一直线,且是以 α_i 系数为截距,β_i 系数为斜率,并通过该资产超额收益率与市场证券组合超额收益率相交点的直线。

事实上,资产 i 的实际收益率仍可能偏离它的证券特征线,这是因为存在随机误差的缘故,当随机误差项不为零时,资产的实际超额收益率应包括 α_i 系数,市场证券组合的实际超额收益率与 β_i 系数的乘积,以及随机误差三项。

(3) 投资分散化。在资产实际超额收益率包括上述三项内容的前提下,证券特征线公式(9-11)应调整为:

$$\overline{K}_i - K_f = \alpha_i + (\overline{K}_m - K_f) \cdot \beta_i + \varepsilon_i \qquad (9\text{-}14)$$

或

$$\overline{K}_i - K_f = (\overline{K}_m - K_f) \cdot \beta_i + (\alpha_i + \varepsilon_i) \qquad (9\text{-}15)$$

式中：ε_i —— 资产 i 的随机误差项。

由于资产组合的 α 系数和 β 系数是构成其的各证券 α 系数和 β 系数的加权平均数。因此，资产组合的特征线可表述为：

$$\overline{K}_p - K_f = (\overline{K}_m - K_f) \cdot \beta_p + (\alpha_p + \varepsilon_p) \tag{9-16}$$

前已述及，收益是风险的补偿：资产组合的超额收益率 $(\overline{K}_p - K_f)$ 是组合总风险的补偿；$(\overline{K}_m - K_f) \cdot \beta_p$ 是与市场波动相关的系统风险的补偿；$(\alpha_p + \varepsilon_p)$ 是非系统风险的补偿。

当一个资产组合中资产种类趋近于 20 种及以上时，可以达到投资分散化，降低组合总风险的目的。这是因为：①组合的 β 系数是构成其各证券 β 系数的加权平均数，一般情况下，组合中证券种类的个别调整不会引起 β_p 的显著变化，也即投资分散化将导致系统风险的平均化。②组合的 α 系数是构成其各证券 α 系数的加权平均数，由于各证券 α 系数围绕着其 *SML* 上下波动，数值可正可负，因此组合中证券种类越多，投资越分散，各证券 α 系数相互抵消的可能性越大；同样影响收益率的随机误差值也可正可负，存在相互抵消的可能性。因而，投资分散化将导致非系统风险的相互抵消与降低。

第三节 | 套利定价理论

套利定价理论（arbitrage pricing theory，APT）是美国经济学家斯蒂芬·罗斯于 1976 年首先提出的。与资本资产定价模型一样，这一理论也是分析研究资产收益的确定问题。不同的是，APT 认为资产收益不是只受到单一的综合风险因素的影响，而是受到若干相互独立的风险因素的影响，如 GNP、GDP、利率、通货膨胀率、市场风险报酬等，是一个多因素模型。APT 的假设前提较为简便，其主要假设有：一是资本市场处于竞争均衡状态；二是投资者具有财富极大化的偏好；三是资产收益可用因子模型表示。

（一）因子模型

(1) 单因子模型。单因子模型的基本形式为：

$$K_{it} = a_i + b_i \delta_t + e_{it} \tag{9-17}$$

式中：K_{it} —— 资产 i 在时期 t 的收益率；

a_i —— 资产 i 的事前期望收益率；

δ_t —— 风险因素在时期 t 的意外变化；

b_i——资产 i 对风险因素的敏感系数;

e_{it}——时期 t 的随机误差项,是一个期望值为零,标准差为 σ_{ei} 的随机变量。

根据单因子模型,资产 i 的期望收益率为:

$$\bar{K}_i = a_i + b_i \bar{\delta} \tag{9-18}$$

资产 i 的方差为:

$$\sigma_i^2 = b_i^2 \sigma_\delta^2 + \sigma_{ei}^2 \tag{9-19}$$

资产 i 与 j 的协方差为:

$$COV_{ij} = b_i b_j \sigma_\delta^2 \tag{9-20}$$

根据单因子模型的公式(9-16)(9-17)(9-18)可以计算各种资产的期望收益率、方差和协方差,并可进一步导出资产组合的有效边界。根据给定的无风险资产利率还可进一步确定与有效边界的切点处,即 CML 上的 M 点,因此,单因子模型也适用于多元化的资产组合。

如果资产组合由 n 个证券组成,权数为 p_i,那么由公式(9-17)可得:

$$\sigma_p^2 = b_p^2 \sigma_\delta^2 + \sigma_{ep}^2 \tag{9-21}$$

在资产组合中 b_p 是单一资产 b_i 的加权平均数,权数是单一资产 i 的投资比例,随着资产组合中资产种类逐步增多,单一资产的投资比例将逐步减少,b_p 也将趋于平均化,因此,投资分散化导致风险因素影响的平均化,同理,投资分散化也导致非风险因素影响的减少。

(2) 多因子模型。影响资产收益的风险因素往往不止一个,采用两个以上因子构成的模型准确程度更高。多因子模型的基本形式为:

$$K_{it} = a_i + b_{i1}\delta_{1t} + b_{i2}\delta_{2t} + \cdots + b_{ik}\delta_{kt} + e_{it} \tag{9-22}$$

式中:δ_{jt}——第 j 个风险因素在时期 t 的意外变化;

b_{ij}——资产 i 对第 j 个风险因素的敏感系数。

下面通过双因子模型说明多因子模型的特点。双因子模型的基本形式为:

$$K_{it} = a_i + b_{i1}\delta_{1t} + b_{i2}\delta_{2t} + e_{it} \tag{9-23}$$

根据双因子模型,资产 i 的期望收益率为:

$$\bar{K}_i = a_i + b_{i1}\bar{\delta}_1 + b_{i2}\bar{\delta}_2 \tag{9-24}$$

资产 i 的方差为:

$$\sigma_i^2 = b_{i1}^2 \sigma_{\delta 1}^2 + b_{i2}^2 \sigma_{\delta 2}^2 + 2b_{i1}b_{i2}COV_{\delta_1,\delta_2} + \sigma_{ei}^2 \tag{9-25}$$

资产 i 与 j 的协方差为：

$$\sigma_{ij} = b_{i1}b_{j1}\sigma_{\delta 1}^2 + b_{i2}b_{j2}\sigma_{\delta 2}^2 + (b_{i1}b_{j2} + b_{i2}b_{j1}) \cdot COV_{\delta_1\delta_2} \qquad (9\text{-}26)$$

与单因素模型类似，可以采用公式(9-22)(9-23)(9-24)计算所有资产的期望收益率、方差和协方差，并进一步导出资产组合的有效边界，然后，根据已定的无风险利率，确定与有效边界切点的资产组合。这样投资者可以得到最优证券组合。

因此，双因子模型也适用于多元化的资产组合。如果资产组合由 n 个证券组成，权数为 p_i，那么由公式(9-23)可得：

$$\sigma_p^2 = b_{p1}^2\sigma_{p1}^2 + b_{p2}^2\sigma_{p2}^2 + 2b_{p1}b_{p2}COV_{\delta_1\delta_2} + \sigma_{ep}^2 \qquad (9\text{-}27)$$

式中的 b_{p1} 与 b_{p2} 分别是 b_{i1} 与 b_{i2} 的加权平均数。和单因子模型一样，投资分散化可以导致风险因素影响的平均化和非风险因素影响的减少。

（二）套利定价模型

套利定价理论认为，资产收益受到系统风险的影响而变化，而系统风险又是由不同的相互独立的因素 F_1，F_2…… 表现出来的。在所有事件发生之前，投资者对各个因素可能发生的变化作出判断与预期，并得出资产 i 的事前期望收益率。

(1) APT 的单因子模型。套利定价理论中的单因子模型公式为：

$$a_i = \lambda_0 + \lambda_1 b_i \qquad (9\text{-}28)$$

式中：λ_0 —— 无风险资产利率；

λ_1 —— 因子风险报酬。

它表示在均衡状态下期望收益和风险因素敏感系数的线性关系。这条直线称为套利定价线，又称 APT 资产定价线。

根据套利定价理论，任何具有一个风险因子的敏感系数和期望收益率的资产不在套利定价线上，那么投资者就有构造套利证券组合的机会。如图 9-7 中资产 V 表示资产价格被低估，期望收益率高于资产 A，这时投资者可以购买资产 V 出售资产 A 构成一个套利证券组合。同样，资产 Z 表示资产价格被高估，期望收益率低于资产 B，这时投资者可以出售资产 Z 购买资产 B 构成一个套利证券组合。

因为套利不增加风险，投资者没有使用任何新的资金。同时，套利证券组合都有正的期望收益率，因而买压使得资产 V 价格上升，卖压使得资产 Z 价格

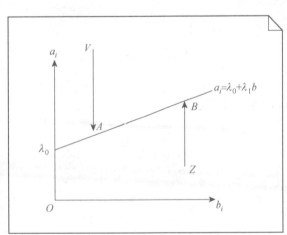

图 9-7
套利定价线

下跌,最后分别达到 A 和 B 的价位,套利机会消失。

(2) APT 的多因子模型。套利定价理论中的多因子模型公式为:

$$a_i = \lambda_0 + b_{i1} \cdot \lambda_1 + b_{i2} \cdot \lambda_2 + \cdots + b_{ik} \cdot \lambda_k \tag{9-29}$$

式中：λ_j——第 j 因子风险报酬。

与单因子模型相似,它表明均衡状态下期望收益与风险因素敏感系数间的数量关系。这种数量关系称为套利定价模型或资产定价方程。利用该模型,投资者同样可以构造套利证券组合的机会。

例 9-2：APT 模型。

考虑一个多因素 APT 模型,假设有两个独立的经济因素 F_1 和 F_2,无风险利率是 6%,两个充分分散化了的组合的信息如表 9-1 所示。

表 9-1 组合信息

组合	对应因素 F_1 的 β	对应因素 F_2 的 β	期望收益
A	1	2	19%
B	2	0	12%

如果不存在套利机会,那么因素 F_1 和因素 F_2 的风险溢价分别为多少?

解：设因素 F_1 和因素 F_2 的风险溢价分别为 R_1 和 R_2。

对于组合 A：$19\% = 6\% + 1R_1 + 2R_2$

对于组合 B：$12\% = 6\% + 2R_1$

联立等式,求得：$R_1 = 3\%$，$R_2 = 5\%$

因此,因素 F_1 和因素 F_2 的风险溢价分别为 3% 和 5%。

(三) 套利定价理论的特点

套利定价理论指出,投资者可以针对每一风险因素构造出一个只受该因素影响的资产组合(如只有 $b_{i1} \neq 0$,其余 $b_{ij} = 0$),这样购入该资产就相当于购入某一风险因素。这一结论的另一种含义就是投资者可以通过有选择地构造资产组合而使该资产组合对某一类或某几类风险因素的敏感系数为零,这就意味着投资者可以根据自己的风险偏好,选择那些自己愿意和能够承担的风险,完全回避那些自己不愿意或不能够承担的风险。

此外,套利定价理论同时考虑了多种因素对资产收益的影响。它比 CAPM 更清楚地指明风险来自何处,因此可以帮助投资者根据自己的风险偏好和风险承受能力,调整对不同风险影响的承受水平,而保持总风险收益不变。CAPM 是单因素模型,它只能告诉投资者所承担的风险和报酬是多少,但未告诉投资者风险来自何处。

专栏阅读 9-1：有效市场理论的应用与模型

1970 年由尤金·法玛(Eugene Fama)提出的有效市场理论是现代资本市场理论的基石并构成了其核心内容。资产组合理论产生后，在现代资本市场理论中占据核心地位的有效市场理论逐步形成。Kendall(1953)与 Roberts(1959)发现股票价格序列类似于随机漫步，他们对这种现象的解释是：在给足所有已知信息后，这些信息一定已经被反映于股价中，所以股价只对新信息作出上涨或下跌的反应。由于新信息是不可预测的，那么随新信息变动的股价必然是随机且不可预测的。法玛最终把这些理论形式化为有效市场假说(efficient markets hypothesis, EMH)，并把有效市场分为三种不同类型：一是弱式有效市场，认为股价已反映了全部能从市场交易数据中得到的信息；二是半强式有效市场，认为股价已反映了所有公开的信息；三是强式有效市场，指股价已反映了全部与公司有关的信息，包括所有公开信息及内部信息。

资本资产定价模型、套利定价模型与 Black-Scholes 期权定价模型是对现代资本市场理论的进一步拓展与完善。Sharpe(1964)，Litner(1965)和 Mossin(1966)在有效市场假说与马科维茨资产组合理论的基础上，建立了资本资产定价模型(CAPM)。该模型给出了资产的收益、风险以及两者关系的精确描述。CAPM 在一系列假设条件下就投资者行为得出如下结论：对于所有投资者，最优的资产组合都是市场资产组合和无风险资产的组合。这种组合的所有可能情况形成一条直线，被称为资本市场线(CML)，即资本市场为投资者在该线上提供了最优的资源配置。1977 年 Roll 对该模型提出疑问，认为该模型的预测结果不可能真正从现实中得到证明。与此同时，Ross(1976)突破性地发展了 CAPM，提出套利定价理论(APT)。该理论认为风险资产的收益与多个共同因素之间存在线性关系，从而将单因素 CAMP 发展为多因素模型。在这些理论的基础上，Black 与 Scholes 于 1973 年发表了一篇关于期权定价的开创性论文，运用随机微分方程理论推导出期权定价模型。此后，Merton, Cox 和 Rubinstein 等相继对这一理论进行了重要的推广并使之得到广泛应用。至此，现代资本市场理论已发展成熟，具备一个比较完备的理论框架。

复习思考题

1. 什么是有效边界？其应具备哪些条件？
2. 无差别曲线一般具有哪些特征？
3. 什么是市场证券组合？在投资分析中通常用何种证券组合来代替？为什么？
4. 试述资本市场线的内涵及应用。
5. 试述证券市场线的内涵以及其与资本市场线的差别。
6. 试述证券特征线的内涵。
7. 试述套利定价模型的应用。
8. 试述套利定价模型的特点。
9. 请分析套利定价模型中的因子模型的构成。
10. 请分析资本资产定价模型的构成特征。

第十章 债券市场投资及分析

投资导读

作为一种固定收入的证券,债券以安全性高、流动性强、盈利性高于银行存款受到投资者的普遍青睐。在世界各国的证券市场上,债券的发行量和交易量都接近或超过股票的发行量和交易量。截至 2018 年末我国债券市场余额达 86.39 万亿元,位居世界第三,企业信用债位列世界第二。在规模快速扩张的同时,绿色债券、私募债券等创新型债券品种相继出现。与此同时,债市违约事件也时有发生,2018 年我国债市违约规模高达 1 176.51 亿元,创下自 2014 年以来的最高值。投资者必须在对影响债券投资收益和风险的各因素充分了解的基础上,根据自身的资金状况选择恰当的投资品种,以期达到收益性、安全性和流动性的最佳结合。

第一节 债券投资概述

一、债券的概念

债券是一种有价证券,它是社会各类经济主体为筹措资金而出具的,承诺按规定的利率和方式支付利息,并到期偿还本金的债务书面凭证。与其他有价证券一样,债券也是一种虚拟资本,它是经济运行中实际运用资本的证书,赋予其持有人在一定的时期内获取利息并到期收回本金的权利。债券通常可以在特定的金融市场上转让。因而,债券代表的不是借款人(债券的发行人)与特定的债权人(债券的投资者)之间的固定的债权债务关系,而是发行人对整个市场作出的承诺,体现为公开的、社会化的债权债务关系,从而成为金融投资的工具。

作为一种债权债务凭证,债券包含以下基本要素。

(1) 债券的票面价值。这包括两方面的内容:①票面价值的币种,即以何种货币作为债券价值的计量单位。币种的选择主要依其发行对象和实际需要来确定。一般地说,若发行对象是国内有关经济主体,则选择国内货币作为债券价值的计量单位;若向国外发行,则选择债券发行地的货币或国际通用货币(如美元)作为债券价值的计量单位。②债券的票面金额。票面金额的不同,对于债券的发行成本、发行数额和持有者的分布具有不同的影响。票面金额较小,由于有利于小额投资者购买,从而有利于债券发行,但可能增加发行费用,加大发行工作量;票面金额较大,则会降低发行费用,减轻工作量,但可能减少发行量。

(2) 债券的价格。债券的票面价值,是债券价格形成的主要依据。一般来说,债券的发行价格与债券的票面价值是一致的,即平价发行。在实践中,发行者出于种种考虑或由于市场供求关系的影响,也可能折价发行或溢价发行。折价发行或溢价发行,都是债券价格对债券票面价值一定程度的背离。债券一旦进入证券交易市场,其交易价格则常常与其票面价值是不一致的。

(3) 债券的利率。即债券持有人每年获取的利息与债券票面价值的比率。债券利率的高低,主要受银行利率、发行者的资信级别、偿还期限、利率计算方式和资本市场资金供求关系等因素的影响。

(4) 债券的偿还期限。即从债券发行日起到本息偿清之日止的时间。债券偿还期限的确定,主要受发行者未来一定期限内可调配资金的规模、未来市场利率的发展趋势、证券交易市场的发达程度,以及投资者的投资意向、心理状态和行为偏好等因素的影响。债券的偿还期限,一般分为短期、中期和长期:偿还期限在1年以内的为短期;1年以上、10年以下的为中期;10年以上的为长期。

二、债券的特征

债券作为一种重要的融资手段和金融工具,具有如下特征。

(一) 债券的偿还性

债券的偿还性是指债券有规定的偿还期限,债务人必须按期向债权人支付利息和偿还本金。债券的偿还性使得资金筹措者不能无限期地占用债券购买者的资金,换言之,他们之间的借贷关系将随偿还期结束、还本付息手续完毕而消失。这一特征与股票的永久性有很大的区别。但也有例外,如英国政府曾经发行过一种没有确切偿还日期的公债,这种无期国债没有规定必须全部偿还的最后期限,发行后经过一段时间,政府有随时归还本金的权利,即每年回购一定比例的债券,也可以无限期地支付利息不偿还本金,而投资者无偿还请求权。

(二) 债券的流动性

流动性是指债券持有人可按自己的需要和市场的实际状况,灵活地转让债券提前收回本金。债券有规定的偿还期限,到期前不能兑付,但是,债券持有人在债券到期前如需要现金,既可到证券市场转让变现,也可到银行等金融机构进行抵押贷款,因此债券具有迅速变现的能力,即流动性。流动性首先取决于市场对转让所提供的便利程度;其次还表现为债券在迅速转变为货币时,是否在以货币计算的价值上蒙受损失。

(三) 债券的安全性

安全性是指债券持有人的收益相对固定,不随发行者经营收益的变动而变动,并且可按期收回本金。与股票相比,其投资风险较小。一般来说,具有高度流动性的债券同时也是较安全的,因为它不但可以迅速地转换为货币,而且还可以按一个较稳定的价格转换。债券不能收回有两种情况:第一,债务人不能履行债务,即债务人不能充分和按时履行约定的利息支付或者偿还本金。不同债务人不履行债务的风险程度是不一样的,一般政府债券低于金融债券和公司债券。第二,流通市场风险,即债券在市场上转让时因价格下跌而承受损失。许多因素会影响债券的转让价格,其中较重要的是市场利率水平。

(四) 债券的收益性

收益性是指债券能为投资者带来一定的收入。这种收入主要表现为利息,即债权投资的报酬。在实际经济活动中,债券收益可以表现为两种:一种是债权人将债券一直保持至期满日为止,这样,在债券期限内,他可以按约定的条件分期分次取得利息或者到期一次取得利息。另一种是债务人在债券期满之前将债券转让,这样,他有可能获得超过购入时债券价格的价差。理论上讲,如果利率水平一直不变,这一价差就是其持有债券这段时间的利息转让形式。但是,由于市场利率会不断变化,债券在市场上的转让价格将随市场利率的升降而上下波动。债券的票面利率是相对固定的,一般当利率下跌时,债券的市场价格便上涨;当利率上升时,债券的市场价格则下跌。所以,债券持有者能否获得转让价差或转让价差的多少,要视市场情况而定。

三、债券的分类

债券的种类繁多，各具特色。根据不同的分类标准，可对债券进行不同的分类。通常情况下，可作如下分类。

(一) 按发行主体分类

在各种分类方法中，按发行主体来划分是目前最常用的分类方式，这种分类是把不同主体发行的债券分为政府债券、金融债券和公司债券。

(1) 政府债券，也称公债券，指的是中央政府和地方政府发行的一种格式化的债权债务凭证。公债券通常分为中央政府债券和地方政府债券。

① 中央政府债券。中央政府发行的债券称作国债，主要用于弥补预算赤字及国家投资的重点项目建设。国债和其他债券相比有下列特点：一是安全度高。国债是所有各类债券中风险最低的，其原因是国家掌握了征税权和货币发行权，即使是财政入不敷出，也可以通过发新债的方法来归还旧债，因此一般情况下无违约风险。如美国投资者习惯把美国财政部发行的13周的国库券作为无风险的证券。二是期限跨度大、品种多。根据筹资的目的不同，国债可有不同的期限，有3个月、半年、9个月、1年的短期债券，也有2年、3年、5年的中期国债，以及5年以上的长期债券。以发行品种来看，有贴现债券、附息债券，也有实物债券、记账债券和凭证式债券。不同期限和品种的债券构成了品种丰富的国债系列，满足了不同层次投资者的投资需求。三是免缴所得税。国债的利息收入一般都可以免缴所得税。如我国政府规定，国债的利息收入可免缴个人所得税和企业所得税，这一优惠条件可使投资者的实际收入增加。

② 地方政府债券。地方政府发行的债券又称作市政债券，主要用于公共设施建设、住房建设和教育等支出。市政债券以地方政府收入作为担保，与国债相比，安全程度略低；因发行量小，流通性也比不上国债；但由于可同时免缴中央政府税收和地方政府税收，其收益率常在国债之上。市政债券主要有两种：一是一般责任债券。这类债券是以发行者的信用及充分的征税权利作为还本付息担保的债务凭证，是市政债券中信用较高的一种。二是收益债券。这种债券所筹的资金投入某些指定的工程项目，并以这些项目所取得的收入作为还本付息的保证。这些项目地方政府通常不予担保，其信用程度与这些项目的收益有关。

(2) 金融债券，是银行或其他金融机构为筹措资金而向投资者发行的一种债权债务凭证。银行和其他金融机构除吸收存款、发行大额可转让存单来吸收资金外,经批准,还可以以发行债券的形式来筹措资金。金融债券的发行目的主要有两个方面:一是用于某种特殊用途,如我国发行金融债券主要作为特种贷款发放,用于一些重点建设项目;二是通过连续不断的发行来作为银行长期资金的主要来源。为了保证金融债券的顺利发行,一些国家对金融债券的发行条件作出了一些特别规定,如日本对金融债券的发行规定是:其一,发行额度可为资本金和储备金的10—30倍;其二,上次发行债券即使没承购完也不影响发行新债券;其三,可免除证券交易法中有关募集和出售的申报手续。

(3) 公司债券。广义的公司债券是指一般企业和股份公司为筹集资金而对外发行的债务凭证,狭义的公司债券仅指股份公司发行的债券。公司债券的发行目的主要是筹措长期发展的资金,期限较长,因此大多数是中长期债券,个别资信程度高的公司发行的债券可长达30年。公司债券的风险也相对较大,其票面利率常高于政府债券和金融债券。公司债券的种类很多,主要有:

① 抵押债券。这种债券是以特定的抵押财产(大多是土地、房屋等不动产)作为其债券的担保而发行的债务凭证。当发行公司违约时,债券持有者有权依法处理用于抵押的财产来获得赔偿。公司在发行抵押债券时,需要与特定的受托人签订合同,保证按期支付该批债券本息、承诺限制抵押财产的出售、控制其他债券的发行量等。

② 信用债券。又称一般责任债券,它代表着无财产抵押作为担保,而是发行公司以公司信誉为担保对外发行的债务凭证。由于这类债券无担保,为了保护债券投资者的利益,公司在发行协议中必须承诺限制今后发行有担保债券以及增发无担保债券。

③ 担保债券。担保债券是指公司发行由另一家公司以某种方式提供担保的债务凭证。担保债券有担保本息债券和担保利息债券。担保人在债券上背书予以确认。

④ 可转换公司债券。这种债券是指在规定时间内,债券持有者可以按规定的转换比例换取其他种类的证券,通常是转换为普通股票。这种债券近年来在欧美地区颇为流行。2006年5月,证监会发布了《上市公司证券发行管理办法》对上市公司证券(包括可转换债券)的发行行为进行规范,此后,我国一些股份公司也发行了可转换债券,由于到期可选择转换成普通股,其价格具有想象力,因此,这种可转换公司债券很受市场欢迎。

(二) 按计息方式分类

承诺支付利息是债券发行者筹借资金的条件之一,但计算利息的方式可以不同。根据计算利息方式的差异,有固定利率债券、浮动利率债券、贴现利率债券和累进利率债券。

(1) 固定利率债券。固定利率债券指在发行时规定利率在整个偿还期内不变的债券。固定利率债券不考虑市场变化因素,因而其筹资成本和投资收益可以事先预计,不确定性较小。但债券发行人和投资者仍然必须承担市场利率波动的风险。如果未来市场利率下降,发行人能以更低的利率发行新债券,则原来发行的债券成本就显得相对高昂,而投资者则获得了相对现行市场利率更高的报酬,原来发行的债券价格将上升;反之,如果未来市场利率上升,新发行债券的成本增大,则原来发行的债券成本就显得相对较低,而投资者的报酬则低于购买新债券的收益,原来发行的债券价格将下降。固定利率的实际付息方式有两种。

其一,到期一次按约定利率支付,这种付息方法的债券在计算时都采用单利和复利计算,如果利息为 I,本金为 p,年利率为 I,期限为 n。单利计算公式是:

$$I = p \cdot i \cdot n \tag{10-1}$$

复利计算公式是:

$$I = P[(1-i)^n - 1] \tag{10-2}$$

例 10-1:2017 年发行的 5 年期国债,面额 1 000 元,年利率 4.5%,到期一次还本付息。

单利计算的到期利息 $I = p \cdot i \cdot n = 1\,000 \times 4.5\% \times 5 = 225$(元)

复利计算的到期利息 $I = P[(1-i)^n - 1] = 1\,000 \times [(1+4.5\%)^5 - 1] = 246.2$(元)

从上述例子可以看出,在名义利率相同时,复利计算的利息要高于单利计算的利息,其高出单利计算利息的金额反映了货币的时间价值。

其二,分期按约定利率支付。这种付息方法的债券又称附息债券。较早发行的附息债券是在债券正票上附有各期利息的息票,持有人在到期时剪下息票领取当期的利息。附息债券的计算方法大都采用单利方式。单利计算利息时,不同期限的息票金额都相同。

我国发行的国债多数为到期一次还本付息。1993 年第三期国债实行按年付息,成为我国第一期附息国债。1996 年 10 年期国债也实行按年付息。附息国债开始成为我国国债的一个重要品种。

(2) 浮动利率债券。浮动利率债券是指发行时规定债券利率随市场利率定期浮动的债券,也就是说,债券利率在偿还期内可以进行变动和调整。浮动利率债券往往是中长期债券。浮动利率债券的利率通常根据市场基准利率加上一定的利差来确定。美国浮动利率债券的利率水平主要参照 3 个月期限的国债利率,欧洲主要参照伦敦同业拆借利率 LIBOR(指设在伦敦的银行相互之间短期贷款的利率,该利率被认为是伦敦金融市场利率的基准)。我国浮动利率债券的利率则是以"上海银行业间同业拆放利率(SHIBOR)"为基准,例如,国家开发银行于 2007 年 6 月发型了我国第一只以 SHIBOR 为基础利率的浮动利率债券。

浮动利率债券的种类较多,如规定有利率浮动上限、下限的浮动利率债券,规定利率到达指定水平时可以自动转换成固定利率债券的浮动利率债券,附有选择权的浮动利率债券,以及在偿还期的一段时间内实行固定利率,另一段时间内实行浮动利率的混合利率债券等。

由于债券利率随市场利率浮动,采取浮动利率债券形式可以避免债券的实际收益率与市场收益率之间出现任何重大差异,使发行人的成本和投资者的收益与市场变动趋势相一致。但债券利率的这种浮动性,也使发行人的实际成本和投资者的实际收益事前带有很大的不确定性,从而导致较高的风险。

(3) 贴现债券。贴现债券是指在票面上不规定利率,发行时按某一折扣率,以低于票面金额的价格发行,到期时仍按面额偿还本金的债券。贴现债券是属于折价方式发行的债券,其发行价格与票面金额(即偿还价格)的差额构成了实际的利息,也就是说,贴现债券的面额中包含了将来要支付的利息。贴现债券无论在发行时或上市流通时都可以以贴现率反映现值和面额之间的差价。贴现率的计算公式为:

$$R = (A - P) \times \frac{12}{n \cdot A} \times 100\% \qquad (10\text{-}3)$$

式中: R——贴现率;
  A——面值;
  P——现值;
  n——期限。

例 10-2:某 3 个月的贴现债券,面值为 100 元,发行价为 99 元,则贴现率为:

$$贴现率 = (100 - 99) \times \frac{12}{3 \times 100} \times 100\% = 4\%$$

贴现债券常见于短期债券,如美国联邦政府发行的 1 年以下的国库券,就是以贴现的方式发行的。

(4) 累进利率债券。累进利率债券是指以利率逐年累进方法计息的债券。前面介绍的固定利率债券的单利和复利计算方法,其利率在偿付期内是固定不变的。累进利率债券的利率随着时间的推移,后期利率将比前期利率更高,有一个递增率,呈累进状态。而且,这种债券的期限往往是浮动的,但有最短持有期和最长持有期。比如,某债券最短期限为 1 年,最长为

3 年,持满 1 年偿付时,基础利率为 8%,以后每年递增 1%。则投资者若持有 1 年偿付时,按利率 8% 计息,满 2 年偿付时,其第 1 年的利率为 8%,第 2 年的利率为 9%,两年平均利率为 8.5%(单利);若满 3 年偿付,第一年的利率为 8%,第二年的利率为 9%,第三年的利率为 10%,即 3 年平均利率为 9%(单利)。如以公式表示,设债券面额为 A,基础年利率为 I,持有期限为 n,每年利率递增率为 r,持满某年的利息额为 I_n,则利息的计算为:

$$I_n = A_n \left[i + \frac{(n-1)r}{2} \right] \tag{10-4}$$

在我国,累进利率债券曾经在金融债券中运用。

(三) 按债券偿还期限分类

根据偿还期限的不同,债券可分为长期债券、短期债券和中期债券。一般说来,偿还期限在 10 年以上的为长期债券,偿还期限在 1 年以下的为短期债券,期限在 1 年或 1 年以上、10 年以下(包括 10 年)的为中期债券。

(四) 按债券募集方式分类

按债券募集方式分类,债券可分为公募债券和私募债券。

公募债券是指按法定程序,经有权机构审核批准后在市场上公开发行的债券。由于它所面对的是不特定的、广泛分散的认购者,客观上要求发行者有较高的信誉。通常,除了政府债券之外,其他发行者要公开发行债券,必须符合规定的条件,必须遵守信息公开制度,并经政府有关机构的审批。在美国发行债券还要有资信机构的评级报告。为了保护投资者的合法权益,很多国家都立法对公开发行的债券制定严格的规定。

私募债券是指向特定的对象发行的债券。私下发行债券,申请发行的条件比较宽松,不须履行信息公开制度。由于发行范围小,一般私募债券不上市流通,其票面利率也常高于公募债券。

(五) 按债券形态分类

债券有不同的形式,根据债券券面形态可以分为实物债券、凭证式债券和记账式债券。

(1) 实物债券。实物债券是一种具有标准格式实物券面的债券。在标准格式的债券券面上,一般印有债券面额、债券利率、债券期限、债券发行人全称、还本付息方式等各种债券票面要素。有时债券利率、债券期限等要素也可以通过公告向社会公布而不再在债券券面上注明。在我国现阶段的国债种类中,无记名国债就属于这种实物债券,它以实物券的形式记录债权,面值不等,不记名,不挂失,可上市流通。实物债券是一般意义上的债券,很多国家通过法律或者法规对实物债券的格式予以明确规定。

(2) 凭证式债券。凭证式债券的形式是一种债券权人认购债券的收款凭证,而不是债券发行人制定的标准格式的债券。我国近年通过银行系统发行的凭证式国债,券面上不印制票面金额(而是根据认购者的认购额填写实际的缴款金额),是一种国家储蓄债,可记名,可挂失,以"凭证式国债收款凭证"记录债权,不能上市流通,从购买之日起计息。在持有期内持券人如遇特殊情况需要提取现金,可以到购买网点提前兑取。提前兑取时,除偿还本金外,利息按实际持有天数及相应的利率档次计算,经办机构按兑付本金1‰收取手续费。

(3) 记账式债券。记账式债券是指发行者利用集中性的交易场所先进的电子交易系统所设置的电脑证券账户,在系统内发行的,以成交后的交割单替代实物券的一种债券。由于这种债券发行与交易采用无纸化形式,只有该交易系统中电脑证券账户的持有者才能投资,发行后即在该系统交易上市,因此,成本低、流动性强是该类债券的重要特色。

(六) 按债券面额的货币分类

按债券面额的货币分类,债券可分为本币债券、外币债券和双重货币债券。

(1) 本币债券是指在国内发行的、以本国货币为票面额的债券,是筹措国内资金的主要手段。

(2) 外币债券是指在本国发行的、以外国货币为主要票面额的债券。如欧洲发行的美元债券和日元债券。外币债券可使用的货币,往往其汇率比较坚挺、流通量大,便于吸引更多的持币人购买,以筹措到足够的资金。

(3) 双重货币债券是指用一种货币发行债券,而按固定汇率用另一种货币支付利息的条件来发行的债券。这种债券的发行在汇率变动较大时采用,其本金部分通常不受汇率变动的影响。

(七) 按债券发行所在地分类

按债券发行所在地分类,债券可分为国内债券和国际债券。

(1) 国内债券。国内债券是指本国政府、企业等机构在本国发行的、以本国货币为面额的债券。

(2) 国际债券。国际债券是指本国发行者在本国以外发行的债券。国际债券主要有外国债券和欧洲债券。外国债券是指在国外发行的、以发行地所在国货币为面额的债券,如外国发行者在美国发行的、以美元为面额的"扬基债券";在日本发行的、以日元为面额的"武士债券"。发行这类债券的主要目的是为了弥补国内预算赤字或国际收支逆差,或筹措国民经济发展急需的硬通货。外国债券通常对发行者的资信程度要求较高。欧洲债券是指发行者在外国发行的、以第三国的货币为面额的债券,如欧洲美元债券。这类债券的最大特点是不受发行者所在国及债券面额货币国的金融管制。我国发行国际债券始于20世纪80年代初期。1982年1月,中国国际信托投资公司在日本东京资本市场上发行了100亿日元的债券,首开我国利用国际债券融资的先河。此后,1993年我国首次在日本和美国发行外币主权债,2005年10月国际金融公司和亚洲开发银行在我国发行"熊猫债",2007年国家开发银行在中国香港地区首发人民币"点心债",都是我国国际债券发展中具有里程碑意义的事件。

专栏阅读10-1:绿色债券走红资本市场[1]

绿色债券(green bonds),泛指融资资金投资于气候或环境保护项目和计划的债券产品(ICMA,2014),直接或间接为绿色项目融资是绿色债券区别于传统债券的最突出特征。狭义的绿色债券仅指那些经由独立的中介机构(second party)对投资项目或所涉及资产的绿色特性进行评估,并通过第三方,如气候债券标准委员会(Climate Bond Standard Board)获得绿色债券资质认证的债券,以下简称绿标债券(green labeled bonds)。

绿色债券兴起于发达国家,2007年,欧洲投资银行发行了世界上第一只"气候意识债券",该债券为5年期、6亿欧元、AAA评级的气候债券,用于接受银行贷款的可再生能源和能效项目,为开启绿色债券时代埋下伏笔。随着日益严峻的气候变化挑战,加剧发展中国家和新兴市场的发展成本。绿色债券提供了一种新的融资方式,在一定程度上缓解气候变化,与此同时也为投资者提供可靠回报。在中国,2017年3月3日,证监会发布《关于支持绿色债券发展的指导意见》,这一被业内人士称为"绿色新政"的指导意见提出,鼓励各机构发行的产品投资绿色公司债券,鼓励投资机构开发绿色金融产品,证监会将对绿色公司债即报即审。根据美银美林研究资料显示,2016年是绿色债券新兴市场的重要转折年。中国异军突起超越美国成为绿色债券的全球最大发行者,巩固了其在绿色债券领域的主导地位并为整个市场走向奠定乐观基调。中国人民银行研究局首席经济学家、中国金融学会绿色金融专业委员会主任马骏此前公开表示,绿色债券是为中长期绿色项目融资的一个重要的金融工具,虽然近年已呈快速增长,但在中国和全球都还有很大的发展空间。

具体而言,绿色债券市场的发展呈现以下四个特点。

(1) 市场规模快速增长,为各国的可持续发展项目提供了中长期低成本的资金支持。2007年以来,绿标债券的数量从无到有,经历了爆发式增长。2007年发行规模不到10亿美元,2013年发行量超过100亿美元,2014年全年发行366亿美元,增长了30多倍,截至2015年6月全球未清偿规模达到659亿美元;广义的绿色债券规模更为庞大,截至2014年底,400多家发行人发行了接近2 800只债券,未清偿规模约5 977亿美元。当然,在全球债券市场每年数以万亿美元的庞大发行量面前,

---

[1] 部分内容引自万志宏、曾刚:《国际绿色债券市场:现状、经验与启示》,《金融论坛》,2016年第2期。

绿色债券市场占比仍不足5%，存量更是微不足道，意味着债券市场具有巨大的"绿化"潜力。从资金投向来看，广义绿色债券中90%的融资投向交通（4 188亿美元）、能源（1 184亿美元）、建筑与工业（196亿美元）等领域的可持续发展项目，其他还包括农林业、废弃物处理、水利等项目，为可持续发展提供了有力的支持。从国别分布看，2014年以来，发展中国家如中国、印度、巴西的广义绿色债券发行量大大增长。

（2）绿色债券市场的参与者日益多元化，市场专业化程度增强。绿色债券发行人包括多边开发银行、地方政府和市政机构、公司企业以及金融机构（商业银行）。多边开发银行和区域开发银行是绿色债券发行的主力，2007年至今融资量合计占比超过半数，代表性的如欧洲投资银行（EIB，2014年发行量115亿美元）、世界银行集团（包括国际金融公司，2014年发行量约115亿美元）、非洲发展银行、挪威发展银行等。2014年以来，公司债和地方政府（市政）债发行规模迅速上升，2014年已经占到全部债券的1/4以上。商业银行也加入发行者行列：法国农业信贷银行是最早为应对日本私募市场需求发行绿色债券的商业银行，在2015年初成为第一家拥有绿色债券认证的银行，美国银行等也纷纷开展为可再生能源项目融资的项目债券。同时，绿色债券的投资者队伍也在不断扩大，既有养老基金，也有全球资产管理机构（如高盛、黑石、苏黎世保险）、知名公司（如微软、福特汽车）和中央银行等；围绕绿色债券发行的绿色认证、绿色评级、环境影响评估和持续监督的中介发展迅速，证券交易所也大力推动绿色信息披露、绿色指数和相关产品开发，增强了绿色债券信息披露的透明性，使债券的"绿色"特征具有可信度和说服力。

（3）债券类型和品种日益多样化。绿色债券早期主要是对发行主体具有追索权的一般义务债券，中国金风科技发行的便属于此类，之后融通资金专门用于特定绿色或可持续项目的项目债券和收益债券发行逐步增多。

一些符合减排技术要求的新能源公司（如太阳能公司）可将特定的项目作为抵押发行债券，债券持有人对发行人没有追索权；也可以发行收益债券，以项目获得的现金流为还本付息的保障，在此基础上，资产证券化债券也逐步兴起。2014年，丰田公司以汽车租赁的现金流为抵押，发行了第一款资产证券化形式的绿色债券，规模为17.5亿美元。2014年11月，美国夏威夷州商业、经济开发与旅游局（DBEDT）发行了规模达1.5亿美元的AAA级市政债券，以绿色基础设施费（当地居民电力附加费）为抵押进行融资，债券发行收入将用于支持绿色能源市场证券化项目，后者面向消费者提供安装太阳能设施的资金。2015年，不动产抵押银行BerlinHyp发行了5亿欧元的绿色保证债券（green covered bond），投资者对发行人及其用以保证的资产具有双重追索权。此外，在金融市场上，广义的绿色债券还包括同绿色投资或指数挂钩的衍生债券，例如，中国中广核风电碳收益债券的浮动利率部分便与CCER（核准碳排放量）的价格挂钩。

（4）绿色债券具有期限长、信用高的特点，普遍受到资本市场青睐。从债券的期限看，绿色债券主要是中长期债券，3年期以上的债券约6 000亿美元，其中超过六成是10年期以上债券；3年期以内的债券不到200亿美元，债券普遍期限较长，为融资者提供了中长期稳定的资金来源。从评级来看，绿色债券普遍具有较高信用等级，有3/4超过投资级（BBB级及以上），接近六成评级在AA级别以上，获得了国际资本市场的认可。

第二节 债券的投资分析

一、影响债券收益的因素

公司债券的收益通常可以用投资者以现有价格购买债券,并持有到债券期满可以获得的到期收益率(yield to maturity)来表示。在给定现行价格的前提下,到期收益率的高低由债券各期的收入来决定。因此,影响公司债券收益的主要因素有以下六个。

(一) 债券的期限

在其他条件相同的条件下,债券的期限越长,给投资者带来的债息收入越多,投资收益率越高。同时,期限越长,未来的不确定性相应增加,投资者要求更高的风险报酬。因此长期债券的利率通常高于短期债券的利率。

(二) 债券的票面利率

债券的票面利率决定了投资者的债息收入。其他条件相同时,票面利率越高,债券的投资收益越高。

(三) 债券的赎回条款

在到期日前可赎回的条款限制了债券价格上升的空间。例如,某公司发行面值 1 000 元,8 年期的债券,票面利率为 10%,规定发行三年以后可以以 1 050 元的价格赎回。3 年后,同等风险程度的 5 年期的公司债券的收益率仅为 7%。如果公司不赎回该债券,在以后的 5 年里,每年仍然要支付 100 元的利息。如果公司赎回旧债券,再发行票面利率为 7% 的新债券。虽然公司一次支付赎回贴水 50 元,但是每年只需支付 70 元的利息,公司每年可以节省 30 元的利息。对投资者来说,正好相反,用公司赎回债券支付的 1 050元,再投资于 7% 的债券,每年的利息收入减少至 73.50 元,第 5 年末回收 1 050 元。8 年内实际的投资收益率只有 9.03%,并非原先的 10%。这表明可赎回债券的收益率可能因赎回而降低。

(四) 债券的流动性

大多数公司债券在场外交易市场上流通。其流动性不如在交易所上市的国债。因而,从事公司债券交易的证券商提出的买入价与卖出价之间的差价较大。这意味着债券的交易成本较高,势必影响投资者资本增殖收益。尤其中小公司发行的债券的流动性相当差,因而价格比较低,致使中小公司债券的到期收益率通常高于大公司的债券。

(五)债券的信用等级

信用等级较高的债券,风险较低,收益率也较低,称为投资级债券(investment grade);反之,信用等级低的公司债券,违约风险大,收益率较高,被称为投机级债券(speculative grade)。根据爱德沃特·英特曼(Edward Altmnn)对 1971—1990 年美国公司债券的违约现象的研究,标准普尔公司评定为 AAA 级的公司债券,5 年内没有发生过一起违约现象;评定为 BBB 级以上的公司债券在 5 年内发生违约的比例为 3.89%;评定为 BB 级的公司债券的违约比例为 5.97%,CCC 级的违约比例高达 38.08%。根据统计,相同风险等级的债券的收益率有明显的趋同性,而风险等级不同的债券的收益率有明显的统计差异。

以上影响债券收益的因素均与债券本身的特性有关,反映了不同的债券的收益率之间差异的原因。除此之外,债券的收益率还与社会经济环境有关,主要表现为市场利率对债券收益的影响。

(六)市场利率的变动

根据资本市场的收益率均衡的原理,当市场利率升高时,固定收入债券的价格就会下降,其收益率相应提高,向升高后的市场利率靠拢。如果债券持有者急需现金,不得不以较低的价格出售债券,将遭受资本损失。如果债券投资者持有债券直到到期日收回本金,虽然他仍得到原先规定的利率,但低于升高后的市场利率,从而蒙受机会损失。反之,当市场利率下降时,债券的价格就会上升,其收益率相应下降向调整后的市场利率靠拢。如债券的持有者出售该债券将得到价格上涨产生的资本增殖。若投资者持有该债券到期满兑现,则可获得高于调低后的市场利率的收益率。

二、债券投资的风险分析

投资就要考虑风险,政府债券几乎无投资风险,因此我们在本章主要探讨公司债券的风险控制。投资公司债券所承受的风险主要有三种:利率风险、违约风险、购买力风险,下面将分别予以讨论。

(一)利率风险

利率风险是指因利率变动导致债券价格变动的风险。特别是市场利率上升时,债券价格下跌,使得债券持有者的资本遭受损失。因此,投资者购买的债券到期日越长,则利率变动的可能性越大,其利率风险也相对越大。

债券是一种法定的契约,大多数债券需要借方每年支付固定年息给予贷方(即债券投资者),一直到债券到期日为止。此种债券称为附息票债券(coupon bond)。因此附息票债券持有人每年有固定利息收入,这就如同年金契约受益人一样。

债券到期时,债券发行机构必须支付债券持有人本金金额(亦即债券票面值)。以美国为例,公司债券与美国政府国库债券都是如此。但私人公司债券与政府国库债券最大的不同在于:公司可能会不履行债券义务,甚至宣布破产,但美国国库债券是不可能不履行债券义务的。所以有人称之为安全债券,因为美国国库不可能宣布破产。但这不表示投资国库债券就毫无风险,投资者承受了另一种风险:利率风险。事实上利率风险是投资美国国库债券时所承受的最主要风险。在过去的数十年中,美国长期国库债券单单是受利率风险的影响,其价格的波动,最低曾跌到其票面值的 80%,最高时涨到其票面值的 120%。

美国国库债券的票面值有 1 000 美元、1 万美元、10 万美元或是更大的面额,但最小面额是 1 000 美元。然而,国库债券的市场价格却是每分每秒上下波动,除非是在债券到期日当天,国库必须偿还票面值予债券持有人,否则债券市场价格是很少会等于票面值的。因此,债券价格在过去数十年中,以面值 1 000 美元的债券为例,市场价格因利率变化而导致的涨跌约在 800—1 200 美元。

由于基本利率的变动而导致债券市场价格的涨跌,使得债券持有人承受某种程度的资本风险,我们称之为利率风险。衡量债券利率风险有以下三个原则。

(1) 承受较高利率风险的债券,其价格波动的程度较大。反之,承受较低利率风险的债券,其价格波动的程度较小。

(2) 政府债券的市场价格与利率高低成反比。这是因为债券投资人如果预测利率即将下降,债券价格就会上升,所以投资人就会开始购买政府债券,这使得价格开始上涨。如果债券投资人预测利率即将提高,债券价格便会下跌,所以投资人会将手中持有的政府债券出售,以免损失,债券价格自然就开始下跌。因此,当政府将利率提高到很高时,债券价格往往开始上涨,因为人们认为利率已经到达顶点,纷纷开始购买政府债券。反之,如果利率已降到很低水平,投资人已不期待政府会再调低利率时,人们开始卖出持有的债券,价格自然一路下跌。

(3) 由前面的叙述可知,在高利率时期,只要利率仍有上升空间,债券价格总是跌多于涨。在低利率时期,只要利率仍有下降的空间,债券价格总是居高不下,涨多于跌。

(二) 违约风险

在有价证券市场中,所谓违约是指债务人未能及时偿付债务证券的本金或利息,或是未履行债务契约书。

违约风险是投资风险的一种,它是由于证券发行者(即债务人)的财务状况发生改变所产生的。例如,当一家私人公司发行证券(包括股票或债券)以筹措资金,这家公司的营运成绩、财务状况都直接反映在它所发行证券的市场价格上。因此,这家公司财务状况佳、信用良好时,其所发行证券的市场价必然高,投资人所承受的违约风险就小。反之,财务状况差的公司,其偿债能力便不佳,投资人承受的违约风险就大。所以当投资者在购买股票、债券或其他公司有价证券时,便面临证券发行者不履行合约或破产的可能性。精明的投资人可以从这家公司的财务报表和证券市场价格波动中,发觉公司的信用状况与偿债能力,以便及早作出对策。

如前所述,政府公债因为政府不太可能宣布倒闭或破产,所以公债持有人不必顾虑违约风险,因此又有安全债券之称。值得一提的是,政府机关所发行的债券由于几乎无违约风险,相对的、议定的固定年息率也普遍比一般公司债券来得低。为了吸引投资人的购买,公司债券往往以高年利率作为报酬,但自然其违约风险就较政府债券为高。

私人公司的财源收入,主要来自出售商品或服务的所得。它不能像政府机关一样,以加税来应付困窘的财务危机。所以营运好坏、财务状况直接关系着公司的存亡。企业经营者当然不希望辛苦建立的企业走向倒闭、破产的命运,一旦公司走向衰退之路时,第一个大众反应是股价下跌。人们因年度红利的减少,开始抛售手中持有的股票,接下来,公司债券持有人担心企业在连年亏损下,无法在债券到期时履行契约,按票面价买回债券。债券持有人也开始卖出其持有的公司债券,债券市场也逐渐下跌。所以公司债券不同于政府公债,违约风险的有无是关键的一点。

企业经营的成败直接影响其所发行债券之价格与信誉,因此需要一个公正的机构,来公平评价市场上的公司债券,以保护投资人的利益。在美国,有三家具公信力的机构,随时对市面上的公司债券,予以客观的分级。这三家主要机构是穆迪(Moody's)、标准与普尔(Standard & Poor's)、惠誉(Fitch's)。由此可知,债券的好坏,并非凭投资人的主观评判,而是有正确的评估报告。一般而言,评价越高的公司债券,其发行公司的偿债能力越强,违约风险越低,但通常议定的固定年利率也较低。相反,评价越差的公司债券,其发行公司的偿债能力越弱,违约风险加大,但议定的固定年利率较高。

美国债券市场上,曾经有一段时期流行买卖垃圾债券,并有人为此大发利市。所谓垃圾债券是指由财务状况不佳、业绩恶劣,或事实上已不能履约的公司所发行的公司债券。此种债券价格很低,在经济景气、工商繁荣时收益率极高,但相对所承受风险也很大,尤其是经济景气衰退和利率上涨时将比其他的一般债券差,且届时可能无法兑现。便宜无好货,一般债券投资人应审慎投资此种债券,不要因贪得高年息而大量购买这种价格很低的不良债券,运气不好可能会弄得血本无归。

(三) 购买力风险

在探讨债券的购买力风险之前,我们必须先了解两个名词:一为购买力;一为通货膨胀。所谓购买力,就人而言,指有金钱去购买商品以及劳务;就货币而言,指一元货币所能购买的商品以及劳务量,购买力恰等于物价指数的倒数。至于通货膨胀,是指物价水准以相当的幅度持续上涨的现象。当投资者在做投资决定时,应该将通货膨胀因素列入重要考量之一。因通货膨胀而导致的购买力风险,会侵蚀投资人的投资利益,因此不可不重视通货膨胀所带来的影响。

债券被称为金钱资产,是因为债券发行机构承诺在到期时,付给债券持有人实质金钱,而非其他有形资产。换句话说,债券发行者在协议中,承诺付给债券持有人的利息或本金的偿还,都是按事先议定的固定金额支付,此金额不因通货膨胀而有所增加。可以确定的是,通货膨胀在债券到期前是一定会发生的。由于通货膨胀的发生,债券持有人从投资债券中所收到的实质金钱的实际购买力是越来越低,甚至也有可能低于原先投资金额的购买力。这种在债券投资中,投资人常遇到的购买力损失,就是债券投资的购买力风险。购买力风险的发生常为投资者所忽略,因为人们常常不太注意通货膨胀所带来的影响。尤其在高通货膨胀的年代里,投资债券所遭受的购买力损失更大。

购买力风险就如同隐藏的税一样,通货膨胀剥夺了贷方(债券持有者)的收益,借方(债券发行者)却受益于它。如果通货膨胀指数高于债券的票面议定利率,则受惠者是债券发行者,债券投资者反而成为受害者。因此在高通货膨胀年代中,是否投资债券,值得投资人深思。

在美国,劳工统计局每月定期发表一次前月份消费者物价指数(简称 CPI)与生产者物价指数(简称 PPI),这是目前美国一般大众观察美国通货膨胀最主要的指标依据。

三、债券的内在价值与资本化方法

假定某一投资者,他相信市场上存在着定价不当的债券并且可以利用公开的信息来确定定价不当的债券,为了把这种认识转化为实际的债券买卖行为,需要一种分析方法。其中一种方法涉及根据现有的市场条件和债券的特性,将债券的实际到期收益率与投资者认为合理的到期收益率进行比较。如果某一债券的实际到期收益率高于合理的到期收益率,那么,就称该债券定价偏低,因而值得购买;反之,如果某一债券实际到期收益率低于合理的到期收益率，那么，就称该债券定价偏高，因而可以卖出。另一种方法是投资者可以估算该债券的"真正"价值或"内在"价值，并将它与债券的市场价格相比较。具体地说，如果债券的市场价格低于其内在价值，那么，该债券就是定价偏低；如果高于其内在价值，那么，该债券就是定价偏高。这两种债券分析方法都是建立在收益的资本化定价方法（capitalization of income method of valuation）之上的。

这一方法认为，任何资产的内在价值都是建立在投资者预期自拥有该资产起在未来所能获得的现金流量的折现值之上的。如前所述，这一方法在债券定价中的一个运用就是比较债券的实际到期收益率 y 与合理的到期收益率 y^*。具体地说，如果 $y > y^*$，那么，就说明该债券定价偏低；如果 $y < y^*$，就说明该债券定价偏高；如果 $y = y^*$，则说明债券定价合理。

（一）承诺的到期收益

假设 P 表示 n 年后将到期的债券的当前市场价格，该债券每年承诺给投资者的现金流量是：第一年为 C_1，第二年为 C_2 等。那么，该债券的到期收益率（具体地说是承诺的到期收益率，promised yield-to-maturity）可以通过求解下面方程式中的 y 得到：

$$P = \frac{C_1}{(1+y)^1} + \frac{C_2}{(1+y)^2} + \frac{C_3}{(1+y)^3} + \cdots\cdots + \frac{C_n}{(1+y)^n} \quad (10\text{-}5)$$

利用求和公式，上面的方程可以改写成下面的形式：

$$P = \sum_{t=1}^{n} \frac{C_t}{(1+y)^t} \quad (10\text{-}6)$$

例 10-3：某一 3 年期债券，其当前市场价格卖 900 美元。为了简单起见，假定该债券的面值为 1 000 美元，每年支付的利息为 60 美元，也就是说，$C_1 = 60$ 美元，$C_2 = 60$ 美元，$C_3 = 1\,060$ 美元（1 000 美元 + 60 美元）。利用方程(10-5)，该债券的到期收益率 y 可通过求解下面的方程得到：

$$900 = \frac{60}{(1+y)^1} + \frac{60}{(1+y)^2} + \frac{1\,060}{(1+y)^3}$$

求解可得 $y = 10.02\%$。如果随后的分析表明该债券合理的到期收益率应该是 9%，那么，就可以说该债券定价偏低，因为 $y = 10.02\% > y^* = 9\%$。

（二）内在价值

同样，债券的内在价值也可以通过下面的方程式获得：

$$V = \frac{C_1}{(1+y)^1} + \frac{C_2}{(1+y)^2} + \frac{C_3}{(1+y)^3} + \cdots\cdots + \frac{C_n}{(1+y)^n} \quad (10\text{-}7)$$

利用求和公式,可以改写成:

$$V = \sum_{t=1}^{n} \frac{C_t}{(1+y)^t} \tag{10-8}$$

因为债券的购买价格就是其市场价格 P,所以,对投资者来说,债券的净现值(NPV)就等于其内在价值与购买价格之差。即:

$$NPV = V - P = \sum_{t=1}^{n} \frac{C_t}{(1+y)^t} - P \tag{10-9}$$

将前面例子中债券的有关数据代入上式,就可以求得债券的 NPV。结果如下:

$$NPV = \left[\frac{60}{(1+0.09)^1} + \frac{60}{(1+0.09)^2} + \frac{1\,060}{(1+0.09)^3}\right] - 900 = 24.06(美元)$$

由于该债券拥有一个正的净现值,因此被认为是定价偏低。当债券的实际到期收益率高于合理的到期收益率时,就会出现这种结果。也就是说,当债券的 $y > y^*$ 时,其净现值总是正的;反之亦然。可见,两种方法得出的结果是一样的。

同样,如果投资者认为合理的到期收益率 y^* 应该是 11%,那么,债券的净现值就变成 -22.19 美元。这将表明债券定价偏高。结果与到期收益率法一样。也就是说,当债券的 $y < y^*$ 时,其净现值总是负的;反之亦然。可见,无论是哪一种方法都可以得出定价偏高的结果。

应该指出的是,如果投资者认为实际的到期收益率与合理的到期收益率基本接近时,债券的净现值将接近于 0。在这种情况下,债券将被看成是定价基本合适。

必须注意的是,在使用收益资本化定价方法时,必须先确定 C_t, P, y^* 的值,其中 C_t, P 是容易确定的,因而它们分别是债券承诺的现金流量和当前市场价格。但 y^* 却比较难以确定,因为它取决于投资者对债券的某些特点以及当前市场条件的主观评价。因此,债券分析的关键是如何确定 y^* 的合理取值。

四、债券的收益指标

为了反映不同价格、不同持有期下的收益水平,债券的收益指标也有多种。

(一)票面收益率

票面收益率是根据票面利率而来的,即息票率,是年利息和票面金额之

比。投资者按面额买入持有到期满,其投资收益率将与票面收益率一致,其计算公式为:

$$r_c = C/A \times 100\% \quad (10\text{-}10)$$

式中:r_c——票面收益率;
C——债券年利息;
A——债券面额。

(二) 直接收益率

直接收益率又称本期收益率,是根据债券利息和债券市场价格计算出来的。其计算公式如下:

$$r_d = C/P \times 100\% \quad (10\text{-}11)$$

式中:r_d——直接收益率;
C——债券的年利息;
P——债券的市场价格。

例 10-4:某债券面额为 1 000 元,3 年期,到期一次还本付息,票面利率为 10%,投资者以 1 020 元的发行价购入。则该债券的直接收益率为:

$$r_d = \frac{1\,000 \times 10\%}{1\,020} \times 100\% = 9.8\%$$

直接收益率容易计算,但该指标只部分地反映了债券的收益。债券价格随市场条件的变化而变化,各期的价格完全有可能相差悬殊,对期满前就出售债券的投资者来说,r_d 没有反映出价格变动对资本损益的影响。

(三) 到期收益率

到期收益率又称最终收益率。其计算的条件将满足:债券持有人把债券持有到期满,其间的利息再投资收益等同于到期收益率。但计算有固定期限的定期付息债券的到期收益率相当麻烦。常见方法是用插入法进行计算。

(1) 到期收益率的近似值。因为到期收益率计算太烦琐,实际计算时经常使用近似值来代替到期收益率,而用插入法计算时,也常把近似值作为第一个估计值。其计算公式为:

$$R_A = C + \frac{(A - P_0)}{n} \Big/ \frac{(A + P_0)}{2} \times 100\% \quad (10\text{-}12)$$

式中:R_A——到期收益率;

C—— 债券年利息；

A—— 债券面额；

P_0—— 债券市场价；

n—— 至债券到期日的期限。

上述公式反映了在债券持有期内的平均收益率，即债券利息加上年资本利得之和除以平均投资额，没有考虑时间价值。

例 10-5：某债券面额为 1 000 元，距到期日为 3 年，利率为 10%，每年支付一次利息，债券市场价格为 900 元。用近似式计算为：

$$R_A = 1\,000 \times 10\% + \frac{(1\,000-900)}{3} \Big/ \frac{(1\,000+900)}{2} \times 100\% = 14\%$$

(2) 到期收益率用插入法计算。我们利用上例中近似式计算结果作为第一次试算值进行试算：

$$900 = \sum_{t=1}^{3} \frac{1\,000 \times 10\%}{(1+14\%)^t} + \frac{1\,000}{(1+14\%)^3}$$

$$900 = 232.16 + 674.97$$

$$900 \neq 907.13$$

由于 907.13 大于 900，说明到期收益率不是 14%，而是高于 14%，令 $R_A = 0.15$，继续试算：

$$900 = \sum_{t=1}^{3} \frac{1\,000 \times 10\%}{(1+15\%)^t} + \frac{1\,000}{(1+15\%)^3}$$

$$900 = 228.32 + 657.52$$

$$900 \neq 885.84$$

这一结果说明到期收益率将低于 15%，现在，到期收益率 R_A 的分布区间是 $(0.14, 0.15)$，我们为以上数字建立一个等式如下：

$$\frac{0.14 - R_A}{0.15 - 0.14} = \frac{907.13 - 900}{885.84 - 907.13}$$

$$R_A = 0.143\,4 = 14.34\%$$

该债券的到期收益率为 14.34%。采用这种方法计算，正确度高，但运算麻烦，比较费时，但如在编制好的计算机软件上对价格、利率、期限等不同变量进行计算，则可充分发挥这种方式的正确性优势。

(四) 持有期收益率

投资者买进债券有时是发行价格,有时也可能是已上市流通的价格;同时,他也可能会持有到期满或中途出售转让。因此,他对债券持有期的收益率特别关心。债券持有期的收益率的计算公式如下:

$$r_n = \frac{P_1 - P_0 + R}{P_0} \times \frac{360}{n} \times 100\% \qquad (10\text{-}13)$$

式中:r_n—— 持有期收益率;

P_1—— 债券到期日价格或卖出时的价格;

P_0—— 债券买入价格,n 为持有期限。

例 10-6:某投资者购入 3 年期债券,该债券以面额 1 000 元发行,利率为 10%,每年付息一次,1 年后他以 1 050 元价格售出。该投资者的持有期收益率为:

$$r_n = \frac{1\,050 - 1\,000 + 100}{1\,000} \times \frac{360}{360} \times 100\% = 15\%$$

这里要注意的是,持有期收益率应换算成年收益率,即使持有期为一两个月也应换算成年收益率。另外要注意的是,附息债券由于有不同付息期,如持有期跨过一次付息期后,则应计算利息的现值,我们可以用计算到期收益率的方法计算持有期收益率。

五、债券的收益与价格的关系

(一) 债券的价格法则

债券的价格法则(bond pricing theorems)揭示了债券的价格与收益率的变动之间存在的依存关系。

(1) 债券的价格与收益率的变动方向相反。债券价格上升,其收益率下降;反之,债券价格下降,其收益率上升。例如,面值 1 000 元票面利率为 8% 的债券,若价格升到 1 100 元,则其收益率降为 5.76%;反之,若价格下降到 960 元,则收益率上升为 9.6%。

(2) 若债券的收益率在其寿命期内保持不变,其距到期日的时间越短,贴现值或升水越小,就是说其价格与面值的差距越小。例如,面值为 1 000 元,票面利率为 8% 的 10 年期国债。若其收益率始终为 6%,则发行价格为 1 147.21 元,还剩 8 年时价格为 1 124.18 元,还剩 6 年时价格为 1 098.38 元。距到期日越近,其溢价越小。若其收益率始终为 10% 时,发行价格为 877.07 元,以后逐渐上升,其贴现值随之减少,升到 1 000 元为止(见图 10-1)。同样的道理,两种债券若收益率、票面利率和面值相同,距到期日近的债券的贴现值或升水较小,其价格与票面值越近。

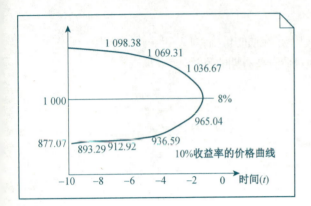

图 10-1
面值 1 000 元，票面利率为 8% 的债券价格在寿命期内的变化

(3) 如果债券的收益率在寿命期内保持不变，则距到期日越近的债券的价格，在单位时间内的变化幅度越大。上例中，收益率为 10% 的债券，现行价格为 877.07 元，2 年后价格为 893.29 元，2 年内以面值计算，变动幅度为 1.622%，而最后 2 年价格从 965.24 元上升到 1 000 元，变动幅度为 3.476%，从图 10-1 上可见，距到期日越近，曲线越陡。

(4) 债券的收益率减少引起价格上升的绝对值大于收益率增大引起价格下降的绝对值。如上例中，距到期日还有 6 年时，债券收益率从 8% 减少到 6%，价格从 1 000 元上升到 1 098.38 元，上升了 98.38 元。当收益率从 8% 增加到 10% 时，价格从 1 000 元下降到 912.92 元，下跌了 87.08 元。这说明收益率减少对价格的影响比收益率上升对价格的影响显著。

(5) 债券的收益率变动时，票面利率越高的债券的价格变动幅度越小（此法则对 1 年期债券或无限期债券不适用）。设债券 A 的票面利率为 8%，债券 B 的票面利率为 10%。两种债券的面值均为 1 000 元，所剩期限均为 6 年，收益率都是 6%。根据公式(10-5)债券 A 的价格为 1 098.38 元，债券 B 的价格应为 1 196.73 元。当收益率增加到 8% 时，债券 A 的价格下跌到 1 000 元，债券 B 的价格调整为 1 092.49 元。前者下跌幅度为 $(1\,098.38-1\,000)\div 1\,098.38=8.96\%$；后者为 $(1\,196.73-1\,092.49)\div 1\,196.73=8.71\%$。可见票面利率较高的债券 B 的变动幅度较小。

以上债券的价格法则是分析市场利率变动对于债券价格的影响的有用的工具。

(二) 债券的收益-价格曲线

根据债券的价格法则第 1 条与第 4 条，我们可以画出债券的收益-价格曲线。根据第 1 条法则，这条曲线的斜率为负，即这是一条下降曲线。根据第 4 条法则，曲线的斜率的绝对值逐渐减小，因而这是一条凹曲线，如图 10-2 所示。从图上可见，当收益率从 r_0 上升到 r_2 时，价格从 P_0 下降到 P_2。当收益率从 r_0 下降到 r_1 时，价格从 P_0 上升到 P_1。从 r_0 到 r_1 与 r_0 到 r_2 的距离相等，但是价格从 P_0 到 P_1 的变动幅度大于从 P_0 到 P_2 的变动幅度。

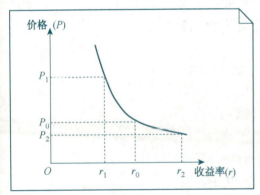

图 10-2
债券的收益-价格曲线

(三) 债券的偿还期限

债券偿还期限(duration)是指债券各期收入（包括债

息和本金的偿付)的现金流的平均年限(average maturity)。这个概念最早是由马科莱(F. R. Macauley)于 1938 年提出来的。它的计算公式如下:

$$D = \frac{\sum_{t=1}^{n} PV(C_t) \times t}{P_0} \quad (10\text{-}14)$$

式中:D——债券的偿还期限;

$PV(C_t)$——第 t 期的收入的贴现值;

T——债券距到期日的年限;

P_0——债券的理论价格,即内在价值。

例 10-7:设某债券的面值为 1 000 元,票面利率为 6%,三年到期,收益率为 8%,求它的偿还期限是多少?

解:根据图 10-3 中数据,计算过程如下:

$$D = \frac{2\,682.72}{948.42} = 2.83(年)$$

年份(t)	现金收入(C_t)	贴现因子	各年现金流的贴现值 $PV(C_t)$	贴现值乘上时间
1	1 000×6%=60	$\frac{1}{1+8\%}$=0.925 9	60×0.925 9=55.55	1×55.55=55.55
2	1 000×6%=60	$\frac{1}{(1+8\%)^2}$=0.857 3	60×0.857 3=51.44	2×51.44=102.88
3	1 000×(1+6%)=1 060	$\frac{1}{(1+8\%)^3}$=0.793 8	1 060×0.793 8=841.43	3×841.43=2 524.29
合计			948.42	2 682.72

图 10-3 某债券贴现值计算

为了说明偿还期的意义,我们将公式(10-12)作如下变换:

$$D = \sum_{t=1}^{T} \left[\frac{PV(C_t)}{P_0} \times t \right]$$

由于债券的理论价格(P_0)为各年的现金流的贴现值之和,即:

$$D = \sum_{t=1}^{T} PV(C_t) \quad (10\text{-}15)$$

因此,债券的偿还期限是以每期收入的贴现值与总贴现值的百分比为权的债券的平均年限。在上例中,第 1 年的权数为 55.55÷948.42=5.86%,表示第 1 年债券的收入偿还了期初投资(即债券的理论价格

P_0)的 5.86%。同样,第二年、第三年的权数分别为 5.42% 和 88.72%。2.83 年表示各期收入偿还期初投资的平均时间。

偿还时间的长短取决于债券的收入(债息与本金的偿付)在寿命期内的分布情况。若债券收入的分布靠近计算期的前半部分,则偿还期限较短,若债券的偿付集中在计算期内的后期,则偿还期限较长。零息债券在到期日一次还本付息,因此其偿还期限就等于它距到期日所剩的时间。

(三) 债券偿还期概念的应用

(1) 债券偿还期与价格变动的关系。

根据债券价格法则第 5 条,市场利率变动时,期限相同,但票面利率不同的债券会有不同的反映。其原因是,票面利率不同的债券的各期收入不同,即使两者的期限相同,它们的偿还期也是不同的。大量事实表明,具有相同偿还期的债券对市场利率的反应是相似的。用公式表示:

$$\frac{\Delta P}{P} \approx -D \times \frac{\Delta r}{1+r} \tag{10-16}$$

式中:ΔP—— 债券的价格的变动;

P—— 债券的价格;

D—— 债券的偿还期限;

Δr—— 债券的收益率的变动;

r—— 债券的现行的收益率。

这个公式反映了债券的收益率变动与价格变动的关系。

例 10-8:某债券价格为 960 元,收益率为 8%,偿还期限为 8 年,如果收益率上升到 8.5%,问其价格会如何变动?

解:$P=960 \quad r=8\% \quad \Delta r=8.5\%-8\%=0.5\%$

$D=8$

$\frac{\Delta P}{960} \approx -8 \times \frac{0.5\%}{1+8\%}$

$\Delta P \approx -35.56$ 元

$P_1 = 960 - 35.56 = 924.44$ 元

即收益率上涨 0.5% 时,价格约下跌 35.56 元,跌到 924.44 元。

(2) 债券利率的弹性系数。

将公式(10-14)两边乘上 r,可以得到:

$$\frac{\Delta P}{P} \times r \approx -D \times \frac{\Delta r}{1+r} \times r$$

$$\frac{\Delta P/p}{\Delta r/r} \approx -D \frac{r}{1+r} \tag{10-17}$$

公式左边的 $\dfrac{\Delta P/p}{\Delta r/r}$ 是债券价格的利率弹性系数(interest rate elasticity)通常用 IE 表示。它表示收益率变动 1 个百分点,债券价格的变动幅度。它表示过 D 点债券收益—价格曲线的切线的斜率。(图 10-4)

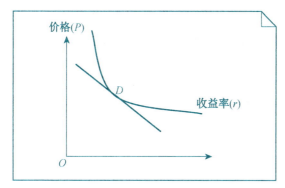

图 10-4　债券价格的利率弹性系数

从以上分析可知,利率弹性系数为负数,它表示债券价格的变动与其收益率的变动方向相反,其变动的幅度与利率弹性相关。

专栏阅读 10-2：个人投资者如何投资债券市场[1]

目前国内的三大债券市场是银行柜台市场、银行间市场和交易所市场,前两者都是场外市场,而后者是利用两大证券交易所系统的场内市场。银行柜台市场成交不活跃,而银行间债券市场个人投资者几乎无法参与,所以都与个人投资者的直接关联程度不大。交易所市场既可以开展债券大宗交易,同时也是普通投资者可以方便参与的债券市场,交易的安全性和成交效率都很高。所以,交易所市场是一般债券投资者应该重点关注的市场。

交易所债券市场可以交易记账式国债、企业债、可转债、公司债和债券回购。

其中全部的国债(不付利息而已低于面值贴现发行的短期国债除外)以及沪深交易所的全部公司债均实行净价交易、全价结算。所谓净价交易、全价结算是指债券交易时,债券持有期已记利息不计入成交价格,在进行债券结算时,买方除按成交价格(即净价)向卖方支付外,还要向卖方支付应付利息,在债券结算交割单中债券交易净价和应计利息分别列示。目前交易系统直接实行净价报价,同时显示债券成交价格和应计利息额,并以两项之和为债券买卖交割价格,称为债券全价。

---

[1] 引自刘雯:《个人投资者如何投资债券》,《财会学习》,2014 年第 11 期。

在交易所内交易的债券品种都实行T+1交易结算,一般还可以进行T+0回转交易,即当天卖出债券所得的资金可以当天就买成其他债券品种,可以极大地提高资金的利用效率。个人投资者只要在证券公司营业部开立A股账户或证券投资基金账户即可参与交易所债券市场的债券交易。

案例阅读10-1:"11超日债"违约及债市投资的信用风险控制[1][2]

2014年3月4日晚间,ST超日发布公告称,"11超日债"第二期利息8 980万元将无法在原定付息日按期全额支付,仅能按期支付400万元人民币,付息比例为4.5%。由此宣告了"11超日债"的违约。成为国内首例违约债券,也宣告"中国式"刚性兑付的最为核心的领域——公募债券的"零违约"被正式打破。这是我国债券市场由扭曲的、政府主导并兜底走向成熟的、市场化的必经之路。

一、上海超日公司基本情况

上海超日太阳能科技股份有限公司成立于2003年6月,是光伏行业中一家高科技民营企业,公司于2010年11月在深圳证券交易所上市,募集资金23.76亿元。公司产品为多晶硅/单晶硅太阳能电池组件等太阳能光伏发电设备,主要应用于并网和离网发电系统。

二、"11超日债"基本发行信息

"11超日债"是由上海超日太阳能科技股份有限公司(以下简称"超日太阳"或公司)于2012年3月7日发行的企业债券。该债券发行总额为10亿元,5年期,票面利率为8.98%,并附第三年末发行人上调票面利率选择权及投资者回售选择权的固定利率债券。保荐人、主承销商和受托管理人均为中信建投,鹏元资信评定该债项主体和债券级别均为AA。该债券2014年3月6日期满2年。

三、"11超日债"偿债增信措施

"11超日债"发行时无担保,其债务偿还的保障主要通过向银行借款或从资本市场融资以及出让部分流动资产筹集资金来实现。公司与广发银行和中信银行签订的专项偿债流动资金贷款支持协议并非担保性质,没有保障利息和本金兑付的义务,增信作用有限。另外,流动资产变卖无法实现对债项本息的完全覆盖。这些问题为后来"11超日债"违约埋下了隐患。

四、"11超日债"违约历程

"超日太阳"在正式发行"11超日债"之前,其偿债能力就不容乐观。在"11超日债"发行当年,光伏行业形势严峻,行业整体低迷。公司自2012年第四季度起,经营业绩大幅度下滑,偿债能力也进一步弱化,公司当年已无法偿还银行到期债务和供应商的货款。"11超日债"的信用级别于2012年12月27日、2013年4月10日、2013年5月8日被评级机构鹏元资信分别下调至AA—、BBB+、CCC。基于公司2012年第四季度的流动性危机,中信建投于2013年初要求公司追加了一系列增信措施。

---

[1] 引自张馨月:《"11超日债"带来债市首例违约》,《财经界》(学术版),2014年第3期。
[2] 引自何慧玲:《"11超日债"违约案例研究》,《山西财经大学学报》,2015年第4期。

虽然公司提供了追加担保,但实际效果并不乐观。

受 2012 年底流动性危机的影响,2013 年度公司缺乏维持流动资金。同时,公司客户纷纷取消计划订单,导致 2013 年公司生产经营收入继续大幅下降。另外,此前公司承诺将利用中信保的保险,将应收账款卖断给银行以快速回款。由于公司已陷入严重的流动性危机,资金极度紧张,两份保单未能再次续保。信用保险的断保使公司应收账款出售变得更加困难,偿债能力进一步减弱。

根据 2013 年 9 月超日披露的资产负债表简表(表 10-1)来看,公司的资产负债率 90.10% 已经远远高于正常水平。流动负债为 42.46 亿元,占全部负债的 66.45%,短期偿债压力很大,而衡量偿债能力的流动比率仅为 0.66%。在流动资产中,应收账款达到 21.04 亿元,占全部流动资产的 75.60%,并且债务人多为外国客户,催欠账款的难度和未知系数较大。

表 10-1 超日太阳 2013 年底 3 季度资产负债表简表

2013 年第 3 季度资产负债表简表			
资产		负债和所有者权益	
流动资产		流动负债	
货币资金	61.88	短期借款	1 776.82
应收账款	2 104.09	应付票据	25.00
预付款项	317.85	应付账款	2 026.46
存货	117.74	应付利息	147.18
其他	180.95	其他	270.14
流动资产合计	2 782.51	流动负债合计	4 245.60
		非流动性负债合计	2 144.07
		负债合计	6 389.67
非流动资产合计	4 309.39	所有者权益	702.23
资产合计	7 091.90	负债和所有者权益总计	7 091.90

由于公司连续三年亏损,"11 超日债"于 2013 年报公布后终止上市。同时,由于偿债能力低下,"11 超日债"第二期利息未于原定付息日 2014 年 3 月 7 日按期全额支付,仅按期支付共计人民币 400 万元,最终造成债券违约。2014 年 5 月 21 日,鹏元资信也将该债项主体和债券级别下调至 C。2014 年 4 月 3 日,债权人上海毅华金属材料有限公司向上海市第一中级人民法院提出对公司进行破产重整的申请。2014 年 7 月 24 日,公司破产重组正式开始。

值得关注的是:"11 超日债"仿佛打开了我国债市违约的潘多拉魔盒,此后偿债危机一波未平一波又起:"13 中森债""12 华特斯""12 金泰债""ST 湘鄂债"……时至今日,我国信用债券市场违约已扩展至所有债券类型,无论发行方式是公募还是私募,无论流通场所是交易所还是银行间市场,无论发行人是国企、央企还是民企,均已发生多起违约案例。未来随着经济下行压力的增强以及债券市场化运作的不断深化,违约将不可避免成为我国债券市场的"常态化"现象。

对于投资者而言,为了防范信用风险的发生,一方面,投资者要积极储备金融知识、提升自己的风险识别能力,在购买债券的时候要细致分析企业的财务经营状况及其相关行业政策信息,分析公司的现金流状况和偿债能力;另一方面,投资者在做好投资前分析的同时也要做好投资后管理,跟踪分析公司的财务状况,在违约发生时,要强化自身的应对处理能力。主动高效地进行仲裁、诉讼,将违约损失降到最低。

复习思考题

1. 债券作为一种投资工具的主要特征是什么?
2. 按照发行主体,债券有哪些种类?
3. 固定利率债券的收益率如何计算?
4. 什么是贴现债券?其收益率应如何计算?
5. 请分析影响债券收益率的主要因素。
6. 如何认识市场利率变化与债券收益率的关系?
7. 什么是债券投资的非系统性风险?如何评估?
8. 请分析一种债券的内在价值,以及它对价格评估的意义。
9. 什么是债券的价格法则?其对认识债券价值有何作用?
10. 请分析债券偿还期与价格变动的关系。

第十一章 股票市场投资及分析

投资导读

股票是证券市场上最为重要的交易品种,也是最主要的投资工具。它是由股份公司发行的证明投资者资本所有权的凭证,是一种可以流通转让的有价证券。截至2019年4月2日,我国上证A股上市公司有1 465家,深证A股上市公司有2 153家(含创业板749家),沪深两市股票总数超过3 618家。对于投资者而言,要想在投资过程中获得收益,就必须在数量庞大的A股上市公司股票中优选出具有投资价值的对象。因此,在充分了解投资对象的基本特点、现状和未来前景的基础上,采用系统理性的方式,运用基本面分析和技术分析等专业手段对于股票进行合理评估就显得至关重要。

第一节 股票概述

从投资者的角度看,证券市场是一个非产业领域投资的重要场所,而在证券市场上,股票是最重要的投资品种,它具有风险性和收益性,又具有不返还性和流动性。企业发行的股票有多种形式,而在证券市场流通交易的则是普通股,它往往是公司发行股票的主体部分,股票投资通常指的是证券市场上普通股的投资。

具体来看,公司所发行的股票品种主要的有以下三类。

一、普通股和优先股

(一) 普通股

公司发行的股票根据股东的权利可划分为普通股和优先股。普通股票是一种没有特别权利的股票,是公司发行的股票中最基本的部分。普通股票的基本属性是其分红不固定,一般随公司的经营状况而变动,称之为"上不封顶,下不保底",其代表的资产价值也会随市场而发生变动。普通股是一种收益高、风险也高的证券。普通股股东的基本权益有以下:①公司经营管理和决策的参与权,如参与公司的股东大会,行使表决权和选举权;②公司盈利的分配权,即按股份分配红利;③公司剩余财产的分配权,如公司经营发生困难,或进行清算时,普通股股东可在清偿债务后按比例分配剩余财产;④公司增资扩股时的优先配股权,获得公司扩张的利益。

(二) 优先股

优先股是比普通股拥有一定优先权的特种股票。优先股也是公司发行的所有权凭证,但其与普通股相比,拥有以下优先权:一是股息和红利的优先分配权。公司在红利分配时,一般是优先向优先股股东分发红利,优先股的股息率一般是固定的,只要公司不发生经营亏损,公司就会向优先股股东发放固定的红利。二是公司剩余财产的优先分配权。当公司进行解散、清算、破产时,在清偿了债务以后,优先股股东可优先分配剩余财产。但优先股股东一般不参与公司的经营管理,没有投票权和表决权,在公司盈利有较大增长时,其也不能分享增长的利润。

优先股的风险相对较低,但收益是固定的。为了吸引投资者,优先股的发行出现了一系列的变化,形成了特殊的优先股。

(1) 累积优先股和非累积优先股。累积优先股是指当年因经营不好未发放的股息可以累积到下一年发放;而非累积优先股则规定当年未发放的红利不能累积到下一年发放,投资者将失去该年的利息。显然,累积优先股对投资者有较大的吸引力。

(2) 参与优先股和非参与优先股。在公司的经营较好、利润较高时,优先股股东除了得到固定的红利外,还可以参与剩余利润的分配,这种优先股就是参与优先股。除了固定红利外不能参与剩余利润分配的就是非参与优先股。参与型优先股对投资者具有较大的吸引力。

(3) 可转换优先股。优先股的持有人在规定的时间里按一定比例把优先股转换为普通股,这可以吸引一部分投资者投资优先股,并在一定时间后转化为普通股。

(4) 可赎回优先股。这是指一种发行公司按原有价格加上一定的补偿金收回并注销的优先股票。当公司可以通过发行较低股利的股票代替原有优先股时,赎回优先股可以降低公司的成本。

(5) 可调整股息优先股。即股息率不固定的优先股,它可以随着市场上证券或其他金融工具利率变动而相应变动。这种优先股可以对投资者有更大的吸引力。

二、记名股票与无记名股票

公司发行的股票根据是否登记股东姓名可以分为记名股票与无记名股票。记名股票在股东名册上注明股东的姓名和地址,股票不得任意转让,所有权转让或买卖时要办理过户手续。记名股票便于管理控制而不利于买卖转让。无记名股票是一种不记载股东姓名和地址的股票,股票的买卖转让无需办理过户手续,因而便于流通转让,但不利于管理和控制。

三、面值股和无面值股

根据股票票面是否标明面值,股票可以划分为面值股和无面值股。票面上标有面值的为面值股,面额大小由发行公司根据需要决定。我国目前股票均为面值股,票面金额均为 1 元。票面上不标明面值的为无面值股,也是一种份额股票,即每一股都代表公司净资产的一定比例,为公司净资产总额与公司股份数之比。

四、其他股票分类

我国目前的公司股票类型具有一定的特殊性,除了有普通股和优先股之分外,公司发行的股票可以分为以下四种。

(一) 国家股

国家股是指所有权由国家投资部门或国有资产管理机构所拥有,从理论上讲,国家机构和部门是代表全体人民行使股东的权利。

目前的国家股基本上都是普通股,参与企业的经营管理,并拥有资产的增值和收益权。按照同股同权的要求,也可以依法实行转让。国家股的来源有两条渠道:一是通过原有国有企业的重组改造和资产折股转化而来;二是通过国有资产管理部门对新办股份公司的参股而形成。其出资形式可以是现金,也可以是国有土地、知识产权等。由于公司从国有企业改制而来,原有的国有资产占有较大的比重,这导致国企改制的上市公司中国有股普遍占有较大的比重,一般均超过50%,有些更高。国有股事实上拥有绝对的控股权,其他中小股东影响力很小。

(二) 法人股

法人股又称企业股,是企业或法人组织用其可支配资产投资于公司而形成的股份,投资渠道包括一级市场和二级市场。从目前的法人股形成方式看,它可以分为发起人法人股和社会法人股两种。发起人法人股是指股份公司的发起人依法定比例所认购的股份,这是公司的原始股份,在一定的时间里是不能转让的;社会法人股是由社会法人在一级市场上认购的公司公开发行的法人股,它也是一种普通股,但在规定的时间里它不能上市流通。

(三) 公众股

公众股也就是社会公众所持有的股份,它由社会公众投资入股形成的公众股和公司内部职工认购的职工股两部分构成。股份公司上市时向社会公众募集的股份形成了社会公众股,它是市场流通股票的主体。社会公众股是由分散的投资者所购买,它的投资主体是社会大众和投资机构。社会公众投资股票以二级市场为主要对象,以获得投资收益为目标,而一般不涉及对公司的管理参与和控制;而公司职工股是以本公司职工为定向发行对象的,公司通过发行股票获得资金,同时,发行职工股可以使职工获得发行的利益,以此可以调动职工的积极性。

(四) 外资股

公司发行的一种专门为外国投资者和我国港澳台地区投资者购买的股票,它又是一种人民币特种股票,具体地说,它又可以分为B股、H股等。

B股,即境内人民币特种股票,是一种以人民币标明股票面值、仅供境外投资者以外汇买卖的股票。B股与人民币普通股票A股相对应,具有同股同权的性质。B股是二级市场流通的普通股,但它具有一定的特殊性质。B股在境内上市流通,但只能由境外法人和自然人买卖交易,境内法人和个人后来也被允许买卖B股,但买卖必须用合法的现汇资金。B股市场的发展一方面为我国吸引外资开辟了一条新的渠道;另一方面也吸引了大量的公司按国际规范进入市场,促进了我国资本市场的开放和进一步完善。目前我国上海证券交易所的B股以美元为交易工具,深圳证券交易所的B股以港元为交易工具。

H股,指中国内地企业发行的在香港联交所上市流通的股票,它专供境外投资者买卖交易。发行H股也是为了使企业进一步开拓国际市场,募集外汇资金,提高企业的国际知名度和产品竞争力。目前已有几十家国有企业和民营企业改制后发行 H 股并在中国香港上市流通。H 股的发行与流通有一些特点：一是 H 股的发行与上市在中国香港以一体化的方式进行；二是上市公司要以国际会计准则(IAS)编制财务报告；三是为 H 股股东设置一种特殊的类似于投票的机制，以行使其股东权力；四是按法律规定对 H 股股金的使用和相关的信息披露实施特殊的监管。

除了 H 股外，还有在纽约上市的 N 股和在新加坡上市的 S 股，它们都是以上市地的英文字母第一字命名的。

ADR，即美国存股证(america depositary receipts)。ADR 是一种国际上流行的投资工具，它通常表示一家非美股份公司公开交易的证券以存托凭证的形式，而不是以股票的形式在美国国内流通。ADR 本质上也是一种可流通证券，它代表了购买者占有非美股份公司的股权。从实际过程看，非美股份公司将发行到美国的股票委托本国一家商业银行代为保管，接受保管的银行就成为公司在国内的代理方；同时，公司要在美国寻找一家较著名的商业银行作为在美国的代理银行，这家银行即成为存托银行。存托银行可以发行数量相当于被保管股票的美国存托凭证(ADR)。存托银行可根据美国投资者对 ADR 的需求不断开出新的存托凭证，并收回旧的存托凭证。存托银行与非美公司间保持密切关系，它有义务向美国投资者提供非美公司全部的英文资料信息，并作为代理者向投资者发放美元股息红利。证券存托制度解决了美国法律对外国公司进入美国的严格审核与非美公司希望进入美国市场的矛盾，为美国投资者提供了较多的投资渠道。我国近年来也在美国发行了一批 ADR，为企业的海外融资开辟了一条新的渠道。

专栏阅读 11-1：从股权分置到全流通

中国股票市场是在特定时期和特定环境下发展起来的，股权分置在很大程度上是伴随着国有企业改革的发展而产生和出现的，形成了独具中国特色的上市公司"股权分置"现象。所谓"股权分置"，又称为"股权分裂"，是指上市公司的股份按照能否在证券交易所上市交易被区分为非流通股和流通股。其中，流通股主要是社会公众股，可以按市价挂牌交易；非流通股大多为国家股和法人股，暂不能参与上市流通，形成了"有中国特色"的"二元股权结构"。这种股权结构体现了经济转轨时期的要求，但也给证券市场的发展与完善种下了祸根。一是 A 股、B 股和国家股、法人股、公众股同股同权不同价，使得 A 股、B 股市场难以走向统一，而国家股和法人股难以上市流通，公股上市已成为证券市场的"一把刀"；二是企业股权结构中的国家股"一股独大"，使证券市场的运行受到影响，证券市场的功能被扭曲；三是国家股和法人股的非流通性对市场运行产生了种种影响，它与公众股和外资股之间形成了不可沟通的矛盾，严重影响了股份制和证券市场的积极作用，并妨碍了市场对资源流动配置和产业结构调整的积极作用,同时也影响到了企业治理结构的转化。可以说股权分置"长期以来扭曲资本市场定价机制,使公司治理缺乏共同的利益机制,不利于国有资产的顺畅流转和国有资产管理体制改革的深化,不利于投资者对市场的完整判断,影响资本市场预期的稳定,制约我国资本市场国际化进程和产品创新"[1]。

2005年4月29日,证监会颁布了《关于上市公司股权分置改革试点有关问题的通知》,并于5月9日和6月20日先后选定两批共46家上市公司,率先进行股权分置改革试点工作。8月23日和9月5日,政府部门相继发布《关于上市公司股权分置改革的指导意见》和《上市公司股权分置改革管理办法》,标志着股权分置改革进入全面实施和规范阶段,并于9月12日推出首批40家全面股改公司。此次改革的基本方法是采用非流通股股东向流通股股东支付"对价"的方式来换取非流通股份的上市流通权,是通过非流通股股东和流通股股东之间的利益平衡协商机制,消除A股市场股份转让制度定差异的过程。

与之前的试点和探索相比,此次股权分置改革的一大特点是流通股股东的意见对股改方案通过与否具有决定性作用,"临时或相关股东会议投票表决改革方案,须经参加表决的股东所持表决权的2/3以上通过,并经参加表决的流通股股东所持表决权的2/3以上通过"。这说明,流通股股东,特别是以机构投资者为代表的流通股股东,在股权分置改革中扮演着重要角色。为使公司的试点方案能够在股东大会上得到以上流通股股东的支持,上市公司在推出由非流通股股东向流通股股东送股、送现金、权证认股或认沽等对价方案的同时,各公司的非流通股股东还围绕着在股改完成后如何稳定股价作出了各种各样的承诺,有关承诺已经构成非流通股股东为获取流通权而向流通股股东支付对价的有机组成部分。

股权分置改革历经数年后已基本完成。它是我国资本市场一项重大的制度改革,解决了长期以来困扰中国股市的历史难题,对中国股票市场的规范化发展起到了积极的推动作用。股权分置问题的解决使得资产的价值全部体现在股票价值中,股票市场的价格走势能够更有效地反映实际情况,投资者也能建立起有效和稳定的预期机制,使得中国股票市场的走势与宏观经济增长面密切相关。

第二节 | 股票的价格形态

股票作为收益凭证在证券市场上流通转让,形成了股票的交易价格。从市场的角度看,股票的价格与一般商品的价格是不同的,它是一种市场收益率的折现,而且在不同条件下形成不同的价格。

一、股票的票面价格

股票的票面价格是由股份公司在发行股票时在票面上确定的价格,也

---

[1] 转引自尚福林在中金论坛"经济变革下的中国金融业"上的讲话。

可称之为股票面值。股票票面价格或面值仅代表了每一股股份在公司总资本中所占有的比例,而与股票的市场价格或交易价格无关。股票的票面可以定为1元、10元、100元等,但其都代表了总股本的一个份额。在我国股票发行的历史上,也有过10元、100元面值的记录,后来,为与国际惯例接轨和方便流通交易,股票都实行1元面值的发行价,原有的大面额股票进行拆细,从而形成了统一的股票票面价格。从国际趋势看,股票已向无面值股方向发展。

二、股票的发行价格

股票的发行价格是上市公司依据证券市场供求状况、公司经营业绩、发行规模、同行业股票市场价格的因素而制定的市场价格,是股票的一级市场销售价格。股票的发行价格可能有三种形态:一是高于票面价格,即溢价发行;二是等于票面价格,形成平价发行;三是低于票面价格,即折价发行。在通常情况下,股票均采取溢价发行方式。但溢价的实际水平要受证券市场的影响,一般发行价是由发行公司和承销商协商确定的,但实际价格要考虑到公司的资产和盈利水平,以及同业股票的市价盈利率。当时证券市场的走势也是一个重要的约束条件,多头市场时发行价格偏高;空头市场时发行价偏低,甚至无法发行。一级市场发行价格与二级市场价格之间有着内在的联系,发行价格定价过高,市场投资者无法接受,股票发行会有困难;发行价格过低,如果低于当时同业股票的市盈率,则会引起一级市场和二级市场收益率的脱节,造成一级市场的供求失衡和过度投机。如我国近年的股票一级市场,发行价格与二级市场首日挂牌价格平均差达44%,引发了一级市场的严重投机,有数千亿元甚至上万亿元资金专门从事一级市场的新股投机,对市场的稳定发展不利。近来一级市场又引入了战略投资者,即与发行公司具有战略关系的机构法人,在场外认购股票,并长期持有,一般要求在半年以上,通过长期投资来获利,使得二级市场稳定性增加。

平价发行和折价发行在有些情况下也会发生。当证券市场进入熊市时,市场的需求严重萎缩,购买力下降,在此情况下,股票溢价发行困难,公司要发行股票获得融资,就只能采用平价发行,甚至折价发行。近年来我国在香港地区证券市场上市的一些公司股票,因为市场的需求不足,而不得不采用平价或折价的方法发行。

三、股票的账面价格

股票的账面价格实际上是一种公司股票的净资产价格,或净资产价值。上市公司的总资产减去总负债后得到净资产总值,即股东权益,用净资产总值除以总股本,就得出了每股的净资产值,即公司股票的账面价格。股票的账面价格代表了公司股票的净资产价值,从会计的角度看,账面价格也是股票的"含金量"。净资产价格的高低代表了股票的资产规模,即实际资金的拥有量。账面价格越高,代表了拥有的净资产越多,公司经营的基础就好,可能的收益率也就越高。当然,净资产价值只是经营的基础,实际的收益率还会受到多种因素的影响。

在证券市场进入极度低迷时,股票的市场价格严重下跌,此时,公司的净资产价值就成为价格下跌的底线,二级市场股票价格的高低主要依靠资产价值的支撑。在严重时,也有一些股票价格会跌破股票的账面价格。这时往往是一个证券市场进入谷底的重要标志,也是投资者逢低入市的大好时机。

四、股票的理论价格

股票的理论价格是一种根据股票的未来收益折现的价值,即股票收益的贴现价格。从投资者的角度看,投资股票的目的是获得未来的收益,当未来收益预测出来以后,根据一定的年收益率贴现出来的价值就是股票的理论价格。其计算的公式如下:

$$股票的理论价格 = \sum_{t=0}^{n} \frac{股票未来\ t\ 年的收益}{(1+贴现率)^t}$$

可见,股票的理论价格要受到公司未来的预期收益率、市场的贴现率(利率)和持股期限的影响。股票的未来收益率越高,其他条件不变,股票的理论价格就越高,反之则低;而市场的贴现率越低,其他条件不变,则股票的理论价格越高,反之则低。股票的理论价格仅是一种分析测算的价格,它要依据未来的收益率和市场贴现率来求得现值,因为市场的不确定性因素影响,理论价格只是一种测算价格,与实际的市场价格往往是不一致的。但理论价格对于投资者比较资金的投资价值和选择投资方案具有重要的意义。

五、股票的市场价格

股票的市场价格是公司股票在二级市场上的交易价格,也就是股市行情。股票在证券市场上挂牌交易,其价格是由交易的市场供求关系决定的,这就决定了股票价格变动的随机性、连续性。从影响股票市场供求关系的因素看,有一系列的因素在影响着证券市场的行情,其中既有企业经营状况变化的基本面因素,也有宏观经济政策变化的因素,还有产业、行业的变化因素,此外也有市场交易的技术性因素,这些因素的任何一点变化都会引起市场供求力量的变化,从而使股票价格发生波动。因此,股票的市场价格变动看起来是随机的,也是无序的,没有什么规律性,但最基本的决定力量则是公司本身的经营状况、预期收益和市场利率,它决定了股票的内在价值。

股票的市场价格处在不断变化的动态中,要了解股市的变化,可以有几种主要的价格来把握,如开盘价、收盘价、最高价、最低价,这些价格也是市场行情走势分析的基本数据和工具,股票价格指数也是根据这些数据编制出来的。

六、股票的清算价格

股票的清算价格是指公司进行清算时,每一股股份所拥有的实际资产价值,即每股的净资产价值。从理论上讲,股票的清算价格应该等于其账面价格,但实际上公司一旦进入破产清算程序,它的资产市场价值将会下跌,无形资产会贬值,其他资产的市场价格在拍卖中也可能低于账面价格,从而使股票的清算价格低于其账面价格。当然,也会有特殊的情况,如公司因非经营因素而进入清算程序,或章程规定到期,业务自然结束,公司的实际资产价值未发生贬值,清算价格也就不会低于账面价格。

专栏阅读 11-2:打新新规下的思考

一直以来,在我国 A 股市场上打新股都戴着"无风险高收益"的帽子,呈现"打新必赚"效应,因此受到市场的追捧。发行新股从原本正常的企业融资渠道发展成为散户无风险获利的方式,超低的中签率、超高回报率掀起了中国股市独特的"中彩票"式打新热。

特别是 2015 年 12 月 31 日,证监会发布了完善新股发行制度的相关规则,本次新股发行规则最大的变化是打新制度从"预交款"变成了"后缴款",也就是客户申购新股时,不需要事先冻结资金,待中签后才需要兑付。这使得新股的中签率从 2015 年的 0.433 7% 骤降到 2016 年的 0.026 6%,降幅达 93.9%[1],使得新股申购如同中彩票一般,自然推动后市股票价格的上涨。

究其成因来看有以下两点。

第一,首发市盈率低于行业板块市盈率。市盈率是用来评估股价水平是否合理的指标之一,如果想知道新发行的股票价格是否具有投资价值,最简单的做法就是利用行业或者板块的市盈率乘以每股收益得出一个市场价格,投资者根据市场价格与发行价格来判断是否存在抑价,是否存在跨市场套利机会。如果新股首发市盈率显著低于行业市盈率,也就证明新股存在抑价值得申购。统计数据表明,2015—2017 年 IPO 市盈率均控制在 21—23,当前 A 股市场整体市盈率都超过新股首发市盈率的 2—3 倍,这对于大多数投资者来说是一个巨大的诱惑。

---

[1] 引自彭娅:《供给侧改革思维下"打新热"的解决路径探究——以创业板为例》,《海南金融》,2017 年第 6 期。

第二，首日高位涨幅产生无风险收益机会。交易所规定，新股上市首日集合竞价阶段，有效申报价格不得高于发行价格的 120% 且不得低发行价格的 80%；连续竞价阶段，有效申报价格不得高于发行价格的 144% 且不得低于发行价格的 64%。数据显示，2014—2017 年发行的新股基本上上市首个交易日都达到了发行价的最高涨幅 144%，这就说明无论选择投资哪只新股，无论该新股是否具有投资价值，也无论该新股是否适合投资者当前的股票配置结构，一旦申购成功就能保证收益。

第三节 股票价格指数

股票市场行情处在一个不断变化的过程中，要把握大势、了解行情的动态，需要有一个分析工具，而股票价格指数也就是为了这一目的而设计的。

一、股票价格指数的特征和作用

(一) 股票价格指数的特征

股票价格指数是股票价格变化的平均数，它要反映股市的动态变化，在实际运行中它往往具有以下特征。

(1) 股价指数的综合性，即反映整个市场的价格变化趋势。由于股票市场上股票种类繁多，每一个股票又都具有自己的价格，因此，非常需要有一个总的尺度标准来衡量股市价格的涨落，采用股价指数这个综合指标就能观察股票市场的变化。当然，股价指数除了综合各类上市公司的股票进行编制外，通常还有以工业、商业、交通运输业、公用事业、金融业、房地产业等每一类公司的股票进行分类编制，形成股价综合指数和股价分类指数。

(2) 股价指数的代表性。编制股价指数，通常选定一定数量的有代表性的公司的股票间接反映大市变动，因此，相对于每种股票而言，这种反映是不完全的。

(3) 平均变化趋势。股价指数不直接反映每一种股票的实际变动情况，而反映的是各种股票价格的平均变动状况，用这种综合指标来衡量股市价格总的水平，能够比较正确地反映股市的变化和发展趋势，有利于投资者作出判断和选择。

(4) 股价指数的相对性。股价指数必须是一个相对数，而不能是一个绝对数，它表示不同时期对某一基数的百分数，具有相对比较的性质。当股价指数上升时，表明从总体上看股票价格上涨；反之则意味着下跌。平均股价指数上升或下跌并不一定反映个股价格的变化，个股与股指变动是存在差别的。

(5) 股价指数变化的连续性。股价指数能连续地反映股票市场的价格变动情况,这就要求股价指数不应有任何间断,否则不同时期的股价指数会失去可比性,也就违背了确定这种标准的初衷。由于股价指数具有以上特征,股价指数在有些证券交易所还被当作一种特殊的金融商品进行期货交易,如纽约证券市场的道·琼斯指数、日本东京证券市场的日经指数、我国香港市场的恒生指数期货交易。

(二) 编制股价指数的积极作用

(1) 股价指数可以反映一国国民经济发展状况和趋势,因而被称为经济变化的"晴雨表"。股价指数一般是由一些具有权威性和名气大的金融服务公司或金融研究组织编制并定期公布的。股票市场对政治、经济、社会等因素变化发展的反应极为敏感、迅速,股票价格的涨跌是这些因素变动的综合反映。股价指数上升,表明国民经济前景看好;股价指数下跌,则预示国民经济前景不妙。可见,股价指数是国民经济预警系统的先行指标。

(2) 股价指数能够准确、综合地反映股市价格变化及其发展趋势,为投资者进行投资决策提供重要依据。人们通过对过去的股价指数资料进行分析,可以从中得出具有规律性的结论,然后再将现在的股价指数资料与上述结论相对照,并进行综合分析,从而作出种种预测。这种预测往往使投资者克服一定的盲目性,取得相对多的成功机会。

(3) 股价指数是分析、观察企业总体经营变化的主要技术指标。股价指数的变化,反映了投资者对上市股票的评价,这种评价的背后,反映着企业的业绩好坏。一般讲,股价指数上升,表明企业总体经营业绩良好;股价指数下跌,往往表明企业总体经营状况不佳。

二、股价指数的编制方法

股价指数的编制方法主要有以下三种。

(一) 算术平均指数

算术平均股价指数就是选取若干样本股票的收盘价相加,再用样本股种类数相除,得出的商便是股价平均数,其公式为:

$$\begin{aligned}\overline{P} &= \frac{1}{n}(P_1 + P_2 + P_3 + \cdots + P_n) \\ &= \frac{1}{n}\sum_{i=1}^{n} P_i\end{aligned} \quad (11-1)$$

如一个股市有 A、B、C 三个样本股,某日的收盘价分别为 15 元、20 元、25 元,那么,该日股市的平均价 ($\overline{P}$) 为:

$$\overline{P} = \frac{15+20+25}{3} = 20(元)$$

算术平均法的优点是简便易行,但由于没有考虑各样本股上市数量上的差别,因而很难准确反映股票价格的真实变动状况,因而显得粗糙,而采用加权平均法计算的股价平均数,就能克服这一缺陷。

(二)修正平均指数

修正平均指数也称调整平均指数,是为了弥补因公司股本结构变动而使股票平均价格失真的情况。如股份公司的股票进行拆细,即一股分为若干股,使股数总量增加,每股面值降低,这样用算术平均法计算股价平均数就不利于表现股票价格水平变动的真实性,也难以体现股价变动的连续性,因此,需要对算术平均法加以修正。修正平均指数就是用拆股后的样本股价格总和除以修正系数,从而得出所需要的股价平均数,其公式为:

$$\overline{P}(修正股价平均数) = \frac{计算期样本股价格总和}{修正系数} \quad (11-2)$$

修正系数公式为:

$$修正系数 = \frac{拆股后的样本股价格总和}{拆股前的样本股价格平均数} \quad (11-3)$$

仍以前述甲、乙、丙三种股票为例。假设在计算指数时三种股票价格不变,只有乙种股票拆股,一分为二,使每股价格从 20 元降为 10 元,这时,若用算术平均法计算,则股价平均数为 16.67 元,原来为 20 元,每股仅降价 3.33元,这不能准确地反映股市的真实变化,而以修正平均法就解决了这一问题。

修正系数的计算如下:

$$修正系数 = \frac{15+10+25}{20} = 2.5$$

而修正的股价平均数为:

$$修正股价平均数 = \frac{15+10+25}{2.5} = 20$$

修正股价平均数与拆股前的股价平均数相等,说明计算期股价并未发生变化,从而真实地反映了股市动态。

修正平均股价指数是由美国的道·琼斯公司最先提出,并运用于道·琼斯指数,所以,道·琼斯股价平均数和日本的日经股价平均数,就是采用修正平均指数计算的。需要说明的是,若用加权平均法计算股价平均数,遇有拆股情况,一般不予修正。因为某股票拆细,单位股价下降,但总市值仍不变。还需要指出的是,采用修正平均法计算出来的股价平均数不再用"金额"来表示,而是用"点"来表示。原因是,随着股票的不断拆细及增发新股的做法,使修正系数一再缩小,股价平均数一再扩大,使它反映的"金额"与股票的实际货币价格日益相脱离。因此,现在以点反映的股价指数逐渐成为世界各国股市行情变动的最基本指标。

(三)加权平均指数

加权平均指数是在修正平均指数基础上发展起来的一种指数计算方法,它引入了股票样本的权数因数,考虑到了股本结构的大小。

加权平均指数以每种样本股的发行量或交易量作为权数,加权计算股价的平均数,加权平均指数用公式可表示为:

$$\overline{P} = \frac{Q_1 P_1 + Q_2 P_2 + \cdots + Q_n P_n}{Q_1 + Q_2 + \cdots + Q_n}$$

$$= \frac{\sum_{i=1}^{n} Q_i P_i}{\sum_{i=1}^{n} Q_i} \tag{11-4}$$

上述公式中:$\overline{P}$ 代表股价平均数;n 代表样本股的种类数;P_1、$P_2 \cdots P_n$ 代表各样本公司股票计算期的收盘价;Q_1、$Q_2 \cdots Q_n$ 则代表权数。式中 P_1、$P_2 \cdots P_n$ 和 n 所代表的内容与算术平均法相同。

加权平均指数的特点就是在股票价格总和中,把每种样本股的交易量或发行量考虑在内,以此来衡量各种股票价格的变动对股价平均数的相对重要程度,从而更真实地反映出股票价格变动对股市行情的影响。仍以上例说明,假定上例甲、乙、丙三种股票的交易量分别为55万股、54万股和1万股,共计100万股,而三种股票的价格不变,则按加权平均法计算的股价平均数为:

$$\overline{P} = \frac{15 \times 55 + 20 \times 54 + 25 \times 1}{55 + 54 + 1}$$

$$= \frac{1\ 910}{100}$$

$$= 19.1(\text{元})$$

加权股价平均指数根据加权方法不同可有两种具体的计算方法。

(1) 以样本股基期发行量(或成交量)为权数来计算股价指数,这种方法称为拉斯贝尔指数法。其公式为:

$$I = \frac{\sum_{i=1}^{n} P_{1i} Q_{0i}}{\sum_{i=1}^{n} P_{0i} Q_{0i}} \times 100 \tag{11-5}$$

式中：I——加权股票指数；

n——股票的样本数；

P_{1i}——报告期第i个股价；

P_{0i}——基期第i个股价；

Q_{0i}——权数，它是第i种股票的基期发行量(或成交量)。

(2) 以样本股报告期发行量(或成交量)为权数来计算股价指数,这种计算方法称为派氏指数法。其公式为：

$$I = \frac{\sum_{i=1}^{n} P_{1i} Q_{1i}}{\sum_{i=1}^{n} P_{0i} Q_{1i}} \times 100 \tag{11-6}$$

式中：Q_{1i}代表权数，它是第i种股票的计算期发行量(或成交量)。

用以上两种计算方法计算的结果会有些差异，究竟以哪个时期(计算期还是基期)的股票发行量(或成交量)为权数，这要看证券交易所的目的与要求，还要根据样本股发行量(或成交量)的变动情况来确定。

专栏阅读 11-3：国内外主要股价指数介绍

一、道·琼斯股价指数

道·琼斯股价指数是由美国道·琼斯公司编制的，是当今世界影响最大、历史最悠久的著名股价指数。1884年7月3日该公司创始人查尔斯·道根据选定的在纽约证券交易所上市的11种代表性的铁路公司股票编制了股价平均数，并刊登在《每日通讯》(后改为《华尔街日报》)上，以后代表性股票不断更换、增多，1938年组成股价平均数的股票有三大类65种股票，并一直延续至今。道·琼斯指数的编制从其诞生起到今天从未间断过。

道·琼斯指数在100多年的历史发展中表现出自己的特色。

第一，道·琼斯指数选择的股票具有代表性。目前道·琼斯指数共分四组类型，65种股票：第一组是道·琼斯工业股价平均数。它由30家有代表性的大工业公司股票组成，如埃克森石油公司、通用汽车公司和美国钢铁公司等的股票。它也是目前最常用的道·琼斯指数；第二组是道·琼斯运输业股价平均数。它由20家有代表性的运输公司股票组成，如泛美航空公司、环球航空公司及航海、铁路等公司的股票；第三组是道·琼斯公用事业股价平均数。它由15家大的公用事业公司的股票组成，如美国电力公司、煤气公司等的股票；第四组是道·琼斯股价综合平均数。它是用上述三组的65种股票算出来的指数。从上述四种类型看，道·琼斯指数选择的股票很有代表性，它包括美国所有大型及超大型工业、铁路、公用事业大公司的股票，它们不仅决定着美国经济，而且对世界经济的发展也产生着重要的影响。

第二，道·琼斯指数的计算方法比较简单。它原先采用算术平均法，即将各样本股价格相加，除以股票种类数,即得出各大类及综合股价平均数。后来,有的公司被吞并或进行拆股,为适应股票面值由大分小、代表性股票不断更新的新情况,保持指数的连续可比性,从1928年起开始以修正平均法编制指数,即用拆股后的股价总和除以修正系数,得出股价平均数,并且,以该年10月1日为基期,基期的平均数为100,以后各期的股价同基期相比得出各期的股价指数。

第三,道·琼斯指数反应灵敏、影响广泛。它通过现代化的通信工具传播到世界各大证券公司,除《华尔街日报》详细报道这些指数外,其他许多报纸也都登载每天的最高、最低及收盘时的股价指数。它被认为是反映美国政治、经济、社会行情变化的"晴雨表",甚至是反映西方经济盛衰的重要指标。

近些年来,由于科技进步、产业结构升级换代,道·琼斯指数也暴露出其缺陷,如它所选的行业范围不够广泛,没有选择银行、金融等第三产业的公司,也没有选择化工、电子、航天等产业和行业的公司;在计算方法上也存在注重价格变化的可比性而忽略某种(类)股票价值总额占市场总额比重等问题,其代表性与权威性均有所下降。

二、标准普尔股价指数

标准普尔指数是美国标准普尔公司编制的反映美国股市行情变动的股价指数。

标准普尔指数的特点是:①样本股覆盖面广,股票市值大。该公司于1923年开始编制发表股价指数,最初选择223种股票,到1957年扩大为500种,包括工业类股票400种,公用事业类股票40种,金融业股票40种,航空、铁路、公路等运输业20种。这500种股票,包含了纽约证券交易所中大约90%的普通股票,其中既有最好的股票,也有中等股票及最差的股票;既有大公司的股票,也有小公司的股票。如此广泛的股票种类,使其更加具有代表性。它能较准确地反映股价变动的总体走势,并有利于股价走向的长期趋势分析。②其计算方法采用了加权平均法,它以1941—1943年各股票价格平均数为基期,基期定为100,把样本股每股收盘价乘以各自的发行量,然后加总得到所有样本股计算期的市价总值。最后计算期的市价总值与基期的市价总值相比,即为股价指数。用这种方法计算,如遇拆股,无需进行修正。

三、纽约证券交易所股价综合指数

纽约证券交易所股价综合指数是纽约证券交易所从1966年开始编制的反映纽约证券交易所股价行情变动的指数。

该指数包含四组指数:①工业指数,由1 093种工业股票组成;②交通运输业指数,由铁路、航空、轮船、汽车等公司的65种股票组成;③公用事业指数,由电报电话公司、煤气公司、电力公司、邮电公司等189种股票组成;④金融业指数,由投资公司、保险公司、商业银行、不动产公司等223种股票组成。该综合指数包含了所有在纽约证券交易所上市的股票,有1 570种。

该指数以1965年12月31日为基期,将基期日所有上市股票的平均价格作为基期数,记为50点,以现时所有上市股票的加权平均数同基期数相比得出,权数为每一种股票的发行总金额。

一般认为,道·琼斯工业股价平均数变动的"点"同美元很难挂钩,指数变动1个"点",不能给人们以明确的货币单位概念,而纽约证券交易所股价指数的单位能直接换算成美元、美分,使用很方便,故受到广大投资者的欢迎。

四、金融时报股价指数

金融时报股价指数全称为金融时报工业普通股股价指数,也称 30 种股价指数。它是英国《金融时报》编制的反映英国股票市场股价行情变动的股价指数,是英国历史上最悠久的股价指数。

该指数根据 30 家有代表性的工业、商业、金融业、采矿业股票价格变动情况编制,计算基期为 1935 年 7 月 1 日,基期指数定为 100。其计算方法是,先将每种股票价格分别除以其基期时的价格,再把所得的商相乘,以这个乘数开 30 次方得出。因此,该指数是不加权的几何平均数,每一种股票计算时都一视同仁,不反映该股票在市场上的比重和地位。

除上述指数外,《金融时报》还编制金融时报统计师股价指数和金融时报股票交易所股价指数。

五、日经指数

日经指数是由《日本经济新闻社》编制的反映东京证券交易所上市股价行情变动的股价平均数。

该股价平均数于 1950 年 9 月开始编制,起初称为"东京证券交易所股票价格修正平均数",1975 年 5 月 1 日日本经济新闻社正式向道·琼斯公司买进商标,将上述名称改为"日经道·琼斯股票价格平均数",后又改名为"日经指数"。它的基期为 1949 年 5 月 16 日,基期平均数为 176.21 日元,选择在东京证券交易所第一部上市的 225 家公司,后扩大为 500 家。其计算方法与美国道·琼斯股价平均数相同,计算单位直接以日元标出,现已广泛为世界各国关注。

六、东京证券交易所股价指数

东京证券交易所股价指数是日本另一重要股价指数,是由东京证券交易所编制的反映东京股市行情变动的股价指数。

该指数于 1969 年 7 月 1 日开始编制,它包括 250 种较活跃且有代表性的上市股票,采用加权平均法计算,以交易量为权数。它以 1968 年 1 月 4 日为基期,记为 100 点。

七、恒生指数

恒生指数是中国香港恒生银行编制的反映中国香港股市行情变动的股价指数。

该指数始编于 1969 年 11 月 24 日,样本股有 33 种,其市值占中国香港联合交易所上市股票市值总额的 70% 左右,成交额占 80% 左右。分为四大类:①金融业 4 种,如东亚、恒生、上海汇丰银行等;②公用事业 6 种,如中华电力、电灯集团、中华煤气公司等;③房地产业 9 种,如长江实业、恒隆、恒基兆业、香港置地等;④其他工商及运输业 14 种,如国泰航空、嘉宏国际集团、牛奶国际控股公司等。

恒生指数的基期开始定为 1964 年 7 月 31 日,记为 100 点,从 1985 年 1 月起,把基期改为 1984 年 1 月 13 日,当日收市指数 95.47 点成为新的基期指数。恒生指数的计算方法是按每日收盘价先算出当天 33 种股票的市价总值,然后与基期相比,便得出当天的股价指数。自 1985 年 1 月起,除计算和公布恒生指数外,还按上述四大类别编制分类指数。恒生指数已成为衡量、反映中国香港股市和经济运行的有效工具和尺度。

八、上证指数

上证指数是上海证券交易所编制的反映上海股市行情变化的股价指数。

上证指数于 1991 年 7 月 15 日编制和公布。其前身是由上海万国证券公司于 1989 年 11 月 2 日编制,并于 1990 年 3 月 19 日公布的"静安指数"。静安指数仅以算术平均法计算得到,不能准确反映各上市公司股票在股市价格变化中的影响力大小,同时,由于它以 1987 年 11 月 1 日为计算基期,不能反映上海证券交易所成立以后股市总体走势,因此,该指数为上证指数所代替。

上证指数以全部股票当时价为依据,以 1990 年 12 月 19 日(上海证券交易所开业)为基期,以股票发行量为权数,用加权平均法编制,其计算公式为:

$$上证指数 = \frac{\sum(计算期股价 \times 计算期股票发行量)}{\sum(基期股价 \times 计算期股票发行量)} \times 100$$

$$= \frac{计算期股票市价总值}{基期股票市价总值} \times 100$$

如遇到公司增资扩股或新增样本股(或删除)时,则应进行适当修正,其公式为:

$$上证股价指数 = \frac{计算期股票市价总值}{新基准股票市价总值} \times 100$$

$$新基准股票市价总值 = 修正前基准股票市价总值 \times \frac{修正前股票市价总值 + 股票市价总额变动值}{修正前股票市价总值}$$

目前上证指数共有四类:①综合股价指数,即以所有上证所挂牌上市的股票为计算范围,总体反映上海证券交易所股票价格变动情况的指数,也就是每日公布的即时和收盘时的上证指数;②A 股指数和 B 股指数;③行业分类指数,即工业类指数、商业类指数、房地产业类指数、公用事业类指数和综合类指数;④上证成分指数(上证 180 指数),即以 180 种具有代表性的上市公司作为样本股编制发布。

九、深证指数

深圳证券交易所于 1991 年 4 月 4 日开始发布深证综合指数,以深圳证券交易所挂牌上市的全部股票为样本,以发行量为权数的加权综合股价指数。基期为深圳证券交易所正式开业日 1991 年 4 月 3 日,基点为 100。其计算公式与上证综合指数相同。

$$深证指数 = \frac{计算期股票市价总值}{基期股票市价总值} \times 100$$

$$今日即时指数 = \frac{上一营业日收市指数 \times 今日现时总市值}{上一营业日收市总市值}$$

$$今日现时总市值 = 各样本股市价 \times 其已发行股数$$

除深证指数外,深圳证交所从 1995 年 5 月 5 日起正式启用成份股价指数,基期为 1994 年 7 月 20 日,基点为 1 000,这是我国第一个由证券交易所发布的成份股指数。

深圳成份股价指数是选择 40 家有代表性的公司作为成份股编制而成的一种指数。选择成份股的一般原则是:①有一定上市交易时间;②有一定上市规模;③交易活跃。它包括成份股指数、成份股 A 股指数和成份股 B 股指数。每天三个成份股股价指数与原来的深圳股价指数同时发表。三个成份股股价指数均为派氏加权价格指数,即对于指数股的市价总值,按照计算日的股份数作为权数进行加权平均。其中 B 股的市价总值一律用港元计算,与每次的汇率调整无关。

专栏阅读 11-4：A 股纳入 MSCI[1]

2017 年 6 月 21 日，明晟公司宣布，从 2018 年 6 月开始将中国 A 股纳入 MSCI 新兴市场指数和 MSCI ACWI 全球指数。A 股的国际化再下一城。自沪港通、深港通以来，A 股逐步走向国际化，资本市场的互联互通不断深化，A 股的估值体系也在资本市场互联互通的过程中与国际估值体系逐步接轨。

MSCI 是美国著名指数编制公司美国明晟公司的简称，其旗下编制多种指数。明晟指数全球股票指数覆盖 70 个发达及新兴市场，超过 14 000 只股票，是跨境股票资金最广泛使用的业绩基准指数。从 1969 年推出第一只指数产品起，目前排名前 100 家的资产管理者中，有 97 家是这个指数公司的客户，MSCI 指数是全球投资组合经理最多采用的基准指数。目前全球以明晟指数为标的的资产规模超过 10.5 万亿美元，其中共计有 1.6 万亿美元的资金以明晟新兴市场指数为基准。MSCI 新兴市场指数是 MSCI 指数系列的一种，主要面向新兴国家资本市场。根据 MSCI 的方案，初始纳入 MSCI 新兴市场指数的中国 A 股数目为 222 只，初期基于 5% 的纳入因子，A 股配置到 MSCI 新兴市场指数的权重约为 0.73%。普遍预计将有 170 亿—180 亿美元的资金流入，也就是未来一年将会有超过千亿美元资金配置到 A 股市场。

在入选的 222 只股票中，从市值来看银行、非银金融占了绝对大头，占了 48% 的市值比重，采掘、食品饮料、建筑装饰市值占比在 5%—6%；而从行业公司数量来看，非银金融和银行也是最多的，合计有 50 家，生物医药、房地产、公用事业、汽车、化工、有色也有超过 10 家公司。所有公司市值中位数 500 亿美元，基本是中大型市值公司。根据统计数据，60% 以上的国家在纳入 MSCI 指数后股市出现上涨，一年后平均涨幅达到 57.9%。A 股纳入 MSCI 将中长期影响 A 股市场的估值体系，并带来源源不断的增量资金。

当然需要注意的是，A 股纳入 MSCI 在增强 A 股与国际市场的联动与融合的同时，也将倒逼国内金融改革，未来信息披露、衍生品管理、风险应对机制等方面将会更为合理规范，并促进上市公司治理更加规范。

第四节 股票投资分析

股票投资是一个复杂的过程，包括股票投资的分析、决策、操作和管理等一系列阶段，其中股票投资分析是股票投资最为基础的环节。由于股票投资潜在的风险较大，投资者只有经过科学的股票投资风险和收益水平的分析，才能在众多的股票中选择恰当的投资对象进行投资操作。

---

[1] 引自石运金：《A 股纳入 MSCI，新增千亿资金配置》，《股市动态分析》，2017 年第 6 期。

一、股票投资的风险和收益

投资者投资股票的根本目的在于获取投资收益,在投资期间,各种因素的影响可能使预期收益减少,甚至使本金遭受损失,而且持有期限越长,各种因素产生影响可能性越大,预期收益的不确定性也越大。与项目投资相比,股票投资所面临的风险相对要高出许多。

(一)股票投资的风险

所谓股票投资风险是指投资者进行股票投资达不到预期的收益或遭受各种损失的可能性,即收益的不确定性。在企业投资活动中,投资者进行投资,是希望获取预期的收益。为了进一步强化风险管理,根据是否可以通过投资多样化方法加以回避及消除。股票投资风险可分为系统性风险与非系统性风险。

系统性风险,是指由于政治、经济及社会环境的变动而造成的股票投资行为的风险。它包括市场风险、利率风险、购买力风险以及自然因素导致的社会风险等。这类风险的共同特点是:它们的影响不是作用于某一种投资对象,而是对整个投资行为发生作用,导致企业所有投资行为出现风险。由于系统性风险对所有投资行为总是存在并且无法通过投资多样化的方法加以回避与消除,因此,又称非多样化风险。

非系统性风险是指由于市场、行业以及企业本身等因素导致个别投资行为的风险。它包括行业风险、企业经营风险、企业违约风险等,这是由单一因素造成的,只影响某种投资收益的风险。尽管目前不同类别的投资行为在不同程度上都具有非系统性风险,但根据投资理论研究的结果,非系统性风险属于个别风险,能够通过投资多样化的方法将其分解并且可以进行有效的防范,因此,又称多样化风险。

企业投资收益是未来的,而且一般情况下难以事先确定,未来收益的不确定性就是投资风险。企业投资行为中收益与风险是并存的,投资者一般应遵循以下原则进行决策:在风险水平相同的投资对象中,选择收益较高的进行投资;在收益水平相同的投资对象中,选择风险较小的进行投资。

(二)股票投资的收益

在股票投资中,有优先股与普通股投资之分。优先股除一般股票特征之外,还具有一定的债券特征,即具有面值、票面利率以及规定的支付时间等,因此,优先股投资收益水平决定于股票的股息。普通股不同于优先股,其投资收益主要包括以下内容。

(1) 红利。红利是股份公司从净利润中分配给普通股股东,作为给每位普通股股东对公司投资的一种报酬。每一普通股股东都有权根据其所拥有公司股份的多少从公司获取红利收入。对普通股投资者而言,获取红利是其投资的目的之一,而且红利的大小直接关系到股票的市场价格。有无红利分配,取决于公司是否盈利。能分利多少,又取决于公司盈利水平的高低、提取公积金、公益金的比重,以及普通股股数的多少等因素。按现行财务制度规定,股份公司缴纳所得税后的净利润一般按照下列顺序分配:①被没收的财物损失,支付各项税收的滞纳金和罚款;②弥补以前年度亏损;③提取法定盈余公积金;④提取公益金;⑤支付优先股股息;⑥提取任意盈余公积金;⑦支付普通股红利。

可见,普通股的红利是不固定的,其红利水平的高低主要取决于公司的经营状况。公司经营状况好、盈利高,普通股的红利就高;否则,反之,甚至无红利可分。因此,普通股具有收益高、风险大的特点。

(2) 股本扩张。上市公司的股本扩张往往会带来一定程度的填权行情,成为普通股投资者获取收益的又一途径。上市公司的股本扩张有无偿增资扩股与有偿增资扩股之分。无偿增资扩股,是指投资者不必向上市公司缴纳现金就可获取股票的一种扩股形式,这里的投资者仅限于原股东。无偿增资扩股可分两种主要类型:①股票分红,即公司将本该用现金支付的股票红利以新的股票代替;②无偿转赠,即公司将原有的资本准备金(包括盈余结存、公积金和资产重估增值等)转入资本金,股东无偿取得新发股票。无偿增资扩股的目的是为了使投资者获益以增强股东信心和公司信誉,或是为了调整资本结构。有偿增资扩股主要指股东配股,即公司按股东的持股比例向原股东配售新股的一种扩股形式。配售新股的价格往往低于市场价格,形成对原股东的一种优待。

股票经过送赠配股后,其理论价格一般会相应下跌,如果实际除权除息价高于理论除权除息价,称为填权;反之,称为贴权。

(3) 股票升值。股票升值是根据企业资产增加的程度、经营状况、发展前景而定,具体表现为股票价值上升所带来的收益。股票之所以能够升值,主要在于上市公司经营有方、管理有术,获得了较大的利润,而且预期红利收入也将增加。同时,由于影响股价的因素是多方面的,经营业绩并不理想的公司股价也会受到某些因素影响而上涨。投资者低买高卖的差价收益称为资本利得。

二、普通股股票收益率的确定

衡量股票投资收益水平的指标称为股票收益率。股票收益率是指一定时期内所得收益与投入本金的比率。为了便于比较分析,股票收益一般也以年率为计算单位。目前,衡量普通股股票投资收益水平的指标主要有以下两种。

(一) 股利收益率

股利收益率是指股份公司以现金形式派发红利与股票市价的比率。其计算公式为：

$$股利收益率 = \frac{D}{P_0} \times 100\% \qquad (11\text{-}7)$$

式中：D——实际现金红利或预计现金红利；

P_0——股票购入价或市价。

如果投资者以某一市价购入股票，在持有股票期间得到公司派发的现金红利，则可用本期股票红利与股票购入价计算，这种已得的股利收益率对长期投资者尤为重要。如果投资者打算投资某种股票，可用该股票上期实际派发的现金红利或预计本期的现金红利与当时的股票市价计算，这种预计的股利收益率，对投资者进行投资决策有一定的参考价值。

(二) 持有期间收益率

持有期间收益率是指投资者持有股票期间的红利收入与买卖差价占股票购买价格的比率。股票没有到期日，投资者持有股票的时间长达数年，短则数天，持有期间收益率成为投资者最为关心的指标。其计算公式为：

$$持有期间收益率 = \frac{D + (P_1 - P_0 - C)}{P_0} \times 100\% \qquad (11\text{-}8)$$

式中：D——现金红利；

P_1——股票卖出价；

P_0——股票购入价；

C——股票买卖的交易费用。

如果投资者买卖股票期间，仅获取现金红利的分配，上式可就一股的现金红利、卖出价、购入价以及交易费用进行计算。

如果投资者买卖股票期间，不仅获取现金红利的分配，还获取红股的派送、股票的无偿转赠，以及股票有偿配股，这时上式的 D 应为现金红利总额，P_1 为股票出售总额即卖出单价与原有股票数量、红股派送数量、股票无偿转赠数量以及配股数量之和的乘积，P_0 为买入单价与原有股票数量乘积加上配股价与配股数量乘积之总和，C 为全部股票的交易费用之和。

如果须将股票持有期间收益率与债券收益率、银行存款利率等其他金融资产的收益率相比较，应注意时间的可比性，这时要将持有期间收益率化为年率。其计算公式为：

$$持有期间股票年收益率 = \frac{[D + (P_1 - P_0 - C)] \div n}{P_0} \times 100\% \qquad (11\text{-}9)$$

其中：n 为持有年数。

三、股票投资分析的信息

股票市场信息是投资者进行股票投资分析与决策的重要依据。对信息的掌握程度如何,在很大程度上决定了投资的成败。从这个意义说,掌握股票市场信息是股票投资成功的关键问题。广义地说,股票市场信息包括一切直接或间接影响股票价格变动的信息。因此,凡是影响到股票价格变动的政治、经济、行业、公司以及市场等方面的信息,都应列入投资者收集和分析的范围。股票市场信息主要包括宏观、微观经济信息、交易信息。

(一) 宏观经济信息

股票投资受多种宏观经济信息的影响。对股票市场有着直接影响的信息有以下六种。

(1) 经济周期信息。包括当前经济运行是处于复苏、繁荣期,还是衰退、萧条期,以及今后一段时期经济运行的走势等。

(2) 金融信息。包括银行利率、汇率的水平及变动,货币政策的导向及变动,货币供应量与发行量的大小,市场游资的充裕程度,通货膨胀水平及变化等。

(3) 财税信息。包括国家财政收支总量、结构与平衡状况,国债发行总量、期限与利率状况,税种、税目、税率、减免税政策及其变动状况等。

(4) 产业信息。包括国家产业政策的导向,鼓励与限制发展产业、行业、产品的目录,垄断性行业的禁入限制及其变动等。

(5) 国际经贸信息。包括国际市场的供求信息、价格信息、关税水平及变动信息等。

(6) 经济体制改革信息。在计划经济体制向市场经济体制转轨之时,经济体制改革的内容与重点、改革的推进力度、改革的发展态势尤其是企业改革及关联信息,都会不同程度地影响股票市场。

(二) 微观经济信息

微观经济信息即公司信息,它是影响单一股票价格变动的最直接的信息。主要有以下四种。

(1) 招股说明书。招股说明书是公司股票发行条件的文件,也是一个希望社会公众认购其股份的邀请。投资者从招股说明书中一般可以了解以下信息:①公司的名称、法定地址;②公司沿革及主要业务、经营业绩、资产规模及构成;③公司募股资金的运用、风险及对策;④公司的组织结构及董事、监事、高级管理人员简历;⑤公司本次发行股票的总额、类型、数量、每股面额及发行价;⑥股票发行的方式、发行对象;⑦股票承销商的名称、承销总数及承销方式;⑧经鉴证的盈利预测。

此外,从招股说明书中还可以了解到公司的资本形成过程、主要产品及种类、生产过程、质量状况、销售状况、财务状况、物业设备及拥有的权益、主要利害关系人、发行股票所筹资金的运用计划，以及及效益、风险分析等。

另外，投资者还可以了解到具有专业资格的机构对公司的资产评估报告和确认书、财务报告及其附注说明、重大合约及法律诉讼等事项。

(2) 公司章程。公司章程是经全体股东一致同意，规范公司运作的纲领性文件。也可以说公司章程就是公司的"宪法"，是公司各项活动所必须遵循的行为规范。

公司的章程主要反映如下信息：①公司的名称、地点、经营范围；②公司的设立方式、股份总额、每股金额和注册资本；③发起人的姓名或名称、认购的股份；④股东的权利和义务；⑤董事会的组成、职权、任期和议事规则；⑥公司法定代表人；⑦监事会的组成、职权、任期和议事规则；⑧公司利润分配方案、解散事由与清算办法以及公司通知和公告的办法等。

(3) 上市公告书。公司股票获准上市后，应在有关报纸上披露上市公告书。

上市公告书除与招股说明书部分相同外，投资者还可以了解到以下信息：①公司上市的日期和获准上市的批准文号；②公司股票发行情况和股权结构；③公司创立大会或股东大会有关上市决议的主要事项；④公司董事、监事及高级管理人员简况及持股状况；⑤持股一定比例以上股东的状况；⑥招股后资金运用状况、财务状况以及下一年的盈利预测报告；⑦董事会的承诺；⑧社会公众随时查询公司资料的联系人、联络地址、联络电话、图文传真号码；⑨特别事项。

(4) 定期报告。定期报告是指公司股票正式上市后，依公司法和股票法规的规定必须定期制作和公告的报告。定期报告主要是公司的财务报告包括中期报告和年终报告，其主要披露公司财务状况和经营业绩情况。中期报告一般于每年上半年结束后的两个月内公布；年终报告则于会计年度结束后的四个月内公布。

投资者从公司定期报告中可了解到的信息包括：财务状况、主要业务回顾、重大事项说明及重大合同的内容摘要、公司发展前景预测、公司董事会及持股一定比例以上的大股东持有本公司股票及拥有权益的变化情况等。此外，还有公司的其他信息，如公司收购与合并信息、新股发售信息、股票拆细信息、公司变更信息等。公司变更信息包括：公司章程变更；董事、监事等高层的人事变动；经营范围的变更；注册资本及注册地址的变更；会计师事务所及法律顾问的变更；组织框架的撤并，下属公司的设立、兼并或破产；影响公司生产经营的重大合约的签订与变更等。

(三) 交易信息

交易信息是指在股票市场交易中产生的信息,主要包括以下三点内容。

(1) 各股票交易所发布的信息。包括各种股票的开盘价、最高价、最低价、收盘价、成交量、市盈率;各类股票的价格指数、成交金额等。

(2) 市场指标。包括 n 日均价(均线值)、乖离率、相对强弱指标、腾落指数、涨跌比率、威廉指标、随机指标等。

(3) 券商发布的信息。包括各股票公司调研部门发布个股的投资价值分析报告、板块(区域或行业)的投资价值分析报告等。

投资者进行股票投资,必须对社会经济活动、行业发展、公司经营状况及市场交易状况进行分析,注意搜集整理各类信息。

四、股票投资分析的步骤

股票投资分析主要包括资料搜集、资料判断与筛选、数据积累与分析等基本步骤。但不同的投资者对股票投资的风险认知程度存在着差异,投资者自我定位关系到投资行为的判断和分析。因而在进行股票投资分析之前,投资者必须先进行自我定位。

(一) 自我定位

投资者的自我定位,主要包括两个层面的选择。

(1) 按照投资期限和动机目的不同,股票投资者可分为长期投资者和短期投资者。

长期投资者进行股票投资目的不是为了转售获利,而是准备长期持有,享受股东权益。在正常情况下,股息收入要高于银行存款和债券的利息收入,长期债券的利息收入要高于短期债券的利息收入,长期持有股票还能得到公司财产增值的收益。因此,长期投资者往往也能获取可观的投资收益。

短期投资者是指那些持有股票的时间较短,以赚取股票买卖差价收入为目的的投资者。由于股票价格变动频繁,使得投资者可以利用股票价格涨落来赚取股票买卖的差价收益。短期投资者便专门以获取股票差价收益为投资目的。

(2) 按对收益与风险的态度,股票投资者分为稳健型、激进型与中庸型的投资者。

稳健型投资者比较注重投资的安全性,风险承受能力较弱,属于低风险倾向的投资者。

激进型投资者为获取较高的投资收益,他们愿意承担较大的风险,因此高风险高收益的股票在其投资组合中占有较大的比重。

中庸型投资者介于稳健型与激进型投资者之间,他们比较注重平衡风险与收益的关系,力求在保本的前提下获取尽可能多的收益,他们既希望获取稳定的利息和股息收入,也不会轻易放过获取股票差价收益的机会;他们愿意为丰厚的盈利而承担一定的风险,但在风险超过一定程度时就会断然放弃高利的诱惑。

必须指出,投资者的分类只是相对的,在实际的股票投资活动中,很少有绝对的长期投资者和短期投资者、稳健型投资者与激进型投资者,他们之间也会相互转化。

(二) 收集资料

不同定位的投资者存在收集资料上的差别。

进行长期投资的多为稳健型投资者,他们应对发行公司的经营状况和财务状况进行分析,尽可能购买那些经营状况良好、财务稳定、有发展前景的公司的股票与债券,而不必关心股票价格暂时的涨涨跌跌。当股票市场行情越跌,一般投资者越失望的时候,往往是长期投资者酌量买进的大好时机。因此,长期投资者更注重宏观经济运行、行业发展、公司经营的基本分析,并收集与之相关的资料。

进行短期投资的多为喜爱冒险的激进型投资者,他们一般对经营状况变化较大、收益水平易受各种因素影响的活跃性公司股票更感兴趣。短期投资者频繁地买卖股票,必须时刻注意股票价格的变化趋势,而不必像长期投资者那样经常关心公司的经营状况。因此,短期投资者更注重反映市场行情变动的技术分析,并收集与之相关的资料。

(三) 判断与筛选

面对纷繁的信息来源,投资者要善于搜集、整理各类资料,运用相关知识与实践经验做好去伪存真、去芜存菁、由表及里、由此及彼的判断与筛选工作。

一般而言,政府机构、中央银行提供的信息较为可靠;具有权威性的全国性报纸尤其全国股票期货市场信息披露指定报纸、网站登载的信息较为真实。即使是真实可靠的信息,投资者还须进一步判断其时效,失去时效的信息应予筛掉;判断其投资对象与当前自我定位是否相符,不符者应予筛掉。

(四) 积累与分析

投资者要注意积累资料,保持信息连续性。分析经济形势、市场行情、行业发展、公司业绩不是凭一年半载的资料就可找出其内在规律和发展趋势,要依据可比口径的中长期历史资料进行对比分析,才能从中受益。这就需要投资者对原始数据信息进行整理加工,形成系统的、连续的时间数列,并对时间数列各数值进行分析计算,得出有关市场指标,用于分析预测股票价格的未来走势。如果有可能的话,结合对上市公司的实地调研,效果则更佳。

五、股票投资分析的基本方法

股票投资分析方法一般分为两大类:基本分析方法和技术分析方法。两种分析方法既相互联系,又相互独立,构成股票投资分析方法体系。

(一) 基本分析方法

基本分析是对上市公司的经营业绩、财务状况,以及影响上市公司生产经营的客观社会经济环境等要素进行分析,其理论依据是股票价格由股票内在价值决定,通过分析影响股票价格的基本条件和决定因素,判断和预测其的发展趋势。

基本分析主要包括宏观经济运行分析、行业分析和公司分析三个层次。基本分析是从宏观经济总体的运行态势到上市公司的经营状况,从整个股票市场发展前景到个别股票的内在价值变化进行对比分析,从中找出股票价格变动的内在依据和规律。

因此,基本分析对于预测整个股票市场的中长期趋势、选择具体的投资对象具有重要的作用。但是,基本分析对于把握股票市场的近期变化,对于选择买卖股票的时机的作用却不如技术分析。

(二) 技术分析方法

股票投资的技术分析是相对于基本分析而言的。技术分析是利用统计学、数学的方法分析股票价格的运动规律,把握股票价格的过去变动情况来推测其未来趋势,并根据趋势的周期性变化来进行股票投资的方法总和。

技术分析是否有效,取决于以下三个前提性假设:①股票价格取决于市场的供需因素,而市场供需受到多种理性与非理性因素的影响。②股票市场的变化存在一定的周期性,从长期看趋于循环变动;股票价格虽然存在着短期波动,但股价的变化存在着一种主要趋势。③市场供需变化迟早会在图表走势、交易资料中得到反映;股票价格变化的历史往往重演。

总之,技术分析不探究影响供求变化的诸多因素,只就由供求变化引起的行情变动来分析预测股票价格。

相对基本分析而言,技术分析具有一定的优点。

(1) 技术分析方法简单方便、易学易懂,在电脑及软件发达的今天容易被人们接受。科技的迅速普及使技术分析方法走进机构大户,也贴近中小散户。

(2) 技术分析是一种理性分析,其结论比较客观。图表上显示的各种买卖信号,不可能因主观意愿而改变,能够使人们在瞬息万变的股票市场保持客观冷静的态度。

(3) 技术分析以多种图表、指标为手段,有具体的形象可供参考,有一定的标准可供遵循,并可进行多重对比分析,有利于从总体上把握市场。

股票投资分析方法都不可能完美,技术分析也同样存在局限性。

(1) 技术指标信号的出现往往"滞后",因为并非技术分析派描绘出市场走势,而是市场走势给技术分析派启示,如果投资者根据某些滞后的信号采取行动,往往会错失良机。

(2) 市场经常出现短期"背离走势",甚至时有"走势陷阱"出现,令投资者对此产生不信任,甚至上当受骗。

(3) 技术分析不可能正确预测每次波动的最高点与最低点,同时对具体时间也无法给予明确信号。

(4) 技术分析具有不确定性。如同样的技术指标在某一市场适用,在另一市场则失效;同样的技术数据在牛市是微量超买,但在熊市已是严重超买。

显然,技术分析法的分析思路完全区别于基本分析。技术分析法着重分析股票价格本身的运动规律,而基本分析法着重分析影响股票价格的基础条件与决定因素;技术分析法着眼于过去,用历史资料反映的变化规律来分析预测股价的未来走势,而基本分析法立足于未来,利用对经济技术发展的预测来分析把握股价的未来走势。同时,两种分析方法各有所长,可以相互补充。技术分析法主要解决投资时机问题,而基本分析法主要解决投资对象问题;技术分析法主要分析股价的短期走势,而基本分析法主要分析股价的中长期变动趋势。

专栏阅读 11-5:巴菲特的十大经典投资理念[1]

一、找到杰出的公司

巴菲特的第一个投资原则是"找到杰出的公司"。这个原则基于这样一个常识,即一个经营有方、管理者值得信赖的公司,它的内在价值一定会显现在股价上。所以投资者的任务是做好自己的"家庭作业",在无数的可能中找出那些真正优秀的公司和优秀的管理者。

巴菲特总是青睐那些经营稳健、讲究诚信、分红回报高的企业,来最大限度地避免股价波动,确保投资的保值和增值。对于总想利用配股、增发等途径榨取投资者血汗的企业一概拒之门外。

二、少就是多

巴菲特的第二个投资原则是"少就是多"。他的理由同样是基于一个常识:买的股票越多,你越可能购入一些你对其一无所知的企业。通常你对企业了解越多,你对一家企业关注越深,你的风险越

---

[1] 引自同花顺财经,http://stock.10jqka.com.cn/20170109/c595952004.shtml。

低,收益就越好。他认为,投资者应该像马克·吐温建议的那样,把所有鸡蛋放在同一个篮子里,然后小心地看好它。巴菲特采用集中投资的策略,重仓持有少量股票。

三、把大赌注压在高概率事件上

巴菲特的第三个原则是"把大赌注压在高概率事件上"。也就是说,当你坚信遇到大好机会时,唯一正确的做法是大举投资。这也同样基于一个常识:当一个事情成功的可能性很大时,你投入越多,回报越大。绝大多数价值投资者天性保守,但巴菲特不是。他投资股市的620亿美元集中在45只股票上。他的投资战略甚至比这个数字更激进。在他的投资组合中,前10只股票占了投资总量的90%。

四、要有耐心

巴菲特的第四个原则是"要有耐心"。也就是说:不要频频换手,直到有好的投资对象才出手。他有一个说法,就是少于4年的投资都是愚蠢的投资,因为企业的价值通常不会在这么短的时间里充分体现,你能赚到的一点钱也通常被银行和税务瓜分。有人曾做过统计,巴菲特对每一只股票的投资没有少过8年的。巴菲特常引用传奇棒球击球手特德威廉斯的话:"要做一个好的击球手,你必须有好球可打。"如果没有好的投资对象,那么他宁可持有现金。据晨星公司统计,现金在伯克希尔哈撒韦公司的投资配比中占18%以上,而大多数基金公司只有4%的现金。

五、不要担心短期价格波动

巴菲特的第五个原则是"不要担心短期价格波动"。他的理论是:既然一个企业有内在价值,它就一定会体现出来,问题仅仅是时间。世界上没有任何人能预测出什么时间会有什么样的股价。事实上,巴菲特从来不相信所谓的预测,他唯一相信的,也是能够把握的是对企业的了解。

他购买股票的基础是:假设股市次日关闭,或在5年之内不再重新开放。也就是对公司的未来有着绝对的信心。在价值投资理论看来,一旦看到市场波动而认为有利可图,投资就变成了投机,没有什么比赌博心态更影响投资。

六、稳中求胜

巴菲特的投资哲学首要之处是:记住股市大崩溃。也就是说,首先要以稳健的策略投资确保自己的资金不受损失,并且要永远记住这一点。其次让自己的资金以中等速度增长。巴菲特投资的目标都是具有中等增长潜力的企业,并且这些企业被认为会持续增长。投资股市时,为自己定下合理的长期平均收益率是成功的基础。巴菲特在这方面做得相当出色,他对自己要求并不过,只要他每年击败道·琼斯指数5个百分点足矣。

对那些一心想马上做大的人,巴菲特提醒:"如果你是投资家,你会考虑你的资产——你的企业会怎样。如果你是投机家,你主要预测价格会怎样而不关心企业。"同样,一个"企业家"会埋头打造自己的企业,而一个"商人"则更关注企业的价格。对我们大部分人来说,老老实实做"企业家",成功的概率要比一个包装、买卖企业的"商人"更大。

七、简单、传统、容易

在别人眼里,股市是个风险之地,但在巴菲特看来,股市没有风险。"我很重视确定性,如果你这样做了,风险因素对你就没有任何意义了。股市并不是不可捉摸的,人人都可以做一个理性的投资者。"

巴菲特还说："投资的决定可用六个字概括,即简单、传统、容易。"从巴菲特的投资构成来看,道路、桥梁、煤炭、电力等传统资源垄断型企业占了相当份额,这类企业一般是外资入市购并的首选,同时独特的行业优势也能确保效益的平稳。

八、永远不许失败

巴菲特说投资的原则其实很简单:第一条,不许失败;第二条,永远记住第一条。因为如果投资1美元,赔了50美分,手上只剩一半的钱,除非有百分之百的收益,否则很难回到起点。

九、"一鸟在手胜过百鸟在林"

巴菲特引用古希腊《伊索寓言》中的这句谚语,再次阐述了他的投资理念。在他看来,黄金白银最实际,把钱押在高风险的公司上,不过是一厢情愿的发财梦。2000年初,网络股高潮的时候,巴菲特却没有购买。那时大家一致认为他已经落后了,但是现在回头一看,网络泡沫埋葬的是一批疯狂的投机家,巴菲特再一次展现了其稳健的投资大师风采,成为最大的赢家。

十、不迷信华尔街,不听信谣言

巴菲特不迷信华尔街,不听信谣言。他认为凡是投资的股票自己必须了如指掌,并且是具有较好行业前景的企业。不熟悉、前途莫测的企业即使被说得天花乱坠也毫不动心。他只选择那些在某一行业长期占据统治地位、技术上很难被人剽窃并有过良好盈利记录的企业。至于那些今天不知道明天怎么样的公司,巴菲特总是像躲避瘟疫一样躲开他们。

案例阅读 11-1:细数 A 股"铁公鸡",二十年不分红不派息

现金分红是上市公司投资者获得回报的重要方式,也是培育投资者长期投资理念,增强资本市场吸引力的重要途径。市场普遍认为,股市投机心理的原因之一是上市公司不分红或分红较少。

但从 A 股市场分红实践情况来看,A 股市场既有中国神华(601088)、贵州茅台(600519)这样的现金奶牛,也有多年"一毛不拔"的"铁公鸡"。截至 2016 年底,剔除 2015 年后上市的公司,有 34 家公司自上市以来就未曾进行过现金分红,其中部分公司连续不现金分红历史超过了 20 年。其中连续不分红时间最长的是金杯汽车(600609)、中毅达(600610),同为 1992 年上市,到 2015 年底已 24 年"一毛不拔"。

此外,辅仁药业(600781)、万方发展(000638)、运盛医疗(600767)、祥龙电业(600769)、通策医疗、园城黄金(600766)、天海投资(600751)、中茵股份(600745)、S*ST 前锋、英特集团(000411)、文投控股(600715)、宝塔实业(000595)、平潭发展(000592)、大晟文化(600892)、中国天楹(000035)、金圆股份(000546)、紫光学大(000526)这 17 家公司均为 1996 年以前上市,"一毛不拔"的历史至少有 20 年。

根据相关财务管理的规定和制度,上市公司只有实现盈利,且有未分配利润是才能进行分红,但这些长期不分红的公司,有些并不是因为经营不善而不分红。

如通策医疗,2010 年至今的年报中对不分红均有相关表述,但只有 2010 年、2011 年及 2014 年的

理由为当年可供分配利润为负,2012年、2013年则未做说明。到了2015年,不分红又有了新理由。2015年盈利且称可供分配利润为正的通策医疗称:"公司是投资管理一体的企业,经营业绩与医疗服务机构设置进展有很大的关联。为公司长远发展和不断提高其盈利能力,公司需不断投入大量资金加强医疗机构的建设。"

山东路桥2016年净利润超过4亿元,增速将近14%,但其却不准备进行利润分配。山东路桥不仅自1997年上市以来从未进行过现金分红。而且自2012年重组以来,其每年营业利润、净利润增速均在两位数以上,每股未分配利润转为正值后也逐年增长,2016年底时已达1.78元。盈利但却为什么会长期不分红?山东路桥在年报中对近3年未分红原因的解释是:"截至报告期末本公司财务报表中母公司账面尚存未弥补亏损2.7亿元,根据《公司法》等法律法规规定,报告期内公司计划不派发现金红利,不送红股,不以公积金转增股本。"

上市公司现金分红是资本市场的一项基础性制度,现金分红能有效增强资本市场的投资功能和吸引力。中国证监会历来重视上市公司分红政策的制定和完善,自2013年证监会发布现金分红监管指引以来,A股市场正逐步建立起现金分红、回报股东的意识和氛围。但目前仍有部分上市公司分红不主动,回报股东的意识淡薄,连续多年未进行现金分红,个别公司非但忽视现金分红,甚至制造高送转等噱头炒概念、博眼球,助长市场的投机气氛,罔顾中小投资者利益。

对此,证监会表示,在2017年度将完善上市公司分红制度纳入市场基础性制度建设的重要范畴,积极支持、推动、引导上市公司现金分红,强化回报意识。此外,证监会还将进一步加强监管,研究制定对付"铁公鸡"的硬措施,对具备分红能力而不分红的公司进行监管约谈,督促相关上市公司控股股东切实履行责任,支持上市公司履行现金分红义务;结合严格"高送转"监管开展专项检查,对未按规定和公司章程分红的公司,依规采取行政监管措施。同时,在对公开发行证券设置现金分红条件的基础上,研究对非公开发行股票设置现金分红条件,强化监管约束。

复习思考题

1. 什么是普通股?它的权益特征是什么?
2. 我国上市公司现阶段的股权结构有何特征?
3. 美国存股证(ADR)的运行机制是怎样的?
4. 股票发行价格与其内在价值之间的关系是怎样的?
5. 什么是成熟证券市场股价指数编制的基本原则?
6. 股票投资的基本风险来源是什么?
7. 什么是股票的市价收益率?其有何分析意义?
8. 宏观经济政策信息对于投资者决策的意义是什么?
9. 公司的经济信息对于投资分析有何作用?
10. 股市技术分析的价值是什么?

第十二章

基金与基金市场投资分析

> **投资导读**
>
> 基金是投资基金的简称,作为大众理财工具,具有集合投资、分担风险、专家理财等优势。2004年以来,基金在我国发展迅速,截至2018年12月31日,中国境内已发公募产品的基金管理公司达131家,公募基金数量5 160只,资产规模总计12.93万亿元。[1] 数量众多的基金产品,分别投资于股票、债券、货币市场及海外,其特点、投资范围、运作风格、投资效率、风险和收益来源各不相同。对于投资者而言,需要正确认识投资基金的性质,并重视基金的个性,采用正确的投资策略才能够为基金投资带来较好的收益。

第一节 基金概述

基金(或投资基金)是证券市场上一种特殊的投资组织和投资主体,它

---

[1] 数据来源:wind资讯。

通过向市场上分散的投资者发行基金股份或受益凭证募集资金,再通过证券市场投资于各种证券,以此获得收益。基金投资的收益,按一定比例提取服务费用,其余按比例分配给投资者。投资基金是在证券市场发展到一定阶段后产生的,它依托于证券市场而存在与发展,它是投资的工具,又是投资的商品。目前投资基金在世界各主要证券市场上都获得了广泛的发展。在美国,投资基金被称为共同基金;在英国和我国香港地区,投资基金被称为单位信托基金;而在日本、韩国和我国台湾地区,投资基金则被称为证券投资信托基金;我国境内则称为投资基金,或证券投资基金。虽然名称有所不同,但基金运作的原理和机制是相同的。

一、投资基金的形成、发展和特色

(一) 投资基金的形成、发展

投资基金的形成,最早可以追溯到一百多年前的英国,证券市场上已出现了早期的投资基金,即证券共同基金。但它的大发展是在第二次世界大战以后,尤其是 20 世纪 80 年代以后。证券投资基金的空前发展与证券市场的扩张发展以及投资资金的扩张直接相关,与法制的完善、管制的放松也有着重要的联系。证券市场的发展和中小投资者的数量急剧上升,形成了投资基金发展的极好条件。一方面,分散资金和中小投资者的增加,使市场资金得以扩容,投资基金发展具备了条件;另一方面,分散资金和中小投资者个体资金有限,组合投资抗风险能力低,又缺乏投资专业知识和足够的时间精力,投资容易招受损失。正因如此,组合式的证券投资基金获得了发展,它一方面由经验丰富的专业人员来从事投资管理;另一方面可以将基金分散投资于多种证券上,以分散风险,获得稳定的收益。

投资基金目前已成为证券市场上发展最快的金融工具之一。无论从发达国家的证券市场看,如美国、英国、日本的市场,还是从新兴工业化国家、地区的证券市场看,投资基金都是发展最快的,表现为投资机构的数量、投资基金的数量,以及基金交易量的迅猛增加,它越来越被投资者所接受。

我国的投资基金发展相对较晚,20 世纪 90 年代证券市场发展初期,还没有投资基金,90 年代中期,开始出现封闭式投资基金,但数量极为有限,直到 2001 年,才开始出现开放式基金。

(二) 投资基金的特色

投资基金与股票、债券一样,是证券市场上的金融商品,它同样是市场上投资者可以选择的投资工具,因为基金同样具有投资价值,可以获得投资收益,它也具有市场价格,是一种市场派生出来的金融商品。当然,基金是一种具有特殊性的金融工具,与市场上一般的商品(如股票、债券)相比,具有特殊性。

(1) 作为金融商品的投资属性与股票、债券不同。从投资性质看,股票、债券的投资是一种直接的投资,而投资基金是一种间接的投资。投资者购买基金股份,把资金转交给了基金公司,基金公司作为专业化的投资机构,它集中了市场上分散的资金进行集中的投资,并将收益分配给投资者。如有亏损,则同样由投资者来承担。

(2) 投资基金与其他金融商品,如股票、债券反映的权利关系不同。股票反映的是一种所有权关系;债券反映的是一种债权债务关系;基金反映的是投资者与基金管理者之间的信托契约关系。

(3) 投资基金与其他金融工具的风险与收益也不同。股票是一种收益不固定的证券,它的收益由股份公司的经营业绩决定,通常所说的是"上不封顶,下不保底",因而股票的收益最高,风险也最大。而债券的利率一般是事先确定的,无论借款人的经营业绩如何,债券到期必须还本付息,投资者的风险较小,但收益也较股票为低。债券的发行主体不同、发行者的资信不同、债券的期限不同,其收益率也不同。投资基金是由市场上的分散资金集合而成的投资组合,由市场专业投资人员管理操作,易于分散风险,并获得较为稳定的收益。从成熟市场的运行实际情况看,投资基金组合的收益一般比债券要高,但比股票投资的收益低。

(4) 投资的期限和方式不同。就市场的一般运行看,基金的投资市场行为较倾向于中长期的投资,购买基金要支付较高的费用,开放式基金的首次购买要支付约为5%的费用,因此,短期投资和炒作的成本很高,这与二级市场上股票的买卖有着明显的差异。我国证券市场上封闭式基金的投资交易则与股票投资是十分类似的。

二、投资基金的组织与构成要素

目前证券市场上的投资基金种类较多,组织运行也有各自的特色,但作为投资基金(证券投资基金),它的基本构成要素是相同的,它一般由基金管理公司、投资顾问、基金托管人和投资人组成,它们之间相互联系,又相互影响,共同作用于投资基金。

(一) 基金管理公司

基金管理公司作为基金的管理人,负责掌管和运用基金的资产,构成投资基金的主体。基金管理公司一般由证券公司、信托投资公司和商业银行的信托部门发起成立,也有独立的基金管理公司。基金管理公司通常设有市场部、推广部、研究部和投资经理。其中投资经理是基金投资的实际操作人,他们要有丰富的专业知识和实际操作经验。基金管理公司按基金契约规定运用和管理基金资产,并及时、足额地向投资人支付回报,编制基金财务报告,按期公告基金资产净值。

(二) 投资顾问

投资顾问是从金融机构中派生出来的专业投资顾问机构。投资顾问一般由具有专业知识和操作经验的专家来担当,投资顾问通常要对国内外经济形势、产业发展、金融市场动态、上市公司业绩等方面进行深入调研,可以为投资者提供有关市场走势、投资选择等咨询服务;也可为客户在私人信托、海外房地产投资、储蓄计划、公积金计划、税务计划等方面提供服务。有关客户的一切投资计划和财务安排都可以由投资顾问代为安排。投资顾问的发展对于投资基金的市场运作具有十分重要的作用。

(三) 基金托管人

基金托管人是负责保管基金,并对其进行财务核算的机构,一般由商业银行和信托公司担任。基金托管人是独立于基金管理公司的金融机构,拥有自己的资产和信用能力,基金托管人除了负有重要的法律监督责任外,还要从事托管基金的具体业务。如为基金资产申请注册登记;处理投资者的基金认购申请;负责基金股份持有人的赎回申请;负责基金的红利分派;负责向基金股份持有人提供基金年报;负责基金净值、基金卖出价和买入价的计算;负责对基金管理公司的信托契约遵守情况、投资信贷规定和收费情况进行监督。基金托管人具有重要的监管责任,通过第三方的监管,能确保基金资产的安全和投资者的利益。

(四) 基金投资人

基金投资人也就是证券市场上的投资大众,即基金股份的持有人,或基金股东。基金的投资人既可以是自然人,也可以是法人机构。自然人就是个人投资者,他们在证券市场上往往是小额资金投资者,缺少专业的投资知识,投资组合能力很低,从风险控制的角度看,小额投资人是投资基金股份的主要持有人;而法人投资人是机构投资者,其主要由基金组织、公司企业、保险公司、储蓄机构、社会公益基金等组织构成。机构投资者因为其拥有的业务渠道和特殊的融资能力,具有较强的投资能力,同时其具有控制风险的要求,从而成为投资基金的重要参与者和资金来源。

三、投资基金运作特点

投资基金在证券市场上具有吸纳分散资金、进行组合投资的强大优势,日益成为受到投资者青睐的投资品种。作为证券市场上的投资工具,它在投资组合、风险控制、管理决策方面具有自身的特点,也是投资基金的基本运行特征。

(一)投资基金的管理运作实行专业管理、专家经营,可以降低市场投资的盲目性和风险程度

投资基金组织体制形成了一种集中市场分散资金转交由专业投资人员进行集中管理和决策的机制,该体制保证了投资决策人的专业性及其市场的实践性,形成投资知识、投资经验和信息收集方面的优势,这些往往是分散的非专业投资人所不具备的。因此,投资基金的运作管理可以在较大程度上避免盲目性,降低决策失误概率,从而提高基金的投资收益率。从成熟证券市场上投资基金的运作实践看,投资基金的平均收益率往往高于分散投资者的收益水平。

(二)实行多元组合投资,有效分散风险,稳定投资收益率

基金的集合投资特点,使其有能力实行组合投资,集中管理,分散风险。投资组合的规模和数量,要看投资基金的资金规模,基金达到了一定的规模,其实行组合投资的能力也就越强,收益也就越稳定,它可以在较大程度上降低系统性风险,这构成了投资基金的市场优势,而其他的投资者和投资方式则难以做到这一点。当然,基金投资的收益与市场走势相关,它可能盈利,也可能亏损,基金投资人的投资决策也会直接影响到基金的收益率。

(三)基金投资的品种组合可以实现多样化,选择性较强

金融市场上的金融商品种类繁多,投资者的选择余地很大,投资基金可以根据特定的金融商品设立特殊的基金组合,如各种各样的行业基金、债券基金、以特定国家为投资对象的国家基金、各种指数基金等,投资者可以根据自己的爱好特点作出选择,既可以选择高风险的债券收益基金,也可以选择低风险的债券基金。

(四)投资基金的流动能力和变现性能较强,适合各种投资者的投资需要

封闭型投资基金是在证券市场上挂牌交易的,基金的买卖十分方便;开放型基金不挂牌交易,投资者可到基金管理公司买入基金股份,也可委托投资顾问代为购买,需要变现时可以向基金公司赎回,其流动性好,变现能力较强,各种投资者都可以根据需要来选择不同的基金品种。

专栏阅读 12-1:我国投资基金的发展与运行特点

我国的投资基金产生于20世纪90年代初期——证券市场形成初期,1991年10月,出现了我国的第一个投资基金——武汉证券投资基金。1997年11月,国务院正式批准了《证券投资管理暂行办法》,成为证券投资基金发展的重要里程碑。投资基金从此步入了规范发展时期,增长迅速。2001年9月,华安基金管理公司推出了我国第一支开放式基金——华安创新证券投资基金。伴随着创新步

伐的加快,我国基金市场进入了快速扩张阶段,先后推出了债券型基金、指数型基金、系列基金、货币市场基金等创新基金。截至 2016 年 12 月 31 日,我国成立的基金管理公司已有 113 家,管理资产规模合计 16.89 万亿,其中,基金管理公司管理公募基金规模 9.16 万亿元(表 12-1)。我国公募基金市场规模变化,如图 12-1 所示。

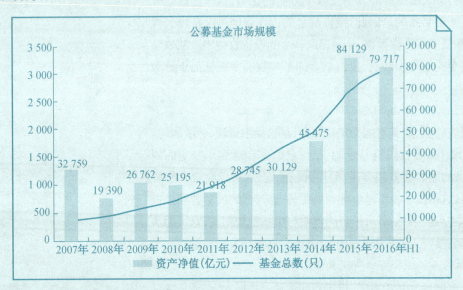

图 12-1　2007—2016 年我国公募基金市场规模变化

资料来源:东方财富网。

表 12-1　基金管理公司管理公募基金规模

(截至 2016 年 12 月 31 日)

基金类型	基金数量(只)	基金份额(亿份)	基金净值(亿元)
封闭式基金	303	6 179.14	6 340.11
开放式基金	3 564	82 249.17	85 252.94
其中:股票基金	661	6 450.19	7 059.02
其中:混合基金	1 707	18 667.35	20 090.29
其中:货币基金	286	42 730.63	42 840.57
其中:债券基金	789	13 310.59	14 239.10
其中:QDII 基金	121	1 090.41	1 023.96
合计	3 867	88 428.31	91 593.05

资料来源:中国基金业协会。

可以看出，投资基金在我国的具体发展过程中呈现了新的特点。

一是创新不断，基金产品基本覆盖所有类型。自 2001 年 9 月，华安基金管理公司推出了我国第一只开放式基金——华安创新证券投资基金开始，基金创新不断涌现。2002 年，南方基金管理公司推出了我国第一只以债券投资为主的南方宝元债券投资基金；2003 年，其又推出了我国第一只具有保本特色的南方避险增值基金；同年，华安基金管理公司推出了我国第一只准货币基金——华安现金富利基金；之后又有指数基金、系列基金、LOF、ETF、红利基金、生命周期基金、复制基金、QDII 基金等创新基金的陆续出现。至今，我国已基本具有国外发达基金市场中具有的所有基金类型，基金行业也已经成为我国金融市场中重要的投资领域。

二是投资基金规模不断扩大，呈集聚发展趋势。早期的基金由地方设立，人民银行批准，规模在几千万元到几亿元之间，最大的也不过 5 亿多元，今天，基金的规模已经有了较大的扩张，截至 2016 年底，千亿元以上的公募基金公司增至 24 家，天弘、工银瑞信、易方达在管资产规模排名前三，其中天弘基金 2016 年规模达到 8 449.67 亿元。在这些品牌基金公司的脱颖而出的同时，基金公司快速聚集，截至 2016 年底，前五大公募基金管理公司管理资产规模达到 25 337.96 亿元，占全部公募基金管理公司管理资产规模的 27.66%，前十大公募基金管理公司管理资产规模达到 43 187.14 亿元，占全部公募基金管理公司管理资产规模的 47.15%。

三是投资基金业法律体系日益完善。虽然我国证券投资基金行业起步较晚，但经过不断的努力，其法律体系也已基本完善，1997 年 11 月 14 日《证券投资基金管理暂行办法》颁布，2003 年 10 月 28 日《证券投资基金法》颁布，2012 年 12 月 28 日《中华人民共和国证券投资基金法》颁布，与此同时，中国证监会还相继出台了包括《证券投资基金管理公司管理办法》《证券投资基金运作管理办法》《证券投资基金销售管理办法》《证券投资基金信息披露管理办法》《证券投资基金托管管理办法》《证券投资基金行业高级管理人员任职管理办法》等相关法规，为我国证券投资基金业的监管问题打下了坚实的基础。

当然，我国投资基金的发展时间较短，管理体制还有很多不规范的地方，在基金的发起、设立、管理操作上还有很多问题，主要表现在以下两个方面。

（1）投资基金的发起设立具有较多的自发性，缺少必要的规划和政策指导。基金的设立能够积聚较大的社会资金，并获得收益，而承担的风险却是有限的，这种机制吸引了各地的政府机构、金融机构争相发行投资基金，各自为政，一哄而上，使得证券市场的融资次序混乱，基金的形象受到影响。

（2）基金管理运作不规范，投资专家队伍还未真正形成。我国基金的设立与管理运作还存在着不规范的方面，一些基金的管理公司和托管公司之间关系不独立，职责不清；有些基金发起人与管理公司职能不分，存在着严重的关联交易，易把基金当成债券；基金缺乏专业投资人，投资组合具有较大的盲目性和随意性；基金设立过多地采用封闭型体制，管理公司缺少市场竞争压力和动力，严重影响到了基金的投资效率。

未来，随着我国证券市场的进一步发展和扩大、证券市场环境的优化，投资基金的积极作用将会得到有效的发挥，其发展空间将更为广阔。

第二节 投资基金的种类和主要品种

投资基金的种类和品种繁多,其组织构成和运行特点也有不同,而且是证券市场上发展最快的金融商品。

一、投资基金的分类

(一) 按组织形态不同可以分为契约型投资基金和公司型投资基金

(1) 契约型投资基金是依据信托契约原理,规定当事人各自权利义务的投资基金。契约型基金由基金托管人、基金管理人和基金受益人三方构成,并通过发行受益凭证来筹集资金。基金的托管人一般为商业银行和信托机构,它负责设定各种基金类型,发行受益凭证,把所筹集的资金交与基金管理人。除此之外,基金托管人还负责保管基金的资产,执行基金管理人的投资指令,监管基金管理人的投资运作,出具基金业绩报告,审查基金资产净值以及基金价格报告,维护投资人的利益。基金管理人一般由基金管理公司担任,负责管理与运用资产。基金管理公司一般由证券公司、信托投资公司发起成立,它要按基金契约规定管理与运用基金资产,进行投资,并及时、足额地向投资人支付回报,按期编制财务报告,公告基金资产净值。基金管理人按投资目的向托管人下达投资指令(支付资金),在必要时可以要求基金托管人退任。基金托管人在必要时也可要求基金管理人退任,以维护投资人的利益。基金受益人也就是基金的持有人,即证券市场上的广大投资者,其有权出席基金持有人大会,监督基金的投资运行,有权获得投资的收益,有权申购、赎回或转让基金股份。

(2) 公司型投资基金是发起人依据公司法组织投资公司,并通过向社会公众发行投资基金股份而设立的投资基金。发起人组织的投资公司就是基金管理公司,是一种股份化的公司,设有股东会和董事会,投资者购买了基金股份即成为公司的股东,也就拥有了股东的权利,如管理参与权、收益分配权、剩余资产分享权、基金股份的转让权。

公司型基金涉及三方面的当事人,即投资公司、基金管理公司、基金托管公司。投资公司是基金的设立者和发起人,在基金创设完成以后,它要负责制定基金的投资政策、资产管理的原则,以及投资顾问和投资经理的选聘。基金管理公司是证券市场上的投资顾问公司,它受托为投资公司(即基金)提供各种专业服务,包括证券市场的资料调查收集、资产运用的收益研究、证券投资的决策分析。但基金管理公司只负责制定投资的方案和提供建议,并不能自行决定投资,一切投资决策需由公司董事会决定。基金托管公司是由投资公司指定的基金托管人,它负责对基金经理人的投资活动进行监督,并负有保管证券、支付收益、计算基金买卖价格等职责。一般情况下,基金托管公司与投资公司之间订有契约关系,以明确各自的权利与责任。

契约型基金和公司型基金在组织和运行方面存在着以下两个方面的差异。

一是基金的法人资格不同。契约型基金是以"信托契约"为依据而建立起来的投资机构,它不是公司法人,不设董事会,也不受公司法约束,基金资产由受托人持有,并以受托人名义在银行开户。公司型基金是一种特殊的股份公司,具有法人资格,基金资产由公司拥有,股东,即基金股份的持有人是公司资产的最终所有人。公司型基金的管理依据是公司法,而不是基金条例,基金投资决策的责任由投资公司负责。

二是基金股份持有人的地位不同。契约型基金发行的是收益凭证,投资人为受益人,是契约的当事人;公司型基金发行的基金股份是股票,而投资者也就是基金公司的股东。

但从基金投资的实际效果看,其实两者并无实质性的区别。它们都是股份额不断变化的公司,其股份额或基金单位份额会出售或赎回而发生变化,投资者可以根据自己的偏好选择不同的基金。

(二)按运作和变现方式不同可以分为封闭式基金和开放式基金

(1)封闭式基金又称单位型基金,基金的发行规模事先确定,基金发行完毕后以及在规定的有效期限内不再变动,形成封闭的状态,因此封闭型基金又称为限额投资基金。投资者购买基金股份后,不能向发行人要求赎回,但可以通过证券市场转让基金股份,实现变现。所以封闭型基金在发行完成后,可以申请上市交易。投资者在市场上买卖基金股份等同于买卖股票,也需要通过经纪人进行。

封闭型基金的运作时间可分为有存续期和无存续期两种:有存续期的基金存续期限一般为10—15年,到期后基金将终止运作,实现清盘,归还基金。无存续期的基金没有到期日,它与股份公司的股票一样,只要公司存在,股票将永久运行下去。封闭型基金的市场价格,取决于基金的资产价值、投资业绩和基金市场的供求关系。与股票的市场价格表现一样,基金的市场价格也是受多种因素影响的,而基金的资产净值只是其价格形成的基础,证券市场的走势、市场投资的收益率变化、市场供求关系的变化,都在影响着基金的市场价格,基金价格的走势总体上是与证券市场走势相一致的。

封闭型基金的优点是基金的期限固定、资金稳定,有利于基金的管理操作和投资组合计划,尤其是投资的中长期组合,保证基金的投资项目的实现不受资金流动性的影响。基金的市场转让交易并不影响基金的稳定与管理操作,即使证券市场出现大的波动,封闭型基金也不会出现挤兑赎回,这有利于基金的稳定发展和投资战略。

但封闭型基金也有着它的缺陷。基金的封闭性缺少了赎回的压力,容易使基金公司产生惰性和暗箱操作行为,不利于基金提高经营管理水平。同时,缺少了赎回机制,基金的扩张和收缩也没有了,这往往使得封闭型基金的总体投资收益率不高。

(2) 开放型基金也称追加型基金,或称不定额型基金。基金设立时,其发行的份额和发行的期限都不固定,可以随着实际需要和经营决策的变化而增减,可以连续发行,投资者也可以随时购买基金股份或赎回其股份。开放型基金不挂牌上市,一般由基金管理公司开设柜台交易,交易的价格根据基金的资产净值决定,基金管理公司每日公布其资产净值并以此确定投资者的申购价和赎回价。因此,开放型基金的份额不固定,基金净值也不固定,价格也随市场而波动。对于开放型基金来说,管理公司必须保留一定的现金以备投资者赎回。

开放型基金的优点,是依据市场变化和投资需要随时调整发行规模,基金的运作管理主要依据于市场,竞争性较强,因为面临基金赎回的压力,基金管理公司必须努力提高自己的经营管理水平,提高自己的投资盈利水平,才能稳定基金股份,增强基金的投资扩张能力。

开放型基金的缺点是基金规模不稳定,对于投资和证券市场都会带来负面的影响。基金规模过大,极易产生基金对证券市场的操纵行为,而当证券市场低迷时,大量的赎回套现会使得基金规模收缩,使证券市场更加低迷。正因为开放型基金的流动性极高,基金管理人极易产生短期行为,难以获得长远利益。为了应付赎回,基金必须保留一定的现金,也会影响到基金的投资效益。

开放型基金与封闭型基金的主要区别,如表 12-2 所示。

表 12-2 开放式基金与封闭式基金的一般区别

项目	开放式基金	封闭式基金
基金规模可变性	不固定	固定
存续期限	不确定,但理论上可以无限期存续	确定
交易方式	不上市,通过基金管理公司申购赎回	上市流通
交易价格	按照每日基金单位资产净值	根据市场行情变化,相对于单位资产净值可以折价或溢价
信息披露	每日公布基金单位资产净值,每季度公布资产组合	每周公布基金单位资产净值,每季公布资产组合

（三）按投资计划的设定可分为固定型基金、半固定型基金和融通型基金

(1) 固定型基金是一种按照预定的投资计划决定其投资组合，而不管市场价格如何变化均不改变投资组合的运作模式。该种基金的投资理念是按计划编制证券组合，然后不管市场如何变化一直保持这种组合，这有利于投资者了解基金的运作状况和投资的预期，当然其缺点是投资组合缺少灵活性，不能对市场变化作出必要的反应。

(2) 半固定型基金是指基金管理者在一定的范围内可以变更基金的投资组合和资产结构，以适应证券市场的变化，这种管理模式使得基金资产具备了一定的灵活性，但其缺陷则是投资组合和资产结构的计划易变，投资者难以确切把握基金的投资运作情况。

(3) 融通型基金是一种完全灵活和开放的投资模式，基金管理人可以根据证券市场的变化和走势来决定基金的资产组合和资产的结构。这种基金组合理念具有最大的灵活性，能根据市场的变化自由调整资产结构，追求最大的投资收益，但基金已没有投资组合计划，投资者对基金投资策略和结构变化缺乏了解。

（四）按照资金来源的不同可以分为国内基金和海外基金

(1) 国内基金是指基金的资金来自国内的投资者，这种基金的投资业务也主要面向国内投资者。

(2) 海外基金又称离岸基金，指基金的资金来自境外投资者。目前海外基金通常采用"国家基金"的形式，也就是以某一个国家或地区为投资对象，如中国内地、中国香港等，通过发行海外投资受益凭证，将筹集到的资金交于投资机构投资于特定的国家或地区的股票或债券，其所得收益可以作为再投资或红利分配给投资者。这一类基金所发行的受益凭证可以在纽约、伦敦等证券市场挂牌上市。

（五）按照投资范围可分为区域基金和环球基金

(1) 区域基金是指将资金投放于特定地区金融市场的投资基金，这些区域往往具有特定的地域或经济共性，如北美地区、西欧地区、亚太地区等，其投资不局限于单一市场，而又不过分分散，较受投资者的欢迎。

(2) 环球基金又称国际基金、世界基金，是以全球证券市场为投资对象的基金，其资金投向世界各地的金融市场。环球基金的主要形式有三种，即国际股票基金、国际债券基金、和环球商品基金。环球基金的特点是投资空间广、市场的范围大、金融商品种类多、易于分散风险、收益率较平均而稳定，它能提供多种投资方案供投资者选择。

二、投资基金的品种结构

投资基金的品种构成是按照它的投资目标来区分的,从投资状况来看,这些不同的基金品种代表了不同的收益率和不同的风险水平。

(一)股票基金

投资基金作为共同基金,是以金融市场上的金融商品为投资对象的,而股票基金则是以股票为投资对象的基金。从证券市场的发展过程看,股票是最基本的交易商品,投资基金的基本选择对象是股票,因为股票的市场品种最多,组合选择的空间较大,收益率与风险差异也较大,能适应不同口味的投资者,因此,到目前为止,虽然市场上金融商品不断涌现,但股票仍然是最重要的投资领域。股票基金在国内证券市场上有着很大的吸引力,大量的中小投资者可通过股票基金控制风险,获得稳定的收益;股票基金也为投资者进入国外证券市场提供了渠道,通过海外股票基金,投资者可以选择任何国家和地区的股票。目前我国证券市场上的投资基金主要是股票基金。

(二)债券基金

债券基金是以市场流通的债券为投资对象的基金,它也是证券市场上重要的基金组合品种。从国际金融市场看,债券基金的种类较多。按照投资区域,可分为国际债券基金、欧洲债券基金、美国债券基金、英国债券基金等;按照货币种类,可分为美元债券基金、欧元债券基金、日元债券基金等;按照债券发行者,可分为政府公债基金、市政债券基金、公司债券基金等。债券基金的收益率一般要比股票基金低,但其风险也相应低,它属于收益型基金,适宜于中长期投资。

(三)货币基金

货币基金是以银行存款、存款证明、银行票据、商业票据、政府短期债券等货币市场工具为投资对象的基金。投资者的收益主要体现在投资对象所获得的利息上。货币基金的买卖一般没有首次购买手续费,交易成本较低,基金规模较大,可进行大规模批发交易,基金一般没有期限,可以无限期延续下去。

(四)行业基金

行业基金是以某一行业股票为投资对象的基金,也称专门基金。它往往选择一些特定行业股票为投资对象,如高科技行业基金、资源基金、地产基金、小型公司基金等。行业基金的投资组合范围较小、专业性较强,因而其预期的收益较高、风险也较高,近年来受到了年轻人的追捧。

(五)认股权证基金

认股权证是一种特殊的金融商品,持有人可凭证在有效期内以一定价格买入特定公司发行的一定数量股票。认股权证不是股票,它没有分红派息权,但它的价格是固定的,因为公司股票的市场价和发行价之间有差距,这个差价就是认股权证的价格。由于公司股票的市场价格处在经常性的变化中,而发行价是固定的,认股权证的价格也会发生波动,认股权证基金正是以这种价格波动作为投资获利的空间,从而形成以认股权证为投资对象的基金。

(六) 创业基金

创业基金是以那些暂不具备上市资格的小型企业或科技型企业作为投资对象的特殊基金。一些中小型企业,尤其是科技型中小企业,因缺乏资金、营业规模较小,暂不具备上市资格,但其往往具有较大的发展和增长潜力,因此,创业基金专门寻找这类企业作为投资对象,注入资金,培育其市场能力,待其发展壮大后,再推向市场,实现上市,创业基金再通过在市场上出售股票,收回投资,并获得较高的投资收益,即创业利润。创业基金注资中小企业,一般并不需要控股和参与经营,它只是看好其未来发展,参与投资可以获得创业利润。

(七) 期货基金

期货基金是以各类期货市场为投资对象的基金。期货交易具有套期保值功能和投机功能,因为期货交易均为保证金交易,投资的风险被放大,因而具有高收益和高风险的特点。期货基金投资同样具有较高的风险,为了控制这种风险,一般对期货基金管理者的保证金比率和持仓比重规定比例,以控制其投资风险。另外,期货基金的管理人必须具备期货投资的基本资格和实际经验,以保护投资者的利益。

(八) 伞型基金和基金中基金

伞型基金是在一个母基金下面分设若干个子基金或成分基金,各子基金独立管理运作,并可以把投资从一个成分基金转到另一个成分基金,而无需缴纳费用。伞型基金是基金管理公司为了稳定客户、方便投资者而采取的一种经营方式。投资者选择了伞型基金后,可以不花成本地在各种成分基金之间转换,以追求更高的收益。

基金中的基金是一种连环投资基金,它以其他信托基金的投资受益凭证为投资对象,构成了一种连环的投资基金,这种基金的组合管理机制与其他基金是相同的,只是投资对象为其他基金股份,它的收益率会更趋于稳定,风险也更低,但投资者实际上承担了双重的投资成本。

(九) 对冲基金和套戥基金

对冲基金是指利用股票市场上的认股权证和指数期货两种高风险投资工具进行对冲而获利的投资方式。它的投资方法是:买入一篮子能够反映大市趋势的认股权证,同时卖出指数期货,并保存20%的现金生息。当股市大市上升时,所持的认股权证所得利润会大于期指出售的损失;当股市走低时,指数下跌,售出期指的利润可以弥补认股权证的损失;当股市呈牛皮状态时,其所持有的现金存款可以获得稳定回报。对冲基金获利的原因是:指数期货与股票市场走势是同步的,而认股权证是一种杠杆型工具,具有放大功能,不论股市是上升还是下跌,它的收益率都会大于指数期货。

套戥基金是指当各大金融市场某种货币出现不同汇率时,利用套汇技巧低头高卖进行套戥获利。例如,在纽约外汇市场上1美元兑换110.5日元,而东京市场在同一时间是1美元兑换110.20日元,出现了0.30日元的差价。此时,基金经理就可以利用套戥技巧,在纽约证券市场上沽出美元,同时在东京市场上买回美元,假如每一手以10万美元计,那么这一进一出在几分钟之内就可赚得200多美元。此种基金一般进行大额买卖,并频繁交易,它也是一种获利较丰而风险较小的基金。

(十) 衍生基金与杠杆基金

这两类基金实际上是同类基金,均以衍生金融产品(如认股权证、股票指数期货、期货合约、选择权证书等)为投资对象,而这些产品又往往都是以一定的杠杆比率进行交易。它们都属于高投资风险度和高回报率的投资工具。

专栏阅读12-2:"余额宝"和互联网基金发展浪潮[1]

互联网基金最早起源于美国的PayPal的发展启示,1995年,eBay上线,成为全球第一个购物网站,为线上用户的资金支付提供了极大的便利。1998年,PayPal产生并得到应用,它可以将货款进行集中化的交易、线下提现、在线转账以及快捷支付等多种手段的综合性应用,同时积极地接受世界多种流通货币,多样化的功能使PayPal得到快速的发展。1999年,PayPal实现了支付平台和基金公司的业务创新,进行了有效的连接,PayPal用户账户基金正式向用户进行发放,将传统中无收益的账户余额转入基金账户,进而获得资金的收益。这一创新的业务发展形势,使得PayPal的货币基金在2000年即已达到5.56%的年收益率;2007年,PayPal货币基金吸收的资金达到10亿元。PayPal基金的成功发展,主要是将客户的闲散资金进行了有效的应用,弥补了闲散客户不被金融机构重视的缺陷,也就是将非主流客户作为发展的重点,对其进行了有效的聚集,为金融业务的创新带来了新的借鉴经验。

2013年6月13日余额宝推出,作为支付宝平台和天弘基金联手合作开发的中国第一支互联网基金,具有消费和金融理财两种功能。借鉴了PayPal的发展模式,余额宝进行了功能上的创新,推出后仅2个月,规模就超200亿元。截至2017年6月30日,天弘基金公募资产管理规模15 186亿元,规模排名蝉联行业第一,是国内首家公募规模突破万亿的基金公司。[2]另据中国基金业协会数据,天

---

[1] 部分引自赵文瑜:《互联网基金的风险控制研究——以余额宝为例》,山东财经大学,2016年。

[2] 数据来源:wind数据库。

弘基金目前用户数超过3.25亿,是国内客户数最多的基金公司,也蝉联了全球单只基金的用户数冠军。这只天量货币基金在2017年上半年为投资者赚取收益约230亿元,成立4年多共创造了900亿元的收益,成为中国金融发展的重要标志性业务。在余额宝迅猛的发展态势下,其他互联网巨头也开始寻求采用互联网企业和金融机构的合作方式,与余额宝类似的产品纷纷得到开发,如财付通、理财通、现金宝,以及零钱宝、活期通等。互联网基金逐渐成为人们理财的一种重要方式,给传统金融行业的基金发展带来了一定的挑战。数据表明,2016年前三季度互联网基金合计规模达到69 080.05亿元,其中货币型基金规模34 707.26亿元,占比为50.24%。[1]相对于传统基金的发展,互联网基金拥有其自己独特的发展优势。

首先,相对于传统基金的发展模式,互联网基金操作起来更加方便,依托于互联网技术的发展,互联网基金具有方便快捷的优势。在传统基金的购买方式中,都是利用代销的模式来进行的,互联网基金依托于电脑和移动手机功能的发展,在客户申请、基金购买、资金转入和资金转账等各个环节都实行网络化管理,简单易行。

其次,拥有广泛而且稳定的客户群体。在互联网基金的发展和运行中,它利用互联网平台和基金公司进行的合作,实现了两者的高度结合,依托于互联网网民的数量,使得互联网基金拥有着庞大的客户群。

再次,极大地满足了客户投资的多元化需求。互联网基金利用互联网技术的发展,可以满足不同客户的不同需求,而银行在新型客户的发掘方面略显不足。例如,对于余额宝来说,依托于支付宝平台,将银行未开发的客户群进行了积极的发掘,在功能上满足了三个方面的需求:一是余额宝放低了理财的标准,将资金达不到银行理财标准但又想理财的客户群进行了开发;二是对理财产品和互联网基金没有正确的认识的客户,他们只是将余额宝作为一种收益较高而且存取方便的活期存款;三是对于有投资需求的客户,期望利用手中的闲散资金进行投资,实现资金升值的收益。

最后,相对于传统的理财方式,互联网基金利用先进的互联网技术,可以根据客户的实际需求,对基金进行创新性的设计,在满足人性化发展的基础上,使用网络信息与客户进行紧密的联系,为客户带来实际的产品体验,这也成为互联网基金最独特的一种优势。例如,余额宝每天都会对客户进行收益提示,使得收益更加的透明化,也使得客户的体验更加真切,这在传统的基金投资中是远远不能体会得到的。

专栏阅读12-3:传统封闭式基金谢幕[2]

2017年7月26日下午3点,市场上最后一只封闭式基金——基金银丰结束了最后一天的交易,自终止上市之日起,基金名称变更为银河研究精选混合型基金。这也标志着传统封闭式基金彻底退

---

[1] 数据来源:前瞻产业研究院。
[2] 部分引自:《年内全部离场,传统封基"谢幕"倒计时》,《上海证券报》,2017年3月16日。

出了历史舞台。

通常情况下,封闭式基金到期后有封转开、继续封闭或者清盘三种处置方式。但是,从目前市场上情况来看,封闭式基金多选择转型为 LOF 基金或者普通混合型基金,没有基金产品选择清盘。

传统封闭式基金在我国基金发展史上具有里程碑的意义。1998 年 3 月 27 日,基金开元、基金金泰设立,成为国内最先发展的基金品类。但是由于长期折价、赎回不便等缺点制约了产品发展,自 2002 年以后就没有新设传统封闭式基金。2001 年开始,随着开放式基金后来居上,已经到期的封闭式基金纷纷转型为开放式基金,而剩余的封闭式基金则渐渐成为市场上的稀缺品种。

基金银丰成立于 2002 年 8 月,封闭期为 15 年。数据显示,截至 2017 年一季度末,基金银丰规模为 30.7 亿元。截至 7 月 26 日,该基金累计收益率高达 372%。在基金银丰之前,同属于传统封闭式基金的基金丰和在 2017 年率先完成转型。2017 年 3 月 20 日,嘉实基金发布公告终止基金丰和上市并将其变更为"嘉实丰和灵活配置混合型基金"。此外,长城基金旗下的传统封闭式基金久嘉于 2017 年 5 月正式完成转型。值得注意的是,从已经"封转开"的基金表现来看,尽管其大多过往业绩不俗,但转型之后往往难以延续之前的辉煌。例如,某存续期间涨幅超过 5 倍的传统封基,自 2016 年 8 月转型为混合型基金以来,累计涨幅仅为 3.55%,甚至跑输同期上涨 5.75% 的上证指数。在业内人士看来,封闭式基金相对于开放式基金最大的优势是规模稳定,"封转开"后优势不复存在,决定基金业绩的根本因素将是基金经理的主动管理能力。

第三节 基金投资分析

从投资者的角度看,投资基金和股票、债券一样,同属于金融商品的范畴,在金融市场上都可以作为投资者选择的金融工具,三者同样兼具收益和增值的功能。但投资基金作为一种金融工具,与股票、债券相比又有着很大的区别,投资者在投资过程中,必须正确认识投资基金的性质,并重视基金的个性,以便更好地进行基金投资。

一、正确认识投资基金

(一) 投资基金的优势

投资基金在证券市场上逐渐发展壮大,是与其独特的优势分不开的。

首先,少量资金,分散风险。投资基金通过向投资者发行受益凭证和基金股份,将众多投资者的闲散资金汇集起来,形成数量可观的金融资产,这些资金可以同时投资于几十种乃至上百种有价证券,甚至可以跨越国界,形成全球范围内的投资基金。依据马科维茨的组合投资原理,可以达到由不同的投资工具、不同的市场和不同的投资者共同分担投资风险的目的,同时拓宽了投资者的投资渠道,使投资者在资金量有限的基础上,同样可以达到分散风险、组合投资的目的。

其次,专家理财,理性决策。中小投资者由于受到专业知识匮乏、投资经验不足的限制,在证券投资过程中,收益率会受到很大的影响。投资基金在运作和管理过程中,始终由投资专家操作,他们具有一定的学历和资历,对国内外经济、金融形势、产业发展、公司经营状况等方面都有深入的调查和分析,并在证券投资、基金管理方面有丰富的经验。由他们制订出最佳的投资策略,理性地分析市场,避免了投资者个人的盲目决策现象。

再次,流动性强,变现力高。对于封闭式投资基金的持有者来说,虽然在经营期限未到期时,持有者不能要求赎回现金,但却可以在流通市场上自由地转卖给其他投资者;而开放式基金则赋予投资者随时购买和出售的机会,其流动性可与银行活期存款相匹敌。这种较好的流动性,使投资基金的吸引力进一步增强。

最后,费用较低,成本较小。随着投资基金市场的竞争逐渐激烈,基金管理费、购买费的收取逐渐降低,前者一般占基金资产净值的 1%—1.5%,而后者只占认购总额的 1%—3%。投资者通过基金不仅享受了价格高昂的专家服务,同时相比于股票投资来说,降低了投资成本。

(二) 投资基金的局限

首先,分散风险并不等于没有风险。在证券市场上,系统性风险和非系统性风险同时并存,基金通过多样化组合投资,只能分散和降低非系统性风险,但由于政治、经济、政策等因素的变动而带来的系统性风险却很难回避,市场风险、利率风险、购买力风险以及社会风险不同程度地对市场上所有证券的收益产生影响,投资基金也不例外。因此基金投资者应该充分认识到这一点,做好应付市场变化的心理准备。

其次,基金收益相对稳定,但并不一定一直强于整个市场。由于投资基金通常是先制订投资计划和策略,然后据以进行投资,这样的安排降低了投资基金的操作灵活性,基金经理若想保护基金资产,只能通过更改策略才能完成,但更改是需要一定的程序的。因此,可能出现在股市空头行情中,基金的跌幅比股票还要大;而在多头行情中,基金因为持股的分散,不能尽享股价上涨的好处。

再次,基金比较适合于长线投资。在股票投资过程中,投资者可以实现在较短的投资周期内频繁炒作,以博取价差收益,但投资基金的价格波动范围相对较小,并不适合于频繁进出;同时,由于经常支付手续费,加大了投资成本,影响到投资者的投资收益。

最后,基金管理运作不规范,可能给投资者带来损失。基金的发起人、管理人和托管人之间经常存在着千丝万缕的关联,其内在的治理、决策、监督和制衡机制是否完善都会对基金管理造成影响。由于投资者很难及时获取相关信息,这有可能造成基金的内部人控制,特别是契约型投资基金,因为基金持有人大会的形同虚设,使投资者的监督作用失去效力,若基金本身的自律管理较差,可能使投资者的利益受到损害。

二、投资基金的评估

当投资者对已经投资或即将进行选择的基金品种进行评估时,必须首先充分了解基金价格的组成、计算方法及价格的影响因素。

(一) 投资基金的价格

(1) 封闭式基金的发行价格。

基金的发行价格是指在发行市场上由发行人向投资者出售的价格。发行价格一般以基金面值为基准平价发行,但由于市场供求关系的影响,也可以适当溢价或折价发行。平价发行时,可以附收一定比例的手续费,但不计入基金资产。因此封闭式基金的发行价格主要由以下三部分构成。

① 基金面值。是指基金单位发行时收益凭证或基金股份所标明的价值,它表明持有者的基金单位份额以及参与分配的比例关系,但不代表基金的实际价值。

② 基金的发起和招募费用。是指在基金成立过程中发生的包括登记、印刷和人员方面的开支,一般占基金发起总额的2%—5%,一次分摊在基金单位的销售价格内。

③ 基金销售费。一般按基金发起总额的1%—4%计提,并在招募费用中列支。

因上述②③两项合计为基金发行手续费,因此基金单位的初次发行价格通常为基金面值加上发行手续费。

(2) 封闭式基金的交易价格。

封闭式基金的交易价格是指基金在流通市场上买进卖出的价格。由于封闭式基金存续期固定,而且有确切的基金总额,投资者不得任意进出基金,基金公司也不办理基金的赎回,因此大多数封闭式基金都可以上市,以此满足投资者变现的要求。上市的封闭式基金价格由投资者通过竞价方式产生,价格的变动主要受以下因素的影响。

① 基金资产净值。这是决定基金单位价格的主要因素,在市场上,由于任何可交易标的物的价格主要取决于其价值,因此封闭式基金的价格决定也不例外,以投资价值为基础。

② 市场供求关系。由于封闭式基金上市后,便随行就市,因此市场供求关系成为影响基金价格的又一个关键要素。若投资者普遍看好基金,但基金供给相对固定,价格就可能上涨;相反,若基金供过于求,则基金价格下跌。

③ 证券市场总体表现。由于基金以有价证券为主要投资对象,因此证券市场上股票、债券及其他有价证券的总体表现便直接影响到基金的市场表现。固执地认为基金一定会跑赢大市的想法是不切合实际的。

④ 封闭期限的长短。在通常情况下,基金封闭期限的延长,使基金性质更偏向于股票,相对提高了收益,但同时增加了风险。

⑤ 相关政策法规的影响。有关基金的发展规模、发展速度、投资范围、基金税收等政策的修订和出台,都会对基金的二级市场价格产生非常大的影响。投资者也需密切关注。

(3) 开放式基金的交易价格。

由于开放式基金可以随时申购和赎回,因此也就无发行价和交易价之分,其价格表现为买入价和卖出价。"买入价"又称赎回价,是基金公司赎回基金份额的价格,其构成为基金单位净值减去赎回手续费;而"卖出价"又称认购价,是投资者认购基金单位的价格,其构成为基金单位净值加上赎回手续费。由于开放式基金的认购和赎回费率相对固定,因此影响基金价格的主要因素是基金单位的资产净值。基金的资产净值总额是指基金的资产总额减去基金负债总额后的结果。

基金的资产总额包括基金投资组合中的现金、股票、债券及其他有价证券的总实际价值计算出来的,具体如下。

① 基金所拥有的上市股票、政府债券、公司债券和金融债券,以计算日的收盘价为准。

② 基金所拥有的未上市流通的政府债券、公司债券和金融债券,以面值加上到计算日止的应收利息为准,投资产生的其他收益或利息,应列入资产价值内。

③ 基金所拥有的短期票据,以买入成本加上自买进日起到计算日止的应收利息为准。投资产生的其他收益或利息,应列入资产价值内。

④ 基金所拥有的现金及相当于现金的资产,包括应收款、同业存款等。

⑤ 坏账准备金,是指对有可能无法全部收回的资产及负债提取的准备金。

⑥ 已订立契约但尚未履行的资产,应视同已履行资产,计入资产总额。

基金的负债总额主要包括以下三点。

(1) 基金借入资金。

(2) 依信托契约规定至计算日止对托管公司或经理公司应付未付的报酬。

(3) 其他应付款、税金。

(二) 投资基金的评估方法

基金评估是整个基金投资行为中的重要步骤，也是投资者进行基金投资决策的重要参考依据。评估基金的表现首先可以通过净资产价值上看基金的盈亏，也可以利用其他方法。

(1) 净资产价值评估法。基金单位的净资产价值，以计算日的基金净资产总值除以已发行在外的基金单位总数，由于在一般情况下，基金发行在外的单位总数的变动不会太大，所以净资产价值的大小主要取决于净资产总额，而负债总额中管理费、托管费等一般也事先规定，变动较小，因此，净资产总额的大小主要取决于资产总额的大小。如果基金管理公司经营得当，组合中的股票及其他资产增值，净资产价值就会相应提高；反之，投资失误，净资产价值就会下降。投资者可以通过观察净资产价值的升降大致确定基金表现的好坏，进而判断自己投资的盈亏状况。

基金净资产值是基金单位价格的内在价值，因此，基金单位价格与其净资产值一般是趋于一致的，净资产值增长，基金单位的价格也随之增长，特别对开放式基金来说，基金单位的认购或赎回价格都直接以净资产价值作基准。但是，由于封闭式基金在证券交易所上市，其价格除了受净资产价值影响外，还会受到市场供求、经济形势等各方面其他因素的影响，因此，两者可能会发生偏离，甚至是完全背离。总之，净资产价值是基金投资过程中的一个重要指标，投资者必须密切注意研究基金净资产价值的变化。

(2) 投资报酬率评估法。投资者可以通过计算投资报酬率进行基金表现的评估，公式如下：

$$投资报酬率 = \frac{期末净资产价值 - 期初净资产价值}{期初净资产价值} \times 100\% \quad (12\text{-}1)$$

如果投资者投资所得利息和股息不能提取或没有提取，而是进行了再投资，则公式需改写为：

$$投资报酬率 = \frac{期末净资产价值 - 期初净资产价值 + 利息 + 股息}{期初净资产价值} \times 100\%$$

$$(12\text{-}2)$$

通过上述两个公式，若投资报酬率越高，说明基金的表现越好，对于投资者来说越有利；反之则说明基金在该投资周期内表现较差。

(3) 利用相关资料评估法。有关报纸杂志经常发表基金的业绩报告，并对基金的表现进行评价,还会经常按照一定的标准对基金表现进行排序。投资者可以根据基金的业绩报告和排名顺序对基金品种进行评估。这些充分的信息资料为投资者提供了客观、真实的基金表现及动向,是投资者进行基金品质判断必不可少的工具。但投资者在进行相关信息整理、分析时,不能仅关注于自己已有的或感兴趣的一两种基金,必须注意基金市场的大趋势和发展前景,重视基本面和政策面的分析,避免只关注个别基金,却对整个基金市场的波动视而不见。

三、投资基金的选择

投资者在进行基金选择时,首先应对自身状况进行正确评估,然后从基金管理公司、投资机会、具体基金选择和退出转换时机方面作出综合考虑,进而设计投资方案,顺利完成投资行为。

(一)投资者的自我评估

(1) 投资动机的分析。任何投资者进行基金投资的目的,都在于获利,但由于获利后的资金用途不同,投资者的投资动机也存在差别,在市场上主要表现为保守型投资者、激进型投资者和混合型投资者。保守型投资者以获取基金红利为主要目的,期望获得长期、稳定的收入,以安全性为第一考虑,通常表现为长线投资者,比较注重基金的基本分析,重视基金的经营状况和基金经理的管理能力;而激进型投资者则以资本利得为主要决策依据,比较愿意承担较大的风险,希望在买卖差价之间获取较高的投资收益,他们更多地表现为短线投资者,把资金投放在价格波动幅度较大的基金上,更加重视技术分析,以对自己的投资提供依据;而混合型投资者则兼具了前两种基金的特点,同时希望获取基金红利和资本利得,表现为投资与投机相结合的中期投资者,他们在证券市场上注意平衡收益和风险的关系,力求在保本的前提下获取尽可能多的利润。

(2) 投资对象选定。投资者可以根据自身的年龄、工作、社会地位、婚姻状况等各种要素,确定自己的投资目标。如果重点考虑资金的积累,则可以考虑以积极成长型基金为主要投资对象;如果投资者有一定的家庭负担,应以当前收益和资本利得并重为主,而以资金长期增长为辅进行投资,可以选择平衡型基金作为主要的投资对象;如果进入老年或是退休人员,由于其投资的固定收入是其生活的主要来源,因此只能把少部分资金放在追求长期增长的基金上,而以固定收入型基金为主。

(3) 投资者风险承受能力分析。关于证券投资的风险,投资者在着手开始基金投资之前,必须已经做过具体的分析。在此基础上,判断个人的风险承受能力。风险承受能力同时受到投资者经济能力和心理承受能力的综合影响。对于经济条件差、心理承受能力弱的投资者来说,应尽量选择风险小的基金;反之,则可以选择一些风险高的基金。

(二) 投资基金的选择方法

(1) 基金管理公司的选择。由于投资基金的种类繁多,投资者很难对其有全方位的了解,因此可以通过对基金管理公司的选择入手。通过了解基金管理公司的经营业绩,来判断基金的特性和优劣。

首先,可以比较各基金管理公司所经营基金的市场表现。通过对各管理公司旗下所属基金的绩效进行考察,大致了解基金管理公司的经营能力。其次,投资者还应该根据不同的市场状态下各公司的业绩表现来做进一步的分析和判断。因为证券市场存在着上涨下跌的周期性变动,因此,不能单纯比较在顺市行情中基金业绩的优劣,更重要的是要看在逆市行情中,各只基金的市场表现。如果基金在股市跌势不止的情况下,表现仍然稳健,则说明该基金管理公司比较值得信赖,投资者就可以优先选择这些管理公司经营的基金。

另外,投资者在选择基金管理公司时,还应该对公司的背景、规模、治理结构等方面做全面的了解。同时,基金的投资管理作为一种服务行业,人的因素同样重要。基金经理的业务水平、道德品行也会成为决策是否成功的关键因素。投资者必须对这些情况做全面的咨询和掌握,才能减少盲目的投资。

(2) 投资时机的选择。投资者在选择投资机会之前,应先判断是否有足够的闲置资金和充裕的空闲时间,在这两个条件满足的前提下,再对投资机会进行选择。理论上,低价时进行投资是最佳机会。但低价的判断非常困难,因此可选择"定时定量投资法",即每隔一段时间就以固定金额投资于某一只基金,这样可以降低每个基金单位的平均价格,分散高成本认购基金的风险。但在选择该种方法进行投资时,投资者的投资金额不能太少,也可以选择无销售费用型基金,这样不会因为量少次数多而导致高销售费用与佣金的花费。

(3) 具体基金的选择。投资者在初选时,可以从专业的基金绩效评价机构或其出版物当中获取信息,在过去有长期良好绩效表现的基金中进行筛选,特别要关注在股市空头时基金绩效的表现。同时,投资者可以通过基金的公开说明书当中了解基金的投资政策、目标以及基金资产的配置状况。资产配置状况在一定程度上决定了一只基金在多头市场时基金净值增加的程度和在空头市场时基金净值减少的程度。如果投资者难以直接从基金公司方面获得投资决策支持,也可以委托投资顾问公司作为代理人,由投资顾问公司作为投资者选择基金的参谋,帮助投资者选择符合自己需要的目标基金。

(4) 退出或转换基金机会的选择。首先,投资者可能会因为自己的年龄、家庭状况的变化不断地改变自己的投资目标,投资者应该根据自身状况适时地进行转换或退出基金;其次,由于证券市场的行情随时在波动,基金的表现又和证券市场紧密相连,如果整个证券市场的变化态势不利于投资者,投资者就应该考虑及时退出基金或更换到国库券、政府公债等方面,以减少损失或取得更大收益。等到证券市场向有利于投资者的方向变化时,再重新投资进去。

四、基金投资的策略

基金投资为投资者提供了一种全新的投资方式,但如何使资金在基金市场上不断增值,却是一个讲究策略和方法的问题。国外成熟基金市场积累了大量的投资经验,投资者在具体的投资过程中,可以参考以下投资策略。

(一) 平均成本投资策略

具体做法是每隔一段固定的时间,如一个月、一季度或半年,以固定金额购买某种基金。由于基金单位价格经常变动,因而每次以相同金额所购买的基金份数是不同的。采用平均成本法所能买到的基金份数通常比一次性投资所能购买的基金份数多。但这种方法要求投资者要做好连续不断地进行投资的准备,而且必须有充足稳定的资金来源作为后盾,否则很难发挥平均成本法的优点。这种策略的最大优点是投资者只需定期投资而不必考虑投资时间的确定问题,对于刚步入基金市场的投资者比较适宜。但若基金价格持续下跌,则投资者必然亏损。因此投资者在确定这种策略之前,要优先选择某种具有长期投资价值的基金,且这种基金的价格具有较大的波动性。

(二) 固定比例投资策略

这是一种通过各种基金的优化组合来对抗投资风险的一种策略。投资组合的构成可以简单地分为两部分:一是防御性部分,主要由价格相对稳定的债券基金、货币基金组成;二是进取性部分,主要由股票基金组成。各部分在投资总额中所占比例预先确定,故称之为固定比例投资法。当由于某类基金净资产的变动而使投资比例发生变化时,就迅速卖出或买进该类基金的份额,以保证继续维持原有的固定投资比例。这种策略的优点在于方法简单,不必对市场短期趋势做研判;同时,当某种基金价格上涨时,通过出售可以保证已经赚得的利益,或者购入其他低成本基金;由于这种策略始终保持各类基金的固定投资比例,能有效地分散非系统性风险,减少投资损失。当然这种方法也同样不适合于某类基金市场持续上涨或长期下跌的情况。

（三）定期赎回策略

在进行基金投资时，由于投资者的投资目标不同，方法也因人而异。有的投资者喜欢孤注一掷，看好行情则全部资金投入，否则全盘撤出；而有的投资者则分批购进，定期赎回。实践证明，后一种方法更稳妥有效。因为定期赎回法在不同价位上赎回，既减少了时间风险，又避免了在价位不利时不得已平仓。定期赎回法通过一次性或分期投资某一基金，在一段时间后，开始定期赎回部分基金单位，这样可以确保定期收到一笔稳定的现金。虽然该投资方法趋于保守，但安全性高，比较适合退休后的投资者。

（四）适时进出投资策略

这种方法比较适合具备一定投资经验的投资者，在能够对基金市场行情作出大致准确判断的基础上，适时地进行投资。即在预测市场行情上涨时，增加投资额；而判断市场行情要下跌时，减少投资额。因此，这种做法又被称为"抢短线"，特别是在开放式基金的投资中比较流行。因为开放式基金的买卖以前一日的基金净资产值为准计算，因此，只要股市大涨，当日购买的基金份额差不多已赚到价差，连涨数日后即可抛售获利。但如果行情判断不准，上涨一日却连跌数日，则得不偿失。

（五）分散投资策略

投资基金本身作为机构投资者，已经通过组合投资分散了风险，但基金本身同样存在风险，而且不同基金的风险程度各异。通常情况下，股票基金风险最大，债券基金、货币基金次之，基金中基金风险最小。因此，有能力的投资者应该对基金也采取分散投资。当股价下跌时，股票基金的风险可以通过债券基金的优良表现得以减小；而当市场利率变动影响债券基金和货币基金的收益时，又可以通过股票基金的价格上涨来获利。投资者在各种市场表现中充分分散了风险。

案例阅读12-1：基金定投收益分析

基金定投的关键在于需要间隔一个周期投资一次定额资金。因为是以固定金额投资，低价位就会购入更多份额，高价位就自然购入较少份额，以此降低平均持仓成本等到价格回归到中高位时将其卖出赚取利润。

如图12-2所示，截取2007年3月到2009年7月共28个月的上证指数的数据（每个长方形代表一个月K线），中途经历了一个波峰和波谷，且波峰持续时间长达14个月，波谷持续时间亦为14个月。

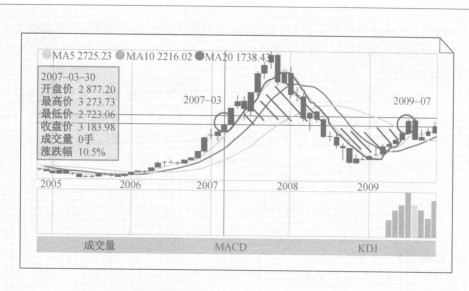

图 12-2 2007.3—2009.7 沪深 300 指数月 K 线

假设上证指数点位即为基金单价,按月每次定额投资 40 万元(便于计算,不影响结果),从 2007 年 3 月的 3 183 点开始定投沪深 300 指数基金,再在 2009 年 7 月 3 412 点卖出,其间共 28 个月的累计收益率是 17%,年化收益率是 7.0%,具体见表 12-3。尽管价格波峰走得很高而波谷却并非很低(份额增加效果不如波峰明显),且面积上也是价格波峰大于价格波谷,最终价格是以近乎原价卖出,但竟仍然是盈利的,这里就是利用着定额投资高价位低份额,低价位高份额的买入原理。

表 12-3 基金定投投资计算

点位(单价)	3 183	3 841	4 109	3 820	4 471	5 218	5 552
份额	126	104	91	105	90	77	72
点位(单价)	5 954	4 871	5 261	4 383	4 348	3 472	3 693
份额	67	82	76	91	92	115	108
点位(单价)	3 433	2 736	2 775	2 397	2 293	1 728	1 871
份额	117	146	144	167	174	231	214
点位(单价)	1 820	1 990	2 082	2 373	2 477	2 632	2 959
份额	220	201	192	169	161	152	135
累计份额	3 842						
累计收益率	成交价/均价－1＝3 412/2 915－1＝0.17＝17%						

可以看出,基金定投最大的优点有以下三个。

(1) 弱化了入市时机选择的重要性。虽然通过以上分析我们知道,当股市价格在短期内趋于下降到低谷,最终回升为高位时收益率会更高于中间涵盖波峰波谷或者其他情况,但无论何时选择入市时点,在长期的定投下通过降低单位持仓成本,只要股市最终回归正常价值点或者更高位,之前定投厚积的份额就能带来丰厚的回报。

(2) 减少投资者狂热风险。基金定投,由于其分批入市且定额投资的特性,注定其不会出现长期高额持仓成本的现象,从而大大减少了被深套的风险。

(3) 风险波动越大收益反而越高。上例中,沪深300指数的波动最高上涨至5 954点,最低跌落到1 728点,振幅高达244%,而采用基金定投方式投资的年化收益率为7%。

复习思考题

1. 投资基金发展的历史和背景是什么?
2. 投资基金组织的基本构成要素是怎样的?
3. 基金投资的市场运行特点是什么?
4. 从基金组织结构看投资基金的基本构成是怎样的?
5. 封闭式基金与开放式基金的结构有何异同?
6. 什么是创业基金?它的运行特点是什么?
7. 请说明对冲基金的运作机制。
8. 我国投资基金发展与运行有何特点?
9. 请分析封闭式基金交易价格的决定机制。
10. 请说明投资基金的选择要素与过程。

第十三章

金融衍生产品的投资与分析

投资导读

  2018年4月,作为全球交易行业和中央对手(CCPs)的联盟组织,世界交易所联合会(WFE)发布了其2017年度的国际期权衍生品市场报告。报告显示,2017年全球衍生品交易的总成交量下降了0.2%。

  2017年衍生产品交易量同比2016年略有下降(0.2%),总交易量为250亿份合约。期权交易共105亿份合约,期货交易共145亿份合约。美国地区成交量上涨5.8%,亚太地区(Asia-Pacific)和欧洲、中东以及非洲地区(EMEA)的成交量有所下跌(分别下跌3.5%和5.3%)。股权和利率衍生品交易同比2016年分别增加了5.4%和13.1%;货币,大宗商品和其他衍生品成交量同比2016年分别下降了3.2%,14.5%和4.3%。2017年交易了39亿多份利率衍生品合约——这是审查时间段内(自2005年以来)的最大数量。由于在2017年交易总量在很大程度上与2016年齐平,全球期权期货衍生品的市场份额可基本划分为:股权占比48%,利率衍生品占16%,而商品衍生品占24%。

  股权衍生品仍是最活跃的交易产品类别,占比48%,但是这是连续第二年占比份额小于50%。在美洲和亚太地区交易的合约数分别增长

> 2.4%和23.9%,在EMEA地区的交易出现了10.9%的跌幅。
> 　　利率衍生产品占16%。2017年成交超过39亿份合约,这是自2005年起交易利率衍生品合约最多的一年。与2016年相比,货币衍生品交易量下降3.2%,主要是由于EMEA地区交易量下降了19.9%,该地区交易量占总比32%。美洲和亚太地区的交易量呈增长态势,同比2016年分别上涨18.8%和3.8%。
> 　　大宗商品衍生品交易量出现首次下降,同比2016年下跌了14.5%。这是由于亚太地区急剧下降了25.3%,该地区交易量占总商品衍生品交易量56%。美洲和EMEA地区交易量分别增长3.5%和6%。然而,大宗商品衍生品仍然是交易量第二大的交易品种,占交易所交易衍生品交易量的24%。

第一节 金融衍生产品概述

　　金融衍生产品是指以货币、债券、股票等传统金融产品为基础,以杠杆性的信用交易为特征的新型的金融产品。它既指一类特定的交易方式,也指这种交易方式形成的一系列合约。远期交易、金融期货、金融期权、金融互换是金融衍生产品的四种基本类型,除此以外还有以初级金融衍生产品为衍生基础的二级、三级以至更高级别的金融衍生产品。

一、金融衍生产品的产生背景

　　金融衍生产品是在一定的客观背景中,由一系列因素的促进下产生的。20世纪70年代初,维系全球的以美元为中心,实现"美元、黄金双挂钩"的固定汇率制——布雷顿森林货币体系连续出现危机并于1973年正式瓦解,浮动汇率制取而代之成为世界各国新兴的汇率制度。这一世界金融史上前所未有的大动荡使得每一个经营或持有货币的金融机构、企业和个人随时随地面临因汇率变动而造成损失的风险。同时,以自由竞争和金融自由化为基础的金融创新浪潮席卷整个西方国家,各国纷纷放宽或取消对利率的管制,放松对金融机构及其业务的限制,使汇率、利率、股价等金融价格进入难以预料的波动之中。金融市场的种种变动,使金融机构、企业和个人时时刻刻生活在价格变动风险之中,迫切需要规避市场风险,而传统金融市场的风险却难以通过传统金融产品本身来规避,尤其是系统性风险。这样,整个西方国家产生了规避风险的强大需求。为迎合这一强大的市场需求,以远期、期货、期权和互换为主体的金融衍生产品作为新兴风险管理手段应运而生。这些新兴金融产品能将传统金融市场上的风险进行有效分离,并且在特定市场上进行风险的重新分配转移,使投资者能以低廉的代价将风险有效转嫁出去,也给投机者提供了以承担风险来获取高收益的市场。因而,金融衍生产品一经产生,便满足了市场的强大需求,从而获得了迅速发展。

二、金融衍生产品的效应

(一) 积极的正向效应

金融衍生产品从总体上来说具有极大的积极作用。它规避了价格风险,降低了借贷成本,提高了证券市场流动性,发现了未来价格,促进了金融业的发展。这使其成为现代金融市场的重要组成部分,其正向效应主要包括以下四个方面。

1. 规避风险

金融衍生产品的产生与发展推动了金融市场的发展与完善,金融市场内形成了许多既相互联系又相互独立的子市场。通过传统金融产品与金融衍生产品的组合,或者若干金融衍生产品的组合,投资者在一个市场上的损失可以由另一个市场的收益来弥补,其实质是将汇率、利率、股价等的变化锁定在较小范围内,即使出现意外发生风险,其损失也将大为减少。从整个市场看,能够通过金融衍生产品规避风险的原因:一是投资者面临不同的风险,通过市场达成对各自有利的交易,从而控制了总体风险。例如,进出口双方达成一笔发货三个月内支付货款的协议,如果汇率上升对进口商不利,而汇率下降对出口商不利,为防范汇率风险,他们分别可与本地银行订立三个月的外汇买进(或卖出)期权,并支付一笔期权费,就可使风险对冲。二是市场上存在为获利而愿意承担风险的投资者,如上例中的出口商所在地银行承担了汇率下跌的风险,但是如果汇率上升或出口商不要求履约,出口商所付出的期权费就成为该银行的盈利。

2. 投资获利

金融衍生产品的价格变动会产生盈利的机会,由于金融衍生产品业务存在显著的杠杆效应,投资者如果判断正确、操作得当可以获得较高盈利率。如每一份期货合约的标的为 10 000 元面值的国债,交纳保证金 1 000 元,当每元国债上涨 5 分钱,持有多头合约的投资者就可以获得 50% 的浮动盈利。金融衍生产品能够根据不同的经济状态设计及选择,增加了投资者的盈利机会。例如,在股票现货市场上只有做多(即先买后卖)才有可能获利,股价下跌则无利可图甚至亏损,而在股票期货市场上,股价上扬时做多可以获利,股价下跌时做空也可以获利。

3. 价格发现

金融衍生产品的场内交易,拥有众多的投资者,他们通过类似于竞价拍卖的方式确定价格。这种状况接近完全竞争市场,能够在相当程度上反映出金融商品价格走势的预期。金融衍生产品的价格通过行情揭示和各种传媒广泛传播,为市场各方了解汇率、利率、股价等趋势提供了重要的分析信息,有助于人们更加科学、准确地把握未来,安排好投资融资与生产经营。

4. 增强市场流动性

由于金融衍生产品市场的发展,经济生活中的各类风险被有效转移,因而提高了资本运用速度和效率。虽然新的资本一般并不从金融衍生产品市场筹集,这是金融衍生产品市场与传统的债券、股票、货币等金融市场的本质差别。但金融衍生产品市场风险转移机制明显地增强了资本的流动性,进而提高了资金转移和运用的效率。正如美国银行监管机构的一份联合报告指出:"没有对货币头寸进行管理的相关衍生市场,基础市场就不可能正常运作,尽管某些衍生产品还存在某些问题。"

(二) 负向效应

金融衍生产品的本身虽然是风险管理的重要工具,但却有可能成为巨大的风险源,原因如下。

(1) 金融衍生产品集中了分散在社会经济各领域中的所有风险,并集中在固定市场上加以释放,这使得金融衍生产品交易的风险远大于一般商品与金融交易。同时,这种风险集中性容易成为金融风暴的策源地。

(2) 金融衍生产品具有较高的杠杆比率,投资者用少量的资金便可控制十几倍、几十倍的交易,基础价格的轻微变化便会导致金融衍生产品交易账户的巨大变动。这种"收益与风险放大"的功能容易诱导投资者以小博大,参与投机。

(3) 新的金融衍生产品刚推出时设计并不一定完善,而且部分金融衍生产品设计过于复杂,难以为投资者理解和掌握,这有可能造成操作失误。同时,由于新的金融衍生产品刚出现,相关法规尚未出台或不完善,容易引起法律的纠纷。

三、金融衍生产品市场及其参与者

(一) 金融衍生产品市场

金融衍生产品市场特指从事金融衍生产品交易的市场,按交易场所的不同,其可分为场内交易市场与场外交易市场。场内交易市场又称交易所市场,是指在交易所内按照交易所制定的规则进行交易,其交易的合约标准化。金融期货、上市金融期权都属于场内交易市场交易的金融衍生产品业务。场外交易市场又称店头交易市场或柜台交易市场,是指在交易所以外场所的交易。远期交易、互换及未上市的金融期权都属于场外交易市场交易的金融衍生产品业务。现代的场外交易市场交易大多数已通过电子通信网络进行。场外交易市场的发展早于场内交易市场,但金融衍生产品业务在进入交易所市场交易后才真正得到迅速的发展。两类交易市场存在明显的差别,主要包括以下四个方面。

(1) 场内交易市场交易的合约标准化,交易成本较低;而场外交易市场交易的合约由交易双方协商而订,因而需要较高的交易成本,但其具有较大的灵活性。

(2) 场内交易市场具有完备的清算程序和清算系统,将违约风险大大降低,各类投资者都能平等参与交易;而场外交易市场交易的合约能否履行,完全取决于交易的对手,交易双方的风险较大,而且场外交易市场常常被一些实力雄厚的机构投资者所垄断,中小投资者相对处于不利地位。

(3) 场内交易市场交易往往有较高的透明度,有利于市场的监管;而场外交易市场交易由于缺乏统一的、系统的、有约束力的交易规则和程序,市场监管的难度较大。

(4) 场内交易市场的交易风险一旦发生,将波及场内所有交易各方,影响面较大;而场外交易市场的交易风险仅波及交易双方,影响面相对较小。

因而,场内交易市场与场外交易市场互有优劣,两类交易市场将长期共存。

(二) 金融衍生产品市场参与者

金融衍生产品市场的参与者来自各个方面,按照参与者的身份不同,可分为金融机构、企业与居民个人等;按照参与者的参与目的不同,可分为保值者、投机者与套利者等。

(1) 保值者。保值者参与金融衍生产品交易的目的是规避风险。例如,一家日本公司按协议 90 天后要支付 100 万美元给美国出口商,那么它就面临美元汇率上浮的风险。为避免这种风险,日本公司可在远期外汇市场上购入 90 天远期 100 万美元,这样日本公司等于将 90 天后支付美元的实际汇率固定在目前的美元远期汇率上。购买外汇期货或期权也能达到同样的目的。

(2) 投机者。与保值者相反,投机者希望增加未来的不确定性,他们在基础市场上并没有净头寸,或需要保值的资产,他们参与金融衍生市场的目的在于获取远期价格与未来实际价格之间的差额。例如,90 天远期澳元价格为 0.714 0 美元,但投机者感觉 90 天后澳元的价格会超过这一水平,那么他可以买入大笔的远期澳元,如果事实证明他的感觉是正确的,90 天后澳元价格高达 0.716 5 美元,投机者每一澳元可赚到 0.002 5 美元;反之,投机者预测错误,未来实际汇率低于目前远期价格,那么他就会遭受损失。由于远期价格是通过大众心理预测形成的,投机者必须比一般大众具有更敏锐、更正确的预期能力才能保证其投机获利。由于金融衍生产品具有较高的杠杆比率,同样一笔投机资本可以控制十几倍乃至几十倍的交易,给了投机者"以小博大"的机会,因此,金融衍生产品市场更受投机者的青睐。

(3) 套利者。如果说投机者获取利润需要承担一定的风险,那么套利者是通过同时在两个或两个以上市场进行交易而获取没有任何风险的利润。套利又可分为跨地套利和跨时套利,前者是在不同地点的市场上套利,而后者是在不同的现货、远期市场上套利。

① 跨地套利。假定 A 公司股票同时在伦敦和纽约的证交所上市,在两地分别挂牌 100 英镑和 152 美元,而当时的汇率为每英镑 1.56 美元。套利者可在纽约买入 1 000 股的同时在伦敦抛出 1 000 股,不冒任何风险即可获毛利 1 000×(1.56×100－152)＝4 000(美元),其实际盈利还须从 4 000 美元扣除交易费用及税金。因此,这种无风险的利润前景的存在吸引大量的套利者。当纽约市场买入股票的人多了,股价会上扬,同样,伦敦市场股价会下跌;同时,大量外国套利者为购买纽约股票需买入美元,因此美元汇价上涨,同理英镑汇价下浮,这一过程将从两方面挤压利润直至上述利润消失。跨地套利功能使现实世界更加逼近"一阶定理"。

② 跨时套利。假定黄金现货价格为每盎司 430 美元,90 天远期价格为 450 美元,90 天银行贷款利率为年利 4%。那么套利者可借入 430 万美元,购入 1 万盎司现货黄金;同时在 90 天远期市场上抛 1 万盎司。90 天后用现货去交割到期合同并归还贷款本利,可获毛利 450 万－430×(1＋4%×1/4)＝15.7 万美元,其实际盈利还需从 15.7 万美元扣除交易费用、税金、仓储保管费用等。同样,这种机会亦不会长期存在,当现货市场买家多了价格就会上扬,远期市场卖家多了价格就会下降;同时,借款人多了,贷款利率就会抬高,这一过程一般持续到上述利润消失。

专栏阅读 13-1:雷曼兄弟公司的破产

股神巴菲特说:"金融衍生品就是大规模杀伤性武器。"全球范围内这种金融大规模杀伤性武器的规模有多大呢?美国货币供应量 15 万亿美元,全世界 GDP 总量 50 万亿美元,全球股市和债市总值100万亿美元,衍生品规模1 500万亿美元,相当于地球上的每个人拥有20万美元的衍生品。

2008年9月15日,雷曼兄弟公司申请破产保护,6 390亿美元的资产和6 190亿美元的债务,使雷曼兄弟的破产成为历史上最大规模的破产案件,其资产规模远超之前的世界通讯和安然公司。破产时雷曼兄弟是美国第四大投资银行,其拥有25 000名员工。

雷曼兄弟公司是全球最大的衍生品交易金融机构。金融衍生品是一种从资产(如股票和大宗商品)的价格波动获得收益的金融工具。金融机构、基金经理、企业和政府使用衍生品来管理他们相对敞口下的资产波动性。雷曼兄弟破产时,公司的名义衍生品投资组合达到了35万亿美元。

从2004年至2007年,雷曼兄弟公司疯狂地投资金融衍生品,公司通过金融衍生品敞口交易迅速扩张。当雷曼兄弟上万亿的金融衍生品交易出现问题时,市场上几乎所有人都陷入了麻烦。雷曼兄弟的股价经历大跳水,从2007年的25美元下跌至2009年初的10美分,雷曼兄弟公司最终破产。

第二节 金融期货

一、金融期货的含义及类型

金融期货是指在交易所通过竞价方式成交,承诺在未来的某一日或期间内,以事先约定的价格买进或卖出某种金融商品及其数量的契约。金融期货交易不同于商品期货交易,金融期货交易是以金融产品如货币、债券、股票等为标的的期货交易。投资者进行金融期货交易,或是为防范与转移因金融产品价格变动而产生的风险,或是为获取收益愿意承担风险。按交易品种划分,金融期货主要包括外汇期货、利率期货与股价指数期货三种类型。

(一)外汇期货

外汇期货是指在交易所内,交易双方通过公开竞价确定汇率,在未来的某一时期买入或卖出某种货币。外汇期货交易的是非曲直外汇期货标准合约即条款内容标准的协议,交易双方可在将来的既定时间内按事先确定的汇率结算所交易的数量。

外汇期货合约的主要内容包括:外币币种、标准化的交易单位、合约月份、交割日期、汇率波动的最小限度(简称点)以及涨跌幅限制等。所有外汇期货交易均以美元标价,以便于清算交割以及市场间相通传递。

(二)利率期货

利率变化会影响各种有息资产。利率期货是指在交易所内通过公开竞价买入或卖出某种价格的有息资产,在未来的一定时间内按合约交割。

利率期货合约是一种具有约束力的标准化合约。合约中统一规定了有价证券的质量、等级、合约金额、交易地点、交易月份、最小价格波动幅度、每日波动幅度以及最后交易日。利率期货合约具有高度的流动性。

目前世界上主要的利率期货合约有:短期国库券期货合约、欧洲美元期货合约、中长期国库券期货合约、商业票据期货合约、定期存单期货合约、市政公债指数期货合约等。

(三) 股价指数期货

汇率、利率的波动,一方面会影响上市公司的经营业绩,另一方面也会影响资金供求变动,从而波及股价。股价指数是一种衡量股票市场总体价格水平变动的相对指标,反映的是整个市场的价格变化。股价指数期货是一种以股价指数作为交易标的的期货,是交易双方根据规定的价格同意在未来某一特定时间进行股价指数交易的一种协定。股价指数作为一种特殊的交易客体,它没有具体的实物形式,交易双方在签订股价指数期货合约时,实际上只是把股价指数按点数换算成货币进行交易。双方达成合约协议,只是表明双方在交易中承担了一种义务,并非是买进或卖出一项资产。股价指数期货合约的价格等于当时的指数点数乘以交易所规定的乘数。因此,它的交易并不是进行股票实物的交割,只是根据交割日合约的价格与最初买进或卖出合约的价格的差额进行现金结算。

二、金融期货交易的特征

金融期货交易是在有组织的交易所以公开竞价的方式进行的某种金融商品标准化合约的交易。金融期货交易一般具有以下特征。

(一) 场内交易规则

金融期货交易必须在交易所内进行,成交价以公开叫价或其他方式竞价达成。只有交易所会员才能亲自或委派代表进入交易所进行金融期货交易。普通投资者只有通过作为交易所会员的经纪公司或经纪人才能入市交易。

金融期货交易是通过金融期货合约进行的,由于金融期货交易从合约成交到实际履行要间隔较长一段时间,为防止交易双方因对合约的不同理解而产生争议,防止交割时因金融商品的质量、等级等方面原因而引起纠纷,确保金融期货合约的可靠性与可兑换性,同时也为了便于金融期货交易的开展,金融期货合约都是标准化的。

金融期货交易的履约是由清算公司保证的,即金融期货交易一经登记,清算公司变成为每笔交易的对应方,也即每个买方的卖方,每个卖方的买方。因此,交易者不需要调查、掌握交易对方的资信,也没有交易对方的违约风险。

(二)保证金制度

为了降低金融期货交易的风险,保证金融期货交易的正常进行,参与金融期货交易者必须在成交后通过经纪公司向交易所交纳一定数量的保证金,以防止交易者在亏损时不能偿还现象的出现。

保证金可以是现金,也可以是有价证券。保证金比例则由交易所确定,依合约性质、对象、价格变动幅度、客户资信状况以及交易目的等而有所不同,一般为合约金额的5%—10%。金融期货交易双方都必须交纳保证金,因为市场行情变动的不确定性,交易双方都有可能出现亏损。在初次交易时,交易者交纳初始保证金,以后随市场行情变动调整保证金数量。如果交易者的保证金比例不足以维持最低水平时,交易所清算公司会发出追加保证金的通知。当交易者未能及时补足或无法补足时,清算公司可以强制平仓而交易客户不得有异议。

三、金融期货的套期保值

利用金融期货交易达到套期保值功能,是因为在正常情况下,金融期货价格与金融现货价格受到相同因素的影响,从而其变动方向具有一致性。投资者只要在金融期货市场建立一种与其在现货市场的相反部位,则在市场价格发生变动时,其必然在一个市场受损,而在另一个市场获利,以盈补亏,即达到保值目的。如果盈亏正好平衡,那么投资者通过金融期货交易而使其面临的全部金融风险得以避免,则这种套期保值称为完全的套期保值。在现实生活中,这种完全的套期保值往往难以实现,更多的只是不完全的套期保值,这是因为:一是金融期货合约的标准化使投资者难以在金融商品种类、交易量和交割日期上作出满意的选择;二是金融期货价格与金融现货价格的变动方向一致但未必变动幅度一致。

(一)金融期货套期保值的程序

金融期货的套期保值是一项复杂的系统工程,一般应包括以下五个基本环节。

1. 金融风险的估计

投资者通过金融期货交易实行套期保值,是为了回避其所面临的金融风险,但必须付出一定的代价,如交易佣金、交纳保证金而产生的机会成本、市场价格朝预期相反方向变动带来的收益等。因此,投资者在套期保值之前,必须对其面临的金融风险作出充分的估计与准确的预测,也即比较套期保值的收益和成本,以决定是否进行套期保值。

2. 套期保值工具的选择

一旦作出套期保值的决策,投资者需要选择合适的套期保值工具。套期保值工具选择时至少应该注意三个问题：一是所选择金融期货合约的标的物应与需套期保值的金融商品具有一致性或变动的高度相关性；二是根据预计套期保值时间，选择最接近于交割日期的金额期货合约；三是所选择的金融期货合约应具有高度的流动性。

3. 套期保值比率的确定

套期保值比率是指投资者在对现货部位实行套期保值时，用以计算买进或卖出某种金融期货合约数量的比率。一般来说，套期保值所需合约数为金额系数、到期日调整系数与加权系数的连乘积。

其中：金额系数为套期保值对象金额与期货合约金额之比；到期日调整系数为套期保值对象的到期日(天数)与期货合约到期日(天数)之比；加权系数则为对套期保值对象与套期保值工具的不同的价格敏感性的调整。

4. 套期保值策略的确定与实施

金融期货套期保值可分为多头与空头套期保值两种最基本的策略。一般来说，投资者在现货市场上持有空头部位，则应选择多头套期保值；相反，投资者在现货市场上持有多头部位，则应选择空头套期保值。

5. 套期保值过程的监控与评价

在套期保值期间，情况在不断地变化。一旦情况发生变化，原来合理的套期保值策略有可能变得不合理，投资者必须作出必要的调整，以适应变化后的新情况。

套期保值的评价主要针对套期保值效率的计算。套期保值效率的计算方法主要有：一是比较套期保值的结果与套期保值的目标，以反映套期保值目标的实现程度；二是以期货部位的损益除以现货部位的损益，以反映金融风险的避免程度。进行这种评价主要是找出套期保值过程中存在的问题，为今后的投资运作提供有益的参考。

(二) 金融期货套期保值的策略

金融期货套期保值的策略大体上可分为多头套期保值、空头套期保值和交叉套期保值三类。

1. 多头套期保值

多头套期保值又称买期保值，是指投资者在约定将来某日买进现货金融产品之前，先在期货市场上买进与该现货金融商品数量相等、到期日相等或接近的期货合约进行保值。多头套期保值是为了防止该现货金融商品买进前的价格上升(或利率下降)的风险，确保投资者的预期收益。

例如，某年 1 月 10 日，现货市场国库券贴现率为 10%。某投资者预期 30 天后将有总额 300 万美元资金到账，拟投资 3 个月期的国库券。但根据预测，近期市场利率可能有较大幅度的下降。为此，该投资者从 CME 买进

3 份同年 3 月份到期的国库券期货合约,以实行多头套期保值。其运作过程如表 13-1 所示。

表 13-1　多头套期保值

	现货市场		期货市场
1 月 10 日	贴现率为 10%(国库券市场价格为 90),拟将 300 万美元投资 3 个月期国库券	1 月 10 日	以 89.5 的价格买进三份 3 月份到期的国库券期货合约
2 月 10 日	收到 300 万美元,以 92.5 的价格买进 3 个月期的国库券	2 月 10 日	以 91.8 的价格卖出 3 份 3 月份到期的国库券期货合约
亏损	$300\times(7.5\%-10\%)\times 90/360=-1.875$ 万美元	盈利	$(91.8-89.5)0.01\times 25\times 3^*=1.725$ 万美元
盈亏平衡:			-0.15 万美元

* 0.01 为国库券期货合约的最小价格变动幅度(点),即年利息的 0.01%;25 为每点价格(美元)。

2. 空头套期保值

空头套期保值又称卖期保值,是指投资者在约定将来某日卖出现货金融产品之前,先在期货市场卖出与该现货金融商品数量相等、到期日相等或接近的期货合约进行保值。空头套期保值是为了防止该现货金融商品卖出前价格下跌(或利率上升)的风险,锁定销售价格。

例如,某公司为销售需要于 2 月份自工厂订货 100 万美元,要求 3 月初交货,预计可在 6 月份销售完。因此公司计划在收到货物时向银行申请 100 万美元 3 月期贷款,待 6 月初销售款到账后归还银行贷款。2 月份银行贷款利率为 10%,公司预计近期市场利率会上升,准备通过卖出短期国库券期货合约来套期保值。其运作过程如表 13-2 所示。

表 13-2　空头套期保值

	现货市场		期货市场
2 月份	银行贷款利率 10%,公司发出订单,价值 100 万美元,3 月初交货	2 月初	卖出 1 份 5 月份到期的国库券期货合约,IMM 价格指数 90.25
3 月初	向银行贷款 100 万美元,期限 3 个月,利率 12.25%,利息为 30 625 美元	3 月初	买进 1 份 5 月份到期的国库券期货合约,IMM 价格指数 88.00

现市盈利:$(90.25-88.00)0.01\times 25\times 1=5\ 625$ 美元
贷款实际利息:$30\ 625-5\ 625=25\ 000$ 美元
贷款实际利率:$25\ 000\div 1\ 000\ 000\times 12/3\times 100\%=10\%$
即该公司最终实现了保值目标,将利率锁定在 10%。

3. 交叉套期保值

在上述两例中,我们实际上已做了如此假设,即套期保值者总是有合适的期货合约可供选择,因此他们所要决定的只是何时交易期货合约及多少份合约。但在现实生活中,这种直接套期保值是不多的。更多的是存在着金融风险,但又不存在合适的期货合约可供投资者直接用来进行套期保值,这时，必须采用交叉套期保值来回避金融风险。

例如，日本一家公司在某年 7 月 10 日预计 1 个月后将收到总额为 200 万加元的款项。如果期间加元对日元的汇率下跌，则该公司在收到 200 万加元后将兑换到较少的日元。为回避汇率风险，该公司应当利用外汇期货交易实行套期保值。然而，在期货市场上却没有日元兑换加元或加元兑换日元的期货合约可供直接套期保值。因此，该公司只能通过日元期货合约与加元期货合约实行交叉套期保值。

现假设在 7 月 10 日有如下汇率：US＄0.008 20/￥，US＄0.800 0/C＄，故得到交叉汇率：C＄0.010 25/￥。据预测，1 个月后汇率将变动为：US＄0.009 00/￥，US＄0.750 0/C＄，故交叉汇率将变为 C＄0.012 00/￥。显然，日元将升值，而加元将贬值。因此，该公司实行交叉套期保值的办法是：一方面，做日元期货的多头；另一方面做加元期货的空头。如果 1 个月后市场汇率果然如此变动，则该公司既可在日元期货的多头交易中获利，又可在加元期货的空头交易中获利，并可部分或全部地抵补该公司在现货市场所受的损失。其运作过程如表 13-3 所示。

表 13-3　交叉套期保值

		7 月 10 日	8 月 10 日	损益
汇率		US＄0.008 20/￥ US＄0.800 0/C＄ C＄0.010 25/￥	US＄0.009 00/￥ US＄0.750 0/C＄ C＄0.012 00/￥	
现货市场		预计收入：2 000 000 加元＝195 121 950 日元	实际收入：2 000 000 加元＝166 666 667 日元	－28 455 283 日元
期货市场	日元期货	买进 16 份 9 月份日元期货合约，合约总值 1 640 000 美元	卖出 16 份 9 月份日元期货合约，合约总值 1 800 000 美元	160 000 美元 合 17 777 778 日元
	加元期货	卖出 20 份 9 月份加元期货合约，合约总值 1 600 000 美元	买进 20 份 9 月份加元期货合约，合约总值 1 500 000 美元	100 000 美元 合 11 111 111 日元
交叉套期保值结果				433 606 日元

资料来源：施兵超，《金融期权与期货》，上海三联书店，1996 年。

四、金融期货的套利与投机策略

在金融期货市场上，如果进行多头套期保值与空头套期保值的买卖数量与结构相同，那么交易不会发生问题。但是，在现实生活中，两者买卖数量与结构是不相同的，从而无法实现金融市场的均衡。这就需要有除套期保值以外的交易行为，那就是金融期货的套利与投机。套利与投机都是以获利为目的的交易行为，固然存在消极的一面，但也应当肯定其的积极作用,主要表现在:一是承担风险,为套期保值者转移风险提供必备的条件;二是增强市场流动性,为套期保值者提供交易的便利;三是平衡市场供求,缩小市场价格波动的幅度,促进均衡价格的形成。

(一)金融期货套利与投机的差异

金融期货套利与投机都是以获利为目的,通过低价买进、高价卖出赚取价差收益的交易行为,但两者存在明显的差异。

(1)交易方式不同。套利者都是同时做多头与空头,即低价位处做多,高价位处做空,一旦行情变化,可通过对冲获利;而投机者往往只做多头或空头,如果预期正确则获利,否则亏损。

(2)利润来源不同。套利者的利润来源于价格关系,即相对价格的变动;而投机者的利润来源于价格水平,即绝对价格的变动。

(3)承受风险不同。套利者同时做多头和空头,一个部位的损失将由另一个部位的盈利来弥补,所承受的风险是有限的;而投机者仅做多头或空头,当其预期出错时,所承受的风险是无限的。

(4)交易成本不同。套利者在交易中承受较小的风险,因而交纳的保证金比例较低,交易佣金较少;而投机者在交易中承受较大的风险,因而交纳的保证金比例较高,交易佣金较高。

(5)套利与投机在金融期货交易中起着各不相同的作用。

(二)金融期货的套利策略

金融期货的套利是指投资者利用暂时存在的不合理的价格关系,通过同时买进或卖出相同或相关的金融期货合约而赚取价差收益的交易行为。金融期货的套利主要包括以下策略。

1. 利用时期价差套利

利用时期价差套利,是指投资者在同一交易所,同时买进和卖出不同交割月的同品种金融期货合约。

当投资者预期市场行情看涨,并且较短期合约价格的上涨幅度将大于较长期合约价格的上涨幅度,则投资者可以买进较短期合约,而同时卖出较长期合约;相反,投资者预期市场的行情看跌,并且较长期合约价格的下跌幅度小于较短期合约价格的下跌幅度,则投资者可以卖出较短期合约,而同时买进较长期合约。如果投资者判断正确,就可在价格关系的变动中获利。

2. 利用品种价差套利

利用品种价差套利,是指投资者在同一或不同交易所,同时买进和卖出具有高度相关性的不同品种的金融期货合约。

一般来说,不同品种的金融期货合约代表不同品种的标的资产,当不同品种标的资产间具有高度的相关性,那么以这些标的资产为基础的金融期货合约间也具有类似的相关性。在这些标的资产以及其金融期货合约之间客观上存在着某种"正常"的价格关系。当这种价格关系被暂时扭曲时,投资者可以利用这两种金融期货合约的价差进行套利交易。一旦投资者发现两种金融期货合约的价差大于其正常的价差,并预期期货合约的价差将会缩小时,则可买进被低估的合约,而同时卖出被高估的合约;相反,如果投资者发现两种金融期货合约的价差小于其正常的价差,并预期期货合约的价差将会扩大时,则可买进被低估的合约,而同时卖出被高估的合约。当投资者对价差变动的预期正确,则可通过部位的对冲而获利。

3. 利用市场价差套利

利用市场价差套利,是指投资者在不同交易所,同时买进和卖出相同交割月的同种或类似金融期货合约。

一般来说,以同一品种金融商品为标的的金融期货合约可以同时在不同的金融期货市场上市,因为这些金融期货合约有着共同的标的物,所以各市场的价格可以有所不同,但也应保持在一个合理的价差水平上。那么,这种价差如果超过合理的、正常的幅度,必然是一个市场的合约价格被高估,而另一个市场的合约价格被低估,这就产生了套利机会。

在利用市场价差套利中,投资者在不同市场买进和卖出并一定是完全相同的金融期货合约,只要两种金融期货合约比较类似,也可以进行类似的套利交易。

(三)金融期货的投机策略

金融期货的投机策略可根据投资者所建立的部分不同分为多头投机与空头投机两大类型。

金融期货的多头投机策略是指投资者预期某种金融期货合约的价格上涨,从而买进该期货合约,以期通过对冲获利的交易策略。

金融期货的空头投机策略是指投资者预计某种金融期货合约的价格下跌,从而卖出该期货合约,以期通过对冲获利的交易策略。

在金融期货的投机中,投资者的盈亏关键在于对未来金融期货合约价格变动趋势的判断,如果判断正确,投资者获利;否则反之。

专栏阅读 13-2:中国金融期货交易所

中国金融期货交易所(China Financial Futures Exchange,CFFEX),是经国务院同意、中国证监会批准,由上海期货交易所、郑州商品交易所、大连商品交易所、上海证券交易所和深圳证券交易所共同发起设立的交易所,于 2006 年 9 月 8 日在上海期货大厦内挂牌,成为继上海期货交易所、大连商品交易所、郑州商品交易所之后的中国内地的第四家期货交易所,也是中国内地成立的首家金融衍生品交

> 易所。该交易所为股份有限公司实行公司制,这也是中国内地首家采用公司制为组织形式的交易所。中国金融期货交易所股份有限公司注册资本金为5亿元人民币,5家股东分别出资1亿元人民币。中国金融期货交易所的成立,对于深化资本市场改革、完善资本市场体系、发挥资本市场功能,具有重要的战略意义。
>
> 2010年4月16日,中金所已正式推出沪深300股指期货合约,IF1005、IF1006、IF1009、IF1012合约的挂牌基准价格为3 399点。2013年9月6日,5年期国债期货合约正式上市交易。2015年,中金所正式推出了10年期国债期货和上证50、中证500股指期货。

第三节 金融期权

一、金融期权的含义及类型

金融期权,是指一种能在将来时间以交易双方协定价格买进或卖出一定数量的某种特定金融资产的权利。

金融期权交易就是对一定期限内买卖金融资产选择权的交易。其中,金融期权的购买者在支付一定的期权费(又称保险金)后,即拥有一定时间内以协定价格出售或购买一定数量的某种金融资产的权利,并不承担必须买进或卖出的义务,即期权的购买者可以放弃权利,但不能收回已付的期权费。期权的卖出方接收购买者付出的期权费,在规定期限内必须无条件服从购买者的选择并履行交易的承诺。因此,期权交易是一种权利有偿转让的交易方式。金融期权的类型可以从不同的角度进行划分。

(一) 根据金融期权交易的性质不同,可分为看涨期权与看跌期权

看涨期权是指金融期权的购买者有权以事先约定的价格,在约定的日期或期间,向期权卖出方买入该选择权项下的金融资产。当投资者预期某种金融资产价格将会上涨,而且上涨幅度足以补偿购买看涨期权的期权费后还有盈余,才会购买看涨期权。

看跌期权是指金融期权的购买者有权以事先约定的价格,在约定的日期或期间,向期权卖出方出售该选择权下的金融资产。当投资者预期某种金融资产价格将会下跌,而且下跌幅度足以补偿购买看跌期权的期权费后还有盈余,才会购买看跌期权。

(二) 根据金融期权合约的标的物不同,可分为股票期权、股价指数期权、外汇期权、利率期权与期货期权

股票期权是指期权的购买者以支付一笔约定的期权费为代价,取得在约定的日期或期间按协定价格购买或出售一定数量的某种股票的权利。

股价指数期权是指以股价指数为期货合约标的物的一种选择权。

外汇期权又称外币期权,是指期权的购买者以支付一笔约定的期权费为代价,取得在约定的日期或期间按协定价格购买或出售一定数量的某种外汇资产的权利。

利率期权是指期权的购买者在期权有效期间以协定的利率购买或出售有息的金融资产的权利。

期货期权是指期权的购买者以支付一笔约定的期权费为代价,拥有在约定的日期或期间按协定价格购买或出售一定数量的某种金融期货合约的权利。

上述五种期权分别是以股票、股价指数、外汇、利率与期货为期权合约标的物的一种选择权,也即是期权原理在不同金融产品交易中的运用结果。

(三)按行使金融期权的时间不同,可分为欧式期权与美式期权

欧式期权是指期权购买者只能在期权到期日这一天行使其权利,既不能提前也不能推迟。如果提前,期权卖出方可拒绝履约;而如果推迟,则期权作废。

美式期权是指期权购买者既可在期权到期日行使其权利,也可在期权到期日之前行使其权利。但超过期权到期日,则同样期权作废。

(四)按金融期权的交易场所不同,可分为场内期权与场外期权

场内期权是指在集中性的金融期货交易所或金融期权交易所进行的标准化的金融期权合约的交易。

场外期权是指在非集中性的交易场所进行的非标准化的金融期权合约的交易。

二、金融期权合约的构成

金融期权市场既包括场内市场也包括场外市场,因此金融期权合约又有标准化与非标准化之分。由交易所统一制定的标准化金融期权合约具有较高的流动性与交易效率,而由交易双方协商确定的非标准化金融期权合约则更具灵活性与广泛性。以下介绍标准化金融期权合约的主要构成要素。

(一)标的物及交易单位

金融期权标的物一般包括股票、股价指数、外币及利率相关证券等。不管标的物为哪种,其质量、等级、数量、交割方式等都必须明确定义。金融期权的交易单位是一份相关的金融期权合约,如美国股票期权的交易单位是100股标的股票;股价指数期权交易单位是股价指数与固定货币金额的乘积。

（二）协定价格

协定价格是指期权交易双方商定或敲定的履约价格，也即看涨期权购买者依据合约规定可买进相关金融产品或看跌期权购买者依据合约规定可卖出相关金融产品的价格。

（三）到期日与履约日

到期日是指某种金融期货合约在交易所交易的最后截止日。如果期权购买者在最后截止日再不作对冲交易，那么他要么放弃期权，要么在规定时间内执行期权。履约日是指期权合约所规定的，期权购买者可以实际执行该期权的日期。由于金融期权有欧式期权与美式期权之分，则不同合约的履约日期是不同的。

（四）期权费

期权费也即期权价格，是指期权购买者必须支付给期权卖出方的一笔权利金，其目的在于换取期权所赋予的权利。

决定期权费的因素主要包括：协定价格的高低；标的物市价的波动性；期权合约的有效期长短；期权合约履约日期的确定形式；市场利率水平以及市场供求状况等。

（五）保证金

对期权购买者而言，面临的最大风险就是损失付出的期权费，因为这种风险已经事先预知与明确，故不需要另开保证金账户。对期权卖出方而言，一旦期权购买者决定执行合约，其必须无条件服从，依协定价格卖出或买入一定数量的某种金融资产。为保证期权卖出方履约，要求其向清算公司缴纳一定的保证金。保证金的金额随金融商品价格变动而变动，如出现保证金不足，则必须依规定追加。

三、金融期权交易的主要策略

在金融期权的交易中，无论是套期保值者，还是套利者或投机者，都有多种可供选择的交易策略，不同的交易策略有着不同的运用场合和运用时机，且产生不同的交易结果。

（一）买入看涨期权

当投资者预期某种金融资产价格上涨足以弥补为购买期权付出的期权费时，其可买入该金融资产的看涨期权。如果投资者判断正确，则可按较低的协定价格买入该金融资产并以较高的市价卖出，赚取市价与协定价格之差扣除期权费后的部分作为盈利；如判断失误，其损失仅限于期权费。

例如，某投资者买入某股票的看涨期权，有效期3个月(美式期权)，协定价格15元/股，一份合约为100股，每股期权费0.5元/股。3个月内，随着该股票的市价变动,该投资者可有以下选择。

(1) 3 个月内该股票价格＞15.5 元/股,执行期权,扣除期权费后有盈余。

(2) 3 个月内该股票价格涨到 15.5 元/股,与协定价格的差额正好等于期权费,应执行期权,但盈亏相抵。

(3) 3 个月内股票价格＞协定价格,但＜协定价格＋期权费,也应执行期权,略有亏损,但损失＜期权费。

(4) 3 个月内股票价格≤协定价格,则应放弃期权,损失期权费。

(5) 3 个月内,如果股票价格上涨,期权费也上涨,则可根据执行期权获利与转让期权合约获利进行比较,选择获利最大的途径。

买入看涨期权的盈亏关系,如图 13-1 所示。

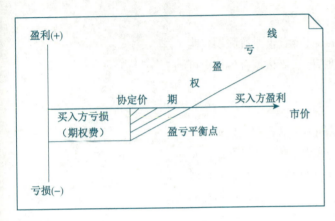

图 13-1
买入看涨期权盈亏关系图

(二) 卖出看涨期权

就看涨期权而言,买入方之所以买入,是因为其预期某种金融资产价格将上涨,希望通过履约获利,或通过以较高期权费转让期权合约获利。卖出方之所以卖出,是因为其预期该种金融资产价格将下跌,当市价低于协定价格时,看涨期权购买者会自愿放弃期权,卖出方卖出期权收取的期权费即为其盈利;当市价高于协定价格,但低于协定价格与期权费之和时,看涨期权购买者会执行期权以减少亏损,这时看涨期权购买者的亏损正好是卖出方的盈利,只是其盈利少于其收取的期权费。

卖出看涨期权的盈亏关系,如图13-2所示。

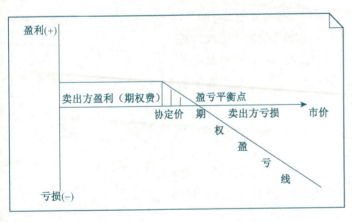

图 13-2
卖出看涨期权盈亏关系图

(三) 买入看跌期权

当投资者预期某种金融资产价格下跌且下跌幅度超出购买期权付出的期权费时,其可买入该金融资产的看跌期权。如果投资者判断正确,则可按较低的市价买入该金融资产并以较高的协定价格卖出,赚取协定价格与市价之差扣除期权费后的部分作为盈利;如判断失误,其损失也仅限于期权费。

依上例条件,只改变期权部位,即投资者为看跌期权的买入方,随着该股票的市价变动,该投资者可有以下选择:

(1) 3个月内该股票价格跌至14.5元/股以下,则协定价－市价＞期权费,执行期权并有盈余。

(2) 3个月内股票价格跌至14.5元/股,协定价－市价＝期权费,应执行期权,但盈亏相抵。

(3) 3个月内股票价格跌至14.5元/股—15.0元/股,即协定价－市价＜期权费,也应执行期权,略有亏损,但损失＜期权费。

(4) 3个月内股票价格≥协定价,则应放弃期权,损失期权费。

(5) 3个月内期权费如上涨,也可出售期权合约获利。

买入看跌期权的盈亏关系,如图13-3所示。

图 13-3
买入看跌期权盈亏关系图

(四) 卖出看跌期权

就看跌期权而言,买入方之所以买入,是因为其预期某种金融资产价格将下跌,希望通过履约获利,或通过以较高期权费转让期权合约获利。而卖出方之所以卖出,是因为其预期该种金融资产价格将上涨,当市价高于协定价格时看跌期权购买者会自愿放弃期权,卖出方卖出期权收取的期权费即为其盈利;当市价低于协定价格,但高于协定价格与期权费之差时,看跌期权购买者会执行期权以减少亏损,这时看跌期权购买者的亏损正好是卖出方的盈利,只是其盈利少于其收取的期权费。

卖出看跌期权的盈亏关系,如图13-4所示。

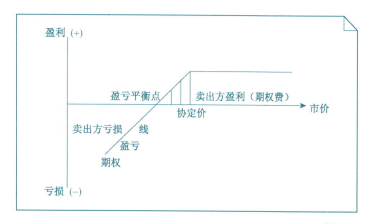

图 13-4
卖出看跌期权盈亏关系图

专栏阅读 13-3:中国内地股市迎来期权时代

2015年1月9日,证监会发布了《股票期权交易试点管理办法》,上海证券交易所《股票期权试点交易规则》等系列规则文件同日发布。2015年2月9日,我国股票期权的首个试点品种上证50ETF期权在上海证券交易所上市交易。这意味着起步24年后,中国内地股市迎来了"期权时代"。上证50指数由沪市规模大、流动性好且最具代表性的50只股票组成样本股,以综合反映上海证券市场优质大盘企业的整体状况。上证50的推出形成了我国正式的股票期权交易,随着交易的扩大,其影响力也日益上升。

第四节 金融互换

一、金融互换的含义及特征

金融互换是指交易双方商定在一段时间内,就各自所持金融商品的相关内容进行交换的交易。金融互换拥有利率互换与货币互换两大类型。通过金融互换,交易双方可以达到筹资、避险、套利等不同的目的。

金融互换作为金融衍生商品的一个主要组成部分,是与其的特征密切关联。金融互换的主要特征有以下四点。

(1) 金融互换产生与发展的基点在于比较优势。这里的比较优势是指交易双方在不同金融市场拥有的信誉、信息等优势,利用这些优势其能以更有利的条件获取某种金融商品。金融互换的本质在于分配由比较优势产生的经济利益。

(2) 金融互换主要是指债务人之间的债务交换。金融互换作为债务交换是指其经济意义上诸如币种、利率等的交换,而不影响债务人与其债权人之间的法律关系。

(3) 金融互换的交易双方可以利用各自的筹资优势,间接地进入某些优惠市场,筹措到需要的币种、利率等条件的资金。

(4) 金融互换合约大多是非标准化的,可以通过客户之间的双边协商而定;也可以通过投资银行等金融机构进行,体现其灵活性与广泛性。

二、利率互换

利率互换是指交易双方按照事先商定的规则,以同一货币及相同金额的本金作为计算基础,在相同的期限内,交换不同利率利息的支付的交易。

(一) 利率互换的过程

利率互换的基础在于交易双方在不同借贷市场上所具有的比较优势。假设A公司的信用等级为Aaa,B公司的信用等级为Bbb。由于信用等级不同,市场筹资成本也不同,信用等级高的公司能以较低的利率筹措到资金。对债权人而言,以固定利率和浮动利率出借的资产所面临的风险不同,固定利率市场的风险大于浮动利率市场的风险。因此,信用等级不同的债务人在固定利率市场上和浮动利率市场上筹资利率差也不一样,而且固定利率市场的利率差大于浮动利率市场上的利率差。A、B公司在不同市场上的不同筹资利率,如表 13-4 所示。

表 13-4 A、B公司筹资利率差

	固定利率	浮动利率
A 公司	12.00%	Libor+0.2%
B 公司	13.00%	Libor+0.5%
利率差	1.00%	0.3%

由表 13-4 可见,A 公司信用等级较高,在两个市场均能以比 B 公司低的利率进行筹资。然而,还可发现两家公司在不同市场上的利率差也是不同的,在固定利率市场 B 公司比 A 公司要多付一个百分点的利率,而在浮动利率市场两者差距缩小到 0.3 个百分点。这就意味着 A 公司在固定利率市场上具有相对比较优势,而 B 公司在浮动利率市场上具有相对比较优势,即 B 公司在浮动利率市场上多付出的利率比在固定利率市场上多付出的要少。

在上述情况下,如果 A 公司需要的是浮动利率贷款,而 B 公司需要的是固定利率贷款,在中介机构的安排下,可以促使一笔交易双方都有利可图的互换交易。利率互换的具体过程,如图 13-5 所示。

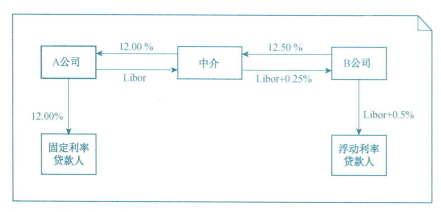

图 13-5 利率互换过程示意图

根据图 13-5,A 公司的年现金流量有三项:①向固定利率贷款人支付 12.00%;②从中介收取 12.00%;③向中介支付 Libor。三项合并,A 公司的年利息净成本为 Libor,也即 A 公司通过互换得到了浮动利率贷款,且年利率成本比它直接从浮动利率贷款市场上借入要低 0.2 个百分点。

同样,B 公司的年现金流量也有三项:①向浮动利率贷款人支付 Libor+0.5%;②从中介收取 Libor+0.25%;③向中介支付 12.50%。三项合并,B 公司的年利息净成本为 12.75%,即 B 公司通过互换得到了固定利率贷款,且年利率成本比它直接从固定利率贷款市场上借入要低 0.25 个百分点。

本例中,A、B 公司分别单独与中介机构签订了利率互换协议,A、B 公司互换交易的信用风险也由中介机构承担,则中介机构收取 0.25 个百分点利息作为其收益。

通过利率互换 A、B 公司分别在利率上获得 0.2 与 0.25 个百分点的好处,而中介机构获取 0.25 个百分点的收益,三者之和为 0.7 个百分点,也即正好等于固定利率市场利率差与浮动利率市场利率差之间的差距。

(二)利率互换的类型

利率互换有两种基本形式:定息—浮息利率互换和浮息—浮息利率互换。

定息—浮息利率互换,即互换的一方支付固定利率利息,收取浮动利率利息,另一方则支付浮动利率利息,收取固定利率利息。上述例子就是定息—浮息利率互换。

浮息—浮息利率互换是指互换双方交换的利息支付义务,是以浮动利率为计算基础。

三、货币互换

货币互换是指交易双方按照事先商定的规则,相互交换不同货币、相当金额的本息及其利息支付,到期后再换回本金的交易。

(一)货币互换的过程

货币互换与利率互换一样,其基础在于交易双方在不同的货币借贷市场上所具有的比较优势。影响交易双方在不同货币市场上利率成本的高低除了信用等级外,还有公司的国籍、所在地的税收、外汇管制等因素。假设甲为一家美国公司,乙为一家日本公司,甲、乙公司在美元、日元市场上相同期限的贷款面临的固定利率,如表 13-5 所示。

表 13-5 甲、乙公司在不同货币市场的贷款利率

	美元市场	日元市场
甲公司 乙公司	8.00% 10.00%	10.00% 11.00%
利率差	2.00%	1.00%

从表13-5可见,甲公司在美元市场具有相对比较优势,乙公司在日元市场具有相对比较优势。

当甲公司希望借入日元,而乙公司希望借入美元时,甲、乙公司分别在其具有比较优势的美元、日元市场贷款,然后甲、乙公司与中介机构之间签订货币互换协议,相互交换本金和利息的支付。货币互换的具体过程,如图13-6所示。

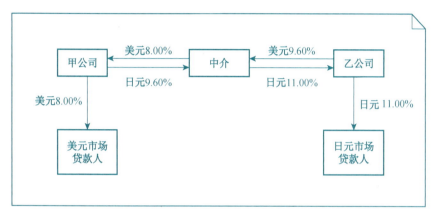

图 13-6　货币互换过程示意图

通过货币互换,甲公司获得日元贷款且利率为9.60%,比其直接在日元市场上贷款利率10.00%节省0.4个百分点;乙公司获得美元贷款且利率为9.60%,比其直接在美元市场上贷款利率10.00%节省0.4个百分点;中介机构美元净收取1.60%,日元净支出1.40%,忽略两种货币的差别,每年可获得0.2个百分点的收益。三者之和为0.4+0.4+0.2=1.0%,即为甲、乙公司在美元市场的利率差减去其在日元市场上的利率差的结果。

与利率互换的差别是,货币互换的本金在交易开始时也要进行交换,到期后再换回。在货币互换协议中,还应规定两种不同货币的本金数量及其汇率。一般是以互换开始时的汇率计算。假设互换成立时,1美元=120日元,本金数量分别为1 000万美元和12亿日元,则在互换生效日,甲公司可支付1 000万美元,收取12亿日元;在互换协议有效期内,甲公司每年向中介机构收取80万美元(1 000万×8.00%)利息,同时支付11 520万日元(12亿×9.60%);在互换协议到期日,甲公司支付12亿日元,收取1 000万美元。

需要指出的是,货币互换交易各方还可能存在汇率风险。如有必要可通过其他金融衍生产品如期货、期权等进行风险转换或套期保值。

(二)货币互换的类型

货币互换有三种基本形式:定息—定息货币互换、定息—浮息货币互换和浮息—浮息货币互换。

定息—定息货币互换是指货币互换的双方在整个交易期内,均按固定利率相互交换支付利息,其又称"双方总货币互换",是货币互换的重要形式之一。上述例子就是定息—定息货币互换。

定息—浮息货币互换是指在货币互换过程中,互换的一方承担按固定利率支付利息的义务,与此同时,互换的另一方承担按浮动利率支付利息的义务。

一方面,随着跨国财团、公司在异国他乡设立分支机构,但异国他乡投资者对其信任与把握程度的有限,他们用浮动利率筹资往往需要支付较高的利率。另一方面,依托其母公司的信誉、实力优势,它们却可以在本国市场以较低的固定利率筹资。正是在这一互利互惠前提下,定息—浮息货币互换得以迅速发展。

浮息—浮息货币互换其实质与前述两种货币互换相似,只是互换双方彼此承担对方按浮动利率付息的义务。这一货币互换形式的产生与发展的背景是国际经济、金融一体化的发展趋势,以及利率、汇率风险的加剧,各国投资者为了消除汇率、利率变动的风险,发展各自融资的比较优势而衍生出的货币互换新的类型。

专栏阅读 13-4：中国在全球签署 5 000 亿美元货币互换协议

据彭博社报道,北京时间 2017 年 6 月 7 日,中国已经与从苏里南到新西兰在内的超过 30 个国家达成了货币互换协议,合计最高金额达到 3.33 万亿元人民币(约合 4 900 亿美元)。

中国人民银行(央行)表示,这类本币互换协议是为了提振贸易和促进金融稳定,这样做有助于促进人民币的国际化,并在全球舞台上为中国的新兴地位增色。

纽约外交关系委员会国际经济主任 Benn Steil 表示:"大多数本币互换实际上并没有被使用。"中国央行没有回应关于这类协议确切使用金额的问题。

中央银行的货币互换有点类似消费者信用透支。中国央行将人民币汇给提出互换要求的那些国家,他们再将资金用来支付从中国进口货物的货款,特别是在政府经历资金危机的情况下,或者将其换成另一种货币。然后,双方在商定的日期偿本付息。

中国央行表示,中国人民银行从未有意针对货币互换的数量和规模设定目标,将继续本着平等、自愿和互利的原则在相关工作上取得进展。

货币互换并非由中国首创。美联储在 1962 年冷战最严重时期开始与包括联邦德国在内的盟国进行外汇互换交易以规避黄金储备的损失,并于 2007 年恢复了上述安排来遏制金融危机。

在危机期间,欧洲央行、瑞士央行和日本央行都参与了货币互换,并在英国脱欧等特殊时期加强了这种安排。不过,中国央行所签署货币互换协议的与日俱增,也凸显了其贸易伙伴国拥抱中国经济实力的意愿。

埃及与中国在2016年12月份签署了约26亿美元的货币互换协议,从而允许这个北非国家在本币自由浮动之后巩固外汇储备。

Marketfield Asset Management首席执行官Michael Shaoul表示:"可以将此视为一种货币外交,不仅旨在提升人民币的形象,更是为了中国的影响力。"

案例阅读13-1:巴林银行的倒闭

巴林银行(Barings Bank)创建于1763年,是历史显赫的英国老牌贵族银行,创始人是弗朗西斯·巴林爵士。截至1993年年底,巴林银行的全部资产总额为59亿英镑,1994年税前利润高达15亿美元。其核心资本在全球1 000家大银行中排名第489位。世界上最富有的女人——伊丽莎白女王也信赖它的理财水准,并是它的长期客户。

巴林银行有别于普通的商业银行,它不开发普通客户存款业务,故其资金来源比较有限,只能靠自身的力量来谋求生存和发展。1886年,巴林银行发行"吉尼士"证券,购买者手持申请表如潮水一样涌进银行,后来不得不动用警力来维持,很多人排上几个小时后,买下少量股票等到第二天抛出时,股票价格已涨了一倍。

20世纪初,巴林银行荣幸地获得了一个特殊客户:英国王室。由于巴林银行的卓越贡献,巴林家族先后获得了五个世袭的爵位。这可算得上一个世界纪录,从而奠定了巴林银行显赫地位的基础。

尼克·李森(Nicholas Leeson),国际金融界"天才交易员",28岁时就任巴林银行驻新加坡巴林期货公司总经理、首席交易员,以稳健、大胆著称。在日经225期货合约市场上,被誉为"不可战胜的李森"。

1992年7月17日,李森手下一名刚加盟巴林的交易员手头出了一笔差错:将客户的20份日经指数期货合约买入委托误操作为卖出。李森在当晚清算时发现了这笔差错。要矫正这笔差错就须买回40份合约,按当日收盘价计算,损失为2万英镑,并应报告巴林总部。但在种种考虑之下,李森决定利用错误账户"88888"承接了40份空头合约,以使账面平衡。由此,一笔代理业务便衍生出了一笔自营业务,并形成了空头敞口头寸。数天以后,日经指数上升了200点,这笔空头头寸的损失也由2万英镑增加到6万英镑。李森当时的年薪还不足5万英镑,且先前已有瞒上不报的违规之举,因而他更不敢向总部上报了。此后,李森便一发而不可收,频频利用"88888"账户吸收下属的交易差错。仅其后不到半年的时间里,该账户就吸收了30次差错。为了应付每月月底巴林总部的账户审查,李森就将自己的佣金收入转入账户,以弥补亏损。由于这些亏损的数额不大,结果倒也相安无事。

1993年1月,李森手下有一名交易员出现了两笔大额差错:一笔是客户的420份合约没有卖出,另一笔是100份合约的卖出指令误操作为买入。李森再次作出了错误的决定,用"88888"账户保留了敞口头寸。由于这些敞口头寸的数额越积越多,随着行情出现不利的波动,亏损数额也日趋增长至

600万英镑,以致无法用个人收入予以填平。在这种情况下,李森被迫尝试以自营收入来弥补亏损。幸运的是,到1993年7月,"88888"账户居然由于自营获利而转亏为盈。如果李森就此打住,巴林银行的倒闭厄运也许又一次得以幸免。然而这一次的成功却从反面为他继续利用"88888"账户吸收差错增添了信心。

1994年下半年,李森开始看多日本股市。1995年1月26日,李森竟用了270亿美元进行日经225指数期货投机。不料,日经指数从1月初起一路下滑,李森所持的多头头寸损失惨重。1995年1月16日,日本关西大地震,股市暴跌,李森所持多头头寸遭受重创,损失高达2.1亿英镑。为了反败为胜,他继续从伦敦调入巨资,增加持仓,即大量买进日经225股价指数期货,沽空前日本政府债券。到2月10日,李森已在新加坡国际金融交易所持有55 000份日经股价指数期货合约,创出该所的历史记录。

这时的情况虽然糟糕,但还不至于能撼动巴林银行。为了反败为胜,李森再次大量补仓日经225期货合约和利率期货合约,头寸总量已达十多万手。

要知道这是以"杠杆效应"放大了几十倍的期货合约。当日经225指数跌至18 500点以下时,每跌一点,李森的头寸就要损失两百多万美元。

1995年2月23日,日经股价指数急剧下挫276.6点,收报17 885点,由此造成的损失则激增至令人咋舌的86 000万英镑,这决定了巴林银行的最终垮台。当天,李森已意识到无法弥补亏损,于是被迫仓皇出逃。巴林银行最后损失金额高达14亿美元之巨,而其自有资产只有几亿美元,亏损巨额难以抵补,这座曾经辉煌的金融大厦就这样倒塌了。1995年3月2日,警方将李森拘捕。12月2日,新加坡法庭以非法投机并致使巴林银行倒闭的财务欺诈罪名判处李森有期徒刑6年6个月,同时令其缴付15万新加坡元的诉讼费。2月26日,由于未能筹集到足够的款项,这家拥有233年历史的银行以1英镑的象征性价格被荷兰国际集团收购。

复习思考题

1. 试述金融衍生产品产生的背景。
2. 试述金融衍生产品发展的效应。
3. 试述两类金融衍生产品交易市场的区别。
4. 试述金融期货的主要类型。
5. 试述金融期货套期保值的基本环节。
6. 试述金融期货套期保值的主要策略。
7. 试述金融期货套利的主要策略。
8. 试述金融期权合约的主要构成要素。
9. 试述金融期权交易的主要策略。
10. 试述金融互换的主要特征。
11. 试述金融互换的主要类型。

第十四章

证券投资的基本分析

> **投资导读**
>
> 随着我国市场经济的不断发展、资本市场的日臻完善,投资已不再是政府、企业和富豪的专利,而开始走进寻常百姓家,一个大众投资市场正在形成。
>
> 投资的主要目标有两个:一是资产增值,二是财务自由。如何通过投资,使资产有效增值并超过 CPI 的增速、避免财富缩水,已成为大众的课题。投资是一门大学问,涉及财务、会计、经济、金融、税收和法律多个方面,投资收益的大小不仅取决于大环境,更取决于对投资工具的选择和投资技巧的应用。因此,对投资者来说,掌握必要的投资知识、熟悉必要的操作技巧,是有效规避投资风险的重要前提。
>
> 证券投资的基本分析是指对上市公司的经营业绩、财务状况,以及影响上市公司生产经营的客观社会经济环境等要素进行的分析,其理论依据是证券价格由证券内在价值决定,通过分析影响证券价格的基本条件和决定因素,判断和预测其的发展趋势。基本分析对于预测整个证券市场的中长期趋势,选择具体的投资对象具有重要的作用。基本分析主要包括经济分析、行业分析与公司分析三个层次。

第一节 | 宏观经济分析

证券投资活动是国民经济运行系统中的一个子系统。证券投资的成败在很大程度上取决于投资者能否不断地适应国民经济运行这个大系统中的任何变化并作出相应的决策。事实上,国民经济运行的任何变化,都会在作为经济运行"晴雨表"的证券市场上得到相应的反映。从宏观层次出发,影响证券市场主要因素的分析一般包括以下四个方面。

一、经济增长分析

经济增长是指一国或一地区实际经济产品与劳务总量在时间上的增长或增加。根据经济增长含义,一般采用国内生产总值作为衡量经济产品与劳务的总量指标。因为,国内生产总值是反映一个国家(地区)的领土(辖区)范围内,本国(本地区)居民和外国(外地区)居民在一定时期内所生产和提供的最终使用的产品和劳务的总价值。同时,经济增长是指经济产品和劳务的实际产量的增长,而按当年实际价格计算的国内生产总值的增长受到产品、劳务产量增长与产品、劳务价格上涨的双重影响。因此,要将价格变动因素从国内生产总值变动中加以剔除,采用可比价格计算的国内生产总值作为产量指标,使对比的历年国内生产总值的变动仅反映其产量变动。

一国经济发展必须保持一定的增长速度,才能提高人民的生活水平,增强综合国力,提高本国在世界经济中的地位。如果该国国内生产总值增长快,说明该国经济发展较快,这表明整个经济运行中绝大多数的企业包括上市公司的生产经营状况良好,必然导致企业的盈利水平上升,投资收益率提高,引起投资者对证券价格未来走势的看好。当然,这种增长速度以多少为宜,并没有固定标准。从横向看,不同国家有不同的国情;从纵向看,同一国家处在不同的发展阶段;从增长因素分析,又有劳动贡献、资本贡献以及科技进步贡献份额不同的区别。一般来说,经济增长速度与本国国力相符,又能保持本国国民经济持续稳定协调发展的,就可以认为是适宜的增长速度。但是,经济增长速度过高,经济过热,超越了国力,脱离了国情,往往伴随着通货膨胀,导致经济发展的失衡,为下一步经济发展留下隐患,不得不进行经济的调整与修复,也就是说经济超高速增长的代价,可能是若干年经济的低位徘徊。同时,在强手如林、竞争激烈的国际经济系统中,如果经济增长速度过低,或者长期徘徊,就会丧失良好的发展机遇,相对削弱综合国力,发展前景堪忧。

二、经济景气分析

国民经济运行常表现为收缩与扩张的周期性交替,一个经济周期包括衰退、萧条、复苏与高涨四个阶段,当经济从衰退到萧条,在萧条中开始复苏,进而到达高涨阶段,这就是经济的景气变动。经济景气变动对证券市场行情尤其是股市行情的影响主要包括以下几个方面。

股票投资主要目的是为了获取一定的预期收益。一般来说,股票投资的预期收益主要来自上市公司的分红派息与股票市价的价差。经济景气变动对公司盈利的影响,视公司所在行业而定。对防守类的公用事业公司等而言,经济景气变动的影响并不大。但大多数上市公司属于周期性类,那么经济景气的不同阶段将会影响公司盈利,进而影响其股票的分红派息水平。当经济景气从谷底走向高峰时,公司订单增加,开工率提高,生产规模扩大,市场产销两旺,产品价格也随之上升,从而使公司的盈利增加,股票分红派息水平也水涨船高。反之,当经济景气从高峰走向低谷时,公司订单锐减,开工不足,生产规模减小,产品滞销,价格随之下降,从而使公司盈利减少甚至亏本,股票分红派息水平也随之减少甚至不分配。如果说经济景气变动对公司盈利的影响传导到公司的股票价格上,只是对于个股价格的影响,那么经济景气变动对整个股市行情也会产生相应的影响。当经济景气从低谷走向高峰时,股市行情会随之上升或呈现出坚挺的上升走势;当经济景气从高峰走向低谷时,股市行情也会随之下跌或处于低迷状态。因此,经济景气的不同变动会引致股价变动并形成不同的价差,当经济景气走向高峰阶段,价差为正,即投资者可获取资本利得;反之,价差为负,即投资者不仅无利可获,还会导致资本损失。

因此,对经济景气变动的分析预期不仅是政府、部门、企业所必需的,也是投资者所必需的。通过分析预期经济景气变动,把握其变动的转折点,可作为证券投资决策的基本依据。

显然,经济景气变动无法回避,但投资者可以设法降低其影响。其一,根据经济景气的变动,选择投资进入与退出的恰当时机,在经济复苏之机购入,于经济衰退来临之前卖出,也即实施牛市持股、熊市持币的策略;其二,根据经济景气的变动,选择正确的投资对象,即在萧条阶段经复苏阶段到高涨阶段其间投资于周期性股票,而在高涨阶段经衰退阶段到萧条阶段其间或投资于反周期性即防守性股票,或投资于长期具有良好的财务状况和发展前景的企业,其往往抗风险能力较佳,市场行情波动并不影响股票内在价值的上升潜质。

三、产业导向分析

产业导向分析,主要包括产业政策分析与优势产业分析两大部分。

(一) 产业政策分析

产业政策是国家整个宏观经济政策体系的一个重要组成部分,它是国家根据一定时期国民经济发展的内在要求,通过各种直接、间接政策手段,调整产业结构,引导产业发展,调整产业组织形式,促使产业部门的均衡与发展,实现一定经济发展阶段战略目标的经济政策。产业政策一般包括产业结构政策、产业组织政策、产业技术政策和产业布局政策等,其中产业结构政策、产业组织政策为其基本内容。当产业政策向某一行业、某种产业组织倾斜时,国家通常会采用财政政策和货币政策手段的配合实施,这时该行业或产业组织往往会获得财政投资、税收、信贷、进出口等方面优惠。这些政策措施会使该行业或产业组织的利润水平上升,投资收益率提高,从而该行业或产业组织的股票价格上扬。相反,如果国家要限制某行业的发展,就会动用相应的经济杠杆阻碍其发展,因此,该类行业公司的前景堪忧。正因如此,受国家政策鼓励发展的高新技术产业如微电子、生物技术、新材料等行业具有较高的成长性,成为各证券市场的热门板块。

(二) 优势产业分析

优势产业分析,主要是通过统计指标来分析哪些产业在未来经济发展中具有较大的发展潜力,可能占有更大的份额。优势产业分析,一可帮助投资者在国家政策导向下具体选择投资的行业;二可帮助投资者扩大投资选择的产业领域,即在相同市场与政策环境下,优势产业的利润水平较高,投资收益较高,相应其股价也较易上扬。用于优势产业判断的主要统计指标有以下三种。

1. 需求收入弹性

$$某产业社会需求的收入弹性(EY) = \frac{\frac{\Delta Q}{Q}}{\frac{\Delta Y}{Y}} \qquad (14-1)$$

式中:$\frac{\Delta Q}{Q}$——某产品需求的增长率;

$\frac{\Delta Y}{Y}$——国民生产总值的增长率。

这一指标反映某产业的社会需求量变化对国民生产总值变化的敏感性程度,也即单位国民生产总值的变化将引起该产品需求量的多大变化。当

$EY<1$ 时，表明该产业社会需求量的增长小于国民生产总值的增长，市场扩容较小；当 $EY=1$ 时，表明该产业社会需求量与国民生产总值同步增长，也即与市场同步扩容；当 $EY>1$ 时，表明该产业社会需求量增长大于国民生产总值的增长，这种高收入弹性的产业具有较大的市场容量。一般来说，一个产业部门要发展，就必须以它的产品有市场需求为前提条件，需求收入弹性就是从需求方面来反映某产业的潜在市场容量。需求收入弹性高的产业部门的投资价值也较高。

2. 生产率上升率

$$生产率上升率 = \frac{报告期某产业生产率}{基期某产业生产率} \times 100\% - 100\% \quad (14-2)$$

这里的生产率是指综合生产率，即 $A = \dfrac{Y}{L^{\alpha}K^{\beta}}$。由于促进生产率上升的主要因素是技术进步，因此也可以采用技术进步率指标来反映生产率的上升状况。

$$技术进步率(\Delta A/A) = \frac{\Delta Y}{Y} - \alpha \cdot \frac{\Delta L}{L} - \beta \cdot \frac{\Delta K}{K} \quad (14-3)$$

式中：A——技术进步因素；

Y——国民生产总值；

L——劳动力；

K——资金；

Δ——增量；

α、β——分别为劳动与资金的产出弹性，且 $\alpha + \beta = 1$。

一般来说，生产率上升较快的产业，技术进步的速度较快，其生产成本下降也较快，在竞争中占有较大的优势。因而这类产业部门的投资价值较高。

3. 比较劳动生产率与比较资金产出率

$$比较劳动生产率(q_i) = \frac{\dfrac{Y_i}{\sum Y_i}}{\dfrac{L_i}{\sum L_i}} = \dfrac{\dfrac{Y_i}{L_i}}{\dfrac{\sum Y_i}{\sum L_i}}$$

$$比较资金产出率(k_i) = \frac{\dfrac{Y_i}{\sum Y_i}}{\dfrac{K_i}{\sum K_i}} = \dfrac{\dfrac{Y_i}{K_i}}{\dfrac{\sum Y_i}{\sum K_i}} \quad (14-4)$$

式中：Y_i——产业的国民生产总值；

$\quad\quad L_i$——产业的劳动力人数；

$\quad\quad K_i$——产业的生产资金。

如果说生产率上升率是从时期角度对不同产业的发展动态进行比较，那么比较劳动生产率与比较资金产出率则更直接地显示了不同产业的劳动生产率与资金产出率的差异。一般来说，比较劳动生产率与比较资金产出率高的产业在经济发展中要领先于其他产业，也即该产业的投资价值较高。

四、通货膨胀分析

按照通常的定义,通货膨胀是指一般价格水平的持续上涨过程。其内含三个方面的内容:①通货膨胀不是季节性的、暂时性的、偶然性的价格水平的上涨,只有当价格持续上升,趋势不可逆转时,方可称之为通货膨胀;②通货膨胀不是指个别商品价格的上涨,而是指价格总水平(指所有商品价格的加权综合)的上涨;③通货膨胀不仅包含实物产品价格的上涨,而且还包含劳务产品价格的上涨。这一定义是以较为完善的市场经济体制为前提条件,只有在这种体制下,通货膨胀可以通过价格上涨充分地表现出来。通货膨胀对证券市场行情尤其是股票市场价格的影响较为复杂。以下主要通过通货膨胀的作用机制与治理通货膨胀的政策来加以分析。

第一,通货膨胀影响证券市场行情尤其是股票市价涨跌的作用机制分析。在通货膨胀之初与温和阶段,企业消化原材料费用上涨等因素的能力较强,同时又能利用人们的货币幻觉提高其产品价格,在一定程度上可能刺激生产与消费,增加企业盈利,促使股市行情的上扬;但与通货膨胀随之而来的生产费用不断提高,当企业无法通过产品涨价或内部消化加以弥补时,必然导致企业经营业绩的恶化,投资者因此会对股票投资失去信心,股市行情随之下滑。一旦投资者对通货膨胀的未来态势产生持久的不良预期时,股价暴跌也在所难免。

第二,治理通货膨胀的政策手段分析。经济发展的一般规律显示,经济增长与通货膨胀总体上呈同方向运行态势。因此,保持较高的经济增长速度和抑制通货膨胀成为经济运行中的一对主要矛盾。经济增长速度过快,通货膨胀压力加重;要抑制通货膨胀又不可避免地影响经济发展。一般来说,在经济发展过程中,若通货膨胀上升过快,国家为保持经济的持续发展和维护社会的稳定,往往出台的政策内容是收缩银根,手段包括削减固定资产投资、提高利率、控制信贷等。这种资金供给与运行的紧缩导向,造成股市"失血"与"出血"的效应,导致股价行情的跌落。如果国家已出台的调控政策仍未减缓通货膨胀的压力,国家还会加大实施调控的力度,推出更为严厉的调控政策。因而,随着抑制通货膨胀的调控政策力度的不断加大,股市行情呈一波低于一波的下跌趋势。反之,当通货膨胀见顶回落并达到合理范围内,国家为促进经济发展又会推出以放松银根为主要内容的政策手段,这时正是股票的买入时机。

应当指出:通货膨胀是一种常见的经济现象,它的存在必然使投资者承担购买力风险,而且这种风险影响不会因为投资者退出证券市场就可以避免的。投资者唯一可以降低通货膨胀影响的途径是在控制风险的基础上争取较高的投资收益。

专栏阅读 14-1:煤电去产能

近日,国家发改委等 16 个部委联署发布的文件显示,火电过剩越来越严重,而煤电去产能刻不容缓。按照相关计划,"十三五"期间,全国停建和缓建煤电产能 1.5 亿千瓦,淘汰落后产能 0.2 亿千瓦以上,到 2020 年全国煤电装机规模控制在 11 亿千瓦以内。

根据 2017 年的政府工作报告,今年要淘汰、停建、缓建煤电产能 5 000 万千瓦以上。一份来自国家能源局的煤电调控任务落实执行名单显示,2017 年第一批要关停 512.125 万千瓦煤电机组,停建违规 4 172 万千瓦煤电机组,缓建 6 463 千瓦机组。

"十三五"期间的目标更大。据 8 月 14 日国家发改委等 16 个部委公布的《关于推进供给侧结构性改革防范化解煤电产能过剩风险的意见》(以下简称《意见》),"十三五"期间,全国停建和缓建煤电产能 1.5 亿千瓦,淘汰落后产能 0.2 亿千瓦以上,到 2020 年全国煤电装机规模控制在 11 亿千瓦以内。煤电成为继钢铁、煤炭之后,第三大"去产能"的行业。

厦门大学能源经济与能源政策协同创新中心主任林伯强告诉 21 世纪经济报道记者,以现在的火电利用小时数下降幅度看,正在运行的煤电产能过剩 20%左右,加上正在建设和即将建设的项目,煤电产能过剩更严重。

本次国家提出全国停建和缓建煤电产能 1.5 亿千瓦,有利于解决煤电以及整个电力产能过剩的问题。"在目前停建和缓建几年后,待用电总量缓慢上升,才可以逐步解决目前的煤电供求过剩矛盾。"林伯强说。

不过,全国到底有多少过剩的煤电仍不得而知。原因是,2014 年火电单机 60 万千瓦以下的审批权已经下放到地方,地方到底审批了多少,开建或者即将建设多少仍是未知数。

华北电力大学教授袁家海估计,2016 年全国已经获得审批合规在建的煤电装机可能有 1.7 亿—1.8 亿千瓦,未合规的建设的可能有 4 000 万千瓦,另外还有 2 000 多万千瓦装机已获批未建。

"如果都建成的话,2020 年会远超'十三五'规划的 11 亿千瓦煤电装机目标。"他说。

根据中国电力企业联合会(简称"中电联")的统计,2016 年年底,全国全口径火电装机 10.5 亿千瓦、同比增长 5.3%。火电以煤电为主,2016 年净增火电装机 5 338 万千瓦、同比减少 1 983 万千瓦,其中煤电净增 4 753 万千瓦、同比减少 1 154 万千瓦。按此每年新增 5 000 万千瓦左右的速度看,未来

4年显然要大大超过2020年11亿千瓦装机的目标,这是《意见》强调不得不去除煤电产能的原因。

2017年3月5日,国务院提出淘汰、停建、缓建煤电产能5 000万千瓦以上,但是根据2017年第一期调控任务落实细目名单,2017年第一批要关停512.125万千瓦煤电机组、停建违规4 172万千瓦煤电机组,总计近5 000万千瓦。

美国自然资源保护委员会高级顾问杨富强认为,如果考虑可再生能源的发电目标完成,煤电的产能可以进一步调低。"煤电加大力度去产能后,可以给太阳能、风能、核能等增加利用率,进而完成碳排放目标。"他说。

中电联数据显示,2016年火电设备利用小时数4 165小时,比上年降低199小时,而2007年为5 316小时,火电设备利用小时数不断下降。这也从另一个方面说明了火电过剩的状况。

资料来源:《21世纪经济报道》,2017年8月16日。

第二节 行业分析

上述宏观经济分析为投资者进行证券投资决策提供了外部环境条件,要帮助投资者解决如何投资问题,还须对投资对象加以抉择。事实上,公司的生存与发展受到其所属行业的竞争程度、生命周期阶段、景气周期影响等的制约。因此,行业分析构成证券投资基本分析的主要内容之一。

一、行业的竞争程度分析

根据国民经济各行业中的企业效益、产品属性、价格决定机制等因素,可将国民经济各行业分为完全竞争、不完全竞争、寡头垄断和完全垄断四种类型。

(一) 完全竞争

完全竞争行业的特点是企业数量很多,各企业生产的产品具有同一性特征,进入该行业的"门槛"较低,即对劳动力、资金、设备、技术等要素标准低。因而,该行业的产品价格,企业利润主要取决于市场供求关系。这一特征也决定了这类行业经营业绩波动较大,股票价格受此影响波动也较大,投资风险相应提高。

(二) 不完全竞争

不完全竞争行业的特点是企业数量仍然很多,虽然各企业生产的产品仍具同一性特征,但在质量、服务、特性以及由此而产生的品牌上存在一定程度的差异。因而,该行业各企业的产品价格在市场平均价格的基础上也存在一定程度的差异,企业利润也因此受到产品品牌、质量、服务、特性等因素的相应影响,这一特征也决定了这类行业企业的分化较大。对于那些生产规模大、质量好、服务优、品牌知名度高的企业在同行业中具有较强的竞争能力,受此影响,其经营业绩一般较好且相对稳定,投资风险相对较小。

(三) 寡头垄断

寡头垄断行业的特点是企业数量很少,各企业生产的产品仍具同一性且相互替代性强,进入该行业的门槛较高。一般为资金密集型或技术密集型,往往由于资金、技术等因素限制了新企业的进入,因而,个别企业对其产品价格有较强的控制力。

(四) 完全垄断

完全垄断行业的特点是该行业为独家企业生产经营,产品价格与市场也为独家企业所控制。这类行业主要是公用事业,如电力、煤气、自来水公司,其产品为社会生产、人民生活中不可缺少,但又高度垄断。政府为稳定社会生产与人民生活,通常对其价格的确定及变动有较为严格的控制。

事实上,极大部分行业具有不完全竞争与寡头垄断的特征。一般来说,竞争程度越高的行业,其产品价格与企业利润受到市场供求状况的影响越大,因而投资风险较大;垄断程度越高的行业,其产品价格与企业利润受到企业自身、政府控制的程度越高,因而,投资风险较小。上述分析表明行业的竞争程度决定了证券投资的风险大小。投资者为回避风险,投资对象选择宜向竞争程度相对较低的行业即产业集中化程度高的行业倾斜。

二、行业的生命周期分析

国民经济行业分类是从门类、大类、中类到小类逐级的分类,其中劳动成果即产品效用的相似性是划分小类的主要依据之一。因此,可将产品生命周期理解为行业(小类甚至是细小类)的生命周期。所谓产品生命周期是指产品从投入市场试销开始到被市场淘汰为止的整个过程。产品生命周期一般可分为四个阶段:开拓期、发展期、成熟期与衰退期。产品生命周期可用生命周期曲线来描述与反映,如图14-1所示。

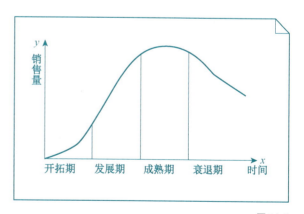

图 14-1
产品生命周期示意图

图14-1中生命周期曲线表明了不同时期(或不同阶段)的产品销售量的变化。从严格意义上讲,产品生命周期一般是指小类产品的生命周期,而不应是大类产品的生命周期,因为就大类产品而言,目前无法预见到其周期变化,甚至可能在很长的历史阶段中延伸,如汽车、钢材、石油等;产品销售量一般是指一国范围内产品销

售量即社会需求量,而不应是某一企业的产品销售量,因为就单一企业而言,其产品销售量的变动受到更多的来自产品生命周期以外因素的作用影响,例如,某企业产品质量低劣而影响其销售量的下降,或某企业产品售后服务体系完善而促使其销售量上升。

(一) 开拓期

这一时期一般是指产品的研究、开发、试制与投产试销的阶段。其主要特征是:产品尚未定型,尚未被消费者所认可;试制费用与推销费用大、生产批量小、产品成本高;产品销售量增长缓慢。

(二) 发展期

这一时期是指产品试销成功,初步占领市场,并大力增加销售扩大市场的阶段。其主要特征是:产品为消费者所接受,设计与工艺基本定型;大批量生产、产品成本下降,盈利水平较高;其他企业积极进入该行业,产品销售量快速增长,但产品价格开始下降。

(三) 成熟期

这一时期是指企业间的竞争激烈,该产品市场逐步趋于饱和阶段。其主要特征是:企业间同类产品竞争激烈,产品性能有所提高与改进;少数大企业的垄断性加强;产品价格仍有所下降,但企业盈利水平开始滑坡;市场需求渐趋饱和,产品销售量基本持平。

(四) 衰退期

这一时期是指产品开始老化,逐步丧失竞争能力,转入更新换代的阶段。其主要特征是:市场需求减少,产品销售量大幅度下降;新的替代产品出现,并逐步占有原产品的市场。

分析产品生命周期不同阶段的特征显示其不同风险水平与盈利水平,有利于把握产品未来的发展趋势。产品生命周期分析对投资者而言,关键在于帮助投资者选择合适的投资对象。

三、行业景气分析

每一个行业都不同程度地受到经济景气变动的影响。但是,并不是所有的行业都与经济景气变动密切相关。一般来说,生产资料的生产、耐用消费品的生产、奢侈性消费品的生产受经济景气变动的影响较大,相应地,这类行业的股票被称为周期性股;一般生活必需品的生产、必要的公共劳务的提供则与经济景气变动的关联较小,社会公众对其产品的需求相对稳定,这类行业的上市公司盈利水平也相对稳定,由于这类行业上市公司经营业绩不会因经济景气变化而出现大幅度变动,被称为防守性股。

受经济景气变动影响大的行业,相应地会形成行业的景气循环。当经济繁荣时,行业表现为景气;反之则为不景气。同时,行业自身有一定的景气变动规律,这是由影响行业景气变动的各种因素所决定的,行业景气循环处于不同的阶段,行业内上市公司的股票价格会受到相应影响。当行业景气时,股价上升;反之则下降。

分析经济景气与行业关系,有助于投资者进行证券投资时机与投资对象的选择:其一可根据经济景气的变化,选择投资与退出的时机。其二可根据经济景气的变化,选择不同的投资对象。即景气上升阶段,选择周期性股;景气下降阶段,选择防守性股。其三可根据某行业景气循环与总体经济景气循环的关系即领先、同步与滞后的特征,在经济景气循环的不同阶段选择不同行业的周期性股。例如,经济步入低谷之后,最先复苏行业通常为建筑业、房地产业,紧接着往往是商业、轻工业;经济进入高涨之后,随着宏观经济调控措施的出台,首先出现呆滞的也往往是建筑业、房地产业。

专栏阅读 14-2:京东为什么无法抗衡便利店?

京东创始人刘强东称,即使京东这样的电商巨头也无法抗衡传统的便利店。在零售市场中,一个典型的竞争场景是电子商务公司不断让传统零售商失去活力,最终陷入困境,但便利店却是一个例外。

且不说便利店极为强大的日本市场,就连一直被认为没有便利店氛围的中国市场也充满了活力。中国连锁经营协会(CCFA)针对 45 个主要的便利店企业的调查统计显示,2016 年上半年,52.3% 的企业保持增长,同比下降的只有 16.5%。2016 年,中国便利店市场的整体增速在 15% 左右,市场总量达到 1 000 亿元。

2017 年 4 月 10 日下午,京东创始人刘强东宣布了一个看起来无法实现的大计划——未来 5 年,京东将在全国开设超过 100 万家京东便利店,其中一半在农村。

虽然能否实现这个宏伟的目标还不确定,但刘强东随后提到了一个很确定的事情:他从事电商多年,发现有几种业态是电商无法与之抗衡的,其中之一就是便利店。刘强东认为,既然无法抗衡,京东就选择与其合作。

那么,为什么京东这样的电商巨头都无法抗衡便利店呢?

1. 需求

顾名思义,便利是便利店提供的最重要的服务,消费者通常是在急需的状况下去便利店购买产品和服务,具体到用户的体验场景可能就是要立刻或者在十几分钟内享受到。从这一点来讲,再快的电商配送速度也无法匹配用户的需求。这也是电商和便利店最根本的差别。

2. 价格

对于传统零售商来说,电子商务最有杀伤力的点在于更低的价格,明显的价格差异往往会使消费者放弃传统零售商。但便利店的用户大多对价格不敏感,不仅不敏感,用户甚至能够接受更高的价格。这一方面是出于时间的紧迫性;另一方面是因为便利店存在很多非标品,尤其是便利店自有品牌产品。比如,7-Eleven 的综合商品毛利率就能达到 32% 左右。这使得电子商务公司失去了自己最主要的竞争优势。

3. 运营

电商的运营模式是大而全,以规模优势来形成自己的竞争力,这一点实际上和沃尔玛这样的传统大型超市很类似。但便利店的运营模式却是小而精,一方面其商品的品类很少且以食品为主;另一方面运营半径很小。这两种不同的商业逻辑决定了各自所需要的运营能力和细节都不相同,而电商的规模也无法对便利店形成竞争优势。

虽然无法取代便利店,但正是由于中国市场的电子商务公司过于发达,便利店的发展也受到了一些影响。自 2004 年进入北京市场以来,7-Eleven 平均每年只增加 20 多家新店。据拥有 7-Eleven 北京 25% 股权的王府井百货的财报显示,2016 年 7-Eleven 在北京的营业收入达到 15.71 亿元,但净利润只有 207 万元。

在中国市场,便利店仍然是一种成长中的业态。这正是京东想要开设便利店的原因之一。另一个更重要的原因是,京东这样的互联网公司理论上的确可以让便利店的经营进入一个新的阶段。

某种程度上,便利店和电子商务的运营有相似之处,那就是同样基于数据和客户需求不断调整自己的产品和服务。仍以 7-Eleven 为例,店员在收银时,必须记录商品类型、消费时间、顾客性别年龄甚至天气等信息,其销售品类正是基于长时间的客户消费数据而不断调整。

相对于互联网公司掌握的用户数据的规模和深入程度,传统便利店采用的只能算是一个小型数据运营模式,而且还是封闭运营。在更准确地把握用户消费习惯方面,京东这样的大型互联网公司显然拥有更大的优势,而且线上消费和线下消费的打通也能够让京东的用户管理更加高效。

在此之外,京东这样的互联网公司需要解决一个最基本的问题——懂得如何运营好一家线下便利店。经营便利店可不仅仅是知道消费者想买什么,有很多实际上的经营问题是技术无法解决的,商业就是这样。

资料来源:《第一财经周刊》,2017 年 4 月 24 日。

第三节　公司经营状况分析

公司分析是证券投资基本分析的最关键一环。毫无疑问,证券投资能否获得与其承担的风险相应的收益,主要取决于证券发行者的经营状况,包括其收益状况、风险状况、发展前景等,而上述每一状况又受到多种因素的影响。显然,投资者对发行证券的公司了解得透彻,分析得全面,就能避免投资的盲目性。公司分析主要包括经营状况分析与财务状况分析两大方面。公司经营状况分析主要有以下内容。

一、公司的历史沿革

公司历史沿革的分析，就是将上市公司与外部环境联系起来，分析公司的历史，把握其发展特征和发展基础等，以此作为预测未来的参考。虽然公司的历史不能完全代表公司的未来，但通过对公司历史的了解分析，可以帮助投资者理顺公司发展的来龙去脉，更重要的是通过公司历史上发生的一系列重大事项，可以帮助投资者了解公司管理层的应对态度与应变能力以及最终结果。了解分析公司的历史，应与当时的外部环境相联系，一方面是因为公司发展与外部经济、政治、市场环境具有高度的相关性；另一方面在于了解公司管理层洞察、判断经济形势、把握获利机会的能力，了解公司发展战略的前瞻性和调整的及时性。如果公司有较高概率把握发展机遇，至少说明该公司具有较高投资价值的可能性。

二、公司的经营观念

公司的经营观念是整个公司经营活动的指导思想，贯穿于公司经营活动的全过程，涉及经营内容的各个方面。分析公司的经营观念，有利于把握公司的发展趋势。一般来说，适应现代市场经济发展要求的公司应具有以下特点：①开放观念。市场经济是一种开放经济。上市公司作为开放性组织，从开放的范围看，不仅要向国内市场开放，也要向国际市场开放；从开放的内容看，不仅生产经营要社会化、国际化，而且资本经营也要社会化、国际化，真正成为我国企业参与国际市场竞争的排头兵和领头羊。②开拓观念。国内国际市场是在变动之中，上市公司必须具备开拓观念才能适应外部环境的变化，保持公司的健康发展。具体来说，开拓观念就是不断发现与拓展新市场、新领域；善于和敢于采用新的经营方式、经营手段；开发和应用新技术、新工艺；研制和生产新产品、新品种等。③竞争观念。市场经济就是竞争经济，公司的经营活动过程实际上就是市场竞争的过程。上市公司要在市场竞争中求得生存与发展，必须要具备强烈的竞争意识，具体地说，竞争意识就是要注重市场竞争的主动性、竞争手段的新颖性、竞争成本的低廉性、竞争结果的有利性等。④人才观念。市场竞争实质上是人才的竞争，人才的素质是决定公司经营活动效率的根本因素，人才观念应当体现在发现人才、培养人才、引进人才、使用人才，为人才发挥作用创造良好的环境等。

三、公司的经营形态

公司的经营形态也是分析衡量其经营状况的一个重要侧面。公司经营形态的分析，同样有利于把握公司的发展趋势。①集团化。上市公司是单体企业还是企业集团的核心企业对其发展是有不同影响的。一般而言，上市公司为规范化的企业集团的核心企业,往往具有协调发展中心、科技开发中心、投融资中心等的功能,这对上市公司今后的发展是极为有利的。②关联型。上市公司不论采取任何企业组织形式,一般都实施了多元化经营战略,但多元化经营战略的不同类型对上市公司发展是有不同影响的。多元化经营按其技术或市场之间的关联及关联方式可分为以下三种类型:一是技术关联型,即新旧活动在技术上是相互关联的。二是市场销售关联型,包括在不同市场上推销原有产品;在已有市场上推销技术关联产品又称市场—技术关联型;利用客户关系进行销售;利用已有的商标、声誉和销售网络进行新的销售。三是非关联型,即各种经营活动在技术和市场上没有直接的联系,研究表明,实行多元化经营的企业或企业集团中,采用市场—技术关联型的收益率最高,而采用非关联型的收益率最低。③系列化。上市公司以主营业务或主导产品为核心,在产品、业务纵向延伸的同时,不断推出新品种、新规格、新花色,形成主导产品系列,以满足不同层次的消费要求,这对于公司扩大生产销售、增加市场占有份额、提高收益是极为有利的。④部门化。上市公司通过挖掘现有资源的潜力,调整内部组织结构的方法来提高组织效率。部门化的核心是成立各种事业部,将其作为一个利润中心,并赋予各事业部负责人以经营该事业部门的权限与责任。

四、公司的成长特征

在发展中国家或新兴的股票市场中,公司是否具有良好的成长性是关系到公司在本地区、本行业地位和作用的关键因素,是分析公司发展前景的重要标志。测试公司成长性的主要指标有:总资产增长率、股东权益增长率、销售收入增长率、主营利润增长率、税后利润增长率等。在各增长率指标的基础上还应进一步分析公司成长的特征,主要包括公司处于产品生命周期的阶段性质,增长成因是以必然性为主还是偶然性为主,是以内涵性为主还是外延性为主;竞争手段是传统性为主还是新颖性为主;政策性因素为主还是市场性因素为主等,以正确把握上市公司的发展前景。

总之,投资者应选择具有洞察能力与应变能力,现代经营观念与科学经营形态、竞争实力强、成长性好的公司作为投资对象。

专栏阅读 14-3:统一轻装上阵:调整方便面策略　聚焦中高端市场

对于近日有关"统一要退出大陆方便面市场"的传闻,2017 年 8 月 14 日统一企业(中国)投资有限公司(00220.HK)给 21 世纪经济报道发来了澄清说明。

"所谓'退出'方便面市场,其实这是要跳出现有框架,并不会离开'面'的市场,只是将随着消费市场环境做提升,以不同方式呈现。"统一企业(中国)表示,统一在过去几年处理很多资产,营运已经变得轻松,"随着抽屉很多用不到的东西都已清空,就可以摆新的东西进去,用多出来的空间发展新产品。"

自2016年转让了今麦郎和退出健力宝后,2017年7月统一继续"瘦身",沽清大陆星巴克所有股权。据统一企业(中国)最新财报显示,2017年1—6月,公司营收117.13亿港元,同比下滑2.4%;毛利下降4.6%至43.25亿港元,毛利率也由去年同期的37.8%下降0.9个百分点至36.9%。

中国食品产业分析师朱丹蓬认为,新生代的消费理念和行为已经把中国消费品裂变成超高端、高端、中高端、中端、中低端、低端六个不同层次。"统一也看到了,不可能满足所有层次的消费者,所以有意聚焦自身的优势市场、优势渠道和优势品类,通过瘦身来更好地发展。"

8月11日,统一集团董事长罗智先在台湾联合法人说明会上对大陆业务的提问时表示:"慢慢逐步要退出所谓(大陆)方便面市场。"此话一出,旋即引来了大量围观,更出现"统一将退出大陆方便面市场"的解读。但记者在翻看了现场视频后发现,实际上罗智先之后对此话还有进一步补充,他认为之所以要"退出"是"因为这已经是历史了",未来统一要做什么,"我们要做汤达人,要做满汉大餐。"罗智先说。

据了解,罗智先所提及的"汤达人""满汉大餐"都是近年统一推出的高端面品牌。2016年"汤达人"实现了两位数高速增长,而"满汉大餐"是继"满汉宴"上市后,该公司在2016年11月推出的高端面品牌。此外,2016年统一还推出了"都会小馆""相拌一城"等售价在人民币5元及以上价位的新品。

统一企业中国对21世纪经济报道记者指出,近年中国大陆的方便面市场持续朝高质化发展,5元以上产品占比逐步拉高。"从销售数字来看,统一内部统计,5元以上的产品营业额去年占比为12%,今年已达21%,随着市场消费形态改变,必须跳出现有框架,发展出其他跟面有关的产品。"

该公司指出,统一在中国大陆先后推出了汤达人、满汉大餐等产品,但市场并不把汤达人视为方便面,而是当成点心。在新的消费形态和环境改变下,产品的定位已经有所不同,统一并不是要离开"面"的市场,只是不太会花太多精力在那边,未来的产品将以不同方式呈现,随着消费市场环境来提升。

事实上,随着消费市场越发追求健康,传统方便面市场竞争又日益白热化,如统一、康师傅等方便面巨头都在努力转型。尼尔森数据显示,2017年一季度国内方便面市场整体销量衰退3.2%,销售额衰退0.8个百分点。

2017年上半年,统一企业中国在方便面业务录得收益39.54亿港元,同比下滑1.4%。其中,聚焦推广的重点品牌"汤达人",上半年销售高速成长,已成为统一方便面的重要支柱之一。但饮品业务录得收益65.98亿港元,同比下跌11.4%。

在朱丹蓬看来,统一上半年业绩的下滑除了有行业外部原因以外,跟公司内部的调整也有关系。他认为,刘新华上台后部分新政策和策略无法完全匹配统一的实际情况,从顶层设计到事业部的合并都存在不少问题。

资料来源:《21世纪经济报道》,2017年8月15日。

第四节 公司财务分析

公司财务分析对象是上市公司定期公布的财务报表。财务报表是对公司资金运行与财务状况的定量描述,是公司经营状况的"晴雨表"。公司财务分析就是通过对财务报表的分析研究,以判断公司经营的现状及趋势,从而为投资者进行投资决策提供依据。

一、公司主要财务报表

反映公司财务状况和经营成果的财务报表主要有资产负债表、利润表、现金流量表和其他附表。

(一)资产负债表

资产负债表是反映公司某一特定时点(一般为月末、季末或年末)财务状况的报表。它是根据"资产=负债+所有者权益"的会计基本平衡公式,按照一定的分类标准和一定的顺序,把公司在一定日期的资产、负债、所有者权益各项目予以适当排列编制而成的。资产负债表的基本结构,如表14-1所示。

表 14-1 资产负债表

编制单位:ABC公司　　　　　　2018年12月31日　　　　　　单位:元

资产	年初数	年末数	负债及所有者权益	年初数	年末数
流动资产			流动负债		
货币资金	41 000	73 000	短期借款	38 000	96 000
短期投资	28 000	15 000	应付票据	7 000	7 500
应收票据	2 600	6 600	应付账款	7 600	8 300
应收账款	15 000	10 000	预收账款		3 500
减:坏账准备	75	50	其他应付款	587	2 200
应收账款净额	14 925	9 950	应付工资		1 000
预付账款	4 500	2 800	应付福利费	4 500	5 800
其他应收款	600	2 300	未交税金	2 600	4 300
存货	98 000	121 000	未付利润	1 500	2 600
待摊费用	2 200	3 300	其他未交款	800	900
待处理流动资产损失	810	1 550	预提费用	5 100	3 000
一年内到期的长期债券投资	30 000		一年到期的长期负债		73 000
其他流动资产			其他流动负债		

续 表

资产	年初数	年末数	负债及所有者权益	年初数	年末数
流动资产合计	222 635	235 500	流动负债合计	67 687	208 100
长期投资			长期负债		85 000
长期投资	42 200	52 200	长期借款	19 400	21 000
固定资产			应付债券	20 000	110 000
固定资产原价		1 120 000	长期应付款	185 000	
减:累计折旧	850 000	307 100	其他长期负债		
固定资产净值	215 000	812 900	长期负债合计	224 400	216 000
固定资产清理	635 000		所有者权益		
在建工程	4 000	78 000	实收资本	500 000	600 000
待处理固定资产损失			资本公积	68 178	68 500
固定资产合计	639 000	890 900	盈余公积	82 450	104 000
无形及递延资产			未分配利润	52 120	62 400
无形资产	80 000	67 000	所有者权益合计	702 748	834 900
递延资产	11 000	13 400			
无形及递延资产合计	91 000	80 400			
其他长期资产					
其他长期资产					
资产合计	994 835	1 259 000	负债及所有者权益合计	994 835	1 259 000

从资产负债表的结构来看,它主要包括资产、负债与所有者权益三大类项目。表14-1的左方反映公司的资产状况。资产是指公司由于过去的交易或其他事项所取得或控制的,能以货币计量并为公司带来未来的经济利益的经济资源。表14-1的右方反映公司的负债与所有者权益状况,它说明了公司资金的来源情况。投资者通过对此表的分析,可以了解公司的偿债能力、资产管理水平、资产的流动性、资本结构等方面的信息,为投资决策提供依据。

(二) 利润表

利润表是反映公司在一定期间经营成果的财务报表。该表是以"收入－费用＝利润"这一会计等式为依据编制而成的。利润表的格式,如表14-2所示。

表 14-2 利润表

编制单位:ABC 公司　　　　　　　　　　　2018 年度　　　　　　　　　　　单位:元

项 目	上年实际	本年实际
一、产品销售收入	3 124 000	3 677 000
减:产品销售成本	2 596 000	3 080 000

续 表

项 目	上年实际	本年实际
产品销售费用	156 000	166 000
产品销售税金及附加	93 780	110 200
二、产品销售利润	278 220	320 800
加:其他业务利润	71 000	84 000
减:管理费用	94 500	110 000
财务费用	58 000	67 000
三、营业利润	196 720	227 800
加:投资收益	42 900	54 500
营业外收入	83 200	96 000
减:营业外支出	72 400	80 100
四、利润总额	250 420	298 200
减:所得税	82 500	99 200
五、净利润	167 920	199 000

表 14-2 为多步式的利润表,其利润计算过程可分为以下四个部分。

第一部分:反映公司主要经营利润构成情况。其计算公式为:

$$
\begin{aligned}
产品(商品)销售利润 = \ & 产品(商品)销售收入 \\
& - 产品(商品)销售成本 \\
& - 产品(商品)销售费用 \\
& - 产品(商品)销售税主及附加
\end{aligned} \tag{14-5}
$$

第二部分:反映公司营业利润的构成情况。其计算公式为:

$$
\begin{aligned}
营业利润 = \ & 产品(商品)销售利润 \\
& + 其他业务利润 \\
& - 管理费用 \\
& - 财务费用
\end{aligned} \tag{14-6}
$$

第三部分:反映公司利润总额的构成情况。其计算公式为:

$$
\begin{aligned}
利润总额 = \ & 营业利润 \\
& + 投资收益 \\
& + 营业外收入 \\
& - 营业外支出
\end{aligned} \tag{14-7}
$$

第四部分:反映公司净利润。其计算公式为:

净利润＝利润总额－所得税　　　　　　　(14-8)

多步式的利润表,能够体现收入和费用支出配比的层次性,有利于揭示损益的构成情况,有利于不同公司之间进行比较分析,也有利于评价公司经营管理的效率。

(三) 现金流量表

现金流量表是以现金收付实现制原则为基础,综合反映一定期间现金流入和流出的报表,现金流量表的简表格式,如表 14-3 所示。

表 14-3　现金流量表模板

编制单位：　　　　　　　　　年度：　　　　　　　　　　　　　　单位:元

项　目	金　额
一、经营活动产生的现金流量：	
现金流入小计	
现金流出小计	
经营活动产生的现金流量净额	
二、投资活动产生的现金流量：	
现金流入小计	
现金流出小计	
投资活动产生的现金流量净额	
三、筹资活动产生的现金流量：	
现金流入小计	
现金流出小计	
筹资活动产生的现金流量净额	
四、汇率变动对现金的影响额	
五、现金及现金等价物净增加额	

从现金流量表的结构看,它主要包括经营活动产生的现金流量、投资活动产生的现金流量和筹资活动产生的现金流量三大类项目,通过现金流量表与其合理分类,为投资者提供了公司一定期间现金和现金等价物流入和流出的信息,以便投资者了解和评价公司获取现金和现金等价物的途径和能力,并据此预测公司未来的现金流量。

(四) 利润分配表

利润分配表是利润表的附表,它是反映公司在一定期间内对实现利润的分配或亏损弥补的会计报表。通过利润分配表,投资者可以了解公司实现利润的分配情况或亏损弥补情况,了解利润分配的构成以及未分配利润的状况。利润分配表的基本格式,如表 14-4 所示。

表 14-4　利润分配表

编制单位：ABC 公司　　　　　　　　2018 年 12 月 31 日　　　　　　　　　　　　　　　　单位：元

项 目	上年实际	本年实际
一、净利润	167 920	199 000
加：年初未分配利润	3 400	6 500
上年利润调整	2 700	3 900
减：上年所得税调整		
二、可供分配的利润	174 020	209 400
加：盈余公积补亏		
减：提取盈余公积	18 000	22 000
应付利润	103 900	125 000
三、未分配利润	52 120	62 400

二、公司财务分析方法

财务分析的方法是多种多样的。在实际进行分析时，应根据分析对象的特征以及资料的来源情况分别采用不同的技术方法。财务分析常用的技术方法主要有以下三种。

（一）对比分析法

对比分析法是将同一经济指标在不同时期与不同空间的数值进行对比，从而分析差异的一种方法。对比时可以用实际与计划进行对比，也可以用当期与上期进行对比，还可以在同行业之间进行对比分析。经济指标的对比必须注意指标之间的可比性，即计算口径、计算基础、计算时间等都应保持一致。对比分析根据需要又有以下三种形式。

(1) 绝对数比较。它是利用绝对数进行对比，从而寻找差异的一种方法。

(2) 相对数比较。它是用增长百分比或完成百分比指标来进行分析的一种方法。

(3) 比重分析。比重分析是研究某一总体中各组成部分占总体的比重，并找出关键的比重数据，以便掌握事物的特点深入进行研究。同时，也可以通过比重的变化来研究事物发展的变动趋势。

（二）因素分析法

一个经济指标往往受多种因素的影响，它们对该指标的影响程度各不相同。只有将这一综合性的指标分解成各个构成因素，才能从数量上把握每一个因素的影响程度。

因素分析法有不同的计算方法，常见的有连锁替代法。这一方法是利用各个因素的实际数与基准数的连续替代来计算各因素脱离基准所造成的影响。

例如:某一财务指标是由 A、B、C 三大因素的乘积构成。其实际指标与基准指标以及有关因素的关系由如下关系式构成:

$$\text{实际指标 } P_0 = A_0 \times B_0 \times C_0$$
$$\text{基准指标 } P_s = A_s \times B_s \times C_s \quad (14\text{-}9)$$

实际与基准的总差异为 $(P_0 - P_s)$,这一总差异同时受到 A、B、C 三个因素的影响,它们各自的影响程度可分别由以下式子计算求得:

A 因素变动的影响: $(A_0 - A_s) \times B_s \times C_s$
B 因素变动的影响: $A_0 \times (B_0 - B_s) \times C_s$
C 因素变动的影响: $A_0 \times B_0 \times (C_0 - C_s)$

将以上三个因素各自的影响数相加之和即为总差异 $(P_0 - P_s)$。

利用因素分析法可以全面分析各个因素对某一经济指标的影响,也可以单独寻求某一因素对该经济指标的影响。

(三) 趋势分析法

趋势分析法是将两个或两个以上连续期的财务指标或比率进行对比,以便计算出它们增减变动的方向、数额以及变动幅度的一种方法。采用这种方法可以从公司的财务状况和经营成果发展变化中寻求其变动的原因、性质,并由此预测公司未来的发展趋势。在财务分析中,趋势分析一般有以下两种分析的方式。

(1) 绝对数趋势分析。通过编制连续数期的会计报表,并将有关数字并行排列,比较相同指标的金额变动幅度,以此来说明企业财务状况和经营成果的发展变化,一般来讲,可以编制比较资产负债表、比较利润表以及比较现金流量表。

(2) 相对数趋势分析。会计报表中有许多重要的百分比指标,如各种周转率指标、偿债能力指标、投资报酬率指标,以及资产负债比率、资本负债比率等。可采用以下两种趋势分析方法,即连续比较上述有关指标在不同时期的变化趋势和将上述指标与某一固定基期同一指标数值进行对比。前者称之为环比动态比率;后者称之为定基动态比率,它们的计算公式分别为:

$$\text{环比动态比率} = \frac{\text{分析期指标}}{\text{分析前期指标}} \times 100\% \quad (14\text{-}10)$$

$$\text{定基动态比率} = \frac{\text{分析期指标}}{\text{固定基期指标}} \times 100\%$$

采用环比动态指标分析,可以看出该指标的连续变动趋势。有时为了直观起见,还可以将这一变化趋势在坐标图中绘出变动曲线,寻求变动规律,以利于总结经验,尽量避免受不利因素的影响。

采用定基动态指标分析,可以将分析期与基期进行直接对比,以便寻找挖掘潜力的途径和方法,保证在现有基础上,不断提高有关指标的先进性。

三、公司财务分析内容

尽管不同性质的投资者进行公司财务分析有各自的侧重,但就总体而言,财务分析的主要内容包括:营运能力分析、偿债能力分析与获利能力分析。

(一)营运能力分析

公司的各项生产经营活动都离不开资产的运用,对公司经营状况进行分析,实质上就是对各项资产的周转使用以及结构比例进行分析。资金周转状况好,说明公司经营管理水平高,资金利用效率高;反之则说明公司资金利用效果差。公司资金周转状况与供、产、销各个环节密切相关,任何一个环节出现问题,都会影响到公司资金的正常运转。因此,公司资金只有合理分布并使其处于不断的运动过程中,资金周转才能顺利完成。常用的评价公司营运能力的财务比率主要有以下五种。

(1) 存货周转率。存货是一项重要的资产项目,在公司流动资产中占有很大的比重,加强存货的管理,提高存货资产的利用效率尤为重要。按照现行财务制度规定,公司存货包括:①在正常的营业过程中置存以便出售的,如产成品、库存商品等。②为了出售而处于生产过程中,如在制品、半成品等。③为在生产或销售的商品或提供服务的过程中的消耗,如原材料、包装物、低值易耗品等。存货资金占用的多少,周转速度的快慢,直接体现了公司存货的管理水平,这方面的分析指标主要有以下两种。

一是存货周转次数。存货周转次数是指销售成本与平均存货余额的比率。其计算公式如下:

$$存货周转次数 = \frac{销货成本}{平均存货余额} \tag{14-11}$$

根据表 14-1、表 14-2 资料,ABC 公司 2017 年和 2018 年存货周转率指标的计算,如表 14-5 所示。

表 14-5 ABC 公司存货周转率计算表

项 目	2017 年	2018 年
产品销售成本(元)	2 596 000	3 080 000
年初存货(元)	97 924	98 000
年末存货(元)	98 000	121 000
平均存货(元)	97 962	109 500
存货周转次数(次)	26.50	28.13

注:假定 2017 年 ABC 公司的年初存货余额为 97 924 元。

存货周转次数是衡量公司销货能力强弱和存货是否过量的指标。通常情况下,存货周转次数越多越好,如果过低则表明采购过量或产品积压,是公司经营欠佳的一种表现。存货周转次数还直接关系到公司的获利能力,一般说来,存货周转次数多,说明存货占用资金少、停留时间短、销货快、获利多。存货周转次数在不同行业之间可能有较大差异,财务分析时应将该公司指标与同行业的平均水平进行对比,客观地衡量存货管理效率。

二是存货周转天数。存货周转天数是指每周转一次需要多少天。用公式表示为:

$$存货周转天数 = \frac{平均存货}{销售成本 \div 360} = \frac{360}{存货周转次数} \quad (14-12)$$

根据上述资料,ABC公司存货周转天数计算如下:

$$2017年存货周转天数 = \frac{97\ 962}{2\ 596\ 000 \div 360} = 13.58(天/次)$$

$$\left(或 = \frac{360}{26.50} = 13.58(天/次)\right)$$

$$2018年存货周转天数 = \frac{109\ 500}{3\ 080\ 000 \div 360} = 12.80(天/次)$$

$$\left(或 = \frac{360}{28.13} = 12.80(天/次)\right)$$

与存货周转次数相反,存货周转天数应越少越好,它表明公司用比较短的时间就能完成一次存货周转,存货占用资金少,管理效率高。

(2) 应收账款周转率。应收账款和存货一样,在公司流动资产中也占有很大比重。改革开放以来,随着市场经济的发展,商业信用的推行,公司应收账款数额明显增多,加强应收账款的日常管理显得尤为重要。评价企业应收账款管理水平高低的财务指标有以下两种。

一是应收账款周转次数。应收账款周转次数的计算公式可表示为:

$$应收账款周转次数 = \frac{赊销收入净额}{平均应收账款余额} \quad (14-13)$$

式中:赊销收入净额=销售收入-现销收入-销售退回与折让

$$平均应收账款余额 = \frac{期初应收账款 + 期末应收账款}{2} \quad (14-14)$$

应收账款周转次数可用以评估应收账款的变现速度和管理效率,同时也反映应收账款的可靠性,应收账款回收迅速既可以节约资金,也说明企业信用政策运用得当;不易发生坏账损失,应收账款的风险也就小。一般认为,应收账款周转次数越高越好。

根据表 14-1、表 14-2 资料,ABC 公司 2017 年和 2018 年应收账款周转率指标的计算,如表 14-6 所示。

表 14-6　ABC 公司应收账款周转率指标计算表

项　目	2017 年	2018 年
销售收入总额(元)	3 124 000	3 677 000
其中:赊销收入净额(元)	1 249 600	1 470 800
年初应收账款余额(元)	16 500	15 000
年末应收账款余额(元)	15 000	10 000
平均应收账款余额(元)	15 750	12 500
应收账款周转次数(次)	79.34	117.66

注:假定本例中销售收入的 40% 为赊销,2017 年年初应收账款余额为 16 500 元。

表 14-6 表明,ABC 公司 2018 年应收账款周转速度比 2017 年有显著提高,增加 38.32 次,增幅 48.30%。

二是应收账款周转天数。应收账款周转率指标还可以用周转一次需要多少天来表示。其计算公式为:

$$应收账款周转天数 = \frac{平均应收账款余额}{全年赊销净额 \div 360} = \frac{360}{应收账款周转次数} \quad (14\text{-}15)$$

根据上述资料,ABC 公司 2017 年和 2018 年应收账款周转天数可计算如下。

$$2017 年应收账款周转天数 = \frac{360}{79.34} \approx 4.54(天/次)$$

$$2018 年应收账款周转天数 = \frac{360}{117.66} \approx 3.06(天/次)$$

计算结果表明,ABC 公司应收账款周转天数 2018 年比 2017 年缩短了 1.48 天,与应收账款周转次数所不同的是,该指标值越小越好。

(3) 流动资产周转率。流动资产周转率是销售收入与流动资产平均总额的比率。它反映的是全部流动资产的利用效率。用公式表示如下:

$$流动资产周转率 = \frac{销售收入}{流动资产平均总额} \quad (14\text{-}16)$$

式中:

$$流动资产平均总额 = \frac{期初流动资产 + 期末流动资产}{2} \quad (14\text{-}17)$$

根据表 14-1、表 14-2 资料,ABC 公司 2017 年和 2018 年流动资产周转率的计算,如表 14-7 所示。

表 14-7　ABC 公司流动资产周转率指标计算表

项　目	2017 年	2018 年
销售收入总额(元)	3 124 000	3 677 000
年初流动资产总额(元)	193 897	222 635
年末流动资产总额(元)	222 635	235 500
平均流动资产总额(元)	208 266	229 067.50
流动资产周转率(次)	15	16.05

注:假设 2017 年年初 ABC 公司的流动资产总额为 193 897 元。

流动资产周转率是分析流动资产周转情况的一个综合性指标,这项指标越高,说明流动资产周转速度越快,流动资产的利用效果越好。

(4) 固定资产周转率。固定资产周转率也称为固定资产利用率,是企业销售收入与固定资产净值的比率,它是反映企业固定资产利用效率的指标。用公式表示为:

$$固定资产周转率 = \frac{销售收入总额}{固定资产净值平均余额} \qquad (14-18)$$

根据表 14-1、表 14-2 资料,ABC 公司 2017 年和 2018 年固定资产周转率的计算,如表 14-8 所示。

表 14-8　ABC 公司固定资产周转率指标计算表

项　目	2017 年	2018 年
销售收入总额(元)	3 124 000	3 677 000
年初固定资产总额(元)	566 538	635 000
年末固定资产总额(元)	635 000	812 900
固定资产净值平均余额(元)	600 769	723 950
固定资产周转率(次)	5.20	5.08

注:假定 ABC 公司 2017 年年初的固定资产净值为 566 538 元。

一般来说,固定资产周转率总是越高越好。因为该指标越高,说明固定资产所带来的收入越多,固定资产利用效率越高,固定资产的管理水平也就越高。但是,不同的公司由于其生产经营的特点不同,因而其固定资产状况也不同,从而导致固定资产周转率差别较大,因此在具体运用这一指标评价不同公司固定资产运用效率时,应注意对其固定资产状况的具体分析,注意指标的可比性。

(5) 总资产周转率。总资产周转率是指公司销售收入总额与资产总额的比例关系,它是反映公司全部资产综合使用效率的指标。通过该指标,可以了解公司总资产的周转次数,借以评估公司全部资产运用效率的高低。其计算公式为:

$$总资产周转率 = \frac{销售收入总额}{资产平均总额} \qquad (14-19)$$

式中:

$$资产平均总额 = \frac{期初资产总额 + 期末资产总额}{2} \qquad (14-20)$$

根据表 14-1、表 14-2 资料,ABC 公司 2017 年和 2018 年总资产周转率的计算,如表 14-9 所示。

表 14-9　ABC 公司总资产周转率指标计算表

项　目	2017 年	2018 年
销售收入总额(元)	3 124 000	3 677 000
年初资产总额(元)	988 657	994 835
年末资产总额(元)	994 835	1 259 000
资产平均总额(元)	991 746	1 126 917.50
总资产周转率(次)	3.15	3.26

注:假定 ABC 公司 2017 年年初的资产总额为 988 657 元。

总资产周转率是反映公司全部资产综合使用效率的指标。该指标总是越高越好,指标值越高,说明同样的资产取得的收益越多,因而资产的管理水平越高,相应的公司偿债能力和获利能力就越高。在进行具体分析时,可以将当期的总资产周转率和上期指标进行对比,也可以将该公司指标和本行业平均水平进行对比,以评价资产管理水平的高低,也可以连续观察几年的总资产周转率,以分析公司该指标的变动趋势。

(二) 公司偿债能力分析

公司偿债能力是指公司偿还各种到期债务的能力。公司债权人、投资者以及公司财务管理人员都十分重视公司的偿债能力的分析。公司偿债能力的分析可分为短期偿债能力的分析和长期偿债能力的分析。

(1) 短期偿债能力的分析。短期偿债能力是指公司偿付短期债务的能力,所谓短期债务又称为流动负债,是指将在一年内或超过一年的一个营业周期内到期的债务,这种债务一般需用流动资产偿还。可见,短期偿债能力一般都是通过流动资产和流动负债之间的比例关系来计算并判断的。反映公司短期偿债能力的财务指标主要有以下三种。

一是流动比率。流动比率是全部流动资产对全部流动负债的比率关系。由于流动资产减去流动负债就是可供企业日常经营的营运资本,因此流动比率又称为营运资本比率。它不仅表明短期债权人债权的安全程度,而且反映了企业营运资本的能力。流动比率的计算公式如下:

$$流动比率 = \frac{流动资产}{流动负债} \qquad (14-21)$$

根据表 14-1 中 ABC 公司资产负债表有关数据,该公司 2017 年和 2018 年的流动比率,如表 14-10 所示。

表 14-10 ABC 公司流动比率计算表

项 目	2017 年	2018 年
流动资产(元)	222 635	235 500
流动负债(元)	67 687	208 100
流动比率(%)	328.92	113.17

表 14-10 表明,ABC 公司 2018 年流动比率大大低于 2017 年,说明该公司的短期偿债能力恶化。

流动比率表示每一元流动负债有多少流动资产作为偿付担保。这一比率越高,则债权人的安全程度也越高,如果从债权人的角度来看,较高的流动比率可以保障债权在清算时不会受到重大损失,因为企业的流动资产按变现价值计价,致使存货被迫压价出售,并发生应收账款坏账损失,由于流动比率高,仍会保持一定的偿债能力,来清偿短期债务。但从所有者角度来看,过高的流动比率表明企业资产的利用程度不高,管理松懈,资金浪费,同时也表明企业过于保守,没有充分利用目前的借款能力。

因而,流动比率不宜太高,太高会影响资金的使用效率;也不宜太低,太低会影响短期偿债能力,应保持一个"度"。西方财务管理人士认为,流动比率为 2∶1(即 200%)为好,因为,即使流动资产萎缩程度达到 50%,也不致使流动负债遭到损失。事实上,对流动比率的分析应该结合不同行业特点和企业自身经营情况作具体分析。

二是速动比率。速动比率又称酸性测试比率,是公司速动资产与流动负债总额之比。其计算公式为:

$$速动比率 = \frac{速动资产}{流动负债} \qquad (14-22)$$

速动资产是指流动性强,能快速变现的资产。在流动资产中,短期有价证券、应收票据、应收账款净额的变现能力均比存货强。存货则需经过销售,才能变为现金;如有存货滞销,则其变现就成问题。因此,财务制度规定速动资产是指流动资产总额扣除存货以后的那一部分。用公式表示:

$$速动资产 = 流动资产 - 存货 \qquad (14\text{-}23)$$

根据表 14-1 资料,ABC 公司 2017 年和 2018 年的速动比率,如表14-11 所示。

表 14-11　ABC 公司速动比率计算表

项　目	2017 年	2018 年
流动资产(元)	222 635	235 500
其中:存货(元)	98 000	121 000
速动资产(元)	124 635	114 500
流动负债(元)	67 687	208 100
速动比率(%)	184.13	55.02

从表 14-11 可知,ABC 公司 2018 年的速动比率远低于 2017 年,说明该公司的短期偿债能力下降。

速动比率用于衡量公司流动资产中可以在当前偿还流动负债的能力。一般认为,这个指标越高对债权人越有利,债权人的债务风险越小。但是,从所有者角度看,企业应保持合理的速动比率,既不能过低,又不能过高。过高,可能使企业资金闲置或应收账款回收缓慢,影响企业获利能力。西方理论界一般认为,每一元的流动负债至少应有一元的速动资产来支付。即理论上速动比率以维持 1∶1(即 100%)为好。但这个比例不是绝对的,各行业之间也会存在差别,有的行业速动比率允许低于 100%,而有些行业必须保持在 100%以上。因此,投资者必须参照同行业的资料,结合上市公司的经营特点和历史情况作具体分析和判断。

三是现金比率。现金比率是指企业货币资金和短期投资之和与流动负债之比,它是以极端保守的态度来分析企业的即刻偿债能力。其计算公式为:

$$现金比率 = \frac{货币资金 + 短期投资}{流动负债} \qquad (14\text{-}24)$$

根据表 14-1 资料,ABC 公司 2017 年和 2018 年现金比率的计算,如表 14-12 所示。

从表 14-12 可知,ABC 公司现金比率 2018 年远低于 2017 年,即短期偿债能力下降。

一般而言,现金比率越高,短期债权人的债权风险越小,但是如果这个比率很高,反映了该公司不善于利用现有现金资源,没有把货币资金投入经营以获取更多的利润。

表 14-12 ABC 公司现金比率计算表

项 目	2017 年	2018 年
货币资金(元)	41 000	73 000
短期投资(元)	28 000	15 000
合 计(元)	69 000	88 000
流动负债(元)	67 687	208 100
现金比率(%)	101.94	42.29

(2) 长期偿债能力分析。对于公司的长期债权人来说,他们既关心企业的短期偿债能力,更关心企业的长期偿债能力。长期负债是企业的主要债务,在公司全部债务总额中占有相当大的比重。由于负债的利息要优先于所有者的利润分配,因而对公司来说,负债程度的大小将会直接影响到投资人的利益。可见,不管是公司投资者还是债权人都十分关心企业长期偿债能力的大小。企业的长期偿债能力的大小不仅取决于负债在资产总额中所占的比重,而且还取决于企业经营的效益。所以分析公司的长期偿债能力应该与公司的盈利状况相结合。反映企业长期偿债能力的财务指标一般有以下四种。

一是资产负债率。资产负债率是负债总额除以资产总额的百分比,也就是负债总额与资产总额的比例关系,资产负债率反映了总资产中有多大比例是通过借债来筹集的,也可衡量公司在清算时保护债权人利益的程度。其计算公式为:

$$资产负债率 = \frac{负债总额}{资产总额} \times 100\% \qquad (14-25)$$

公式中的负债总额不仅包括长期负债,还包括短期性负债。这是因为,流动负债作为一个整体,公司都是长期性占用的,可以视为公司长期性资本来源的一部分,否则该指标就无法体现公司真实的负债状况。

根据表 14-1 资料,ABC 公司 2017 年和 2018 年资产负债率,如表 14-13 所示。

表 14-13 ABC 公司资产负债率计算表

项 目	2017 年	2018 年
负债总额(元)	292 087	42 4100
资产总额(元)	994 835	1 259 000
资产负债率(%)	29.36	33.69

表 14-13 表明,ABC 公司资产负债率 2018 年较 2017 年有所提高,但总

的负债水平不高,长期偿债能力较好。

对资产负债率的分析,不同种类的证券投资者有不同的角度。

对债权人来说,他们最关心的是贷给公司款项的安全程度,也就是能否按期收回本金和利息。如果股东提供的资本与公司资产总额相比,只占较小的比例,则公司的风险将主要由债权人负担,这对债权人来说是不利的。因此,从债权人角度看,该比率越低越好,比率越低,风险就越小,偿债能力就越强。

对股东来说,由于公司通过举借筹集的资金与公司股东提供的资金在生产经营过程中发挥同样的作用,所以,股东所关心的是全部资产盈利率是否超过借入款项的利率。在公司全部资产盈利率高于因借款而支付的利息率时,股东所得到的利润就会加大;反之,则对股东不利。因此,从股东的立场来看,在全部资产盈利率高于借款利息率时,资产负债率越大越好;否则反之。

一般来说,公司应当审时度势,全面考虑,对资产负债率确定一个合理的"度"。既不能太高,过高会加大企业的财务风险,如果公司资金运用不当,造成经营亏损,就有可能陷入"资不抵债"的境地;也不能大低,过低会使公司丧失许多投资机会,因此,保持一个合理的负债规模就显得尤为重要。

二是负债与股东权益比率。这个指标是负债总额与股东权益总额之比。用公式表示如下:

$$负债与股东权益比率 = \frac{负债总额}{股东权益总额} \times 100\% \quad (14\text{-}26)$$

根据表 14-1 资料,ABC 公司 2017 年和 2018 年负债与股东权益比率的计算,如表 14-14 所示。

表 14-14　ABC 公司负债与股东权益比率计算表

项　目	2017 年	2018 年
负债总额(元)	292 087	424 100
股东权益总额(元)	702 748	834 900
负债与股东权益比率(%)	41.56	50.80

从表 14-14 可知,ABC 公司 2017 年债权人提供的资本只占投资者投资的 41.56%;2018 年为 50.80%,约为一半。该公司的负债比重并不大。

负债与股东权益比率可以反映由债权人提供和由投资者提供的资金来源的相对关系,以及企业财务结构的强弱,也可衡量债权人资本受到投资者资本的保障程度,以及企业清算时对债权人利益的保护程度。

从债权人角度来讲,这一比率越高,风险就越大,所以希望该比率越小越好。从投资人的角度看,只要全部资产盈利率高于借贷利率,多借债可以获得额外的利润,所以,这个比率越大越好,当然对这个比率的分析不能一概而论,应视公司的营运情况而定。

三是有形净值债务率。有形净值债务率是企业负债总额与有形净值之比。有形净值是股东权益减去无形资产净值,即股东具有所有权的有形资产的净值。其计算公式为:

$$有形净值债务率 = \frac{负债总额}{股东权益 - 无形资产净值} \times 100\% \quad (14-27)$$

根据表 14-1 资料,ABC 公司 2017 年和 2018 年的有形净值债务率的计算,如表 14-15 所示。

表 14-15　ABC 公司有形净值债务率计算表

项　目	2017 年	2018 年
负债总额(元)	292 087	424 100
股东权益(元)	702 748	834 900
无形资产净值(元)	80 000	67 000
有形净值(元)	622 748	767 900
有形净值债务率(%)	46.90	55.23

有形净值债务率实质上是负债与股东权益比率的延伸,是更为谨慎地反映在公司清算时债权人投入资本受到股东权益的保障程度。公式中之所以要扣除无形资产的价值,是因为专利权、商标权、非专利技术、商誉等无形资产不一定能用来还债。

四是已获利息倍数。前面介绍的资产负债率、负债与股东权益比率、有形净值债务率都是依据资产负债表来分析企业偿债能力的。从利润表角度看,反映公司长期偿债能力的指标就是已获利息倍数,该指标表明企业在交纳所得税和支付利息之前的利润对利息支出的比率。其计算公式为:

$$已获利息倍数 = \frac{息税前利润}{利息费用} = \frac{利息费用 + 利润总额}{利息费用} \quad (14-28)$$

根据表 14-2 资料,ABC 公司 2017 年和 2018 年已获利息倍数的计算,如表 14-16 所示。

表 14-16　ABC 公司已获利息倍数计算表

项　目	2017 年	2018 年
利息费用(元)	58 000	67 000
利润总额(元)	250 420	298 200
已获利息倍数	5.32	5.45

已获利息倍数是用于衡量公司从各种渠道筹集的资金中获得的收益是所需支付利息的多少倍。只有已获利息倍数足够大,公司才有充足的能力偿付利息;否则相反。

判断公司已获利息倍数是否合理,需要将该公司的这一指标与其他企业,特别是同行业平均水平进行比较。一般来说,企业的利息保障倍数至少要大于1,否则就难以偿付债务及利息。

(三) 获利能力分析

获取利润是公司经营的最终目标,是公司生存和发展的基础。它不仅关系到投资者的利益,也关系到债权人以及企业经营管理者的切身利益。因此,获利能力是公司投资者、债权人以及经营管理者共同关心的一个重要指标。获利能力分析是公司财务分析的重要组成部分,也是评价公司经营管理水平的重要依据。评价企业获利能力的财务指标主要有以下十种。

(1) 资产报酬率。资产报酬率是反映企业资产的营运效果,即企业运用资产获取利润的能力。其计算公式如下:

$$资产报酬率 = \frac{净利润}{平均资产总额} \times 100\% \qquad (14-29)$$

根据表14-1、表14-2资料,ABC公司2018年资产报酬率的计算,如表14-17所示。

表14-17 ABC公司资产报酬率计算表

项 目	2018年
净利润(元)	199 000
期初资产总额(元)	994 835
期末资产总额(元)	1 259 000
平均资产总额(元)	1 126 917.50
资产报酬率(%)	17.66

资产报酬率主要用于衡量公司运用资产获取利润的能力。该指标越高,说明资产利用效果越好,公司在增收节支和提高资金使用效益方面取得了良好效果,否则说明公司资产营运效率低下,经营管理存在着一定的问题。

为了正确评价公司经济效益的高低,挖掘提高利润水平的潜力,可以用该项指标与该公司前期、与计划、与同行业平均水平和同行业先进水平进行对比,分析形成差异的原因,以不断改善经营管理,提高公司的资产营运效率。

(2) 股东权益报酬率。股东权益报酬率又称净资产利润率,是净利润与平均股东权益的百分比。其计算公式为:

$$股东权益报酬率 = \frac{净利润}{平均股东权益} \times 100\% \qquad (14-30)$$

股东权益是指股东对公司净资产的要求权,它包括投入资本、资本公积、盈余公积、未分配利润等。平均股东权益则指年初股东权益与年末股东权益的平均数。根据表 14-1、表 14-2 资料,ABC 公司 2018 年股东权益报酬率的计算,如表 14-18 所示。

表 14-18　ABC 公司股东权益报酬率计算表

项　目	2018 年
净利润(元)	199 000
期初股东权益(元)	702 748
期末股东权益(元)	834 900
平均股东权益(元)	768 824
股东权益报酬率(%)	25.88

该指标反映了股东权益的收益水平,指标值越高,说明投资带来的利益越高。在进行该指标分析时同样要进行不同时期,同行业不同企业之间的比较,对公司净资产的收益情况作出客观的评价。

(3) 销售毛利率。销售毛利率是企业销售毛利与销售收入净额的比率关系。其计算公式为:

$$销售毛利率 = \frac{销售毛利}{销售收入净额} \times 100\% \qquad (14-31)$$

式中:销售毛利是销售收入与销售成本之差。

根据表 14-2 资料,ABC 公司 2017 年和 2018 年销售毛利率的计算,如表 14-19 所示。

表 14-19　ABC 公司销售毛利率计算表

项　目	2017 年	2018 年
销售收入(元)	3 124 000	3 677 000
销售成本(元)	2 596 000	3 080 000
销售毛利(元)	528 000	597 000
销售毛利率(%)	16.90	16.24

销售毛利率表示每百元销售收入扣除销售成本或商品成本后,有多少

钱可用于各项期间费用以及形成盈利。一般而言,毛利率越大,说明在销售收入中,销售成本所占的比重就越小,产品的获利能力就越高。没有足够大的毛利率,公司就不能盈利。

(4) 销售净利率。销售净利率是指净利润占销售收入的百分比。其计算公式为:

$$销售净利率 = \frac{净利润}{销售收入净额} \times 100\% \qquad (14-32)$$

根据表 14-2 资料,ABC 公司 2017 年和 2018 年销售净利率的计算,如表 14-20 所示。

表 14-20　ABC 公司销售净利率计算表

项　目	2017 年	2018 年
销售收入(元)	3 124 000	3 677 000
净利润(元)	167 920	199 000
销售净利率(%)	5.38	5.41

销售净利率表明公司每百元销售净收入可实现的净利润是多少。该比率越高,说明公司获利能力越强。从销售净利率的关系看,净利润与销售净利率成正比关系,而销售净收入与销售净利率成反比关系。因此,公司在增加销售收入额的同时,必须相应地获取更多的利润,才能使销售净利率保持不变或有所提高。

(5) 成本费用利润率。成本费用利润率是公司利润总额与成本费用总额的比率。用公式表示如下:

$$成本费用利润率 = \frac{利润总额}{成本费用总额} \times 100\% \qquad (14-33)$$

式中:成本费用是指销售成本、销售税金、销售费用、管理费用与财务费用的总和,亦可直接从销售收入减去营业利润求得。由于成本费用是公司为了获取利润而付出的代价,因此这一比率越高,说明公司为获取收益而付出的代价越小,公司获利能力越强。通过该比率不仅可以评价公司获利能力的高低,也可以评价公司对成本费用的控制水平和公司的经营管理水平。

根据表 14-2 资料,ABC 公司 2017 年和 2018 年成本费用利润率的计算,如表 14-21 所示。

(6) 每股利润。每股利润也称每股收益,通常只计算普通股每股利润,股东持有公司的股票,自然关心其拥有的权益所能获得的报酬,如果公司同

表 14-21　ABC 公司成本费用利润率计算表

项　目	2017 年	2018 年
销售成本(元)	2 596 000	3 080 000
销售费用(元)	156 000	166 000
销售税金(元)	93 780	110 200
管理费用(元)	94 500	110 000
财务费用(元)	58 000	67 000
成本费用总额(元)	2 998 280	3 533 200
利润总额(元)	250 420	298 200
成本费用利润率(%)	8.35	8.44

时发行了优先股,则应从净利润中先扣除优先股应得股息。该指标可以反映普通股每股获利能力的大小。其计算公式如下：

$$普通股每股利润 = \frac{税后利润 - 优先股股息}{外发普通股股数} \quad (14-34)$$

假定 ABC 公司为一股份公司,全部股本为 60 万元,其中普通股 50 万元,优先股为 10 万元,面值均为每股 1 元,优先股股息率为 10%,并假定普通股市价为 3 元。根据表 14-4 资料可计算 ABC 公司 2018 年普通股每股利润如下。

$$普通股每股利润 = \frac{199\,000 - 100\,000 \times 10\%}{500\,000} = 0.38(元/股)$$

(7) 每股股利。每股股利也称每股红利,是指普通股每股获得的现金股利。其计算公式为：

$$普通股每股股利 = \frac{支付普通股的现金股利}{外发普通股股数} \quad (14-35)$$

承上例,ABC 公司 2018 年普通股每股股利计算如下：

$$普通股每股股利 = \frac{125\,000 - 100\,000 \times 10\%}{500\,000} = 0.23(元/股)$$

该指标同样反映普通股每股的收益水平。

(8) 股利发放率。股利发放率是每股股利与每股利润的比率。它表明股份公司的净收益中有多少用于股利的分派。其计算公式如下：

$$股利发放率 = \frac{每股股利}{每股利润} \times 100\% \quad (14-36)$$

根据上述资料,ABC 公司 2018 年股利发放率计算如下：

$$股利发放率 = \frac{0.23}{0.38} \times 100\% = 60.53\%$$

计算结果表明,ABC 公司当年税后利润的 60.53% 用于发放了普通股股利,将该指标与公司不同时期和同行业平均比率比较,可以观察该公司的股利政策。

(9) 股利报酬率。股利报酬率是普通股每股股利与每股市价的比率。该指标可以反映股票投资在股利方面所获得的报酬。其计算公式为:

$$股利报酬率 = \frac{每股股利}{每股市价} \times 100\% \qquad (14\text{-}37)$$

根据上述资料,ABC 公司 2016 年股利报酬率计算如下:

$$股利报酬率 = \frac{0.23}{3} \times 100\% \approx 7.67\%$$

(10) 市盈率。市盈率也称价格盈余比率或价格与收益比率,是指普通股每股市价与每股利润的比率。其计算公式为:

$$市盈率 = \frac{普通股每股市价}{普通股每股利润} \qquad (14\text{-}38)$$

根据上述资料,ABC 公司 2016 年市盈率计算如下:

$$市盈率 = \frac{3}{0.38} \approx 7.89 \text{ 倍}$$

该指标是反映公司获利状况的一个重要财务指标,投资者可以通过比较市场上各种股票的市盈率,并结合其他各种因素的分析,来作出相应的投资选择。

专栏阅读 14-4:一毛不拔的金杯汽车

辽宁省最大的汽车生产企业——金杯汽车(600609.SH),也是国内最大的轻型客车制造企业。但自 1992 年上市之后,该公司仅发布过两次分红实施公告,分别是在 1992 年 12 月(报告期为 1991 年)、1994 年 5 月(报告期为 1993 年)。此后的 20 多年间,金杯汽车再未推行过分红方案。

对此,金杯汽车曾在年报中作出过解释,称希望根据监管要求分红,但由于业绩差,故而没有分红。这家汽车生产企业上市后的业绩表现的确不尽如人意,1995 年、2001 年、2004 年、2005 年、2008 年、2009 年均出现亏损,近几年仍未见好转。

2014—2016 年,金杯汽车的营业总收入分别为 51.47 亿元、46.38 亿元、48.02 亿元,归属净利润分别为 -1.43 亿元、3 574.68 万元、-2.08 亿元。公司在 2016 年年报中阐述,金杯车辆采取了开发大客户、开展直销、促销等措施以稳定整车销量,但受轻卡车行业整体下滑、东北区域经济不振影响,报告期内整车生产2.18万辆,同比下53.75%,销售2.32万辆,同比下降50.76%,整车实现营业收入12.66亿元,同比下降24.28%,未能完成年初董事会确定的整车产销量目标。

报告显示,经众华会计师事务所审计,公司2016年度归属于公司股东的净利润－2.08亿元,基本每股收益－0.19元,加年初未分配利润－23.26亿元,本年度可供股东分配利润－25.34亿元。根据《公司章程》中利润分配政策规定,因本年度可供股东分配利润为负,本年度不进行利润分配和资本公积金转增股本。

此前,金杯汽车2015年实现盈利,但也未能抵消年初未分配利润的大额负值－23.62亿元。该公司最近一次实现上亿规模的盈利是2010年,当期归属净利润为2.81亿元,年报显示,加年初未分配利润－25.72亿元,年度可供股东分配利润为－22.91亿元。根据《公司章程》的有关规定,不提取法定公积金,也不进行资本公积金转增股本。

也就是说,金杯汽车一直携带着20多亿的"未分配利润"窟窿,而且经营面临着整车业务运行质量低下、整车亏损等现状。这家汽车生产企业,能否结束亏损、交出稳定可观的业绩,以及何时能够补上累计而来的巨大亏损是未来分红方案能否得以推行的关键。

另外,"抠门"程度堪比金杯汽车,也可称得上是"铁公鸡"的A股公司还有不少。Wind数据显示,海德股份(000567.SZ)、特力A(000025.SZ)自1995年起再未进行过分红派息,紫光学大(000526.SZ)自1996年后再未分红,中毅达(600610.SH)在1997年后的20年间都未进行利润分配。

据证券日报2017年4月10日报道,据不完全统计,截至2017年3月底,剔除2015年之后上市的公司,有超过30家的公司上市以来未进行现金分红,近20家公司"一毛不拔"的时间超过20年。证券日报此前的报道还显示,截至2017年3月29日,沪深两市1 020家发布2016年年报的公司中,有92家公司坚持6年不分红。

资料来源:搜狐财经,http://www.sohu.com/a/132770082_313745?_f=v2-index-feeds。

案例阅读14-1:贵州茅台的股利分配

贵州茅台即贵州茅台酒股份有限公司,是由中国贵州茅台酒厂有限责任公司作为主发起人,联合贵州茅台酒厂技术开发公司、贵州省轻纺集体工业联社、深圳清华大学研究院、中国食品发酵工业研究院、北京市糖业烟酒公司、江苏省糖烟酒总公司、上海捷强烟草糖酒(集团)有限公司共同发起设立的股份有限公司。公司成立于1999年11月20日,成立时注册资本为人民币18 500万元。该公司股票于2001年在上交所主板市场上市。

作为国内白酒行业的标志性企业,贵州茅台主要生产、销售世界三大名酒之一的茅台酒,同时进行饮料、食品、包装材料的生产和销售,防伪技术开发,信息产业相关产品的研制开发。贵州茅台自2001年在上海证券交易所上市以来,连续17年分配股利,而且每年都有现金红利,这在我国证券市场是极为罕见的。究其原因,良好的财务状况为贵州茅台持续的现金股利政策提供了根本的保障。

近三年主要会计数据和财务指标如表14-22和表14-23所示。

表 14-22 主要会计数据 　　　　　　　　　单位:元　币种:人民币

主要会计数据	2018 年	2017 年	本期比上年同期增减(%)	2016 年
营业收入	73 638 872 388.03	58 217 861 314.17	26.49	38 862 189 993.84
归属于上市公司股东的净利润	35 203 625 263.22	27 079 360 255.74	30.00	16 718 362 734.16
归属于上市公司股东的扣除非经常性损益的净利润	35 585 443 648.60	27 224 083 628.17	30.71	16 954 689 021.77
经营活动产生的现金流量净额	41 385 234 406.72	22 153 036 084.13	86.82	37 451 249 647.05
	2018 年末	2017 年末	本期末比上年同期末增减(%)	2016 年末
归属于上市公司股东的净资产	112 838 564 332.05	91 451 522 828.96	23.39	72 894 137 783.25
总资产	159 846 674 736.01	134 610 116 875.08	18.75	112 934 538 280.41
期末总股本	1 256 197 800.00	1 256 197 800.00	0	1 256 197 800.00

表 14-23 主要财务指标

主要财务指标	2018 年	2017 年	本期比上年同期增减(%)	2016 年
基本每股收益(元/股)	28.02	21.56	29.96	13.31
稀释每股收益(元/股)	28.02	21.56	29.96	13.31
扣除非经常性损益后的基本每股收益(元/股)	28.33	21.67	30.73	13.50
加权平均净资产收益率(%)	34.46	32.95	增加 1.51 个百分点	24.44
扣除非经常性损益后的加权平均净资产收益率(%)	34.84	33.13	增加 1.71 个百分点	24.78

注:公司 2014 年度基本每股收益、稀释每股收益、扣除非经常性损益后的基本每股收益均按照公司根据 2014 年度股东大会决议实施 2014 年度利润分配方案后的股本总数 125 619.78 万股重新计算。

复习思考题

1. 什么是基本分析?其有何作用?
2. 试述宏观经济分析的主要内容。
3. 经济景气变动对股市行情影响的途径有哪些?
4. 试述行业分析的主内容。

5. 应如何分析判断优势产业？为什么？
6. 试述公司经营状况分析的主要内容。
7. 你认为有投资价值的公司应具备哪些条件？
8. 公司财务分析有哪些主要方法？
9. 试述公司营运能力分析的主要内容。
10. 试述公司偿债能力分析的主要内容。
11. 试述公司获利能力分析的主要内容。

第十五章

证券投资的技术分析

投资导读

技术分析本质上是寻找股价的起伏周期和预测模式。尽管技术分析家们承认信息对公司未来经济前景的价值,但是,他们仍然相信这类信息对一个成功的商业决策来说并不是必要的。因为假如股价的反应足够慢,不管股价变动的根本原因是什么,分析家都能确定一个在调整期内被利用的方向。成功的技术分析的关键是:股价对基本供求要素反应迟钝。

证券投资的技术分析是相对于基本分析而言的。技术分析与基本分析既相互联系,又相互独立,共同构成证券投资分析的方法体系。

第一节 技术分析的理论

证券投资的技术分析是利用统计学、数学的方法分析股票价格的运动规律,把握股票价格的过去变动情况来预测其未来趋势。技术分析对于分析预测股价的短期走势、分析选择投资时机具有重要的作用。

一、技术分析的特征

(一) 技术分析的假设前提

证券投资的技术分析作为一种分析工具,需要设立一系列假定前提,否则所有分析结论会失去意义。技术分析的前提性假设主要包括以下七个。

(1) 股票价格决定于市场供求因素。

(2) 市场供求受到多种理性与非理性因素的影响。

(3) 股票市场的变化存在一定的周期性,从长期看趋于循环变动。

(4) 股票的价格虽然存在着短期波动,但股价的变化存在着一种主要趋势。

(5) 市场供需变化迟早会在图表走势、交易资料中得到反映。

(6) 股票价格变化的历史往往重演。

(7) 技术分析不探究影响供求变化的诸多因素,只就供求变化引起的行情变动来分析预测股票价格。

(二) 技术分析的优点

相对基本分析而言,技术分析具有以下的优点。

(1) 技术分析方法简单方便、易学易懂,在电脑及软件发达的今天容易被人们所接受。科技的迅速普及使技术分析方法走进机构大户,也贴近中小散户。

(2) 技术分析是一种理性分析。其结论比较客观,图表上显示的各种买卖信号,不可能因主观意愿而改变,使人们在瞬息万变的证券市场保持客观冷静的态度。

(3) 技术分析以多种图表、指标为手段,有具体的形象可供参考,有一定的标准可供遵循,并可进行多重对比分析,有利于从总体上把握市场。

(三) 技术分析的局限性

证券投资分析方法都不可能完美,技术分析也同样存在以下的局限性。

(1) 技术指标信号的出现往往"滞后",因为并非技术分析描述出市场走势,而是市场走势给技术分析启示,如果投资者根据某些滞后的信号采取行动,往往会错失良机。

(2) 市场经常会出现短期"背离走势",甚至时有"走势陷阱"出现,令投资者对此产生不信任,甚至上当受骗。

(3) 技术分析不可能正确预测每次波动的最高点与最低点,同时对具体时间也不能给予明确信号。

(4) 技术分析的不确定性。例如,同样的指标在某一市场适用,在另一市场则失效;同样的数据在牛市是微量超买,但在熊市已是严重超买。

显然,技术分析法的分析思路完全区别于基本分析。技术分析法着重分析股票价格本身的运动规律,而基本分析法着重分析影响股票价格的基础条件与决定因素;技术分析法着眼于过去,用历史资料反映的变化规律来分析预测价格的未来走势,而基本分析立足于未来,利用对经济技术发展的预测来分析把握股价的未来走势。同时两种分析方法各有所长,可以相互补充。技术分析法主要解决投资的时机问题,而基本分析法主要解决投资对象问题;技术分析法主要分析股价的短期走势,而基本分析法主要分析股价的中长期走势。

二、技术分析的理论依据

证券投资技术分析典型的理论是道氏理论,道氏理论是一种最古老、最著名的技术分析理论,它是由技术分析的鼻祖,《华尔街日报》编辑查尔斯·道于19世纪末创立,并由威廉·汉密尔顿和罗伯特·雷亚等人加以补充和发展形成。

道氏理论利用股价的平均指数,即多种有代表性的股票价格平均数作为报告期数据,然后确定以前的某一交易日平均股价为基期固定不变,将报告期数据对比基期数据,从而得出股票价格指数,用以分析变幻莫测的证券市场,从中找出某种周期性的变化规律,并据以推测股价的未来走势。道·琼斯股价平均数由查尔斯·道在1894年采用上述方法开始编制,它选用纽约证券交易所上市的65种样本股编制指数,其中包括三种分类指数,即30种工业股指数、20种运输股指数与15种公用事业股指数。目前人们所熟悉的道·琼斯指数就是指以1882年10月1日30种工业股均价为基点(100点)的指数。

(一)股市走势的三种趋势

道氏理论认为股市虽然变化万千,但与经济运行一样都存在周期性的变动规律,这一变动规律使股市的变动形成一定的趋势,这一趋势可以从股价平均数变动中予以识别。

(1)基本趋势。基本趋势,又称主要趋势、长期趋势,即市场股价广泛、全面地上升或下降的变动状况,这种波动持续的时间通常为一年或一年以上,股价波动的幅度超过20%。基本趋势持续上升形成多头市场即牛市;持续下跌形成空头市场即熊市。

道氏理论侧重分析基本趋势,并认为无论是多头市场还是空头市场,基本趋势都由三个阶段组成。

一是多头市场。多头市场通常可以分为以下三个阶段。

第一阶段。出现在空头市场第三阶段的末端,在股市长期低迷之中,敏感的投资者感到市场将有变化,开始逐步进货,但大多数投资者仍在观望,因此,股价渐有回升,但交投并不活跃。

第二阶段。经济景气开始回升,公司经营状况与财务状况开始好转,投资者信心增强,交易量大增,股价持续上升并可维持较长时间。

第三阶段。利好消息广为传播,社会公众大量入市,交易量骤增,股价进一步上升,投机泛滥。

二是空头市场。空头市场也可分为以下三个阶段。

第一阶段。多头市场的尾声,敏感的投资者意识到股价已到顶点,开始逐步出货,股价下跌,但大多数投资者仍处于亢奋之中,不断抢入,促使股价反弹,因此,交易量仍维持较高水平。

第二阶段。多数投资者认识到熊市的到来,竞相出售股票,卖多买少,交易量大幅度减少,股价急剧下跌,随之股市进入牛皮市。

第三阶段。股价过低,已无暴跌现象,市场利空消息弥漫,绩优股也因投资者信心丧失而纷纷下跌,投机股的跌幅则更深,由于购买者极少,交易量不大,此时空头市场即将结束。

(2) 次级趋势。次级趋势,又称中期趋势、修正趋势,它发生在基本趋势的过程中,并与基本趋势运动方向相反,对基本趋势产生一定的牵制作用,即在上涨的基本趋势中会出现中期回档下跌;在下跌的基本趋势中会出现中期反弹回升。但是,次级趋势并不会改变基本趋势的发展方向。当次级趋势上升时,其波峰一波比一波低,表示基本趋势仍在下跌;当次级趋势下跌时,其谷底一波比一波高,表示基本趋势仍在上升。次级趋势持续的时间从三周至数月不等,股价的变动幅度一般为股价基本趋势的 1/3—2/3,大多为 50%。通常一个基本趋势过程中会出现若干个次级趋势。因此,当股市出现回档下跌或反弹回升时,如何及时正确区分是次级趋势变动还是基本趋势的根本转向,尤为重要。

(3) 短期趋势。短期趋势,又称日常波动,它反映了股价在数日内的变动趋势。次级趋势通常由三个或三个以上的短期趋势所组成。

在上述三种趋势中,长期投资者最关心的是股价的基本趋势,其目的是尽可能在多头市场形成之时买入股票,而在空头市场形成之前及时地卖出股票。短期投资者对次级趋势更感兴趣,目的是从股价的短时期波动中获利。短期趋势因其易受人操纵,因而不便作为趋势分析的对象。

(二) 两种股指的互证

道氏理论利用道·琼斯工业股指数与运输股指数的分析与解释来判断股价的波动与走势,因为道·琼斯工业股指数与运输股指数基本上反映了美国商品生产和运输状况。道氏理论认为股价走势只有在互证的情况下,才能明确地显示。所谓互证是指道·琼斯工业股指数与运输股指数向同一方向变动时,表示一种股价指数被另一种股价指数确认,则基本趋势或次级趋势便会产生;如果两种股价指数反向变动,则说明两者间不确认。

道氏理论判断股市的基本趋势的依据是两种股价指数出现新的波峰,又步步升高,而且同一时期内两种股价指数回档的谷底也一步比一步高,如果股市原来是空头市场那么可能会转为多头市场;如果股市原来是多头市场,那么此时股市仍为多头市场。反之,两种股价指数出现新的波谷,又步步下降,并且同一时期内两种股指反弹的波峰也一步比一步低,如果股市原来是多头市场,那么可能会转为空头市场;如果股市原来是空头市场,那么此时股市仍为空头市场。当两种股价指数变动方向相反,那么股价指数运动缺乏互证,无法判断股市走势。

道氏理论还以线性变动来判断股市的次级趋势。当连续数周时间内,两种股价指数在某一狭窄范围内小幅波动,上下波动一般不超过5%,表明买卖双方势均力敌,股市处于盘整阶段。当两种股价指数突然间同时突破原来的波动区间,并呈同向变动时,股市将会产生次级趋势,如果两者都向上突破,表示股市行情看涨;如果两者都向下突破,表示股市行情看跌。当两种股价指数变动方向相反,说明未发生互证现象,无法判断股市走势。

(三) 道氏理论评价

道氏理论开创了技术分析之先河,为后来技术分析的发展奠定了基础,这是因为道氏理论作为技术分析理论的重要基础,有其科学合理的内核。

(1) 道氏理论具有合理的内核和严密的逻辑,指出了股市循环与经济周期的变动联系,在一定程度上能对股市的未来变动趋势作出预测与判断。

(2) 根据道氏理论编制的股价平均指数是反映经济周期变动的灵敏的"晴雨表",被认为是判断经济周期变动最可靠的领先指标。

(3) 实践也表明,道氏理论对预测经济与金融行情,指导证券投资活动等具有一定的重要意义。这是因为,道氏理论创立以来曾经多次在股市长期趋势的转折关头及时发出准确的信号,最为典型的是正确而成功地预测了1929年10月以后,美国及世界股市多头市场即将结束,空头市场即将来临而名声大振。

但是,道氏理论的实用性与可靠性也受到不少批评和责难,主要可归纳为以下三点。

(1) 道氏理论侧重于中长期分析,而不能用于短期分析,更不能指明最佳的买卖时机。

(2) 道氏理论对基本趋势反转的判断,通常要在反转行情已经进行一段时期以后才能确定,因此它的预告具有滞后性。

(3) 道氏理论过于偏重股价平均数,而没有给投资者指出具体的投资对象。

其实,一种分析方法适用于一定的条件与范围是合理的;超越了条件与范围,赋予一种分析方法过多的功能,其结果只能是适得其反。道氏理论主要是用于预测股市的基本趋势,有助于中长期投资决策的一种分析方法。

专栏阅读 15-1:空中楼阁理论(更大笨蛋理论)

技术分析的基本观点是:所有股票的实际供需量及其背后起引导作用的种种因素,包括股票市场上每个人对未来的希望、担心、恐惧等,都集中反映在股票的价格和交易量上。

技术分析的理论基础是空中楼阁理论。空中楼阁理论是美国著名经济学家凯恩斯于 1936 年提出的,该理论完全抛开股票的内在价值,强调心理构造出来的空中楼阁。投资者之所以要以一定的价格购买某种股票,是因为他相信有人将以更高的价格向他购买这种股票。

至于股价的高低,这并不重要,重要的是存在更大的"笨蛋"愿以更高的价格向你购买。精明的投资者无须去计算股票的内在价值,他所须做的只是抢在最大的"笨蛋"之前成交,即股价达到最高点之前买进股票,而在股价达到最高点之后将其卖出。

空中楼阁理论盯住市场消息的变化,时刻分析广大投资者对各种因素的反应,以及判断他们采取行动何种行动的可能,以尽早掌握市场行情运动的先机。运用这种理论既有人成功也有人破财。提出空中楼阁理论的凯恩斯是运用心理方法获胜的高手。一项投资对购买者来说值一定的价格,因为他认为能以更高的价格出售给别人,新的购买者同样认为别人会给你这项投资以更高的价格。其中没有什么道理可言,这是大众心理在作怪而已,所有精明的投资者必须抢先成交,抢在最早的交易时机。这也便是"博傻"。

第二节 图示与形态分析

股价图示是指将股价(或股价指数)的变化状况记录和绘制在特定的图表上,按图示的方式不同可分为点线图、直线图、K 线图与 OX 图等,其中 K 线图是最常见的图示之一。股价(或股价指数)在图表上的显示往往形成各种不同的形态,这些特定的形态代表着特定的意义,提供着买卖的信号。投资者通过图示及形态的分析,可以观察市场心理、投资偏好的倾向和股价(或股价指数)变动的特征与阶段,把握投资时机。

一、K 线图分析

目前 K 线图已经成为我国股市投资者最常用的图表之一。K 线图是将股市每日、每周或每月的股价或股价指数变动情况用图形表示,依照形状研判股价或股价指数未来走势的一种方法。

在股票市场上,买方或卖方永远是站在对立的两边,K线图就是将买卖双方实战结果,即买方或卖方力量的增减及转化过程,用图形表示出来的结果。绘制K线图,通常将开盘价与收盘价间的价位用长方体表示,称为实体。如果开盘价低于收盘价,该K线称为阳线;如果开盘价高于收盘价,该K线就是阴线。最高价与实体联结的细线,称为上影线;最低价与实体联结的细线,称为下影线,详见图15-1所示。

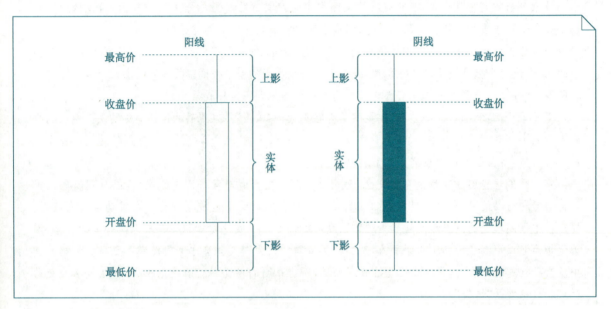

图15-1　阳线与阴线示意图

K线图分析,大致可分为单日K线图分析、双日K线图分析与多日K线图分析。

(一) 单日K线图

常见的单日K线图,详见图15-2所示。

(1) 大阳线和大阴线。大阳线一般出现在上升的趋势中,表示短期内后市仍趋于上升。

大阴线大多出现在下跌的趋势中,表示短期内后市仍趋于下跌。

(2) 长下影阳线。长下影阳线显示开市后股价一度大幅度下跌,而后股价节节回升,且高于开盘价收盘,说明在低位承接力量强,后市趋于上升的可能性极大。

(3) 长下影阴线。长下影阴线显示开市后股价大幅下挫,其后逐渐回升,但由于未能高于开盘价收盘,因此形成阴线,说明在低位有一定的承接力量,后市极可能上升,但其上升的力量不及长下影阳线。

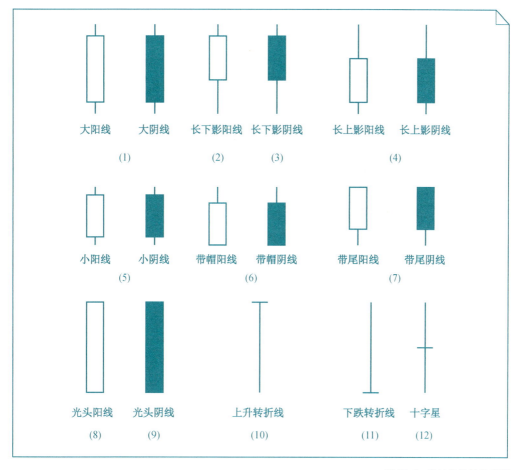

图 15-2 常见的单日 K 线图

(4) 长上影阳线和长上影阴线。长上影阳线显示开市后股价经过相当一段上升,然后回落,但仍以高于开盘价收市。这种情况暗示市场上升趋势已经减弱,股价在升至较高水平时明显遇到阻力,表明后市转趋下跌。长上影阴线显示当日股价曾升至某一高度,但终因无力支撑而转向下跌,且以低于开盘价收市。这种情况表明后市下跌的可能性更大。

(5) 小阳线和小阴线。小阳线和小阴线表示行情混乱,市况牛皮,后市走势不明。

(6) 带帽阳线和带帽阴线。带帽阳线和带帽阴线表明股价的上升阻力很大,上升力量可能已经枯竭,后市将会转趋下跌。尤其是带帽阴线,其在下跌趋势中出现,显示后市仍有一段时间趋于下跌;如果其在上升趋势中出现,则可能是股价转升为跌的信号。

(7) 带尾阳线和带尾阴线。带尾阳线和带尾阴线显示股市具有较强的承接力量。尤其是带尾阳线,经过当日一段时间的下跌之后掉头回升,且突破开盘价,以全日最高价收盘,可见股价的上升动力相当强大。假如在上升趋势中出现,则显示后市仍有一段时间将趋升。

(8) 光头阳线。光头阳线是以当日最低价开盘,并以当日最高价收盘,显示当日市场的承接力十分强大。开市后股价节节上升,这样强大的购买力通常只在升势中出现;如在跌势中出现,这可能是跌势结束的信号。

(9) 光头阴线。光头阴线是以当日最高价开盘,然后股价一路下挫,并以当日最低价收盘。这种情况表明市场承接力有限或卖盘过大,其后市多为疲软趋势;如在升势中出现,则可能是升势结束的信号。

(10) 上升转折线。上升转折线是以全日最高价开盘,随即节节下跌,但中间掉头回升,而且收复全部失地,以开盘的最高价收盘。这是一种转跌为升的信号,显示后市将会持续上升一段时间。

(11) 下跌转折线。下跌转折线是以全日最低价开盘,股价一度劲升,但强大的抛压将当日升幅如数打回,最后以当日开盘价也即最低价收盘。这是一个强烈的下跌信号,表明市场沽售力量相当大,如果当日的波幅很大,则更表明是一个转向信号。

(12) 十字星。十字星是指开盘后经过股价上扬→下挫→回升或者下跌→上扬→下挫,使开盘价与收盘价为同一价位,在图表上形成一个"十"字形,这种情况显示大市正处于待变之局,也可能是一个转向信号,但转向的含义不如转折线那么强烈。

(二) 双日 K 线图

仅对单日 K 线图进行分析,未免过于简单与随意,机构与大户对单日的短期走势有较大的影响力与控制力,为避免机构与大户设置的走势"陷阱",须对双日或多日 K 线图加以分析与研判。为论述方便,下列各 K 线图以 A 形态为例,以表示跌、涨不同方向的判断,详见图 15-3 所示。

(1) 覆盖线。指前一天为大阳(阴)线,第二天却为相当长的阴(阳)线所覆盖。此种形态表示短期有反转的可能性。

(2) 迫切线。指前一天为大阳(阴)线,第二天却产生了小阴(阳)线,表示涨(跌)势受到阻碍。

(3) 迫入线。指前一天为大阳(阴)线,第二天却产生小阴(阳)线,且收盘价比前一天低(高)。其与迫切线一样,表示涨(跌)势受阻,有回档下跌(上升)的可能。

(4) 切入线。指前一天为大阳(阴)线,第二天却出现了大阴(阳)线,且第二天的收盘价比前一天大阳(阴)线的一半还低(高)。这种情况表示前一天买(卖)方力量已尽,可能近日内股价将跌(涨)至大阳(阴)线的底(顶)部以下(上)。

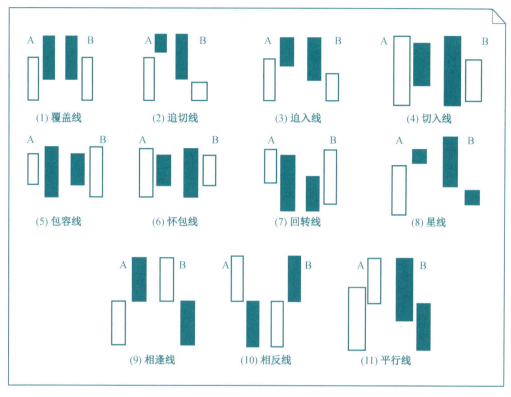

图 15-3 双日 K 线图

(5) 包容线。指第二天的大阳线或大阴线,完全吃掉了前一天的阴线或阳线,也表示反转情况的出现。

(6) 怀包线。指第二天的 K 线,范围缩至前一天的大阳线或大阴线中,也表示反转信号的出现。

(7) 回转线。指第二天的开盘价开在前一天的阳(阴)线之中,但走势与前一天相反,反转现象极为明显。

(8) 星线。指大阳(阴)线之后的出(吸)货现象,当天跳空高(低)开之后一路走低收盘,次日如果不再跳空向上的话,将形成大回档。此种情况在股价指数中出现,即为反转信号;但在小盘股或投机股的个股中发生,则可能是主力机构的洗盘或诱空的手段。

(9) 相逢线。指第二天走势与前一天走势相反,但收盘价极为接近。

(10) 相反线。指类似相逢线,但其分别是以最高价与最低价收盘。相反线与相逢线均为主力机构短线来回操作的特有现象。

(11) 平行线,指第二天的阳线延续前一天的阳线,表示买气的延续。

在日 K 线图分析中,除上述基本形态外,分析时还应注意各日 K 线图的实体的长短、上影线与下影线的长短,以及若干个 K 线组合的形态、K 线在股市周期中的位置等,以增强对市场行情未来走势判断的正确程度。

三、趋势线分析

趋势线、支撑线、阻力线原理是道氏理论的又一重要贡献。

(一) 趋势线

趋势线是在图形上每一波浪顶部最明显高点间,或每一谷底最明显低点间的直切线。趋势线从其移动方向看,有上升趋势线、下降趋势线与水平趋势线之分,详见图15-4所示。

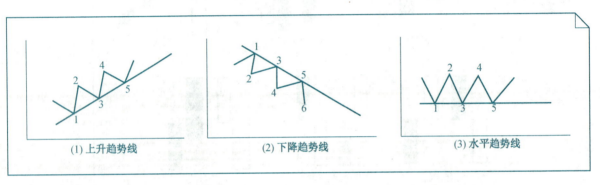

图 15-4 趋势线示意图

决定上升趋势时需要两个反转低点,即当股价下跌至某一价位,旋即回升,然而再下跌,但未跌破前个低点,再度回升,将这两个低点连接成直线就是上升趋势线;决定下跌趋势时同样需要两个反转高点,即股价上升至某一价位开始下跌,然后再回升,但未能突破前个高点,再度下跌,将这两个高点连接成直线就是下降趋势线;连接股价横向波动中低点的直线,即为水平趋势线。除直线趋势线外还有曲线趋势线。

趋势线从其移动时间看,有基本趋势、次级趋势与短期趋势之分。若干个同方向的短期趋势可形成一个次级趋势,若干个同方向的次级趋势又可形成一个基本趋势。当影响基本趋势的因素作用发挥殆尽,基本趋势不能再延续,就会朝相反方向反转而变成另一性质的基本趋势。

(二) 趋势线的可靠性与有效性

趋势线反映着股价未来的运动方向,其可靠性与有效性主要通过以下三个方面得到验证。

(1) 趋势线被触及的次数。股价变动触及趋势线的次数越多,趋势线的支撑与阻力功能越强,趋势线的可靠性与有效性越高,一旦被突破后市场反应也越强烈。

(2) 趋势线的倾斜度。趋势线的倾斜度越大,趋势线的支撑和阻力功能越弱,其可靠性与有效性越低,往往容易被突破与修正。适当角度(大约为30°—45°)的趋势线的技术性分析的意义较大,因为趋势线过于陡峭,通常表示价格上升或下降过快,因而难以持久;同样,趋势线过于平缓,则说明趋势过于衰弱,可靠程度也低。

(3) 趋势线的时间跨度。趋势线跨越的时间越长,支撑与阻力功能越强,可靠性越高。

(三) 趋势线有效突破的确认

经过一段时间股价运动,趋势线终究会被突破。问题的关键是如何及时确认是改变股价运动方向的有效突破还是偶然因素导致的无效突破。

(1) 突破的程度。一般认为,收盘价格穿越趋势线的幅度至少达到3%,方为有效突破。

(2) 突破的时间。一般认为,收盘价格穿越趋势线的时间达到2—3天以上,方为有效突破。

(3) 突破时的成交量变化。股价从下降趋势转为上升趋势,必须要有成交量配合;股价从上升趋势转为下降趋势则不一定需要成交量配合。当股价向下跌破趋势线,成交量并没有迅速增加,甚至可能萎缩,但是当股价反弹至趋势线下方,成交量明显放大,股价再度下跌,就可确认上升趋势线已被有效突破。

(4) 突破时的股价形态。趋势线一旦与股价形态同时突破会产生叠加效应,突破后股价走势力度加大,往往是一种有效突破。

(四) 支撑线与阻力线

趋势线在性质上又可分为"支撑线"和"阻力线"。支撑线是图形上每一波浪谷底最低点的直切线,也即投资者在股价下跌至此线附近时有相当的买进意愿;阻力线则是图形上每一波浪顶部最高点的直切线,也即投资者在股价上升至此线附近时有相当的卖出意愿,详见图15-5所示。

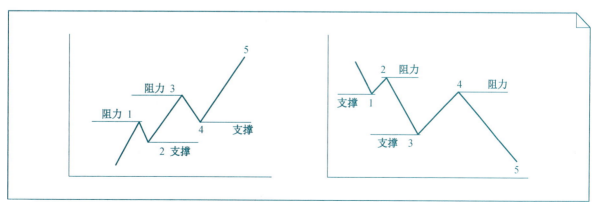

图15-5 支撑线与阻力线示意图

在上升趋势中,每个相继的低点(支撑水平)就必须高于前一个低点,每个相继的上冲高点(阻力水平)也必须高于前一个高点;如果新的一轮调整一直下降到前一个低点的水平,将是上升趋势即将结束,或将转变成横向整理趋势的预警信号;如果这个支撑水平被击破,可能意味着趋势将由上升转为下降。

支撑和阻力在股价运动变化中会互换角色,只要支撑或阻力水平被股价变化有效地突破,它们便会变成自己的反面。即支撑水平被市场突破到一定程度之后就转化为阻力水平;反之亦然。

支撑或阻力区域形成的主要依据是:市场在该处所经历的时间,交易量和交易活动距当前的远近。一般而言,价格在某个支撑或阻力区域逗留的时间越长,该区域的支撑或阻力力度就越大;在此过程中伴随着成交量的放大,此区域的阻力或支撑就更强;如果此过程发生的时间距当前越近,此区域的支撑或阻力产生影响的潜力越大。

需要指出的是,市场投资者往往会在一些心理价位与整数价位上下进行投资运作,所以这些价位也往往成为阻力线或支撑线。

(五) 轨道线

市场价格运动有时会在一个下有支撑上有阻力的空间运动。在两条平行的支撑线与阻力线之间形成的区间称之为"轨道",按股价运动方向,可将轨道分为上升轨道、下降轨道与水平轨道,如图 15-6 所示。

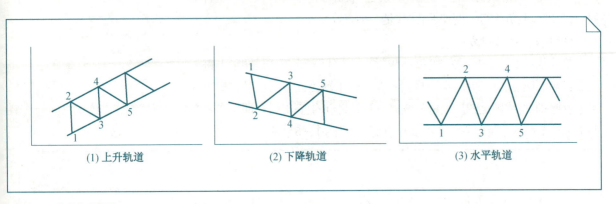

图 15-6　轨道线示意图

与趋势线一样,轨道线被触及的次数越多,时间跨度越长,倾斜的角度较适当,那么轨道线的支撑与阻力的作用越显著。因此,在股市上,基本的上升趋势线是做多的依据,而轨道线则可以作为短期平仓的依据。

在当前中国股市中轨道线有效度较高。在上升趋势中如果股价跌破下轨,往往形成"空头陷阱",可以大胆的补仓;在下降的趋势中如股价反弹冲破上轨,往往形成"多头陷阱",可以大胆地清仓。当天交易中瞬间的穿越给予投资者许多机会。股价指数所形成的轨道线也常规性地提示出近期指数波动,为中短期走势研判提供了依据。

四、缺口分析

缺口是指股价在快速大幅度变动中有一段价格没有任何交易,显示在股价趋势图上是一个真空区域。在平常的走势中,今日的开盘价往往是衔接昨天的收盘价;当行情处于持续上涨时,今日开盘价承接昨天的收盘价,仍将持续上涨;而行情处于持续下跌时,当日开盘价承接昨天的收盘价,仍摆脱不了下挫的局面,而节节下降。然而,因为某一突发事件的发生,导致市场供需极度不平衡的状况,即行情一时之间势如破竹,开盘价可能远远地开在昨日的最高价或最低价之外,此种情况就会在图表上表现出缺口的图形。缺口一般都会被未来股价的变动封闭,称之为填补缺口。

缺口的出现是多空双方力量对比悬殊的表现;缺口的封闭则是多空双方力量对比转化的结果。从缺口发生的位置与大小,可以预测走势的强弱,判断股价变动的趋势。因此缺口形态分析成为技术分析方法的重要组成部分。

(一) 缺口的类型及特征

缺口一般有普通缺口、突破缺口、持续性缺口与消耗性缺口等,详见图15-7所示。

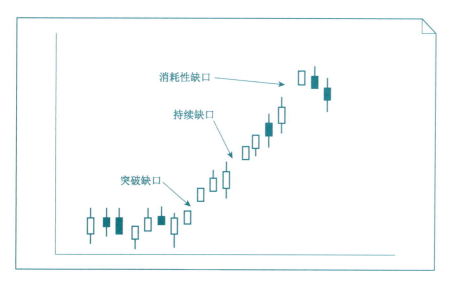

图 15-7 跳空缺口

(1) 普通缺口。普通缺口通常出现在股价走势的横向整理形态中或发生在交易量极小的市场情况下,由于市场投资者认为趋势不明朗、交投清淡,相对较小的交易量便会导致价格跳空。这种缺口一般在其后的几个交易日内便会完全被填补。

(2) 突破缺口。突破缺口通常出现在股价走势的转折之初,当某一突发事件发生,股价以一个很大的跳空缺口远离原有形态时,表示真正的突破已经形成。突破缺口的出现意味着股价会出现强劲的走势,突破缺口在突破阻力线或支撑线后,通常会出现强劲的升势或急骤的跌势。

(3) 持续性缺口。在新的市场走势运动的中间发展阶段,价格再度跳跃前进,形成一个跳空缺口或一系列跳空缺口,称之为持续性缺口。此类跳空缺口反映出市场正以中等的交易量顺利发展,在上升趋势中,此缺口在以后的调整中构成支撑区;在下降趋势中,此缺口在以后的调整中构成阻力区。这类缺口又称量度性缺口,因为它通常出现在整个趋势的中部,量度的方法是从突破点开始,到持续性缺口始点的垂直距离,就是股价未来上升或下跌将会达到的幅度。持续性缺口由于出现在股价急剧波动的途中,因而不会在短期内回补。

(4) 消耗性缺口。消耗性缺口发生在上升或下跌趋势的终点,它表示走势的强弩之末,即在急速的上升或下跌中股价的波动在奄奄一息中回光返照,出现"最后一跃"或"最后一跌"。在这种缺口出现之前,往往在它之前至少出现一个持续性缺口,也可能是一系列持续性缺口。消耗性缺口的出现,表示股价的趋势将暂告一段落;如果在股价上升途中出现,暗示行情将会转跌;如果在下跌趋势中出现,则意味着行情将会回升。消耗性缺口的出现,显示市场买方或卖方的力量已经消耗竭尽,股价将很快回落或回升,因此,消耗性缺口将很快被填补。

(二) 缺口形态的应用

(1) 股价如果在某一形态内盘整已久,特别是在多空双方僵持多时的盘局尾声,当股价突然放出大的成交量向上突破形成缺口,可判断为突破缺口;如果股价向下跳空形成突破缺口,则不需要大的成交量的印证。

(2) 突破性缺口形成之后,成交量骤然放大,则缺口不会在短期内被填补,即使股价走势出现回档或反弹,也会在缺口以外;如果缺口形成之前,成交量较大,之后则相对较少,则短期内填补缺口的可能性有50%。

(3) 消耗性缺口与普通缺口极有可能在短期内被填补,然而,突破性缺口与持续性缺口未必会被填补。

(4) 在上升或下跌的过程中持续性缺口出现越多,显示其趋势越接近结束。

(5) 消耗性缺口出现的当天或第二天往往伴随着最大的成交量,接着成交量减少,显示市场某一方力量已经充分释放并开始消退,因此,价格向相反方向运动。

五、反转形态分析

趋势的变化通常需要相当的酝酿时间,有时这种酝酿并不意味着趋势一定要发生转折,相反经过一段休整之后原有趋势还会继续。因此,酝酿期间的价格变化形态有反转形态与整理形态之分。

反转形态是指价格趋势逆转所形成的图形,即由涨势转为跌势,或由跌势转为涨势的形态。然而对股市反转形态分析还要结合交易量形态一同研究,一般来说,交易量应顺着趋势的方向相应增长,尤其在底部往上扬升的过程中,交易量的扩张是不容忽视的因素,但在顶部向下跌落的过程中成交量却并非是关键因素。

(一)头肩形

头肩形是最重要、最常见的股价反转形态之一,分头肩顶和头肩底两种,分别代表向下和向上的反转趋势。

(1)头肩顶。头肩顶一般由一个主峰、两个低峰组成,其形状类似人的头和两肩,详见图 15-8 所示。头肩顶的形成开始于一个很强的上升趋势,那时成交量很大;股价在上升一段幅度后开始一个次级下跌,成交量开始减少,这样一涨一跌就形成了一个左肩。随后股价与成交量第二次上升,且在超过左肩顶部所在价位时,再次下跌,并接近前一次下跌的底部价位形成一个

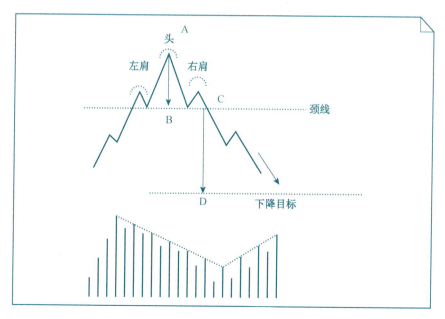

图 15-8 头肩顶示意图

"头",第三次上升,形成右肩,但成交量相对较少。在第三次下跌穿过颈线,而且收盘价在这条线下距离约为市价3%左右时,头肩顶正式完成。头肩顶的形成是一种卖出信号,表示股价已经到达顶部,不久股市将进入下跌行情。

在判断头肩顶是否已经形成时,考察成交量的变化是很重要的,它是市场人气的显示。头肩顶形成过程中成交量特点是左肩和头部的成交量很正常,右肩的成交量有明显的下降,显示市场上购买力已大为减少,使股价下跌;穿破颈线时成交量又有显著增加,显示市场抛售力量突增,股价跌势正式形成。

(2) 头肩底。头肩底也是由左右肩和头部构成,只是倒转过来,头部与左右肩在颈线下方,是见底反转的重要信号之一,详见图15-9所示。头肩底的形成过程与头肩顶正好相反,在此不再细述。

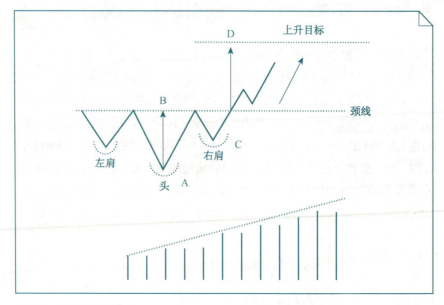

图15-9 头肩底示意图

(3) 多重头肩形。股价在变化过程中,有时还会出现复合形态,即多重头肩形,如有两个头、两个左肩或者两个右肩,甚至更多。多重头肩形的判断和投资策略与单纯头肩形相似。

(二) 双重形

双重形有双重顶和双重底两种,分别为典型的卖出和买入信号。双重形的特点是双顶或双底高度基本一致,形状类似英文字母"M"和"W",故又称M头和W底,详见图15-10、图15-11所示。双重顶的形成过程与头肩顶相似,只是股价形成两个差不多高的峰顶后,向下突破颈线,进入下跌行情。双重顶中,股价向下突破颈线3%时,反转确立。

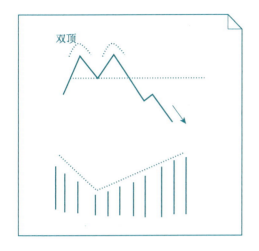

图 15-10　M 头示意图

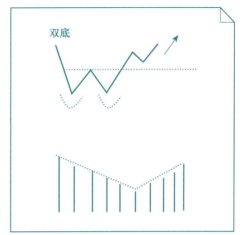

图 15-11　W 底示意图

双重底的情况正好相反,在股价形成两个差不多深的低谷后,在成交量的配合下,向上突破颈线,进入上涨行情。

双重形的展开,可以延伸出三重形(三重顶与三重底)或多重形。这种形态形成所需时间更长,幅度更大,起落的潜力更强。

(三) V 形

V 形有 V 形顶和 V 形底两种,分别是反转形态中下降和上升幅度较大,速度极快的一种急迫式的反转形态,详见图 15-12 所示。V 形只有一个尖顶或一个尖底。投资者如果能够及时把握,差价利润是相当丰厚的。但是当 V 形正式形成时,股市已下跌或上涨一定幅度。因此,投资者应结合趋势线、成交量和其他分析工具,提前确认买卖良机。V 形往往会在其右边出现一个小平台,这时给了投资者一个及时辨认的机会,详见图 15-13 所示。

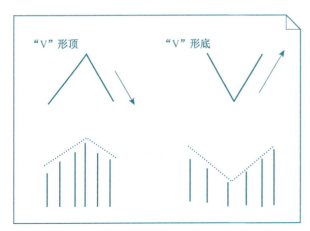

图 15-12　V 形示意图

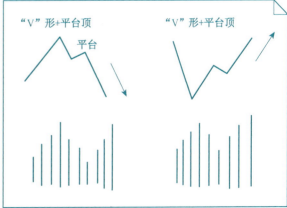

图 15-13　V 形和平台示意图

(四) 圆形

包括圆形顶和圆形底两种,详见图 15-14 所示。

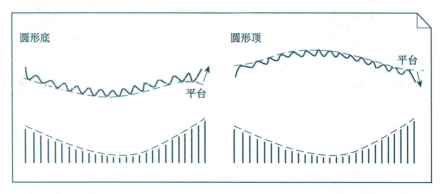

图 15-14　圆形示意图

圆形底代表缓慢回升的技术形态,圆形底越大,将来突破颈线后可能上涨的潜能越大。在形成圆形底的初期,卖盘压力开始减轻,原来很大的成交量开始有所减少,股价虽仍在下跌,但跌势趋缓,并逐渐接近水平。在圆形底部,市场买卖双方力量基本持平,成交量更为稀少。股价在圆形底部酝酿一段时间后,随着低价入市者的增多,股价开始全面回升,成交量也随之快速增加,向上突破颈线,圆形底形成。一般情况下,圆形底中成交量会形成与股价大致相似的弧形。

圆形顶与圆形底正好相反,是股价即将进入空头市场的标志。在圆形顶形成过程中,股价先上涨,后在顶部遭遇卖压,而买方纷纷退出,股价在天价区或高价区徘徊、酝酿,形成一个反转的碗底。经过一阵较量,买方无力再支撑,卖方力量加大,股价开始全面下挫,颈线被突破,熊态显现,圆形顶正式形成。只不过圆形顶形成之中,成交量并不明显。

(五) 三角形反转

当股票最高价与最低价的变动幅度逐渐缩小,上下两条倾斜趋势线共同制约股价的展开,最终形成一个尖顶的三角形。三角形的出现,一般表示上涨或下跌趋势的暂时停止,所以三角形态也被归类为调整形态。由于三角形突破时,股价也会发生大的反转,因此,也可将其作为反转形态。

(1) 对称三角形。在对称三角形形成过程中,由于买卖双方势均力敌,股价变动幅度逐渐变小,变动过程中高价连线与低价连线近似对称,分别作为上下斜边约束股价波动,形成锐角三角形轨迹,详见图 15-15 (1) 所示。

(2) 上升三角形。当股价走势的低点一个比一个高,并随着一条阻

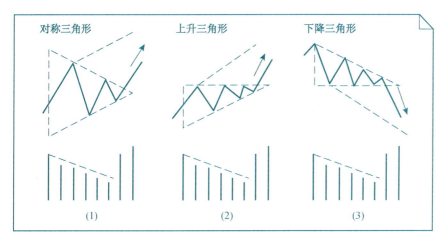

图 15-15 三角形示意图

力水平线的制约,股价波幅日渐收窄,这时将股价的高点连成一条水平线,将股价低点连成一条上倾线,便形成上升三角形,详见图 15-15(2)所示。

上升三角形在形成过程中的成交量呈逐渐缩小之势,显示买卖双方在该区域内的较量,但买方的力量逐渐占据上风,并不断尝试突破上面的水平阻力线。该阻力线一旦被突破,后市将十分看好,成交量并将大幅上升。

(3) 下降三角形。与上升三角形相反,股价走势的高点一个比一个低,连接成一条向下的斜线;下方则是一条水平支撑线,两线相连便形成下降三角形,详见图 15-15(3)所示。其成交量的变化也显下降之势,但因价格变动与上升三角形相反,故卖方将逐渐占据上风,一旦股价跌破支撑线,后市将不容乐观。

股价变动有时也会呈现出近似楔形的形状,其原理和判断技巧与三角形相似,在此不作专门分析。

(六)潜伏底

潜伏底是股价由横盘转升的一种形态。该形态的转化过程是,股价较长时间在一个狭小的范围内横向移动,每日的波动幅度很小,成交量也十分稀少,图表上形成一条横线般的形状,经过一段较长时间的潜伏静止后,价格和成交量同时摆脱沉闷的格局,股价大幅度上升,成交量亦随之放大,详见图 15-16 所示。

潜伏底通常出现在一些小盘冷门股的市场走势中或在股市长期疲软低迷的走势中,这类股票在特定时期往往受到投资者的忽视,因而股价和成交量长期

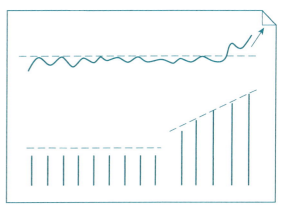

图 15-16
潜伏底示意图

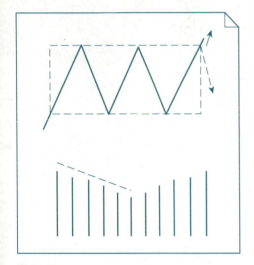

图 15-17
矩形示意图

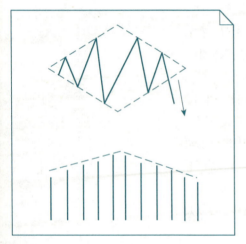

图 15-18
菱形示意图

清淡。最后，因某些突如其来的利好消息如公司盈利大增等的刺激，股价和成交量急剧上升，促使大势发生逆转。

（七）矩形反转

股价在波动时，其高点的连线与低点的连线近似平行，整个股价走势形成矩形，详见图 15-17 所示。矩形往往是在股价变动中途转入整理阶段时出现的调整形态。但当整理结束，股价突破矩形后，股市行情就会反转上升或下跌，矩形越长，说明股票买卖双方僵持的时间越长，预示着突破上档引起反转上升，或突破下档导致反转下跌的幅度也越大。值得注意的是，股价向上突破矩形上档时，往往需要成交量的配合；向下突破矩形下档时，则未必有成交量的配合。

（八）菱形反转

在股价连续涨升时，投资者明显冲动，买方力量大大释放，价格波动增大；随着投资者情绪稳定，成交减少，价格波幅收窄，股价走势在这种动荡的发展中形成一个菱形，详见图15-18所示。菱形又称钻石形，是由一个对称三角形和倒置三角形合并而成，菱形走势往往预示着大市的反转变动。这种反转变动幅度可以大到菱形对角线的高度。

六、整理形态分析

整理形态是指股价经过一段时间的快速变动之后，不再继续前进，而是在一定区域内上下窄幅波动等待时机成熟后再继续图 15-17 矩形示意图和图 15-18 菱形示意图以往的走势。

常见的整理形态有三角形、矩形、旗形、尖状旗形等，有时某些整理形态也可能演变成反转形态即调整后改变了趋势，如上述的三角形、矩形等。

（一）旗形

旗形走势，多在股价行情急速上升或下跌之后发生。旗形就是在股价趋势发展中，出现的形如旗帜的狭窄而且倾斜的小长方形，其急速上升或下跌的前段变动过程形成旗杆。旗形走势可分为上升旗形与下降旗形。

上升旗形的形成过程是，股价经过快速上升后，接着形成一个紧密、狭窄的略微向下倾斜的价格密集区域，将该区域的高点和低点分别连续起来，就可形成两条大致平行而又下倾的直线，即为上升旗形，详见图 15-19(1)所示。

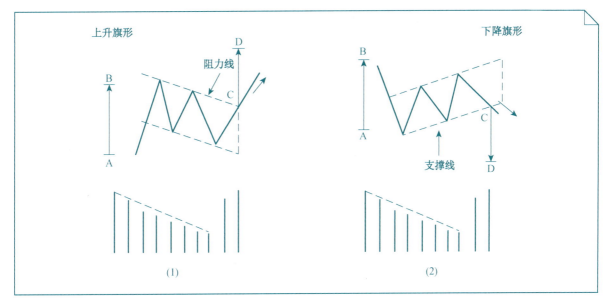

图 15-19 旗形示意图

下降旗形则与其相反,股价经过急速下跌后,接着形成一个波动狭窄而又紧密,稍向上倾的价格密集区域,将该区域的高点和低点分别连接起来,就可以形成两条大致平行而上倾的直线,即为下降旗形,详见图 15-19(2)所示。

从成交量分析,两种旗形的形成过程中的成交量都是逐渐减少的。从技术意义分析,上升旗形是后市极为看好的调整形态;下降旗形是后市极为看淡的调整形态。股价走出旗形后,继续升跌的幅度,一般不会少于旗杆的幅度。

(二)尖状旗形

尖状旗形与旗形的技术意义相同。两者的主要区别在于,尖状旗形的形成过程中,其股价波动幅度逐渐缩小,两条界线是收敛的,形成一个狭小的三角形而不是长方形。

七、波浪理论

波浪理论是由技术分析大师 R.N.艾略特创立的,这一理论以道氏理论为基础,又是对道氏理论的发展和完善,并且在精确度、可操作性方面超过了道氏理论。

R.N.艾略特认为股价的波动具有一浪跟着一浪周期循环的规律性,任何波动都有迹可循,投资者可根据波动的规律来预测股价的未来走势,指导决策。

(一)波浪的基本形态

R.N.艾略特波浪理论认为,不论是多头市场还是空头市场,股价变动的每一个完整的循环都会呈现出若干个固定的波浪走势。

在多头市场中,一个循环分 8 个波浪,如图 15-20 所示。

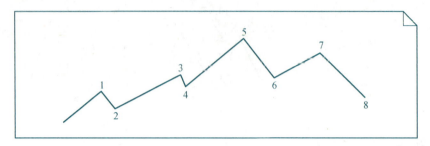

图 15-20　多头市场的八个波浪循环

前 5 个看涨,后 3 个看跌。在前 5 个波浪中,奇数序号(1,3,5)波浪是上升的,称方向波或推动浪;偶数序号(2,4)波浪是回档整理,称调整浪。在后 3 个波浪中(后 3 个波浪常称为 A、B、C 浪或 a、b、c 浪),偶数序号(6,8)波浪是明显看跌,奇数序号(7)波浪是反弹整理。由此得出,在多头市场中,整个循环基本上是不同程度的奇数序波浪的看涨或反弹、偶数序波浪的看跌或回档所构成。

在空头市场中,其波动趋势刚好与多头市场相反(图 15-21)。前 5 个波浪是行情看跌,其图中奇数序号(1,3,5)波浪看跌,偶数序号(2,4)波浪是反弹整理。后 3 个波浪是行情看涨,其中偶数序号(6,8)波浪看涨,奇数序号(7)是回档整理。由此可得,在空头市场中,整个循环基本上是不同程度的奇数序波浪看跌或回档、偶数序波浪看涨或反弹所构成。

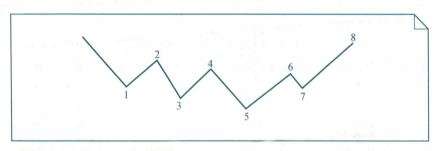

图 15-21　空头市场的八个波浪循环

向主要方向运动的 3 个推动浪(方向波),可以分成更小的 5 个小波浪,而向相反方向运动的 2 个调整浪也可分成更小的 3 个小波浪。

如图 15-22 所示,两个在某一相同级次上的波浪,可以分成小一级次的 8 个波;然后这 8 个波又可用相同的方式,继续细分为再小一级次的 34 波。在艾略特波浪理论中,任一序列中,任一级次的波,都可被细分以及再细分为较小级次的波。同样,它们也可被看成较大级次波动的组成部分。波浪

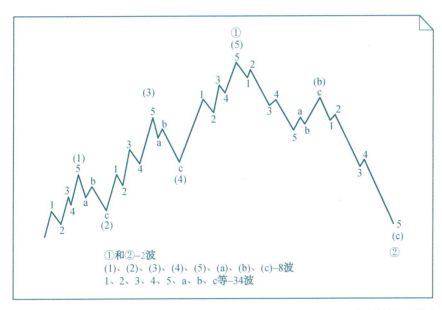

图 15-22　艾略特波浪细分图

理论推测股市的升幅或跌幅采用黄金分割率与神秘比值来计算。一个上升浪可以是上一次高点的 1.382、1.5、1.618……另一个高点又再乘以 1.382、1.5、1.618……依此类推。下跌浪也是如此,一般常见的回跌幅度比率有 0.191、0.382、0.5、0.618……

(二) 波浪的基本特征

在艾略特波浪系列中,各种类型的波浪所处位置不同,特性也有差异,认识波浪的特征有助于确认目前市场处于哪一阶段,以便正确预计以后各浪的形态,以下以多头市场为例。

(1) 第 1 浪。第 1 浪通常出现在股市见底的区域,它是 8 浪循环的开始,由于这段行情的上升出现在空头市场跌势后的反转,买方力量并不强大,加上空头继续存在卖压,因而第 1 浪的行情通常是 5 浪中最短的行情。

(2) 第 2 浪。第 2 浪是第 1 浪的调整浪。由于大多数投资者误认为空头市场尚未结束,故调整的幅度相当大,几乎吞没第 1 浪的升幅,一般在接近第 1 浪的起点时,市场出现惜售心理,卖压逐渐衰竭,成交量也逐渐缩小,这时第 2 浪的调整也告结束。在第 2 浪中,如果跌幅达到第 1 浪的起点或超过第 1 浪的起点,便会形成双底或头肩底等反转形态。

(3) 第 3 浪。第 3 浪通常是最具爆发力的上升浪,其持续的时间最长、上升幅度最大,投资者信心恢复,成交量大幅扩张,且常出现图表分析中的突破信号(如缺口跳升、突破阻力区域等)。尤其是在突破第 1 浪的高点时,为最强烈的买进信号。同时,由于第 3 浪涨势激烈,经常出现"延伸浪"(该浪的放大或拉长)现象。

(4) 第 4 浪。第 4 浪是第 3 浪行情大幅上扬的调整浪,其调整形态常出现三角形走势,其调整幅度一般不低于第 1 浪的顶点,其低点则通常是未来空头市场的终结点。

(5) 第 5 浪。第 5 浪属于上升浪,但其涨幅通常不及第 3 浪。如果第 5 浪的高点无法超过第 3 浪,便会出现牛市反转的双顶形态。在第 5 浪中,虽然涨幅已趋缓,投资者往往还会过于乐观,盲目追涨。二线、三线股票成为市场的主导力量,其升幅通常超过绩优股与成长股。

(6) 第 a 浪。在第 a 浪中,大多数投资者认为上升行情尚未逆转,a 浪的下跌仅是一个暂时的回档现象。实际上,a 浪的下跌,在第 5 浪中通常已有警告信号,如成交量与股价走势背离或技术指标背离等,表明股市已濒临崩溃局面。但由于此时市场投资者的态度较为乐观,第 a 浪有时出现平台调整或呈"之"字形态走势。

(7) 第 b 浪。第 b 浪呈现上升趋势,经常表现为成交量不大,是多头的逃命线。然而,第 b 浪是一段上升行情,容易让投资者误以为是另一波段的涨势,形成"多头陷阱",许多投资者在此惨遭套牢。

(8) 第 c 浪。第 c 浪是一段破坏力很强的下跌浪,其跌幅大,持续时间长,而且伴随恐慌性抛盘涌出,出现全面性的股价下跌。

空头市场则与多头市场相反,推动浪(方向波)向下运动,调整浪向上运动。

艾略特波浪理论由于其每一个上升(下跌)的完整过程都已含有 8 浪循环,大循环中有小循环,小循环中还有更小的循环,即大浪中有小浪,小浪中有细浪,使数浪变得相当复杂和难以把握;推动浪和调整浪常出现变化形态和复合形态,使得对浪的划分更加困难。这些构成了波浪理论广泛运用的最大障碍。

(三) 黄金分割法

黄金分割,又称黄金比率,是一种将美学中关于自然界最和谐的比率应用于证券市场股价走势的分析,探讨股价未来的支撑位和阻力位,以及预测价位升跌幅度的技术分析方法。黄金比率是波浪理论的数学依据,它们在波浪理论中占有极为重要的地位。如果说黄金比率 0.618 与 0.382 构成了自然界最和谐的比率,那么在证券市场上,0.618 与 0.382 同样也会给投资者带来一种稳定、认同的美感效应。因此,当股价脱离底部上涨,在涨幅接近或达到 0.382 或 0.618 时,会出现上档反压;当股价脱离高位下跌,在跌幅接近或达到 0.382 或 0.618 时,可能出现下档支撑。此外,上述奇异数字序列除能反映黄金分割的两个比值 0.618 和 0.382 外,还存在下列神秘比值,即:0.191、0.382、0.5、0.618、0.809、1、1.191、1.382、1.5、1.618、1.809、2、

2.191……

在波浪理论中,每一波浪之间的比例,包括波动幅度与时间长度的比较,均符合黄金比率。对于技术分析者,这是一种相当重要的基本依据。

波浪理论中的黄金比率分析,主要有以下六点。

(1) 第3浪的波动幅度为第1浪起涨点至第1浪最高点间幅度的某黄金比率值,包括0.382、0.500、0.618、1.000与1.382等类似的比例幅度。

(2) 第2浪的调整幅度,约为第1浪涨幅的0.382,0.500与0.618倍的幅度。

(3) 在调整浪中,c浪与a浪之间的比例也符合黄金比率。通常c浪长度是a浪的1.618倍。在某些状况下,c浪的底部低点经常低于a点之下,为a浪长度的0.618倍。

(4) 第1浪至第5浪的完整波浪幅度,其极限约为第1浪涨幅的3.236倍。

(5) 在倾斜三角形中的震荡走势中,每一浪长度为前一浪的0.618倍。

(6) 第5浪的涨幅,有可能为第1浪至第3浪全部涨幅的1.618倍。

黄金比率在股价预测中有积极作用。当空头市场结束进入多头市场时,投资者极为关心的是"顶"在什么价位。事实上,影响股价上升的因素很多,要准确地预测上升行情的最高价是不可能的。因此,投资者可以依据神秘比值来预测股价可能出现的反转点,以供操作参考。

当股价上涨,从上升的速度与持久性,依照黄金比率,其涨势会在上涨幅度接近或达到0.191、0.382、0.5、0.618、0.809、1……时发生变化。也即当上升幅度接近或达到某神秘比值时,就会出现反压,有反转下跌而结束上升行情的可能。

例如,当下跌行情结束前,某股的最低价为20元,那么,股价反转上升时,投资者可以预先计算出各种不同的反压价位,即:

$$20 \times (1 + 0.191) = 23.82(元)$$
$$20 \times (1 + 0.382) = 27.64(元)$$
$$20 \times (1 + 0.5) = 30.00(元)$$
$$20 \times (1 + 0.618) = 32.36(元)$$
……

然后,再依据实际市场变动情况作出操作决策。

当多头市场结束,进入空头市场时,投资者最为关心的是"底"在什么价位。影响股价下跌的因素很多,要准确地预测下跌行情的最低价也是不可能的。因此,投资者也可依据神秘比值来预测股价跌势过程中的支撑价位,增强逢低买进的信心。

当股价下跌,从下跌的速度与持久性,依据神秘比值,其跌势也会在下跌幅度接近或达到0.191、0.382、0.5、0.618……时发生变化。也即,与上升行情相同,当下跌幅度接近或达到某神秘比值时,会出现支撑,有反转上升而结束下跌行情的可能。

在股票投资活动中,将黄金比率运用于大势(即股价指数的研判)上的有效性明显高于运用于个别股票。这是因为个别股票容易受到机构与大户操纵,用黄金比率计算的顶、底、反压价位与支撑价位的准确程度相对较低,甚至会出现走势"陷阱"。股价指数是反映整个股市各方面状况变动的综合指标,人为因素的影响较小,因此,用黄金比率计算的顶或底的准确程度相对较高。

专栏阅读 15-2:随机漫步理论

一切图表走势派的存在价值,都是基于一个假设,就是股票、外汇、黄金、债券等所有投资都会受到经济、政治、社会因素影响,而这些因素会像历史一样不断重演。

譬如经济如果由大萧条复苏过来,物业价格、股市、黄金等都会一路上涨。升完会有跌,但跌完又会再升得更高。即使短线而言,支配一切投资的、价值规律都离不开上述因素,只要投资人士能够预测哪一些因素支配着价格,他们就可以预知未来走势。在股票而言,图表趋势、成交量、价位等反映了投资人士的心态趋向。他们的收入、年龄,对消息了解、接受和消化的程度、信心的强弱,全部都由股价和成交量反映出来。根据图表就可以预知未来股价走势。

不过,随机漫步理论却反对这种说法。随机漫步理论认为,证券价格的波动是随机的,像一个在广场上行走的人一样,价格的下一步将走向哪里,是没有规律的。证券市场中,价格的走向受到多方面因素的影响。一件不起眼的小事也可能对市场产生巨大的影响。从长时间的价格走势图上也可以看出,价格的上下起伏的机会差不多是均等的。股票市场内有成千上万的精明人士,并非全部都是愚昧的人。每一个人都懂得分析,而且资料流入市场全部都是公开的,所有人都可以知道,并无什么秘密可言。既然你也知,我也知,股票现在的价格就已经反映了供求关系,或者本身价值不会相差太多。所谓内在价值的衡量方法就是由每股资产值、市盈率、派息率等基本因素来决定。

随机漫步理论对图表派无疑是一个正面大敌,如果随机漫步理论成立,所有股票专家都无立足之地。所以不少学者进行研究,看这个理论的可信程度。在无数研究之中,有三个研究,特别支持随机漫步的论调。

(1) 曾经有一个研究,用美国标准普尔指数(Standard & Poor)的股票作长期研究,发觉股票狂升或者暴跌,狂升4—5倍,或是跌99%的,比例只是很少数,大部分的股票都是升跌10%—30%。在统计学上有常态分配的现象,即升跌幅越大的占比例越少。所以股价并无单一趋势。买股票要看你是否幸运,买中升的股票还是下跌的股票机会均等。

(2) 另外一次试验,有一个美国参议员用飞镖去掷一份财经报纸,拣出 20 只股票作为投资组合,结果这个乱来的投资组合竟然和股市整体表现相若,更不逊色于专家们建议的投资组合,甚至比某些专家的建议表现得更为出色。

(3) 亦有人研究过单位基金的成绩,发觉今年成绩好的,明年可能表现得最差,一些往年令人失望的基金,今年却可能脱颖而出,成为升幅榜首。所以无迹可寻,买基金也要看你的运气,投资技巧并不实际,因为股市并无记忆,大家都只是"瞎估估"。

股价的变动基本上是有随机的说法的真正含义是,没有什么单方能够战胜股市,股价早就反映一切了,而且股价不会系统地变动。天真的选股方法,如对着报纸的股票版丢掷飞镖,也照样可以选出战胜市场的投资组合。

第三节 | 技术指标分析

在技术分析中,股价、成交量与时间动态是研判股价趋势的三个关键性因素。技术分析专家以上述三因素为依据,提出各种反映市场动态变化的技术指标。各技术指标有其不同的设计依据与变动参数,因而也存在程度不同的适应性与局限性。投资者运用技术指标进行投资决策时,还应结合基本分析、市场特征等,通过综合的比较方能提高决策的准确性。

一、移动平均线分析

移动平均分析,是利用统计学中移动平均的原理将每日的股价资料根据所需天数进行平均化处理,绘制移动平均线,以消除偶然因素的影响,显示股价变动的倾向,进行买卖点分析的方法。

(一)移动平均线的绘制

移动平均线按时间不同,可分短期、中期和长期三种。短期移动平均线一般以 5 日、10 日或 20 日为计算期间;中期移动平均线一般以 30 日、60 日等为计算期间;长期移动平均线一般以 200 日、250 日等为计算期间。移动平均线的计算期越短,敏感性越强。在股价剧烈变动的股市或期间,选择短期移动平均分析为宜。

移动平均线按计算方法不同,可分为简单移动平均线和加权移动平均线。

简单移动平均的计算公式为:

$$MA_t = \frac{1}{n} \sum_{i=1}^{n} I_{t-i+1} \tag{15-1}$$

式中：n——移动平均的计算期；

I_{t-i+1}——第 $t-i+1$ 日的收盘股价或收盘股价指数。

为了具体考虑移动平均计算期内近期股价或股价指数对未来股价波动的较大影响，也可采用加权移动平均计算方法，根据权数的不同，加权移动平均又有阶梯式加权与平方系数加权之分。由于计算较复杂，实践中较少采用。

(二) 葛兰维移动平均线法则

美国著名的技术分析专家葛兰维根据 K 线与一条移动平均线(主要是 200 日线)之间的关系，给出了判断买卖的信号，创立了技术分析经典之论——葛兰维移动平均线八大法则，详见图 15-23 所示。

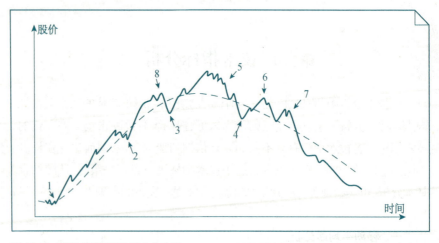

图 15-23　葛兰维移动平均线八大法则

(1) 当移动平均线从下降逐渐转为盘局或上升，而股价从移动平均线下方向上突破移动平均线，为买入信号。

(2) 当股价趋势线走在移动平均线上，突然股价下跌但未跌破移动平均线又再度上升，为买入信号。

(3) 股价一时跌破移动平均线，但又立刻回升到移动平均线以上，此时移动平均线仍然继续上升，为买入信号。

(4) 股价突然暴跌，跌破并远离移动平均线，如果这时股价开始回升，再趋向移动平均线，为买入信号。

(5) 当移动平均线由上升开始转向走平或逐渐下跌，股价从移动平均线上方向下跌破移动平均线时，为重要的卖出信号。

(6) 股价在移动平均线以下移动，然后向移动平均线回升，未突破移动平均线又立即反转下跌，为卖出信号。

(7) 股价向上突破移动平均线后又立即跌回到平均线以下,此时移动平均线仍然继续下跌,为卖出信号。

(8) 股价急速上升突破移动平均线并远离移动平均线,上涨幅度相当可观,随时可能反转回跌,为卖出信号。

(三) 移动平均线的交叉与排列

如果将短期、中期、长期移动平均线结合起来,根据其相互交叉与排列的关系,也可以判断股市的走势,进行买卖点的分析,详见图 15-24 所示。

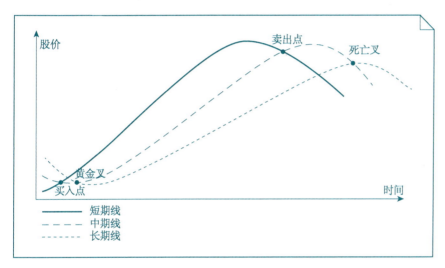

图 15-24　移动平均线交叉与排列示意图

当短期移动平均线从下方向上穿过中期移动平均线,接着又向上穿过长期移动平均线,为买入信号;随着短期移动平均线移至长期移动平均线的上方,中期移动平均线也向上穿越长期移动平均线,突破的这一点称为黄金叉,为重要的买入信号。这时短期移动平均线、中期移动平均线与长期移动平均线由上至下依次排列,并且每条移动平均线均呈上升趋势,为典型的多头行情。

坚挺的多头行情延续一段时间后,各条移动平均线涨势趋缓。首先是短期移动平均线从高点出现下降倾向,当短期移动平均线从上向下跌破中期移动平均线,接着又向下跌破长期移动平均线,为卖出信号;随着短期移动平均线移至长期移动平均线的下方,中期移动平均线也向下跌破长期移动平均线,跌破的这一点称为死亡叉,为重要的卖出信号。这时短期移动平均线、中期移动平均线和长期移动平均线自下而上依次排列,并且每条移动平均线均呈下降趋势,为典型的空头行情。

(四) 乖离率

乖离率(BIAS)是依据葛兰维移动平均线八大法则推演而成的一项技术

分析指标,其主要功能是通过测算股价在波动过程中与移动平均线出现的偏离程度,从而得出股价在剧烈波动时因偏离移动平均趋势而可能形成的回档或反弹,以及股价在正常波动范围内移动而形成继续原有走势的可信度。

(1) 乖离率的计算。乖离率是表示股价偏离趋势指标的百分比值。其计算公式为:

$$BIAS = \frac{C_t - MA_n}{MA_n} \tag{15-2}$$

式中: C_t—— 当日的收盘价或收盘指数;

MA_n—— n 日的股价或股价指数的移动平均数。

(2) 乖离率的功用。移动平均数一般可为某一时间内买卖双方都能接受的均衡价格,乖离率则表示每日股价或股价指数与均衡价格之间的差距,差距越大,回归均衡价格的可能性越大。因此,乖离率指标值的大小暗示着买卖的时机。

乖离率有正乖离率与负乖离率之分。当股价在移动平均线之上时,其乖离率为正,否则为负;当股价与平均线一致时,乖离率为0;随着股价走势的强弱和升跌,乖离率周而复始地往返于0点的上方与下方,其值的高低对未来股价走势有一定的测市功能。当正乖离率升至某一百分比时,表示短期内多头获利大,则获利回吐的可能性也大,呈卖出信号;负乖离率降到某一百分比时,表示空头回补的可能性大,呈买入信号,然而乖离率究竟多大或多小为最佳买入或卖出点,并无统一原则。有人提出:10日均线乖离率为-4.5%以下是买进时机,+5%以上是卖出时机,这仅是参考意见。一般而言,市场投机性、个股活跃度与乖离率弹性相关,高投机性市场与活跃度大的个股,其乖离率弹性越大;否则反之。

实践表明,在多头行情中如遇乖离率为负,可趁机买进股票,风险较小;在空头行情中如遇乖离率为正,可及时卖出股票,持币观望,回避见险。

二、能量潮

能量潮(OBV)又称人气指标,是由美国技术分析专家葛兰维提出的。他认为股价走势基本上受市场供求双方力量对比的影响,而成交量则是市场人气兴衰的标志,也是股市的动能,因此,成交量成为股价走势的先行指标。能量潮就是利用累计成交量变化来分析市场人气,进而据以研判股价走势的一种技术分析指标。

(一) OBV 的计算

首先,逐日累计每日股市的成交量。当天收盘价高于前一日,成交量为正值,否则为负值;如平盘,成交量为零。其计算公式为:

$$当日 OBV = 前一日的 OBV \pm 今日成交量 \quad (15\text{-}3)$$

然后,将每天的 OBV 定点连接成线,与股价曲线并列于同一图表中,从中观察股价走势。

(二) OBV 线的应用

根据成交量与股价变动的关系,可应用 OBV 线与股价趋势线判断买入或卖出的时机。

(1) OBV 线下降而股价上升时,为卖出信号,表示高档买盘无力,故宜卖出。

(2) OBV 线上升而股价下跌时,为买入信号,表示逢低进货者多,故宜买进。

(3) OBV 线缓慢上升时,为买入信号,表示买盘逐渐加强。

(4) OBV 线由上升转为下降时,为卖出信号,表示卖盘逐渐加强。

(5) OBV 线急速上升时,为卖出信号,表示买盘已全力涌进,即将力竭而衰,故宜卖出。

(6) OBV 线急剧下降时,为买入信号,表示卖盘大量出货,即将出现回补现象,故宜买进。

三、相对强弱指标

市场价格走势取决于供需双方的力量对比,当市场上对某一证券的需求大于供给时,价格上扬;当需求小于供给时,价格下降;当供需基本平衡时,价格稳定。相对强弱指标(RSI)是以某一时期股价指数或某种股票的涨跌平均值作为衡量供需双方力量对比的尺度,并以此作为预测未来股价走势的一种技术分析指标。

(一) RSI 的计算

相对强弱指标的计算公式为:

$$RSI = \frac{N \text{日内收盘涨幅平均值}}{(N \text{日内收盘涨幅平均值} + N \text{日内收盘跌幅平均值})} \times 100 \quad (15\text{-}4)$$

一般而言,较短日数的 RSI,其波动过于敏感;较长日数的 RSI,其波动过于迟钝,两者都会对分析股价变动趋势产生较大误差。因此,计算周期的确定一般应根据某一股价波动的特性而定,也即股性较活的股票,计算周期适当长一点;股性呆滞的股票,计算周期适当短一点。

(二) RSI 的应用

(1) 根据上述公式计算的 RSI 值始终在 0—100 变动,其正常值一般为 30—70,高于 50 为强势市场(涨势强于跌势),低于 50 的为弱势市场。一般而言,RSI 高于 70 为进入超买区,暗示股价可能会下跌;反之,RSI 低于 30

为进入超卖区,暗示股价可能会上升(见图 15-25)。但是,不同类型的股票的 RSI 值的大小所显示的功用会有所差别,这需要投资者注意。

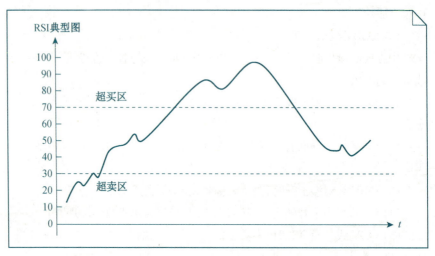

图 15-25　RSI 应用示意图

(2) 相对强弱指标有比股价指数或个别股票价格先行显示未来行情走势的特征,在股价指数尚未上涨时,RSI 指标已先升;当股价指数未跌时,RSI 指标已先降,尤其是在股价峰谷区域特别明显。可判断如下。

一是股市盘整时,RSI 底部逐步抬高,表示多头势强;相反底部逐步下降,表示空头势强。

二是当股价尚在盘旋,而 RSI 已整理完毕,领先突破趋势线时,暗示股价即将突破整理。

三是在股价不断创新高的同时,RSI 也创新高,表示后市仍属强势,可能还会上涨;否则反之。

(3) 背离信号。当 RSI 指标与股价指数呈现反方向变化时,通常是市场即将发生重大变化的信号。当日 K 线图的走势不断创新高,而 RSI 线未能同时创新高,甚至出现走低的情况时,显示股票价格有虚涨现象,通常是较大反转下跌的前兆;相反,若股价创新低而 RSI 未创新低,暗示股价可能反转上升。

四、腾落指数

腾落指数(ADL)是以每天上涨或下跌的股票家数作为分析对象,以了解市场人气盛衰,探测大势动量强弱并研判股市未来走势的一种技术分析指标。

（一）ADL 的计算

腾落指数的计算公式为:

$$ADL = \sum_{i=1}^{n}(上涨股票家数 - 下跌股票家数) \tag{15-5}$$

将每天的腾落指数值定点连接起来，便形成腾落指数曲线。腾落指数与股价指数均反映股市大势的动向，而不对某一个股票的涨跌提供信号。但由于股价指数在一定情况下受制于权值大的股票，当这类股票暴涨或暴跌时（尤其是受人为因素影响），股价指数有可能反应过度，从而给投资者提供不实的信息。腾落指数是以股票家数为计算基准，不受权值大小的影响，因此可以弥补股价指数这一缺陷。

（二）ADL 的应用

将腾落指数曲线与股价指数曲线并列于一张图表中，可以分析判断股市未来的走势。

第一，当腾落指数与股价指数走势一致时，可进一步确认大势的趋势。

（1）股价指数持续上升，腾落指数亦上升，则股价可能仍将继续上升。

（2）股价指数持续下跌，腾落指数亦下跌，则股价可能仍将继续下跌。

（3）股市处于多头市场时，腾落指数呈上升趋势，其间如果突然出现急速下跌现象，接着又立即扭头向上，创下新高点，则表示行情可能再创新高。

（4）股市处于空头市场时，腾落指数呈下降趋势，其间如果突然出现上升现象，接着又回跌并跌破原创低点，则表示新一轮的下跌将出现。

第二，当腾落指数与股价指数走势背离时，预示股市可能向相反方向变化。

（1）当股价指数持续数日上涨而腾落指数却连续数日下跌，表示股票涨少跌多，向上攻击动量不足，这种不正常现象难以持久，通常是大势下跌的征兆。

（2）当股价指数持续数日下跌而腾落指数却连续数日上升，表示多数股票已止跌回稳，大势底部已近，通常是大势上升的前兆。

（3）腾落指数的变化往往领先于股价指数，如在多头市场中腾落指数领先于股价指数下跌，或在空头市场中腾落指数领先于股价指数反转上升，都暗示大势可能变化，特别是股价在高价区腾落指数先形成 M 头，或股价在底部腾落指数先形成 W 底，为卖出买进的信号。

五、涨跌比率

涨跌比率（ADR）又称回归式腾落指数，它是将一定期间内上涨股票家数与下跌股票家数进行统计处理求出的比率，来分析市场供需变化并判断股市未来走势的一种技术分析指标。

（一）ADR 的计算

涨跌比率的计算公式为：

$$ADR = \frac{N \text{日内上涨股票家数移动合计}}{N \text{日内下跌股票家数移动合计}} \tag{15-6}$$

构成涨跌比率指标的理论基础是"钟摆原理",由于股市的供需有如钟摆的两个极端,当供给量大时,会产生物极必反的现象,则往需求方向摆动的拉力越强,也越急速;否则反之。一般而言,涨跌比率的计算周期短,指标过于敏感;计算周期长,指标过于迟钝。根据我国新兴市场股价波动幅度大且频繁的特点,加上涨跌比率的震荡特点,一般可以采用10天的计算周期,即求出10日的涨跌比率。

(二) ADR 的应用

(1) 涨跌比率在 1.5—0.5 时,表示股价处于正常涨跌状况,没有过度超买或超卖现象。

(2) 涨跌比率大于 1.5 时,表示股价长期上涨,有超买过度现象,股价可能要回跌。

(3) 涨跌比率小于 0.5 时,表示股价长期下跌,有超卖过度现象,股价可能出现反弹或回升。

(4) 涨跌比率在 2 以上或 0.3 以下时,表示股市处于大多头市场或大空头市场的末期,是一种严重超买或超卖现象。

(5) 涨跌比率如果不断下降,低于 0.75 时,通常显示短线买进机会。在空头市场初期,如果降至 0.75 以下,通常暗示中级反弹机会;而在空头市场末期,10 日涨跌比率降至 0.5 以下时,为买进时机。

(6) 对大势而言,涨跌比率有先行示警作用,尤其是在短线反弹或回档方面,更能比形态分析领先出现征兆。如果形态分析与涨跌比率成背驰现象,则大势即将反转。

六、威廉指数

威廉指数(%R)是利用摆动点来量度市场的超买超卖现象,分析循环周期内的高点和低点,预测市场短期行情走势并提出有效信号的一种技术分析指标。

(一) 威廉指数(%R)的计算

威廉指数的计算周期的确定一般可取一个买卖循环周期的半数。许多技术分析专家认为,一个买卖循环周期可取 14 日、28 或 56 日,扣除周六、周日休息,这些买卖循环周期的实际交易日分别为 10 日、20 日和 40 日,如取其一半则为 5 日、10 日和 20 日来计算%R。

威廉指数的计算公式为:

$$\%R = \frac{H_t - C_t}{H_t - L_t} \times 100 \tag{15-7}$$

式中: H_t——t 日内最高价;

L_t——t 日内最低价；

C_t——第 t 日收盘价；

t——计算周期。

威廉指数的计算结果与相对强弱指标、随机指数一样，指标数值在 0—100 波动。不同的是，威廉指数的数值越小，表示市场的买气越重；反之，其值越大，市场卖气越浓。

（二）威廉指数（%R）的应用

(1) 当%R 高于 80，市场处于超卖状态，表示行情即将见底为买入时机。%R 为 80 的横线一般称为买入线。

(2) 当%R 低于 20，市场处于超买状况，表示行情即将见顶为卖出时机。%R 为 20 的横线一般称为卖出线。

(3) 当股票价格由超卖区（%R>80）向上攀升初期，只是表示股价趋势转强，若涨破中轴线（即%R 为 50），便开始转入强市，可以买入；当股票价格由超买区（%R<20）向下回落初期，仅表示股价趋势转弱，待跌破中轴线方向确认转弱，应予卖出。

(4) 市场有时会表现为超买后再超买，或超卖看再超卖。在这种情况下，当%R 进入强势或弱势区域，市场行情并非一定转势，只有当%R 明显转向跌破卖出线或突破买入线，发出的买卖信号有效程度高。

(5) 使用%R 时最好同时使用相对强弱指标配合验证。当%R 线向上，向下突破 50 的中轴线时，也可用以检验相对强弱指标的信号是否正确，发挥两者的互补功能，提高对股市未来走势研判的正确度。

七、随机指数

随机指数（KD）是乔治·莱恩提出的一种新颖、实用的技术分析工具，近年来无论在股市还是期市上均得到广泛应用。

随机指数在设计中综合了动量观念、强弱指标和移动平均的诸多优点，在计算过程中主要研究高低价位与收盘价的关系，通过计算当日或最近数日的最高价、最低价及收盘价等波动的幅度，反映市场价格走势的强弱和超买超卖现象。在股市和期市中，因为市场趋势上升而未转向之前，每日收盘价常会偏向高价位，而下跌时收盘价常会偏于低价位，随机指数充分反映价格波动的随机振幅和中短期波动的影响，使其短期测市功能比移动平均线更准确有效；在市场短期超买超卖的预测方面又比相对强弱指数敏感。因此，随机指数在股市与期市上都发挥着巨大的功能。

（一）KD 的计算

(1) 计算 RSV 值，即未成熟随机值：

$$RSV = \frac{C_t - L_t}{H_t - L_t} \times 100 \qquad (15\text{-}8)$$

式中：C_t—— 第 t 日收盘价；

H_t—— t 日内最高价；

L_t—— t 日内最低价；

t—— 计算周期。

可见，RSV 值始终在 0—100 波动。

(2) 计算 K 值与 D 值。

$$\text{当日 } K \text{ 值}(\%K) = \text{当日 } RSV \text{ 值} \times \frac{1}{3} + \text{前一日 } K \text{ 值} \times \frac{2}{3} \quad (15\text{-}9)$$

$$\text{当日 } D \text{ 值}(\%D) = \text{当日 } K \text{ 值} \times \frac{1}{3} + \text{前一日 } D \text{ 值} \times \frac{2}{3} \quad (15\text{-}10)$$

在计算之初，可以设 K 值与 D 值的初始值为 50。

(二) KD 的应用

(1) 多空均衡区判断：当 K、$D = 50$，为多空均衡区；K、$D > 50$ 为多头市场，当 K 值、D 值回档至 50 时一般会得到支撑；K、$D < 50$ 为空头市场，当 K 值、D 值反弹至 50 时，一般会有压力。

(2) 超买超卖区域的判断：%K 和 %D 的数值均在 0—100 变动，%K 值在 80 以上，%D 值在 70 以上为超买的一般标准；%K 值在 20 以下，%D 值在 30 以下为超卖的一般标准。

(3) 背驰判断：当股价走势一峰比一峰高而随机指数曲线一峰比一峰低，或股价走势一底比一底低而随机指数曲线一底比一底高时，这种现象称为背驰。背驰的出现，一般为转势的信号，表明中期或短期走势已到顶或见底。

(4) %K 线与 %D 线交叉突破判断：当 %K 值大于 %D 值时，表明上升趋势，而 %K 线从下向上突破 %D 线时，是买进信号；反之，当 %D 值大于 %K 值时，表明下跌趋势，而 %K 线从上向下突破 %D 线时，是卖出信号。

专栏阅读 15-3：股票 K 线走势图和威廉指数走势图

图 15-26 为某一股票日 K 线走势图和威廉指标走势图，请用 K 线理论结合威廉指标分析该股未来可能走势及相应的操作策略（实体 K 线为阴线，空心 K 线为阳线）。

解析：(1) 从 K 线理论上分析，该股股价经过大幅上升后，高位出现长阳线，接着又是一根螺旋桨，这是短期见顶的信号；最近三个交易日，连续 3 根阴线，形成"暴跌三杰"，这说明卖盘力量强大，是价格暴跌的先兆。

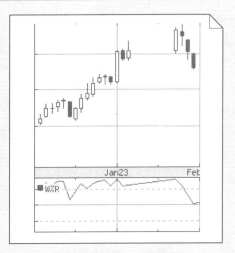

图 15-26　某一股票日 K 线走势图和威廉指标走势图

(2) 从威廉指标看,该股威廉指标近一段时期一直在低位徘徊,说明市场一直处在超买状态,并且几次触顶,说明股价走势可能见顶。

(3) 综合上述,股价未来下跌可能性很大,投资者应该及时清仓出局。

案例 15-1:股票 K 线图解示意

图 15-27 为某股票日 K 线走势图,请运用证券投资技术分析中的形态理论分析这只股票的走势形态,描述这种形态的特征及预测未来股价走势(实体 K 线为阴线,空心 K 线为阳线)。

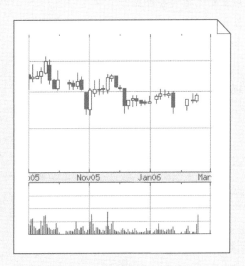

图 15-27　某股票日 K 线走势图

解析:(1)此图 K 线形态为下降三角形。

(2)可以从图中看出,股价在某特定的水平出现稳定的购买力,因此股价每次回落至该水平便又回升,形成一条水平的需求线股价;每一次波动的高点都低于上次,于是形成一条向下的倾斜线,这两条线构成下降三角形。

(3)下降三角形是多、空双方在某价格区域内的较量表现。看空的一方不断地加大卖出压力,股价还未回升到上次高点便再次回落,而看多的一方坚守某一价格的防线,使股价每回落到该水平便获得支持。这种形态可能是有人在托市出货。虽然三角形是一种整理形态,但下降三角形形态中,股价下跌的可能性更大一些。

复习思考题

1. 什么是技术分析?其有何作用?
2. 技术分析有效性的假设前提是什么?
3. 试述技术分析方法的优缺点。
4. 试述技术分析与基本分析的主要区别。
5. 试述道氏理论的三种趋势。
6. 谈谈你对道氏理论的看法。
7. 日 K 线图有哪些基本种类?对后市分析有何启示?
8. 试述支撑与阻力的内涵及其形成。
9. 缺口形态有哪些类型?各类型有何特征?
10. 什么是反转形态?其主要包括哪些类型?
11. 什么是整理形态?其主要包括哪些类型?
12. 艾略特波浪理论中各浪分别有何基本特征?
13. 什么是葛兰准移动平均线的八大法则?
14. 试述不同时期移动平均线排列与交叉的意义。
15. 试述常用分析指标的内涵及应用。

图书在版编目(CIP)数据

现代投资学原理/万解秋编著. —2 版. —上海：复旦大学出版社，2019.6(2025.1 重印)
(复旦博学. 大学管理类教材)
ISBN 978-7-309-13437-7

Ⅰ.①现… Ⅱ.①万… Ⅲ.①投资学-高等学校-教材 Ⅳ.①F830.59

中国版本图书馆 CIP 数据核字(2017)第 305687 号

现代投资学原理(第二版)
万解秋　编著
责任编辑/王雅楠

复旦大学出版社有限公司出版发行
上海市国权路 579 号　邮编：200433
网址：fupnet@fudanpress.com　http://www.fudanpress.com
门市零售：86-21-65102580　　团体订购：86-21-65104505
出版部电话：86-21-65642845
杭州日报报业集团盛元印务有限公司

开本 787 毫米×1092 毫米　1/16　印张 30　字数 606 千字
2025 年 1 月第 2 版第 2 次印刷

ISBN 978-7-309-13437-7/F・2431
定价：68.00 元

如有印装质量问题，请向复旦大学出版社有限公司出版部调换。
版权所有　侵权必究